Roman Beer

Kultstätte an der Grünwalder Straße
Die Geschichte eines Stadions

Gewidmet all denjenigen, die ihre Freizeit opfern bzw. geopfert haben, um sich für den Erhalt des Sechzger-Stadions zu engagieren.

Luftbild des Stadions aus dem Jahr 1997.

Roman Beer

Kultstätte an der Grünwalder Straße
Die Geschichte eines Stadions

VERLAG DIE WERKSTATT

Bibliografische Information der Deutschen Bibliothek:

Die Deutsche Bibliothek verzeichnet diese Publikation in der
Deutschen Nationalbibliografie; detaillierte bibliografische Daten
sind im Internet über http://dnb.ddb.de abrufbar.

Copyright © 2004 Verlag Die Werkstatt GmbH
Lotzestraße 24a, D-37083 Göttingen
www.werkstatt-verlag.de
Alle Rechte vorbehalten.
Satz und Gestaltung: Verlag Die Werkstatt
Druck und Bindung: Westermann Druck, Zwickau

ISBN 3-89533-463-4

Inhalt

Prominente Erinnerungen:
Beckenbauer, Heiß, Wagner, Schwarzenbeck,
Schiefele, Wettberg, Miller, Fehling, Buch 7

Vorwort 19

Die Geschichte

1899 bis 1910
Zwölfjährige Sportplatz-Odyssee –
die Vorgeschichte des Sechzgers 21

1911 bis 1921
1860 wird an der Grünwalder Straße heimisch 25

1922 bis 1924
1860 kauft den Platz an der Grünwalder Straße 36

1925 bis 1926
Aus dem Sechzger-Platz wird
Münchens erstes Stadion 39

1927 bis 1936
Der Stadionbau treibt 1860 an den
Rand des Ruins 51

1937 bis 1943
Die Stadt übernimmt das Stadion 62

1943 bis 1945
Das Stadion versinkt in Schutt und Asche 69

1945 bis 1951
Neuanfang und Wiederaufbau nach dem Krieg 72

1951 bis 1961
Ausbau des Sechzgers statt
Neubau eines Großstadions 88

1962 bis 1972
Sportliche Glanzlichter auf Giesings Höhen 99

1972 bis 1977
Das Sechzger im Schatten des Olympiastadions 118

1977 bis 1982
Trotz neuer Tribüne bleibt 1860 bei der
Stadionwahl launisch 127

1982 bis 1991
Die Bayernliga-Zeit des TSV 1860:
Das Sechzger-Stadion zwischen
Zuschauerrekorden und Drittliga-Tristesse 133

1991 bis 1995
Alle Ausbaupläne scheitern –
1860 verlässt das Sechzger-Stadion 136

1995 bis 2000
Scheinbar endlose Stadiondiskussionen 146

2001 bis heute
Das Sechzger-Stadion zwischen
Abrissdiskussionen und Rückkehrplänen 151

Querpässe

Münchens erste „Stadien" 30

Der Teutonia-Platz – Münchens größte
Spielstätte vor dem Ausbau des Sechzgers 35

Nur das Sechzger wurde ausgebaut –
Gescheiterte Stadionprojekte in den 1920er Jahren 41

Heinrich Zisch – Namensgeber und Vater
des Stadionausbaus 46

Städtische Konkurrenz: das Dantestadion 53

Gescheiterter Größenwahn –
Das Sportfeld München-Riem 68

Das Poststadion –
Exil des TSV 1860 bis Kriegsende 71

Das Sechzger wird Filmkulisse 86

Die Gestalter des Kurvenausbaus:
Rudolf Ortner und Joachim Berthold 94

Die manuelle Anzeigetafel – ein Kultobjekt 95

Die Platzwarte im Sechzger-Stadion 104

Die Bewohner des Stadions 105

Die Entscheidung für das Olympiastadion 117

Logenplatz am Wohnzimmerfenster 143

Das Sechzger als Filmthema und Kulisse 147

Die Allianz-Arena 150

Höhepunkte

23.4.1911
TV 1860 - MTV 1879 München 4:0 –
Kantersieg beim ersten Spiel 28

7.5.1911
Leichtathletik-Städtekampf München gegen
Berlin 55:45 – Die offizielle Platzeröffnung 29

18.2.1912
TV 1860 - FC Bayern 0:1 – Das erste Derby
an der Grünwalder Straße 32

Inhalt

10.10.1926
SV 1860 - VfR Fürth 2:4 – Verregnete Platzweihe 44

12.12.1926
Deutschland - Schweiz 2:3 –
das erste Länderspiel im Sechzger 49

10.4.1927
FC Bayern - Penarol Montevideo 2:1 –
Internationale Gäste auf Giesings Höhen 52

18.8.1935
Deutschland - Finnland 6:0 –
Die Nationalmannschaft spielt nach
neun Jahren Pause erneut im Sechzger 58

19.4.1936
Weltrekord über 20 km – „Pampas-Flieger"
Zabala triumphiert auf Giesings Höhen 60

20.10.1940
Deutschland - Bulgarien 7:3 –
Das letzte A-Länderspiel im Sechzger 66

14.3.1948
TSV 1860 - 1. FC Nürnberg 2:1 –
Zuschauerrekord: fast 60.000 im Sechzger 76

2. November 1960
Süddeutschland - Zentralungarn 3:3 –
Vernichtende Kritik für den Stadionausbau 97

24.8.1963
TSV 1860 - Eintracht Braunschweig 1:1 –
Das Sechzger wird ein Geburtsort der Bundesliga 100

1963 bis 2002
Die Europa-Cup-Spiele im Sechzger 106

14.8.1965
TSV 1860 - FC Bayern 1:0 –
Das erste Bundesliga-Derby 107

28.5.1966
TSV 1860 - Hamburger SV 1:1 –
Die Löwen sind Deutscher Meister 108

30.1.1971
TSV 1860 - Viktoria Aschaffenburg 3:1 –
Die Sechzger-Fans zeigen nach dem Brand Flagge 114

1932, 1969, 1972
FC Bayern: Dreimal Meister, aber nie im Sechzger 119

20.9.1972
FC Bayern - Werder Bremen 2:1 –
Bayerns Abschied vom Sechzger 120

27.3.1979
TSV 1860 - FC Bayern 1:1 –
Das Eröffnungsspiel der Gegengeraden 131

19.4.1984
TSV 1860 - SpVgg Fürth 6:1 –
„Das Stadion bebte in seinen Grundfesten" 134

6.4.1992
TSV 1860 - FC Bayern 1:4 – Das letzte Derby und
die Frage: „Wer war erfolgreicher im Sechzger?" 138

3.6.1995
TSV 1860 - 1. FC Kaiserslautern 1:3 –
Das letzte Bundesliga-Spiel auf Giesings Höhen 144

7.6.2002
TSV 1860 - BATE Borisov 0:1 –
Die Löwen kehren (kurzzeitig) zurück 152

Einsichten

Vom Vereins-Sportplatz zum städtischen Stadion –
Eine baugeschichtliche Einordnung der Sportstätte .. 161

Das Stadion in der Stadt –
Betrachtung der städtebaulichen Situation 164

Die Sechz'ger und das Sechzger –
Die Beziehung zwischen dem TSV 1860
und seiner Spielstätte 168

Das „Kulturdenkmal" vom Giesinger Berg –
Die Beziehung zwischen dem Stadtteil und
seinem Wahrzeichen 172

Fan-Ini, Freunde, Wählergruppe und Weiß-Blau –
Vereine und Initiativen rund um die Kultspielstätte .. 174

Anhang

Die aktuelle Ausstattung des Stadions 179
Die Namen des Stadions von 1911 bis heute 180
Fassungsvermögen und Zuschauerrekorde 181
Architekten und Planer 182
Spielorte Münchner Fußballmannschaften: 183
   TSV 1860, FC Bayern, FC Wacker,
   SV Türk Gücü / Türk SV 1975,
   FC Bayern Amateure, TSV 1860 Amateure,
   FC Bayern A-Jugend, TSV 1860 A-Jugend
Länder- und Auswahl-Spiele 188

Literatur- und Quellenverzeichnis 189
Danksagung 191
Der Autor / Fotonachweis 192

Prominente Erinnerungen

Franz Beckenbauer

Als im Stadtteil Giesing geborener und dort aufgewachsener Münchner habe ich natürlich eine besondere Beziehung zur einstigen Kultstätte des Fußballs, dem „Sechzgerplatz". Man spricht zwar offiziell vom „Stadion an der Grünwalder Straße", aber für die schon ein wenig ergrauten Fans und auch für jene, die meiner Generation angehören, ist und bleibt diese Arena „der Sechzger".

Wir wohnten damals in der Zugspitzstraße, gleich gegenüber dem Spielplatz des SC 1906, dem ich als Schüler beitreten durfte. Vor allem bei Westwind spitzten wir die Ohren, denn Beifallsorkane wie auch Missfallensgetöse schwängerten die Luft über Obergiesing hinaus. Von einer Atmosphäre wie in England schwärmten die Zuschauer.

Im Mai 1964 erfüllte sich dann mein Wunschtraum, einmal bei den „Großen" mitzuspielen. Der FC Bayern, zu dem ich übergewechselt war, musste eine Sondergenehmigung für mich einholen, ich war ja noch nicht 18 Jahre alt. Die Premiere verlief zufriedenstellend. Zwar faszinierte mich das Drumherum, der hautnahe Kontakt mit dem Publikum tat sein Übriges, aber meine ganze Konzentration galt dem Spiel. Ich habe mich auf Anhieb mit dem Sechzger angefreundet, wiewohl der Rasen des strapazierten Spielfeldes nicht gerade englischen Verhältnissen entsprach. Ich fühlte mich jedenfalls wohl, hatte nicht die geringsten Probleme – der Sechzger war schon bald zu meinem zweiten Wohnzimmer geworden.

Der Umzug ins Olympiastadion hat mich traurig gestimmt, doch die Notwendigkeit, den Verhältnissen des heutigen, modernen Fußballs gerecht zu werden, erfordert sogar einen neuerlichen Wechsel in die noch im Bau befindliche Allianz Arena. Der Sechzger hat seine Schuldigkeit getan, dankenswerterweise bleibt er uns in Wort und Bild erhalten.

Franz Beckenbauer spielte von 1964 bis 1977 in der 1. Mannschaft des FC Bayern und ist seit 1994 dessen Präsident.

Alfred Heiß

Ich verbinde mit dem Stadion an der Grünwalder Straße die schönste Zeit meines Lebens: die 17 Jahre, in denen ich für den TSV 1860 dort spielen durfte.

Obwohl in meiner Familie eher Sympathien zu den Bayern gehegt wurden, hatten mich schon früh die „Lö-

1

2

1 1966 wurde Franz Beckenbauer als erster Bayern-Spieler zum Fußballer des Jahres gewählt. Die Ehrung fand im Stadion an der Grünwalder Straße statt.

2 Alfred Heiß (unten rechts) und Manfred Wagner (oben links) 1966 als Mitglieder der Meistermannschaft des TSV 1860 München.

Prominente Erinnerungen

wen" fasziniert. Mit 13 Jahren wurde ich in die Schülermannschaft des TSV 1860 aufgenommen. Wir Jugendliche waren immer furchtbar aufgeregt, wenn wir zu Vorspielen im Stadion vor großer Zuschauerzahl antreten durften. In der damaligen Zeit war es nämlich noch üblich, dass die Zuschauer schon lange vor Beginn des Hauptspiels ins Stadion gingen, um sich einen Stehplatz mit guter Sicht aufs Spielfeld zu sichern.

Auch später als Profi habe ich die Atmosphäre des Stadions stets genossen. Die Faszination des Sechzgers bestand darin, dass es sich um ein reines Fußballstadion handelte, in dem die Zuschauer hautnah am Geschehen waren. Bei Eckbällen konnte ich die Rollstuhlfahrer an der Seitenlinie stets per Handschlag begrüßen. Neben diesen Erinnerungen bleiben natürlich auch die großen sportlichen Erfolge, allen voran die Deutsche Meisterschaft 1966, unvergesslich. Für uns alle war es sensationell, wie uns die Zuschauer damals im Stadion gefeiert haben.

Wenn ich heute am Sechzger-Stadion vorbeikomme, denke ich immer gerne an diese Zeit zurück. Sollte das Stadion abgerissen werden, würde ein Teil meines Lebens verschwinden, den ich auf keinen Fall missen möchte.
Alfred Heiß spielte von 1959 bis 1970 beim TSV 1860.

Manfred Wagner

Eine Stadt stand Kopf, es war der 28. Mai 1966, denn da wurde der TSV 1860 München erstmals Deutscher Fußballmeister im Grünwalder Stadion. Es war der größte Triumph in der Vereinsgeschichte. Ganz Deutschland blickte auf unser Spiel vor 44.000 Zuschauern im Grünwalder Stadion auf Giesings Höhen.

Ich werde diesen Augenblick in meinem Leben nicht vergessen, es war, neben anderen Erfolgen, der Höhepunkt in der Laufbahn als Fußballspieler beim TSV 1860 München.
Manfred Wagner spielte von 1958 bis 1971 beim TSV 1860.

Hans Georg „Katsche" Schwarzenbeck

Als gebürtiger Giesinger habe ich natürlich eine besonders lange Beziehung zum Stadion an der Grünwalder Straße. Ich bin in Obergiesing an der Säbener Straße aufgewachsen, also ganz in der Nähe des Bayern-Trainingsgeländes. Mit meinem Vater radelte ich als Bub oft zum Sechzger-Stadion, wo wir unseren Stammplatz auf den Stehplatzrängen der Ostkurve hatten. Mein Vater war kein Anhänger eines bestimmten Vereins, weshalb wir uns sowohl Spiele von Bayern als auch von 1860 angesehen haben.

Als Schüler wechselte ich dann vom FC Sportfreunde zu den Bayern und war nun bei Heimspielen der Ersten Mannschaft öfter als Balljunge im Stadion. Einmal durfte unsere Jugendmannschaft zu einem Vorspiel im fast ausverkauften Sechzger-Stadion antreten. Für uns Jugendliche war das natürlich ein beeindruckendes Erlebnis.

1966 kam ich zu den Profis und spielte nun regelmäßig im Stadion. Damals gab es an der Grünwalder Straße jedes Wochenende ein Bundesliga-Heimspiel der Münchner Vereine. Die häufige Nutzung hatte zur Folge, dass der Rasen nicht immer im besten Zustand war. Ich erinnere mich noch gut daran, wie wir uns auf den Straßen hinter der Haupttribüne aufwärmen mussten, da das Spielfeld geschont werden sollte. Die Polizei riegelte zwar den Verkehr ab, doch immer wieder liefen Stadionbesucher zwischen uns hindurch.

Ideal waren diese Zustände natürlich nicht, und als wir 1972 ins Olympiastadion wechselten, fanden wir einen regelrechten Luxus vor. Anfangs hatten wir aber einige Probleme mit der neuen Arena, da uns die enge Atmosphäre und die Nähe der Zuschauer fehlten, die wir vom Sechzger-Stadion gewohnt waren. Schließlich hatten dort auch wenige Zuschauer ausgereicht, um für beste Unterstützung von den Rängen zu sorgen.

Übrigens: Auch bei uns Bayern-Spieler hieß das Stadion an der Grünwalder Straße immer das „Sechzger". Dieser Name hat sich über Jahrzehnte eingebürgert und wird von jedem echten Münchner ganz selbstverständlich verwendet, obwohl das Stadion schon lange nicht mehr den Sechzigern gehört.
Hans Georg „Katsche" Schwarzenbeck spielte von 1966 bis 1980 beim FC Bayern.

Hans Schiefele

Scheiden tut bekanntlich weh, besonders dann, wenn einem jemand oder etwas ans Herz gewachsen ist. Mir war er wie ein guter Freund, mit dem ich Freud und Leid teilte. Und er war sicher ausschlaggebend, dass der Fußballsport zum Großteil meinen Lebensweg bestimmte. Ich habe ihm viel zu verdanken, ihm, dem Sechzgerplatz.

Vor gut 75 Jahren durfte ich ihn erstmals besuchen. Ein Bekannter meines Vaters nahm mich mit auf die Stehhalle. Später wechselte ich mit Schulfreunden auf die Stehplätze in der Westkurve. Die jugendliche Clique des FC Bayern, dem ich 1928 beitrat, versammelte sich meist an der Normaluhr, rechts neben der Haupttribüne. Glückstage bescherte uns der Verein, wenn wir mit der 1a-Schüler und 1a-Jugend das Vorspiel bestreiten durften. Mit 18 kam es im Stadion zu meinem Debüt bei den Großen im Ligaspiel gegen den FC Wacker. Zwei Jahre danach, während eines Heimaturlaubs, erlebte ich das prickelnde Fluidum eines Lokalderbys gegen den TSV 1860.

Doch der unselige Zweite Weltkrieg schien meine sportlichen Ambitionen zu beenden. Gesundheitlich angeschlagen, gekennzeichnet von den sinnlosen Kämpfen in Polen, Frankreich, Russland und zuletzt Italien, heimgekehrt ins zerbombte München, noch ohne erlernten Beruf, nur Abitur-Zeugnis, aber bereits 25 – so stand ich vor der Frage: Was tun? Ich bewarb mich bei der „Süddeutschen Zeitung", wurde Sportredakteur, Spezialgebiet Fußball. Und der Sechzger hatte mich wieder, über drei Jahrzehnte auf dem reservierten Presseplatz Nr. 12.

Hans Schiefele ist Ehrenvizepräsident des FC Bayern.

Karsten Wettberg

Als ich im Juni 2002 in einem Privatspiel im Sechzger-Stadion zum Tag des Denkmals in der Traditionsmannschaft des TSV 1860 spielen durfte und dabei ein Tor erzielen konnte, wurde ich von den Fans mit Sprechchören gefeiert. Ein für jeden Fußballer unvergessliches Gänsehauterlebnis, doch für mich ging ein lang gehegter Wunschtraum in Erfüllung.

Die Erinnerung an die glorreichen Zeiten dieses Stadions, als der TSV 1860 in Deutschland Spitze war und in Europa mitmischte, habe ich als Fan in der Stehhalle hautnah miterlebt. Als dann die Löwen zum Zwangsabstieg in die Bayernliga verurteilt wurden und diese Liga dank 1860 fast ein Jahrzehnt zur absoluten Kultliga aufstieg, begannen meine Begegnungen mit dem Städtischen Stadion an der Grünwalder Straße noch persönlicher und intensiver zu werden. Als Trainer meiner jeweiligen Mannschaften MTV und ESV Ingolstadt, SpVgg Landshut und besonders der SpVgg Unterhaching konnte ich gerade im „Löwen-Tempel" unvergessene Triumphe feiern, die zwar den Aufstieg der Löwen verhinderten, meine Laufbahn aber entscheidend voranbrachten. So wurde ich endlich 1990 Löwen-Trainer und konnte in „meinem" Sechzger-Stadion grandiose Erfolge feiern: 54 Pflichtspiele, davon die Hälfte im eigenen Stadion, ungeschlagen zu bleiben und als Krönung den Aufstieg in die Zweite Bundesliga mit einer bodenständigen Amateurtruppe zu schaffen, das hatte niemand mehr für möglich gehalten. Neun Jahre lang waren namhafte Profitrainer mit teuren Profispielern an dieser Aufgabe gescheitert. Wegen dieser Erfolge wurde ich zum „König von Giesing" gekürt (OB Georg Kronawitter und Superfan Maxi waren die Proklamierer), ein Ehrentitel, der mir bis heute geblieben ist. Mir blutet das Herz, wenn ich von Abrissplänen der Stadt für das Sechzger-Stadion höre, denn dieses Denkmal des Münchner Fußballs gehört zur schützenswerten Kultur des Stadtteils Giesing. Eine Weltstadt, wie es München sein will und auch ist, sollte sich dieses Kulturdenkmal auch in Zeiten leerer Kassen leisten können! Deshalb: Lang lebe das Sechzger-Stadion!

Karsten Wettberg war von 1990 bis 1992 Trainer des TSV 1860.

Thomas Miller

Schon während meiner aktiven Zeit haben sich die gegnerischen Mannschaften immer wieder gefragt, wie man hier nur spielen könne. Das war aber – vor allem zu unseren Anfangszeiten in der ersten Liga – unser entscheidender Vorteil. Die Gäste-Teams waren über den Zustand des Stadions schockiert, von den kleinen, engen Umkleideräumen erst gar nicht zu sprechen. Und dann war da noch neben unserer Kabine der Raum von Platzwart Fonsi Reger. Der hat die gegnerischen Mannschaften schon bei der Ankunft immer verunsichert, als er ihnen die Kabinentür aus Holz öffnete. Ulf Kirsten hat mich sogar mal beim Warmlaufen gefragt, ob man hier überhaupt nach dem Spiel warm duschen könne. Unvergessen bleibt jedoch das Heimspiel gegen den Karlsruher SC in der Saison 1994/95: Nach der Ankunft im Grünwalder marschierten die Spieler nicht rechts in Richtung Umkleidekabinen, sondern wanderten durch die linke Tür. Und schon standen Winfried Schäfer und Co. mitten in unserer Stadiongaststätte. Ja, das waren noch Zeiten im alten Sechzger-Stadion.

Ich habe vor allem aber die Anfahrt mit dem Mannschaftsbus immer genossen. Wir haben uns in unserer Kabine auf dem Trainingsgelände an der Grünwalder Straße umgezogen, sind komplett angezogen mit einer Trainingsjacke über dem Trikot und Badelatschen in den Bus geklettert und die 600 Meter zum Stadion gefahren – meist im Schritttempo. Bei Spitzenspielen brauchten wir oft eine halbe Stunde, die Fans versperrten uns in ihrer Euphorie den Weg zum Stadion. Als wir in die Volckmerstraße einfuhren, lief es mir jedes Mal eiskalt den Rücken hinunter. Die Straße liegt direkt hinter dem Stadion, die zum Spielereingang führt. Als wir aus dem Bus kletterten, klopften uns die Fans die Schultern, die gegnerischen Mannschaften wurden mit einem gellenden Pfeifkonzert oder auch schon mal mit einer Bierdusche begrüßt.

Auch die Fans waren hautnah am Geschehen dabei. Bei einer Ecke wurde unseren Spielern aufmunternd

Prominente Erinnerungen

3 Die Westkurve vor dem Spiel 1860 - Borisov im Juni 2002.
4 Münchner Lokalderby 1966.

– durch die Gitterstäbe – auf die Schultern geklopft. Wehe du musstest als Gästespieler die Ecke ausführen…

Als Spieler habe ich das Grünwalder sowohl in der Bayern-, zweiten wie auch ersten Liga erleben dürfen. Jedes Heimspiel habe ich genossen, es war jedes Mal ein wahres Fußball-Fest.
Thomas Miller spielte von 1989 bis 1997 beim TSV 1860.

Fritz Fehling

In den „heiligen Gemäuern" des Sechzger-Stadions habe ich viele Jahre die Spiele des TSV 1860 verfolgt, hier habe ich viele Freunde gefunden, die schönste Zeit meines Lebens verbracht – in Freude wie in Leid. Der Sechzger war immer ein Zufluchtsort, ja ein Beichtstuhl für viele. Hier ist jeder „wer", egal aus welcher Gesellschaftsschicht er kommt. Und egal in welcher Liga gerade gespielt wurde, galt der Grundsatz: „Die Löwen sind die Größten, die Schönsten und die Besten." Wir Sechzger waren immer etwas Besonderes. Auch wenn unser Kult zuletzt unter einer Person, die nicht weiß, was „1860" bedeutet, etwas gelitten hat. Uns Löwen kann man nicht kaputt machen, und jeder, der unseren Sechzger abreißen will, hat sich aus meiner Sicht versündigt.

Der Sechzger ist ein Zufluchtsort, ein Wohnzimmer, eine Heimat, ein Ort des Glücks, der Freude, der Geborgenheit und auch der Trauer. Ein Stück Münchens und auch ein Stück meines Lebens. Hier wurde auch der eine oder andere unvergessliche Slogan geboren: „Wir kommen wieder", „I like 1860", „Einmal Löwe, immer Löwe" oder zuletzt „Heimat ist, wo das Herz weh tut".

Mein Appell lautet daher: Lasst die Finger vom Sechzger! Das Sechzger-Stadion, die „heiligen Gemäuer" des Stadions an der Grünwalder Straße, müssen für immer erhalten bleiben. Es ist der schönste Teil Münchens.
Fritz Fehling hat 99 % aller Pflicht- und Freundschaftsspiele des TSV 1860 seit 1972 besucht.

Oliver Buch

Als Roman Beer im Jahre 2002 im Rahmen seiner Recherchen für sein Buch über das Sechzger-Stadion an mich herantrat und darum bat, in meiner Sammlung über 1860 und den Münchner Fußball stöbern zu dürfen, war ich schon sehr überrascht. Wieder so ein ewig Gestriger, dachte ich. Ein auf den Wogen der Stadiondiskussion ans Ufer Gespülter, der mit seinem „Pseudo-Stadion-Kult" mehr an alten Steinen als an meinen Löwen hängt.

Über ein Jahr später hielt ich dann den Vorabdruck seines Buches in Händen und war total überwältigt von der Fülle an Geschichte, Geschichten und Geschichtchen. Ich fühlte mich zurückversetzt in meine früheste Fan-Kindheit. An die vielen Schlachten in „meinem Sechzger". An das glorreiche 6:1 gegen Fürth. An das bittere 3:3 gegen Schweinfurt. An die tollen Siege in den Aufstiegsrunden und an die Schmach von zehn Jahren Drittklassigkeit. An meinen ersten Kuss unter der Westkurve und an gemeinsame Schlachten gegen auswärtige Fans. Das Stadion war mein Wohnzimmer, meine zweite Heimat, in dem und um das sich fast mein ganzes Leben zwischen 1982 und 1994 abspielte. Ich lernte dort meine Frau kennen, mit der ich nunmehr seit 1991 verheiratet bin. In Giesing hatte ich, der Pasinger, meine besten Freunde, meine Stammkneipe und verbrachte dort das Leben zwischen den Spieltagen…

All dies scheint mir schon eine Ewigkeit her. Die Münchner Löwen spielen inzwischen in der kalten Schüssel am Oberwiesenfeld und stehen auf dem Sprung in eine Arena. Von „Stadion" wird heutzutage schon gar nicht mehr gesprochen. Die Stammkneipen in Giesing haben längst pleite gemacht, und wenn ich mit meinen Kindern zu einem Amateurspiel ins Sechzger pilgere, dann reden die nur noch vom kleinen Stadion. Nicht von einem Fußballtempel. Der allerdings im Kampf gegen den Verfall eher dem Untergang geweiht ist. Deren Heimat ist längst das Olympiastadion geworden. Eine neue Generation, mit neuen Idealen, neuen Idolen und anderen Werten, weit weg von meinen Erinnerungen.

Was bleibt sind Gedanken, Gedanken an früher, als alles besser war. Aber das war ja schon damals so. Nur eins ändert sich nie, die Liebe zu meinem Verein. Der schwarze Löwe bleibt bestehen, und das Sechzger bleibt immer ein Teil seiner Geschichte.
Oliver Buch hat seit 1991 kein Pflichtspiel des TSV 1860 versäumt und war von 1992 bis 1997 Redakteur der Stadionzeitung „Löwen Express".

Aquarell der Sitztribüne aus einer Postkartenserie, die Ende der 1920er Jahre entstand.

Luftaufnahme des Stadions aus dem Jahr 1971.

1979 konnte die neue Gegentribüne eröffnet werden, die anstelle der Stehhalle entstanden war.

Blick aus der Westkurve beim „Traditionsderby" zwischen TSV 1860 und FC Bayern im Juli 2003.

Vorwort

Überall in Deutschland wurden – und werden – seit Beginn der 1990er Jahre neue Stadien gebaut, die allerdings nicht mehr nach dem alten griechischen Längenmaß für eine Laufstrecke (= „Stadion") benannt sind, sondern den Titel „Arena" verliehen bekommen. Mit dem Bau solcher hochmodernen, voll überdachten Sport-Erlebnis-Maschinen verschwinden nach und nach viele althergebrachte Stadien, die zwar nicht immer absolut perfekt waren, aber gerade dadurch einen gewissen Charme, ein Flair versprühten, das den bis ins letzte Detail durchdachten Arenen fehlt.

„Heute wissen wir, dass wir die frische Luft und manchmal auch den einen oder anderen Regentropfen vermissen", heißt es in den Zeilen eines Fans von Schalke 04, der seit Sommer 2001 die Spiele seines Vereins in der Arena AufSchalke miterleben darf. Dort kann sogar, dank eines fahrbaren Daches, das Spielfeld vor Regen geschützt werden.

Auch in München wird ein neues Stadion gebaut, dessen Name längst kommerziell vermarktet ist: die Allianz-Arena im Stadtteil Fröttmaning. Noch bevor dort der erste Spatenstich erfolgt war, wurde bereits über eine Zukunftsfrage gestritten: Wie viele Stadien braucht München? Denn im Jahr 2005 gäbe es in der Stadt vier Stadien: Neben der Allianz-Arena und dem Olympiastadion wären auch noch das Dantestadion und das Stadion an der Grünwalder Straße vorhanden. Letzteres soll nach dem Willen zahlreicher Stadtpolitiker aufgegeben werden, obwohl es sich beim „Sechzger-Stadion" – wie die ehemals vereinseigene Anlage noch immer genannt wird, obwohl sie die längste Zeit ihres Bestehens in städtischem Besitz ist – um das älteste, traditionsreichste und wohl meistgeliebte Münchner Stadion handelt.

Das Olympiastadion bewundern die Münchner für seine kühne Architektur. Vielleicht erinnert sich der eine oder andere auch gerne an schöne Stunden eines lauen Sommertags im weiten Rund des Stadions oder in den ausgedehnten Grünanlagen des Olympiaparks. Herrschen dort aber keine optimalen äußeren Bedingungen, kommt schnell Missmut über die „zugige, stimmungstötende Betonschüssel" auf. Anders beim Sechzger, wo sich die wahre Liebe von Fußballanhängern zeigt, die über alle Macken des Bauwerks großzügig hinwegsieht. Man verzeiht dem Stadion seine Schwächen, seien es zu wenig überdachte Plätze oder der Parkplatzmangel. Denn diese Defizite werden durch die Ausstrahlung der Traditionsstätte und das Empfinden vieler Tausender Besucher, die sich hier zu Hause fühlen, wettgemacht.

„Heimat ist, wo das Herz weh tut", stand auf einem Transparent von 1860-Fans geschrieben, das während des UI-Cup-Spiels zwischen 1860 München und dem FC BATE Borisov im Juni 2002 entrollt wurde. 18.000 Zuschauer, mehr als in mancher Bundesliga-Partie der Sechziger, kamen zu diesem – sportlich gesehen – zweitrangigen Spiel. Der Grund für ihr Kommen war das Stadion, denn zum ersten Mal seit fünf Jahren spielte 1860 wieder in seiner alten Heimat. Und neben der großen Zuschauermenge demonstrierten auch die Anwohner ihre Verbundenheit mit dem Wahrzeichen des Stadtteils. „Das Stadion ist Giesing – Finger weg vom Stadion", stand auf Leinentüchern geschrieben, die auf den Dächern der Nachbarhäuser angebracht waren.

Als der TSV 1860 im Frühjahr 2004 immer mehr in Abstiegsgefahr geriet, wurde von Seiten der Vereinsführung schon bald eine mögliche Rückkehr ins Stadion an der Grünwalder Straße für eine Zweitliga-Saison angedacht. Die unvergleichliche Atmosphäre des Sechzger-Stadions könnte einen entscheidenden Beitrag für den angestrebten sofortigen Wiederaufstieg leisten – darin sind sich Fans und Führung einig. Für die Löwen-Fans würde zudem der Schmerz des Abstiegs durch eine Rückkehr in die heiß geliebte Kultstätte erheblich gemildert.

Auf den folgenden Seiten soll vermittelt werden, wie sich das Sechzger vom einfachen Sportplatz zu einem so emotional behafteten Stadion entwickelte.

Im Jahr 2011 würde das Stadion seinen 100. Geburtstag feiern. Vielleicht vermag dieses Buch dem einen oder anderen Leser die Bedeutung dieses Bauwerks nahe zu bringen, in der Hoffnung, dass das Stadion in das zweite Jahrhundert seines Bestehens gehen darf.

Roman Beer

„Eine echte Fußball-Bühne"
Vier Zitate

Fußballstadien

„Für viele Fußballfans ist das Fußballstadion der Ort, wo sie sich am häufigsten aufhalten – von der Wohnung und dem Arbeitsplatz mal abgesehen. Vielleicht ist es die letzte Verbindung zu ihrer Kindheit, mit ihren Eltern oder einer Gegend, in der sie aufgewachsen sind. So ist das nicht nur ein Stadion, sondern ein Ort öffentlicher Erinnerung."
Simon Inglis, englischer Autor verschiedener Publikationen über Sportstadien

Der Stadtteil

„Giesing – das ist der Geruch von Arbeit, Weißbier und Semmelknödel. In der Heimat der Löwen wohnt seit Generationen das werkschaffende Volk Münchens, welches konsequenterweise den Ruf des TSV 1860 als ‚Arbeiterverein' begründete."
Claus Melchior, Münchner Autor verschiedener Publikationen zum Thema Fußball

Das Sechzger-Stadion

„Seit jenem 23. April 1911, als die Fußballer dort einzogen, die vorher am Stadtrand […] ihr Dasein gefristet hatten, ist der Sportplatz an der Grünwalder Straße den Münchnern ans Herz gewachsen. So wie das Hofbräuhaus, das Glockenspiel, der Monopterus im Englischen Garten, der Viktualienmarkt, Leberkäs, Weißwurst, Brezen und Salvator. Und auch wie den Londonern ihr Fußball-Mekka, das Wembley-Stadion. Denn trotz seines nicht ‚olympische Ausmaße' betragenden Fassungsvermögens für (bis zur Abtragung der Stehhalle) ‚nur' 44.000 Zuschauer war der ‚Sechzger' eine echte Fußball-Bühne, im Gegensatz zum großspurigen Olympiastadion ein Platz mit nahem Kontakt vom Zuschauer zum Spieler in ‚englischer Atmosphäre'. Fußball-Milieu, wie es im wind-, schnee- und regenumbrandeten ‚Eispalast' auf dem Oberwiesenfeld […] vermisst wird. Es wäre eine Todsünde wider das Münchner Fußballvolk und schauderhafte Ignoranz gegenüber der Relation zur Größenordnung der 1,3-Millionen-Stadt sowie der Tradition der in Jahrzehnten gezogenen Fußball-Spuren gewesen, das Areal des Stadions an der Grünwalder Straße in Bauland umzuwandeln, wie es in Stadtratssitzungen im Streit der Parteien wiederholt ‚gefahrdrohend' aufloderte."
Michael Steinbrecher, verstorbener Sportjournalist und einzigartiger Kenner der Münchner Fußballszene, in einem Aufsatz von 1979

„Das Stadion besitzt durch die Bauweise, die Stadtlage und durch die Löwen-Fans ein etwas südländisches Flair. Es ist ein leicht exotischer Farbtupfer im Reigen der schönsten deutschen Stadien."
Frank Müller, Autor des Tarkett-Stadionführers

1899 bis 1910
Zwölfjährige Sportplatz-Odyssee – die Vorgeschichte des Sechzgers

Der im Volksmund verwendete Name weist darauf hin: Die Geschichte des Sechzger-Stadions ist eng verbunden mit dem TSV 1860 München. Die Wurzeln dieses Vereins gehen bis auf das Jahr 1848 zurück. Damals, am 15. Juli 1848, fand die Gründungsversammlung des Münchner Turnvereins statt, der allerdings bereits am 6. Juli 1850 wieder verboten wurde. Zehn Jahre später nahm man einen erneuten Anlauf und gründete am 16. Mai 1860 einen „Verein zur körperlichen Ausbildung", der 1862 wieder in Münchner Turnverein umbenannt wurde. Seit 1863 lautete der Vereinsname „Turnverein München", seit 1866 „Turnverein (TV) München von 1860". Die erste Turnhalle der Sechziger konnte 1863 an der Jahnstraße im Stadtteil Isarvorstadt eröffnet werden. Nachdem diese Halle dem Bau der heutigen Hans-Sachs-Straße weichen musste, errichtete man bis 1889 eine neue Turnhalle an der nahe gelegenen Auenstraße.

Die fußballerischen Anfänge auf der Schyrenwiese

Am 6. März 1899 gründete sich eine Spielriege im Turnverein München von 1860, in der einige Turner fortan Turnspiele wie Faust-, Deutsch-, Tamburin- oder Schleuderball durchführten. 1860 gehörte zwar bald zu den ersten Turnvereinen, die gegen den Widerstand der deutschen Turnerschaft auch den aus England kommenden Association Football pflegten; der genaue Zeitpunkt, ab dem die Sechziger Fußball spielten, ist aber umstritten. Erst am 27. Juli 1902 wagte es nämlich die Spielmannschaft des TV 1860, ihr erstes Fußballspiel gegen einen anderen Münchner Verein auszutragen. Die 2:4-Niederlage gegen den 1. Münchner FC von 1896 erlitten die Sechziger auf der so genannten Schyrenwiese.

Der Jugendturnspielplatz am Schyrenplatz war 1896 von der Stadt angelegt worden und hatte in den Jahren 1900/01 ein von Robert Rehlen entworfenes, halbkreisförmiges Abschlussgebäude erhalten. Auf dem Gelände hatte sich zuvor der Radrennplatz des Veloziped-Clubs befunden. Der neue Jugendturnspielplatz wurde anfangs im

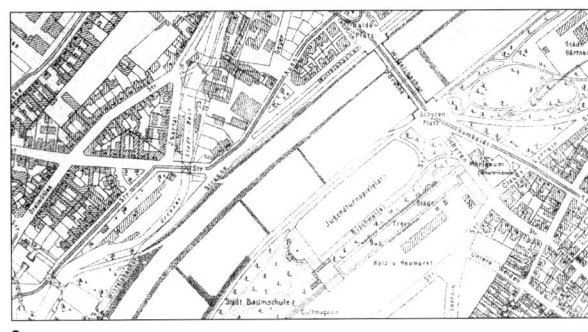

1 Die 1889 eröffnete 1860-Turnhalle an der Auenstraße.

2 Vor dem ersten Spiel der Sechziger 1902: Die Mannschaften des TV 1860 (weiße Dressen) und des 1. Münchner FC auf der Schyrenwiese.

3 Stadtkarte von 1909 mit Schyrenwiese und Heumarkt.

1899 bis 1910

Winter als Eislaufbahn genutzt. Der Magistrat der Stadt stellte im Juni 1899 auf Betreiben des für Leibesübungen zuständigen Rechtsrats Schlicht den bis heute von Freizeitkickern genutzten Platz am Schyrenbad der Spielmannschaft des TV 1860 „zum Zwecke der Spielpropaganda" zur Verfügung. Von der Lage her war dieser Platz für die junge Abteilung ideal, denn direkt gegenüber am linken Isarufer befand sich in der Auenstraße das seit 1888 dem Verein gehörende Vereinsheim mit Turnhalle. Über die Wittelsbacher Brücke war die am rechten Isarufer liegende Schyrenwiese auf kürzestem Wege zu erreichen.

Größere Schwierigkeiten hatte man mit den Nutzungsauflagen des Magistrats. Die Nutzungsgenehmigung für den Platz musste alljährlich bis Mitte April beantragt werden, wobei genaue Angaben über Ort und Zeit der Nutzung gefordert wurden. Hatte man die von der Stadt jederzeit widerrufbare Genehmigung schließlich erhalten, waren noch längst nicht alle Hürden genommen. Zum einen war der Platz nur im Sommer bei trockener Witterung freigegeben, zum anderen musste er vor jedem Training von den Spielern selbst markiert werden. Sepp Mauder, ein Münchner Fußball-Pionier, beschrieb die damaligen Begebenheiten einmal in humorvollen Versen:

> „Früher, in der alten Zeit,
> War der Sport noch nicht so weit,
> Damals musst' man sich noch plagen,
> Stangen, Latten, Säcklein tragen,
> Schafmist z'amklaub'n, Platz markier'n,
> Keiner tat sich da genier'n.
> Mei' was waren wir für Kälber,
> Reisen zahlten wir uns selber.
> Trainer hat kein Mensch noch kennt,
> Mir san halt dem Ball nachg'rennt."

Nach jeder Benutzung des Platzes kam ein städtischer Beamter vorbei, um den Rasen abzunehmen. Öfter kam es dabei zu Schwierigkeiten, denn den Inspektoren war „ein geknickter Grashalm fast zu viel", wie sich der FC Bayern, der seinen ersten Übungsplatz ebenfalls auf der Schyrenwiese fand, in einer frühen Festschrift beschwerte. Der FC Bayern, der am 27. Februar 1900 als Abspaltung eines Teils der Fußballabteilung des Männer-Turnvereins von 1879 gegründet worden war, trainierte bis 1901 auf der Schyrenwiese. Die Spiele der Bayern fanden dagegen auf der Theresienwiese statt. Von 1901 bis 1907 spielten die Bayern auf dem Platz an der Clemensstraße in ihrem Heimatstadtteil Schwabing, der ihnen von ihrem Förderer, dem Herd- und Ofenfabrikanten Friedrich Wamsler, zur Verfügung gestellt wurde.

Der Münchner Fußballsport entwickelte sich trotz aller Schwierigkeiten stetig voran. Die Fußballer des TV 1860 konnten dabei aber unter besseren Rahmenbedingungen ihrem Freizeitvergnügen nachgehen als reine Fußballclubs. Der wohlhabende Turnverein ermöglichte nämlich eine größere Freiheit von finanziellen Sorgen. Im März 1904 etwa spendierte der 1860-Turnrat seinen Fußballern aufgrund guter Resultate die ersten zerlegbaren Tore mit Hanfnetzen im Wert von 75 Mark, obwohl manches Ratsmitglied noch wenig Kenntnis über die aufstrebende Sportart bewies. In der Sitzung stellte ein Ratsmitglied allen Ernstes die Frage: „Ja, wozu gehören eigentlich diese Netze? Werden die vor das Tor gespannt, damit kein Ball mehr hineinkann?"

Vom Heumarkt zum Flaucher

Auch bei der Spielplatzfrage sollte der Hauptverein noch von großem Nutzen sein. Bei der alljährlichen Platzvergabe im April 1904 hatte der Magistrat der Stadt nämlich den Sechzigern aufgrund endloser Querelen die Nutzung der Schyrenwiese untersagt. Als Ersatz wurde den 1860-Fußballern ein Gelände östlich des Heumarktes, unweit des alten Platzes, zugeteilt. Das Areal neben dem Waaggebäude des Heumarkts, das wegen seiner ungenauen Waage zu einer lokalen Redewendung geworden ist („Dei' Uhr geht nach der Giesinger Heiwaag!"), zäunten die Sechziger in Eigenarbeit mit einer Stangenbarriere ein, die allerdings eines Morgens verschwunden war. Da sich der sumpfige und graslose Platz auch ansonsten als völlig ungeeignet erwiesen hatte, zog man schon nach wenigen Wochen isaraufwärts weiter zum Flaucher.

In den westlichen Isar-Auen erging es den 1860-Fußballern aber nicht viel besser. Zum einen war wie an allen vorherigen Plätzen auch täglich der so genannte Platz- und Balldienst zu verrichten, bei dem vor jedem Training beziehungsweise Spiel die Tore, der Ball sowie Säcke oder Eimer voll Sägemehl für die Platzmarkierung zum Sportplatz gebracht werden mussten. Jeden Tag hatte ein anderer Spieler Platz- und Balldienst. „Das war der hehre Idealismus unserer Altvorderen, der Pioniere im Fußballsport", heißt es hierzu in der Festschrift zum 30-jährigen Jubiläum der 1860-Fußballabteilung aus dem Jahr 1929. Daneben mussten aber vor jedem Abendtraining auch die tagsüber von Kindern gegrabenen Löcher zugeschüttet werden, da das Gelände auch als Kinderspielplatz genutzt wurde. Man suchte daher bald erneut nach einem anderen Spielort, und hierbei erwies sich die Zugehörigkeit zu einem großen Turnverein einmal mehr von Vorteil.

Der Waldspielplatz Holzapfelkreuth

Der TV 1860 plante nämlich schon länger die Errichtung eines eigenen Spielplatzes. Am 9. August 1904 war es schließlich so weit: Der Waldspielplatz Holzapfelkreuth wurde eröffnet. Es handelte sich dabei um eine von den Brauerei-Inhabern Gebrüder Thomas für 300 Mark im Jahr gepachtete Wiese am Rande von Fichtenwaldungen an der westlichen Stadtgrenze Münchens zur Gemeinde Großhadern. Der Weiler Holzapfelkreuth war 1858 durch Josef Holzapfel, den Sohn eines einstigen Revierförsters, gegründet worden, der ein 1844 erbautes Bauerngut erworben und es nach seinem Familiennamen benannt hatte. 1889 wurde in Holzapfelkreuth eine Waldwirtschaft eröffnet. Heute erinnern die Namen einer Straße und einer U-Bahn-Station an die einstige Waldsiedlung. Das Grundstück des 1860-Platzes lag nördlich der Holzapfelkreuther Waldwirtschaft, die ebenfalls der Thomas-Brauerei gehörte. Heute begrenzen die Pollinger-, die Schongauer, die Graswanger und die Linderhofstraße das Areal des einstigen Waldspielplatzes, auf dem später Ein- und Zweifamilienhäuser errichtet wurden.

Den Platz legten die Sechziger selbst an, und am 16. Oktober 1904 fand dort gegen den MTV 1879 das erste Spiel statt (1:1). Im selben Jahr war eine Trambahnlinie zum nahe gelegenen Waldfriedhof eröffnet worden, was aber die Abgelegenheit der Anlage nur wenig linderte. Die Straßenbahn-Linie 18 (Harras - Waldfriedhof) verkehrte nämlich nicht allzu oft am Tag. Der Waldspielplatz in „Holzäpfi" wurde schließlich nur am Sonntag genutzt, wenn man mit der ganzen Familie vor allem das gesellige Vereinsleben bei Maitänzen, Johannisfeuern, italienischen Nächten, Sommerfesten und Weihnachtsfeiern pflegte. Werktags trainierten die 1860-Fußballer ab Oktober 1904 auf der Theresienwiese, für deren Nutzung der städtische Magistrat die Genehmigung erteilt hatte. Die „Wiesn" gilt als Keimzelle des Münchner Fußballsports. Bereit 1898 wurde im Südteil des Geländes, auf dem seit 1810 das Oktoberfest stattfindet, ein städtischer Sportplatz angelegt, der von mehreren Vereinen benutzt wurde. Auch der 1896 gegründete erste Münchner Fußballverein mit dem lateinischen Namen „Terra Pila" (Terra = Erde, Pila = Ball) war dort beheimatet.

Zwar rückte der TV 1860 wegen seiner nun deutlich verbesserten Spielmöglichkeiten in die Reihe der besten Münchner Fußballvereine auf, was sich auch dadurch zeigte, dass am 1. November 1904 in Holzapfelkreuth zum ersten Mal ein Sieg gegen den FC Bayern gelang. Doch aufgrund der langen Anreise zum Platz am Stadtrand, der vom Vereinsheim an der Auenstraße zu Fuß eine halbe Tagesstrecke entfernt lag, sah man sich schon nach wenigen Jahren erneut in der Entwicklung gebremst. 1907 nämlich hatte der Kassierer zum ersten Mal Eintrittsgeld von den Besuchern verlangt. Da aber nur selten eine größere Zahl von Zuschauern den weiten Weg nach Holzapfelkreuth auf sich nahm, sah man keine Möglichkeit, weitere Einnahmen zu erzielen und renommierte Gegner zu Privatspielen zu verpflichten. Zudem war die Theresienwiese samt ihrer unhaltbaren Zustände beim Umkleiden und bei der Geräteverwahrung für mittlerweile fünf Mannschaften zu klein geworden.

Der Alpenplatz

Auf der Suche nach einem zentral in der Stadt gelegenen Platz mit Trambahnanschluss wurde man im Frühjahr 1908 fündig. Mitten im alten Giesinger Zentrum, am Alpenplatz, pachtete Wilhelm Hilber, Uhrmachermeister aus dem Nachbarstadtteil Au und Halbstürmer in der dritten Mannschaft des TV 1860, von dem Bauern Kaspar Peter eine umzäunte Wiese in der Nähe einer Gärtnerei und stellte sie seinem Verein zu Verfügung. Zu Fronleichnam Mitte Juli 1908 sollte der Platz mit Spielen der ersten

4 Der Sportplatz am Schyrenbad mit dem halbkreisförmigen Abschlussgebäude heute.

5 Holzapfelkreuth von Nordosten (1918). Rechts oben der Waldfriedhof, davor die Waldfriedhofstraße mit der Endstation der Trambahn, rechts die Fürstenrieder Straße. In der Bildmitte links ist eine eingezäunte Wiese zu erkennen: der ehemalige Waldspielplatz des TV 1860 samt Anzeigetafel.

6 Die erste Mannschaft des TV 1860 auf dem Waldspielplatz in Holzapfelkreuth (1906).

1899 bis 1910

und zweiten Mannschaft gegen den FC Wacker eröffnet werden, die allerdings abgesagt werden mussten. Obwohl sich für 1860 am Alpenplatz erste Erfolge in der seit 1905 ausgetragenen A-Klassen-Meisterschaft einstellten, blieb der Zuschauerzuspruch mit weniger als tausend Besuchern pro Spiel noch immer gering. Der FC Bayern und der MTV 1879 waren zu dieser Zeit populärer.

Die Entwicklung der 1860-Fußballer ging aber stetig aufwärts. Im Jahr 1910 zählte die Fußballabteilung bereits 154 Mitglieder, die in acht Mannschaften aufgeteilt wurden. Der Alpenplatz mit seinen knappen Ausmaßen von nur 90 Metern Länge und seinem Mangel an Umkleideräumen wurde für den immens wachsenden Spielbetrieb bald zu klein. Als 1910 erstmals von einer demnächst zu erwartenden Bebauung des Geländes die Rede war, begab man sich ein weiteres Mal auf Platzsuche. Es sollte der fünfte Umzug in der zwölfjährigen Geschichte der Fußballabteilung des TV 1860 folgen, der aber für lange Zeit auch der letzte blieb.

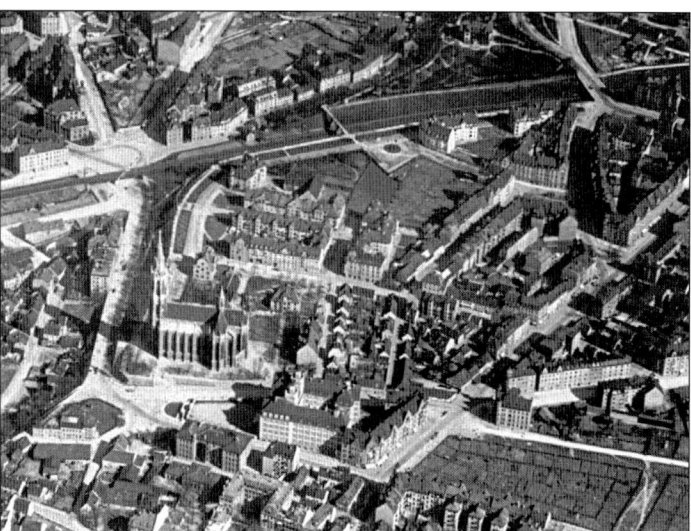

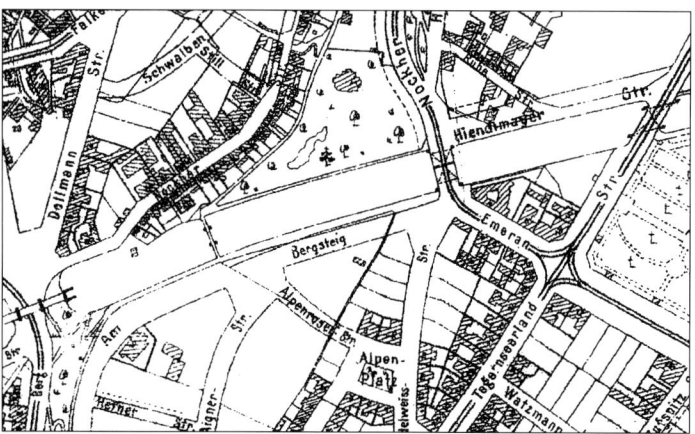

7 Luftbild von Obergiesing (1918) mit der Bahnlinie. Auf dem unbebauten Areal in der oberen Bildmitte befand sich der 1860-Platz. Links davon liegt der Alpenplatz.

8 Stadtplan von Obergiesing (1908) mit dem Alpenplatz.

9 Die Mannschaft des TV 1860 auf dem Gelände am Alpenplatz im Frühjahr 1910.

10 Von 1914 bis 1929 errichtete die Straßenbahner-Baugenossenschaft auf dem Areal des früheren 1860-Platzes zwischen Aigner- und Alpenrosenstraße einen stattlichen Wohnblock, der noch heute steht. An der Hausecke ist die Figur eines Schaffners zu sehen.

11 Wilhelm Hilber.

1911 bis 1921
1860 wird an der Grünwalder Straße heimisch

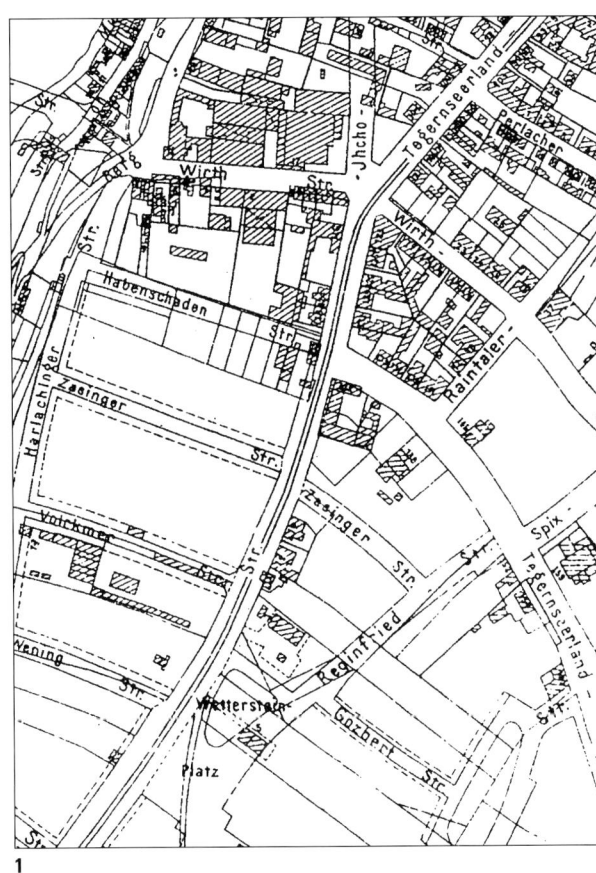

1 Stadtkarte von Giesing aus dem Jahr 1912. Die Sitztribüne an der Volckmerstraße ist bereits eingezeichnet.

2 Die ersten Baupläne für die Sitztribüne vom Frühjahr 1911 (Schnitt und Seitenansicht von Westen). Die Länge des Bauwerks beträgt im Plan noch 30 Meter, ausgeführt wurde nur eine Länge von 12 Metern. Dafür erhielt die Tribüne ein Satteldach, das im Schnitt nachträglich einskizziert wurde.

3 Ansicht von Norden (Spielfeld).

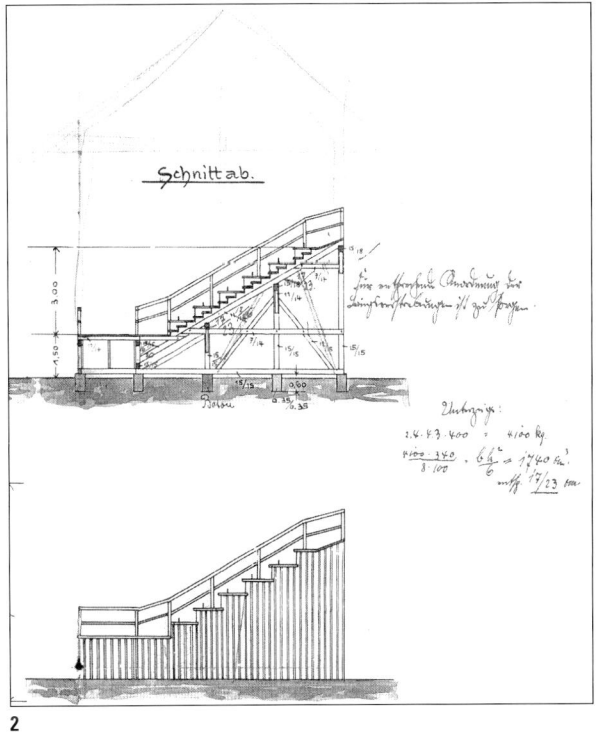

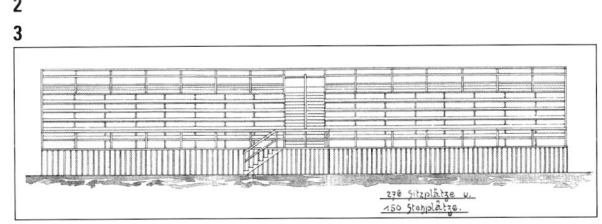

Der 1860-Platz entsteht

Nachdem der Pachtvertrag für das Gelände am Alpenplatz mit Ende der Spielzeit 1910 vom Verpächter gekündigt worden war, ging Wilhelm Hilber erneut auf die Suche nach einer Bleibe für die Fußballer und Leichtathleten des TV 1860. Diesmal ergab sich eine schnelle Lösung. Die Erbengemeinschaft des verstorbenen Grundbesitzers Kaspar Peter, dem das Gelände am Alpenplatz gehört hatte, bot den Sechzigern während einer Vereinssitzung ein Grundstück am südlichen Rande Giesings, direkt an der Isarhangkante, an. Es handelte sich um eine 7,5 Tagwerk (2,554 Hektar) große Wiese an der Grünwalder Straße, die bisher von der Familie Peter landwirtschaftlich genutzt worden war. Der Hof der Familie Peter (Hausname

1911 bis 1921

4 Der 1860-Platz mit der hölzernen Sitztribüne beim ausverkauften Spiel 1860 - Wacker 3:1 im Frühjahr 1920. Rechts hinter der Tribüne ist die Ostenrieder-Villa mit ihren Nebengebäuden zu sehen.

„Krebsbauer") am Nockherberg war im 19. Jahrhundert der größte landwirtschaftliche Betrieb in Giesing. Nach der Eingemeindung nach München im Jahr 1854 hatte sich der Siedlungsdruck im zuvor bäuerlich geprägten Vorort verstärkt. Die Grundpreise stiegen und führten zur Aufgabe vieler Bauernhöfe. Auch die Besitzer des Krebsbauern-Hofes verkauften damals größere Flächen.

Nach einer Besichtigung des Grundstücks Anfang des Jahres 1911 einigte sich Wilhelm Hilber, der erneut in großzügiger Manier für die Finanzierung sorgte, nach längeren Verhandlungen mit dem Familienvertreter Wilhelm Harlander auf einen zehnjährigen Pachtvertrag mit festgeschriebenem Vorkaufsrecht. Bereits Anfang Februar 1911 konnten die Münchner Zeitungen die Pläne des TV 1860 für seinen neuen Sportplatz an der Grünwalder Straße vermelden, der „mit allem Raffinements der Neuzeit" („Münchner Zeitung") ausgestattet werden sollte. Innerhalb von nur zwei Monaten entstand im Frühjahr 1911 zwischen der Grünwalder Straße (Osten) und den geplanten Verläufen von Volckmerstraße (Süden), Harlachinger Straße (Westen) und Zassingerstraße (Norden) eine vollständig eingeplankte Anlage, die zum größten Teil als Wettspielplatz angelegt war. Die Einfriedung des Platzes bestand aus einer 2,20 Meter hohen Bretterwand mit waagerecht angeordneten Brettern. Der Eingang zum Sportplatz befand sich samt der Kassenhäuschen an der Südost-Ecke der Anlage. Um das Hauptspielfeld der Fußballer legten die Leichtathleten in Eigenarbeit eine 400-Meter-Laufbahn an, die als „ungemein fairer Kurs" gelobt wurde. Es handelte sich um die erste 400-Meter-Bahn in München. Zwischen den Kurven der Bahn und dem Spielfeld wurden die Standplätze für Schleuderball, Diskus- und Speerwurf errichtet. Die Anlagen für Weitsprung, Dreisprung, Stabhochsprung, Kugel- und Steinstoßen sowie die Bahnen für 50-Meter-, 100-Meter- und 110-Meter-Hürden-Lauf wurden vor der kleinen überdachten Sitztribüne an der südlichen Längsseite des Platzes angelegt.

Die Tribüne, das Prunkstück des viel bestaunten Platzes, war von der Baugesellschaft Syrus Süss Nachfolger geplant und gebaut worden. Die ersten Pläne vom Februar 1911 zeigen eine 30,10 Meter lange und 7,50 Meter breite Holzkonstruktion, die bei einer Höhe von 5,50 Metern über sechs Sitzplatzstufen verfügen sollte. Ausgeführt wurde der Tribünenbau allerdings nur in einer Länge von rund zwölf Metern. Vor den Reihen der ausgesprochen groß dimensionierten Stufen (jeweils 50 mal 100 Zentime-

5 Am 18. Juni 1911 kam es am 1860-Platz zu einem Leichtathletik-Vereinswettkampf, der vom TV 1860 zusammen mit dem MSC und dem MTV 1879 veranstaltet wurde. Das Bild zeigt Ketterer (1860, links) und Cowles (MSC, Mitte) bei der Qualifikation für den 100-Meter-Endlauf. Links die Sitztribüne.

ter) lag ein 1,50 Meter hohes Podest, das bei drei Metern Breite als Erschließungsgalerie und Zuschauerplatz diente. Die Tribüne wurde mit einem Satteldach versehen, das in den ersten Plänen noch gefehlt hatte. Die vier Stützen für das Dach schränkten die Sicht auf die Sportanlagen nicht unerheblich ein. Die Firsthöhe des Daches betrug in etwa elf Meter. Wegen ihrer Form wurde die Tribüne im Volksmund bald als „Zündholzschachterl" bezeichnet.

Im Innern der Tribüne wurden Garderoben und Waschräume untergebracht, womit für die Sportler auch das leidige Umziehen in Gaststätten ein Ende hatte. Der Tribünenunterbau wurde mit einer senkrechten Holzverschalung verkleidet, ebenso die Giebelseiten der Dachkonstruktion. Auf diesen war beiderseits in großen weißen Lettern der Name des Besitzers angeschrieben: „T. V. M. von 1860, Auenstraße 19". Vor der 160 Sitzplätze bietenden Tribüne und rings um das Feld standen zudem Stehplatzränge zur Verfügung, die allerdings ebenerdig waren.

Mit der Einweihungsveranstaltung am 21. Mai 1911 zogen die 1860-Leichtathleten endgültig vom Schyrenplatz an die Grünwalder Straße. Die Fußballer hatten ihren kompletten Trainings- und Spielbetrieb ab dem 1. Mai 1911 auf den neuen Platz verlegt und waren damit nach einer zwölfjährigen Odyssee endgültig in Giesing heimisch geworden.

Neben dem Hauptspielfeld hatte man ein weiteres Übungsfeld in der Nordhälfte der Anlage zur Verfügung. Die dortigen Grundstücke von insgesamt 1,75 Tagwerk (0,6 Hektar) Größe hatte man von den Grundeigentümern Hensele und Stadler gepachtet. Die Fußballer mussten sich den Nebenplatz aber zunächst mit der Hockeyabteilung teilen. Die dort ebenfalls geplanten Tennisplätze entstanden allerdings nie.

Erste Erweiterungen

Der Bau des 1860-Sportplatzes an der Grünwalder Straße hatte bis dahin 14.000 Mark gekostet. Bereits im Sommer 1911 dachte man an eine Vergrößerung der Anlage, wofür jedoch zunächst das Geld fehlte. Im April 1912 konnte man dann aber die Pacht eines weiteren Grundstücks südlich des Hauptplatzes vermelden. Dort entstand ein weiterer Fußball-Trainingsplatz. Für das am 12. Mai 1912 anstehende Internationale Sportfest wurde zudem die Laufbahn neu geplant, um einwandfreie Zeiten garantieren zu können. Auch an den Tribünen wurden Verbesserungen vorgenommen. Die Stehplatzbereiche wurden vergrößert, die Sitztribüne erhielt einen Anbau mit Glasverschalung an der Westseite, wodurch die Zuschauer vor Wind und Schlagregen geschützt waren.

Damit war der Sportplatz zunächst einmal fertig gestellt. 1860 hatte nun einen Platz, der sich mit den Anlagen der anderen Münchner Vereine messen konnte. Die Lage war zudem ideal: Man blieb im Aktionsgebiet des Vereins,

1911 bis 1921

10 Plan des Stadiongrundstücks von 1902. Die mittlere Parzelle (späterer Hauptplatz) gehörte Kaspar Peter, die untere (südlicher Nebenplatz) Max Ostenrieder.

11 Die erste Sitztribüne beim Abriss 1925. Rechts ist die Glasverschalung an der Westseite der Tribüne zu sehen.

HÖHEPUNKT

23.4.1911
TV 1860 - MTV 1879 München 4:0 – Kantersieg beim ersten Spiel

Die Fußballmannschaft der Sechziger durfte den neuen Platz an der Grünwalder Straße als Erste benutzen: Am Sonntag, den 23. April 1911, traf man am ersten Spieltag der Frühjahrsmeisterschaft des Münchner Fußballbundes auf den alten Rivalen MTV 1879. Den Wettbewerb, an dem alle höherklassigen Münchner Mannschaften (1911 waren dies: TV 1860, MTV 1879, FC Bayern, FC Wacker, Turnerschaft) teilnahmen, fand von 1903 bis 1914 im Anschluss an die Meisterschaft des Süddeutschen Fußballverbandes statt. 1909 hatten die Sechziger den Pokal gewonnen, der damals zum einzigen Mal im K.o.-Modus ausgespielt worden war. Es war für lange Zeit der größte Erfolg der 1860-Fußballer.

Die Sitztribüne war zum Zeitpunkt des Spiels noch nicht ganz fertig gestellt. Die Spieler mussten sich daher in einer gegenüberliegenden Gaststätte umziehen. Als das Spiel um 16 Uhr angepfiffen wurde, gingen die Sechziger als leichter Favorit ins Derby, obwohl sie in den vorangegangenen Spielen nicht überzeugt hatten. Der erwartete spannende Spielverlauf blieb aber aus, da die MTV-Mannschaft nie richtig ins Spiel fand. Auch 1860 zeigte ein schwaches Kombinationsvermögen, glich dieses Manko aber durch starke Einzelleistungen aus. Vor allem Torwart Reichenberger konnte sich mehrmals auszeichnen.

In der 25. Minute gingen die Sechziger in Führung. Der erste Torschütze auf dem Sechzger-Platz ist allerdings unbekannt, denn nach einem Weitschuss von Seefried sprang der Ball an die Oberkante der Querlatte und wurde danach von einem Gemenge aus mehreren 1860-Spielern und dem MTV-Torwart ins Netz befördert. Dass der erste Torerfolg aber auf der Westseite des Platzes stattfand, also dort, wo Jahrzehnte später die Heimkurve der 1860-Fans entstehen sollte, ist verbürgt. Schon zwei Minuten nach dem Führungstreffer erhöhte Pospech auf 2:0. Nach dem Seitenwechsel schossen die Sechziger noch zwei weitere Tore, womit am Ende ein zuvor nicht für möglich gehaltener 4:0-Kantersieg feststand. „Die Mannschaft des Siegers spielte mit eiserner Energie, sie war schnell am Ball und verfügte über ein besseres Schussvermögen", resümierte die „Münchner Zeitung".

Tore: 1:0 Torschütze unbekannt (25.), 2:0 Pospech (27.), 3:0 Rechenmacher (72.), 4:0 Torschütze unbekannt (ca. 85.)

dem Südosten der Stadt, unweit des Vereinsheims an der Auenstraße. Damit war die Zukunft des Vereins hinsichtlich der Zahl der aktiven Sportler gestärkt worden, denn die Verlagerung des Übungsbetriebes an einen weniger nahen Platz hätte den Verlust vieler Mitglieder bedeutet. Durch die neuen Sportstätten war der Mitgliederstand des TV 1860 im Frühjahr 1912 auf 3.200 angewachsen, wovon 270 der Fußballabteilung angehörten.

Von der verkehrsgünstigen Lage des Platzes an sechs Trambahnlinien erhoffte man sich steigende Zuschauerzahlen und damit verbunden höhere Einnahmen. Die jährlichen Schlussrechnungen bewiesen aber immer wieder die Unrentabilität der als zu klein bemängelten Anlage. Die Sitztribüne war allerdings anfangs nur schwach besucht gewesen, da man dort Extra-Eintrittsgelder erhoben hatte. Bei den Gründen für die geringe Zuschauerresonanz spielten sicher auch der vor dem Ersten Weltkrieg geringe Stellenwert des TV 1860 bei den Münchner Fußballanhängern und das noch lange Jahre spannungsreiche Verhältnis zwischen dem bürgerlichen, aus dem Stadtgebiet links der Isar stammenden Turnverein und den Bewohnern der „roten Hochburg" Giesing eine große Rolle.

HÖHEPUNKT

21.5.1911
Leichtathletik-Städtekampf München gegen Berlin 55:45 –
Die offizielle Platzeröffnung

Für die offizielle Eröffnung des Platzes hatte man einen Leichtathletik-Wettbewerb vorgesehen. Zunächst war ein lokales Meeting für den 7. Mai 1911 geplant, das dann aber durch die Austragung des Leichtathletik-Städtekampfes zwischen München und Berlin am Sonntag, den 21. Mai 1911, ersetzt wurde, an dem Aktive des TV 1860 und der Turngemeinde Berlin teilnahmen. 1910 war das Städteduell erstmals ausgetragen worden. In München hatten die Gastgeber gesiegt, beim Retourwettkampf in der Hauptstadt die Berliner. Nun kam es zur dritten Auflage des Städtekampfes, der zugleich die Auftaktveranstaltung für die Münchner Leichtathletiksaison 1911 darstellte. Der Wettbewerb wurde in der Form eines olympischen Zehnkampfes ausgetragen. Jede Mannschaft stellte pro Konkurrenz drei Mann, wobei nur zwei Teilnehmer pro Partei in die Wertung kamen. Dem Sieger eines Wettbewerbs wurden vier, dem Zweiten drei, dem Dritten zwei Punkte und dem Vierten ein Punkt gut geschrieben.

Bereits um acht Uhr in der Frühe begannen die ersten Vorkämpfe auf dem 1860-Platz an der Grünwalder Straße. Als um 14 Uhr die Entscheidungskämpfe gestartet wurden, hatte sich ein großes Publikum um den Platz versammelt, darunter viele Offiziere. „Die Leistungen blieben im Allgemeinen etwas gegen die vorjährige Veranstaltung zurück, was hauptsächlich auf die durch die Niederschläge der letzten Tage verursachte Kälte und den noch ziemlich weichen Grasboden zurückzuführen ist", wussten die „Münchner Neuesten Nachrichten" zu berichten. Nach einem spannenden Wettkampf siegte 1860 mit 55:45 Punkten gegen die Berliner. Die Sechziger hatten wie erwartet in den Laufkonkurrenzen über 100, 400 und 1.000 Meter sowie im 500-Meter-Staffellauf gesiegt. In den Sprungdisziplinen (Weitsprung, Hochsprung, Stabhochsprung) wurden die Berliner ihrer Favoritenrolle gerecht. Der Zwischenstand betrug nun 38:32 für die Münchner, die Wurfkonkurrenzen mussten also die Entscheidung bringen. Nach einem 5:5-Unentschieden beim Kugelstoßen siegten die Sechziger sowohl im Diskus- als auch im Speerwerfen mit 6:4 und holten sich damit auch den Gesamtsieg.

Neben dem Städtekampf hatte man bei der Eröffnungsveranstaltung auch Einladungswettbewerbe sowie Junioren- und Militärkonkurrenzen organisiert, zu denen sich 215 Teilnehmer von 17 Vereinen und fünf Regimentern gemeldet hatten. Karl Halt (später Ritter von Halt) von der Turngemeinde München ging bei den Juniorenwettbewerben als dreifacher Sieger (50-Meter-Lauf, 100-Meter-Lauf, Steinstoßen) hervor. Auf besonderes Interesse stieß beim Publikum neben dem 1.000-Meter-Vorgabelauf der 110-Meter-Hürdenlauf, bei dem mit Hanns Braun (Münchner SC), von Bönninghausen (TV 1860), Abraham (Turngemeinde Berlin) und dem Amerikaner Cowles (Münchner SC) eine seltene Besetzung an den Start ging. Hanns Braun konnte beide Wettbewerbe gewinnen.

Neben Braun waren bei der Eröffnungsfeier des 1860-Platzes mit Bäuerle, 100-Meter-Weltrekordhalter Ketterer und dem späteren Olympiamannschafts-Trainer Waitzer (alle TV 1860) drei weitere der ingesamt sieben Münchner Teilnehmer an den Olympischen Spielen 1912 in Stockholm gestartet.

Bei den Militärkonkurrenzen (400-Meter-Staffellauf und Tauziehen) konnte das Infanterie-Leibregiment, dessen Teilnahme an einem öffentlichen Leichtathletik-Wettbewerb erstmals genehmigt worden war, in beiden Fällen den Sieg feiern.

1911 bis 1921

QUERPASS

Münchens erste „Stadien"

Die Sechziger waren 1911 der vierte Münchner Verein, der über einen Sportplatz mit Tribüne verfügte. Den ersten großen Sportplatz Münchens hatte im September 1907 der **Münchner SC** an der **Äußeren Leopoldstraße** in Schwabing eröffnet (Einweihungsspiel FC Bayern - FC Wacker 8:1 am 15. September 1907), was von besonderem Vorteil für den FC Bayern war. Die Bayern hatten sich nämlich im Januar 1906 dem als elitär geltenden MSC angeschlossen und traten dementsprechend bis zu ihrem Austritt im Oktober 1919 als „Fußballabteilung Bayern des MSC" auf. Zunächst hatten die Bayern den MSC-Platz an der Karl-Theodor-Straße genutzt. Als dieser aber einem Schulhausbau weichen musste, verpachtete die Stadt dem MSC äußerst günstig für 320 Mark im Jahr das Gelände östlich der Leopoldstraße auf Höhe des Parzivalplatzes. Neben dem Schwabinger Güterbahnhof entstand dort eine große Sportanlage mit einem Wettspielplatz für Fußball und Hockey, einem Trainingsplatz, Leichtathletikeinrichtungen, 13 Tennisplätzen, einem Wohnhaus für den Platzwart und einem Klubhaus. Im Zentrum der Anlage lag der Fußball- und Hockeyplatz mit der ersten überdachten Tribüne Münchens (200 Plätze, Umkleide im Erdgeschoss), die sich auf der Seite zur Leopoldstraße befand.

Obwohl auf dem MSC-Platz seit den 1930er Jahren nicht mehr gespielt wurde, musste die kleine Holztribüne erst im Jahr 1960 der Verbreiterung der Leopoldstraße weichen. Heute befindet sich auf dem einstigen MSC-Gelände eine Filiale der Handelskette Metro. Der hölzerne Sitztribünenbau, der im Volksmund „Schuhschachtel" genannt wurde, wies in Konstruktion und Gesamtbild verblüffende Ähnlichkeiten mit dem des Sechzger-Platzes an der Grünwalder Straße (im Volksmund „Zündholzschachterl") auf. Die nahe liegende Vermutung, dass der MSC/Bayern-Platz für den TV 1860 als Vorbild fungierte, wird von einer Festschrift des FC Bayern bestätigt. Darin heißt es, dass dem Platz an der Leopoldstraße „andere Anlagen zum Teil nachgebildet wurden".

Auch die 1912 erbaute Tribüne des 1908 eröffneten **Monachia-Platzes** an der Plinganserstraße in Sendling weist dieselbe Grundform auf. Dort spielte der 1903 gegründete **FC Wacker**, der sich bereits 1908 dem wohlhabenden Radrennclub SC Monachia als Fußballabteilung angeschlossen hatte und daraufhin von seinem Sportplatz in Laim nach Sendling umgezogen war. 1913 trennte sich Wacker von der Monachia und schloss sich der Turnerschaft 1886 an. Ab 1915 spielte man auf dem Turnerschafts-Platz in der Georgenschwaige. Da die Turnerschaft aber ihr Versprechen, den Platz zuschauergerecht auszubauen, nicht einhielt, wurden die Wackeraner 1917 wieder eigenständig und kehrten an die Plinganserstraße zurück.

Allerdings war zwischenzeitlich die Holztribüne an der Plinganserstraße abgebrochen worden, da man den Verkauf des Geländes als Bauland geplant hatte. Der Wacker-Platz blieb zwar bis heute (inzwischen heißt der Platz „Städtische Bezirkssportanlage an der Demleitner Straße") bestehen, er erhielt aber nie wieder eine überdachte Tribüne.

Die einzige Ausnahme in der Reihe der vier Münchner „Stadien" stellte hinsichtlich des Tribünenbaus der 1909 eröffnete Platz des **MTV 1879** an der **Marbachstraße** in Sendling dar, der südlich der Andechser Straße zwischen Marbach-, Passauer und Ammerseestraße (Letztere existiert nicht mehr) lag. Dort hatte man eine Holztribüne mit Pultdach errichtet, dessen Firstbalken auf sechs Stützen ruhte. Einen besonderen ästhetischen Ausdruck verliehen dem Bau die zwischen den Stützen verlaufenden Rundbögen der seitlichen Dachverschalung. Der MTV-Platz war vor dem Ersten Weltkrieg das größte „Stadion" in München. Der DFB vergab daher sowohl das erste Länderspiel (Deutschland - Ungarn 1:4 am 17.12.1911), wie auch das erste Endrundenspiel um die Deutsche Meisterschaft (Endspiel VfB Leipzig - Duisburger SpV 3:1 am 11.5.1913), die auf Münchner Boden stattfanden, an die Marbachstraße. Dabei stellten 6.000 beziehungsweise 5.000 Zuschauer neue Rekordzahlen für den Münchner Fußballsport auf.

Während sich die Vereinskassierer über steigende Einnahmen aus Eintrittsgeldern freuten, wurden durch den Bau dieser Sportplätze natürlich auch bessere Bedingungen für die Aktiven geschaffen. „So sehen wir ... eine Reihe Sportstätten zum Wohle der Jugend im Werden begriffen, ein Vorgehen, das dem Opfersinn der Rasensport treibenden Vereine ein gutes Zeugnis ausstellt", würdigte die „Münchner Zeitung" die Verdienste der Vereine.

6 Der MSC-Platz an der Leopoldstraße bei einem Spiel des FC Bayern um 1910. Das Eckhaus am rechten Bildrand steht noch heute.

7 Der Platz des Münchner SC (um 1910) von Südosten mit der Sitztribüne, dem Umkleidehaus (links) und dem Clubhaus (rechts).

8 Der Platz des MTV 1879 an der Marbachstraße von Nordwesten beim Spiel FC Bayern - MTK Budapest 1:7 am 27. Juli 1919.

9 Der Platz des RSC Monachia an der Plinganserstraße beim Tribünen-Eröffnungsspiel FC Wacker - Ferencvaros Budapest 1:3 im Jahr 1912.

6

7

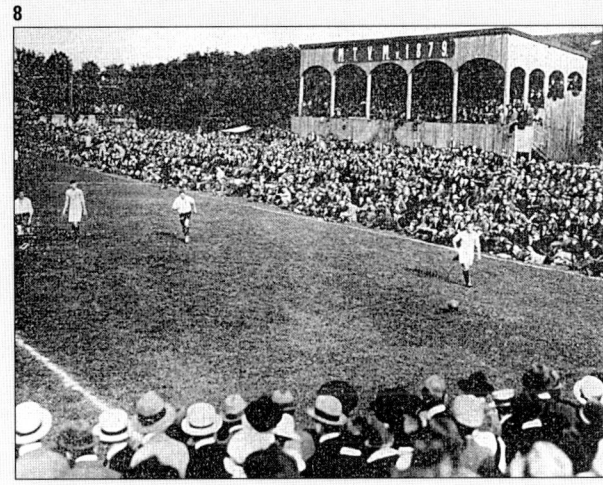

8

9

1911 bis 1921

HÖHEPUNKT

18.2.1912
TV 1860 - FC Bayern 0:1 –
Das erste Derby an der Grünwalder Straße

Am 18. Februar 1912, fast ein Jahr nach Eröffnung des neuen 1860-Platzes, war es so weit: Erstmals wurde ein Derby zwischen dem TV 1860 und dem FC Bayern an der Grünwalder Straße ausgetragen. In der vorangegangenen Spielzeit 1910/11 hatte der TV 1860 in einem Ligaspiel gegen die Bayern sogar seinen Heimvorteil aufgegeben, da der Alpenplatz zu wenigen Zuschauern Platz geboten hätte. Stattdessen waren die Sechziger auf den MSC-Platz an der Leopoldstraße ausgewichen, wo man gegen die dort beheimateten Bayern eine Niederlage (0:3) hinnehmen musste.

In der A-Klassen-Saison 1911/12 hatte der FC Bayern das Hinspiel an der Leopoldstraße im Oktober 1911 mit 2:0 gewonnen. Auch ins Rückspiel an der Grünwalder Straße gingen die Bayern als klare Favoriten. Der aufgeweichte Rasen des 1860-Platzes ließ im Februar 1912 nur ein äußerst zerfahrenes Spiel zu, in dem es trotzdem auf beiden Seiten zu etlichen Torchancen kam. Bereits in der fünften Minute gingen die Gäste in Führung. Nach einer Flanke von der linken Seite schoss Bayern-Stürmer Mayer den Ball in die linke Ecke des Sechziger-Tores. In der Folge entwickelte sich ein abwechslungsreiches Spiel, das die „Münchner Neuesten Nachrichten" zum „Kampf der Torwächter" stilisierten. Bayern-Keeper Hofmeister hielt seinen Kasten sauber, und am Ende hatte 1860 mit viel Pech 0:1 verloren.

Während die Sechziger dadurch im Mittelmaß der höchsten bayerischen Spielklasse blieben, hatten die Bayern ihren zweiten Tabellenplatz hinter der SpVgg Fürth gefestigt. Am Tabellenbild änderte sich bis Saisonende wenig: Der FC Bayern verpasste die Ostkreis-Meisterschaft knapp, und die Sechziger landeten wie in den Jahren zuvor hinter den Lokalrivalen Bayern, Wacker und MTV 1879.

Der FC Bayern nutzte den 1860-Platz nach diesem ersten Gastauftritt im Februar 1912 in den folgenden Jahren auch bei einigen Heimspielen. Das erste Heimspiel der Rothosen auf dem Giesinger Berg fand am 3. Mai 1914 in einem freundschaftlichen Vergleich mit dem Kölner FC 99 (3:2) statt. Auch das Jubiläumsturnier zum 20-jährigen Bestehen des FC Bayern im Juli 1920, bei dem die SpVgg Fürth, der 1. FC Nürnberg und der FC St. Gallen teilnahmen, wurde auf dem 1860-Platz ausgetragen. Bis zum Stadionausbau 1925 folgten vier weitere Heimspiele der Bayern an der Grünwalder Straße. Gegner waren der FC Wacker (1:1 am 31.1.1921 und 1:4 am 3.2.1924), Be Quick Nijmwegen (4:3 am 27.3.1921) und Schwaben Ulm (3:1 am 4.1.1925 bei einer Doppelveranstaltung mit 1860 - SpVgg Fürth).

Explosionsgefahr!
Platzsperre im Ersten Weltkrieg

Die Erfolge der Arbeiterbewegung in den Jahren nach dem Ersten Weltkrieg sollten für den Fußballsport und damit auch für die Fußballabteilung des TV 1860 von Vorteil sein. Denn erst durch die Einführung des Acht-Stunden-Tages bekamen die Arbeiter genügend Zeit für abendliche Fußball-Trainingseinheiten. Das Interesse am Fußball, der zwischenzeitlich auch Ausbildungsspiel bei der Armee geworden war, stieg nun beträchtlich an. Dadurch nahm auch das Besucherinteresse an Wettspielen der Vereine zu. Schon während des Ersten Weltkrieges hatte der Spielbetrieb der Fußballer den Großteil der Einnahmen des TV 1860 geliefert, wodurch man die allernötigsten Ausgaben begleichen konnte.

Allerdings war der 1860-Sportplatz im Herbst 1916 durch das Kriegsministerium vorübergehend gesperrt worden, da man in der Malzfabrik, die nördlich der Sportanlagen auf dem Areal der Bergbrauerei lag, eine Pulverkammer untergebracht hatte, wodurch akute Explosionsgefahr herrschte. Erst nach längeren Verhandlungen, bei denen die Vereinsführer auf den bei weiterer Sperre drohenden Ruin des TV 1860 hingewiesen hatten, durfte der Spielbetrieb an der Grünwalder Straße im Oktober 1917 unter Auflagen wieder aufgenommen werden. Während der Platzsperre war der TV 1860 unter anderem auf den MTV-Platz an der Marbachstraße ausgewichen. Man hatte sogar im Juni 1917 Verhandlungen für die Pacht eines neuen Sportplatzes aufgenommen.

Weniger Probleme hatte die Vereinsführung mit der Bereitstellung der Sportanlagen an der Grünwalder Straße für militärsportliche Zwecke. Im Sommer 1919 etwa bot die Leichtathletik-Abteilung des TV 1860 der Reichswehr wochentags an allen Vormittagen die Nutzung der Plätze an, auf denen zu diesem Zeitpunkt bereits das Freikorps Oberland und zwei Regimenter der Reichswehr trainierten. Das Ministerium stimmte der Vereinbarung zu und

12 Aufnahme vom Spiel
FC Bayern - FC Wacker 1:1
am 31. Januar 1921. Im
Hintergrund ist die Bergbrauerei mit der Malzfabrik zu erkennen.

12

beging damit einen Verstoß gegen den Versailler Vertrag, in dem die strikte Trennung von zivilem und militärischem Sport festgeschrieben war.

Der Sechzger-Platz wird ausgebaut

Zuvor hatten die Sechziger die Anlagen im Frühjahr 1919 gründlich überholt. Die Leichtathleten erneuerten die Sprung- und Laufbahnen samt der 400-Meter-Aschenbahn, die Fußballer den Rasen des Hauptspielfeldes. Dieser sollte von da an nur noch für Wettspiele genutzt werden, da für den Trainingsbetrieb zusätzlich zu den eigenen Nebenplätzen auch der Spielplatz an der Agilolfingerschule in Aussicht stand. Auch an den Tribünen wurden Veränderungen vorgenommen. Bereits während des Krieges hatte die Hockeyabteilung einen hinteren Raum der Sitztribüne erhalten, der sich unter dem Namen „Hockeybude 1860" zu einem beliebten Treffpunkt der Münchner Hockeyspieler entwickelte. Durch neue Garderobeneinbauten wurde die Ausstattung der Tribüne nun weiter verbessert. Zu der lange geplanten Erhöhung des Fassungsvermögens trugen die neu gebauten Stehtribünen bei. Sowohl seitlich der Sitztribüne als auch an der gegenüberliegenden Längsseite des Platzes wurden Holzbauten mit fünf Stufen geschaffen. Die neue „Gegengerade" bot 2.500 Besuchern einen erhöhten Stehplatz.

Damit war man für die 20-Jahr-Feier der Fußballabteilung gerüstet. Zum Jubiläumsspiel war der internationale Spitzenclub Wiener AC angereist, der am 17. August 1919 mit 2:1 von den Fußballern des (im selben Jahr von TV in TSV 1860 umbenannten) Heimvereins geschlagen wurde. Der 1860-Platz hatte sich zu einem beachtenswerten „Kleinstadion" entwickelt. Bereits 1918 hatte man einen Vertrag mit dem Kontroll-Verein Mayr geschlossen, der über Jahrzehnte hinweg den Kassen- und Ordnungsdienst bei den Spielen durchführen sollte.

Spätestens mit dem Gewinn der oberbayerischen Meisterschaft im Frühjahr 1919 hatten die Sechziger den Durchbruch zur Münchner Nummer 3 hinter den Bayern und Wacker geschafft und damit den MTV 1879 von dieser Position verdrängt. Als man 1920 im Spitzenspiel auf den FC Wacker traf, lieferten 8.000 Besucher eine neue Münchner Rekordzahl. Der 1860-Platz war damit an seine Grenzen gestoßen.

1911 bis 1921

13

14

15

16

17

13/14 Blick von den Häusern an der Grünwalder Straße auf den 1860-Platz beim Spiel 1860 - FC Bayern 3:1 am 19. Dezember 1920.

15 Nationales Leichtathletik-Sportfest von 1860 München Anfang der 1920er Jahre: Die Athleten beim 1500-Meter-Lauf vor der Sitztribüne mit ihren seitlichen Stehplatzrängen.

16 Der Zieleinlauf.

17 Jubiläumsturnier „20 Jahre FA 1860" (1919): die dritte Mannschaft des TV 1860 und die Erste des FC Traunstein vor der Sitztribüne.

18 Beim Städtespiel München - Berlin 1:1 am 22. Mai 1921 stellten 20.000 Zuschauer auf dem Teutonia-Platz einen neuen Münchner Rekord auf.

Die Stadiondebatte beginnt

Die Münchner Vereine traten zu Beginn der 1920er Jahre aus dem Schattendasein heraus, das sie bisher im Vergleich mit anderen deutschen Städten gefristet hatten. Nur an einer repräsentativen Spielstätte fehlte es in der Isar-Metropole noch. Nachdem in Berlin mit dem Deutschen Stadion im Jahre 1913 das erste große Stadion im Kaiserreich entstanden war, hatte auch in München die Diskussion um eine städtische Großsportstätte begonnen, welche die Gemüter jahrzehntelang erhitzen sollte.

Bereits im Frühjahr 1913 hatte das Stadtbauamt auf Veranlassung von Oberbürgermeister Dr. von Borscht zwei Lösungsvorschläge für einen Stadionbau am Schyrenplatz erarbeitet. Südöstlich von Spielwiese und Holzmarkt sollte zwischen Sachsen-, Claude-Lorraine- und Pfälzer- (heute Teutoburger) Straße eine Anlage mit Fußballfeld und Aschenbahn errichtet werden, die in Verbindung zum vorhandenen Gelände mit Freibad und Spielwiese stehen sollte. Der Tribünenring um die Wettkampfstätten sollte 25-30.000 Zuschauerplätze bieten. Doch der Beginn des Ersten Weltkrieges verhinderte den Stadion-

QUERPASS

Der Teutonia-Platz – Münchens größte Spielstätte vor dem Ausbau des Sechzgers

Im Frühjahr 1921 konnte der FC Teutonia einen neuen Sportplatz am Oberwiesenfeld im Norden der Stadt eröffnen. Die offizielle Einweihung fand am 17. April 1921 bei starkem Schneetreiben mit der Partie FC Teutonia - VfR Frankfurt (6:2) statt. Die Teutonia hatte zuvor seit 1905 auf der Bennowiese an der Clemensstraße in Schwabing gespielt. Auf dem Areal des neuen Teutonia-Platzes, das 50 Jahre später Bauplatz für das Olympiagelände werden sollte, war zwischen Nymphenburg-Biedersteiner Kanal, Lerchenauer- und Winzererstraße der damals modernste Fußballplatz Münchens entstanden. Da die Anlage nicht über eine 400-Meter-Bahn verfügte, konnten direkt am Spielfeldrand längliche Stehtribünen errichtet werden. Auf der Westseite des Platzes erstreckte sich auf rund 50 Metern Länge eine hölzerne Sitztribüne mit Satteldach, deren Größe die Tribünenbauten der bestehenden Münchner Sportplätze in den Schatten stellte. Das Fassungsvermögen des Teutonia-Platzes betrug offiziell 12.000 Zuschauer. Beim Städtespiel zwischen München und Berlin (1:1) am 22. Mai 1921 versammelten sich jedoch rund 20.000 Besucher auf den hoffnungslos überfüllten Rängen.

Viele Vereine trugen nun publikumsträchtige Spiele an der Lerchenauer Straße aus. Der FC Bayern zog im Oktober 1923 endgültig auf den Teutonia-Platz um. Zunächst waren die Bayern trotz der im Oktober 1919 vollzogenen Trennung vom Münchner SC an der Leopoldstraße geblieben. Nach der Trennung vom MSC schloss man sich im Frühjahr 1919 umgehend dem TV Jahn an, der allerdings seinem Versprechen, eine große Sportanlage zu errichten, nicht nachkam. Die Bayern verließen den Jahn daher 1922 wieder und spielten bis zum Umzug auf den Teutonia-Platz am MTV-Platz an der Marbachstraße.

Der Teutonia-Platz an der Lerchenauer Straße musste 1936 aufgegeben werden, weil das Oberwiesenfeld wieder verstärkt für militärische Zwecke genutzt wurde. 1950 fand der FC Teutonia einen neuen Platz an der Dachauer Straße, der allerdings bald bebaut werden sollte. Seit 1955 trägt die Teutonia ihre Spiele auf dem Platz innerhalb der Speedway-Bahn des Bundes Bayerischer Motorsportler (BBM-Stadion) aus, die sich am südwestlichen Ende des Oberwiesenfelds befindet. 1970 verschwanden die Motorsportler von der Sandbahn, da diese im Hinblick auf die Olympischen Spiele 1972 zu einer Trainingsbahn für den Pferdesport umgebaut wurde.

18

bau, und nach dem Krieg verfolgte die Stadt eine andere sportpolitische Linie.

Nachdem 1919 auch ein Plan für ein Stadion am Oberwiesenfeld an staatlichen Stellen – das Gelände gehörte dem Freistaat Bayern – gescheitert war, einigte man sich in der Stadtspitze darauf, lieber den Breitensport zu fördern. Über Jahre hinweg wurden von nun an in allen Stadtteilen weitere Übungsplätze für Erwachsene sowie Kinder- und Turnspielplätze gebaut. In der Stadionfrage setzte das städtische Sportreferat auf eine stärkere Einbindung der Vereine, was auf Seiten der Sportverbände großen Anklang fand. Die Stadt vollführte damit zwar keinen Alleingang, der möglicherweise auf Kritik der Sportorganisationen gestoßen wäre. Dass sie mit diesem Schritt jedoch alle konkreten Planungen für einen Stadionbau auf die lange Bank schob, hatten die Sportvertreter nicht geahnt. Die Stadt München erinnerte sich scheinbar an die Worte des bekannten Sportfunktionärs Carl Diem, der darauf hinwies, „dass eine weise Stadtverwaltung die friedliche Konkurrenz" zwischen ihren eigenen Anlagen und denen der Vereine „nicht zu stören suchen wird". Lieber machte man den Vereinen gar keine Konkurrenz durch eine städtische Großsportstätte – und sparte damit eine Menge Geld.

1922 bis 1924
1860 kauft den Platz an der Grünwalder Straße

Der Kauf des Platzes

Das Jahr 1922 sollte einen wichtigen Markstein in der Münchner Stadionfrage darstellen: Das Grundstück an der Grünwalder Straße ging in Vereinsbesitz über.

Bisher nahmen die Vereine ein großes Risiko auf sich, wenn sie auf gepachteten Grund eine zuschauergerechte Anlage errichteten. Bei Kündigung durch den Verpächter drohte neben dem Totalverlust der Sportstätte samt Tribünen womöglich auch der Konkurs des Vereines, da für den Ausbau mitunter hohe Kredite aufgenommen worden waren. Die Amortisation dieser Schulden durch Zuschauereinnahmen wäre dann nicht mehr möglich gewesen. Nur durch langfristige Pachtverträge oder den Kauf des Grundstückes war das Investitionsrisiko einigermaßen sicher kalkulierbar.

Im Falle des 1860-Platzes an der Grünwalder Straße schlossen 1921 die Vertreter der Familie Peter eine Pachtverlängerung um mindestens zehn Jahre, wie vom Verein gewünscht, jedoch aus. Im Pachtvertrag von 1911 war dem Verein aber ein Vorkaufsrecht eingeräumt worden, und die Erbengemeinschaft Peter zeigte sich bereit, das Grundstück zu verkaufen. Eine außerordentliche Mitgliederversammlung des TSV 1860 genehmigte einstimmig den Ankauf des Geländes. Im Frühjahr 1922, zu Beginn der Inflationszeit, einigte sich die Führung des TSV 1860 mit dem Vertreter der Familie Peter auf einen Kaufpreis von 700.000 Mark.

Bei einer Grundstücksgröße von 2,643 Hektar ergab sich daraus ein Preis von 26,50 Mark pro Quadratmeter. Der Wert bewegte sich nach Vergleichsberechnungen selbst für landwirtschaftliche Flächen am untersten Ende der damals üblichen Bodenpreise. In Anbetracht der Tatsache, dass das Sportplatz-Gelände als Bauland ausgewiesen war, kann man von einem ausgesprochen günstigen Geschäft für den TSV 1860 sprechen. Ob der niedrige Preis auf das Vorkaufsrecht zurückzuführen ist, das den Sechzigern 1911 bei der Pacht des Grundstücks eingeräumt worden war, oder ob die Familie Peter schlichtweg die aufkommende Inflation verkannte, kann heute nicht mehr geklärt werden. 1911 bewegten sich die Grundpreise in Giesing zwischen zwei und fünf Mark pro Quadratmeter. Sie stiegen bis 1920 auf circa neun bis 16 Mark an. Im Zeitraum von Januar bis März 1922 (Zeitpunkt der Verkaufsverhandlungen) ergeben sich aus den Inflationstabellen Bodenpreise von 30 bis 120 Mark.

Der Kaufvertrag wurde am 4. April 1922 geschlossen. Am Zustandekommen des Grundstückskaufs hatte der damalige 1860-Kassierer Georg Münscher besonderen Anteil. Laut Vertrag ging das Grundstück Plan-Nr. 13065 mit einer Größe von 2,554 Hektar zum 5. April 1922 mit allen Nutzen und Lasten in das Eigentum des TSV 1860 über. Einige Wochen später kam noch ein kleines Grundstück (ein Teil der geplanten Volckmerstraße) hinzu.

Vom Kaufpreis in Höhe von 700.000 Mark war ein Betrag von 250.000 Mark sofort zu zahlen. Hinzu kamen knapp 51.000 Mark an Abgaben und Notargebühren, die ebenfalls bei Unterzeichnung des Kaufvertrags vom TSV 1860 zu begleichen waren. Die 1860-Mitglieder Xaver Geier (Zahnarzt und ehemaliger Europameister im Steinstoßen), Heinrich Zisch und Karl Huber (beide Kaufleute) stellten zusammen eine Summe von 300.000 Mark zur Verfügung, mit der die genannten Beträge gezahlt werden konnten. Im Gegenzug erhielten die drei Finanziers eine Hypothek auf das Stadiongrundstück.

Der restliche Teil des Kaufpreises in Höhe von 450.000 Mark sollte ab 5. April 1922 mit 4% verzinst und in folgender Weise an die Erbengemeinschaft Peter gezahlt werden: 250.000 Mark acht Tage nach dem grundbuchamtlichen Vollzug des Kaufvertrags und 200.000 Mark am 1. Juni 1922. Bis zur Zahlung dieser Restbeträge wurde als Sicherheit eine Buchhypothek zugunsten der Erbengemeinschaft Peter in Höhe von 450.000 Mark auf das Grundstück des Sportplatzes eingetragen. Der Grundbucheintrag der Hypothek erfolgte aber erst am 13. Juli 1922. Es ist daher unwahrscheinlich, dass die genannten Zahlungstermine eingehalten wurden.

Der TSV 1860 nahm nun bei der Bayerischen Hypotheken- und Wechselbank ein Darlehen über 450.000 Mark auf, das mit einer Hypothek auf das Grundstück ge-

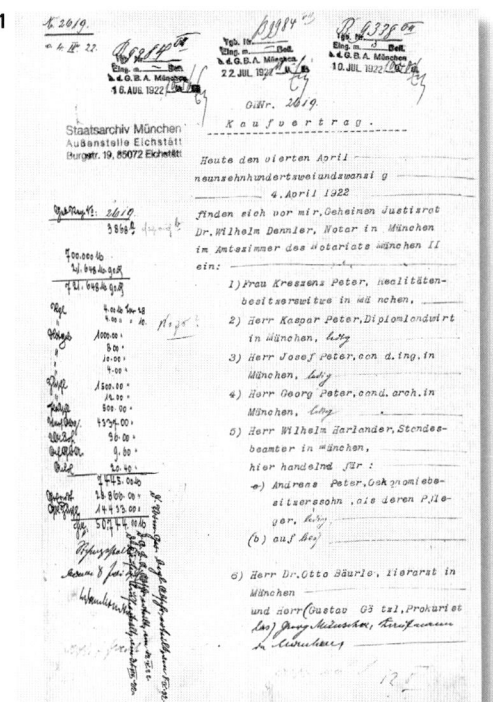 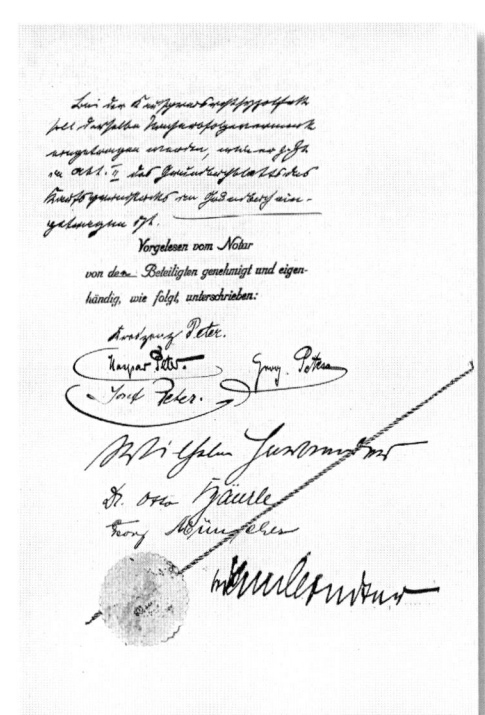

1 Kaufvertrag für das Sportplatz-Grundstück an der Grünwalder Straße vom 4. April 1922.

sichert wurde, und zahlte der Familie Peter den Kaufpreisrest. Die Hypothek zugunsten der Familie Peter wurde am 21. August 1922 wieder aus dem Grundbuch gelöscht, womit der TSV 1860 schuldenfrei gegenüber den früheren Eigentümern erschien. Dass dies allerdings nicht ganz der Fall sein sollte, stellte sich erst einige Jahre später heraus. Im August 1922 besaß das Geld nämlich nur noch die Hälfte des Werts vom April 1922. Der Grundstückskauf war für den TSV 1860 daher immer günstiger geworden.

Die Darlehen der Hypo-Bank und der Mitglieder Geier, Zisch und Huber sollten über Eintrittsgelder, eine Sondersteuer für die Abteilungen, die den Platz nutzten, sowie über eine Beitragserhöhung refinanziert werden.

1860 träumt vom eigenen Stadion

Vor allem der aufkommende Zuschauer-Boom bei Fußballspielen weckte bald die Sehnsüchte der Sechziger nach einem eigenen Stadion. Bislang mussten die 1860-Fußballer bei größeren Spielen immer auf das Oberwiesenfeld ausweichen, wo für die Nutzung des Platzes natürlich Miete an die Teutonia zu zahlen war. Mitunter machten die Sechziger dabei sogar ein Minusgeschäft. Beim Privatspiel gegen die schottische Mannschaft Hibernians Edinburgh (0:0) am 5. Juni 1924 etwa blieb die Zuschauerzahl wegen Regens stark hinter den Erwartungen zurück. Ein Ausbau der eigenen Anlage in Giesing sollte nicht nur aus wirtschaftlichen Gründen, sondern auch aufgrund der nicht zu unterschätzenden Heimspiel-Atmosphäre von Vorteil sein. Der TSV 1860 war nämlich zumindest für das Giesinger Publikum zur Münchner Nummer eins geworden.

Noch hatte die Infrastruktur rund um den Sechzger-Platz bescheidene Ausmaße: Anfang 1922 hatte der TSV 1860 östlich der Sitztribüne ein kleines Kantinengebäude errichtet. Das 5 mal 6,20 Meter große Holzhäuschen mit Satteldach wurde vom Architekten Emil Wiesner entworfen und verfügte neben einer Buffettheke mit Verkaufsfenster auch über einen Sitzbereich für die Gäste. Vor der Kantine stellte man einige Biertische und Bänke auf. Die Kantinenhütte konnte aber, ebenso wie einige kleinere Ausbauten, die man 1924 an der Anlage vornahm, nur eine provisorische Lösung sein.

Die Wohnung des Platzmeisters befand sich zu dieser Zeit auf der anderen Straßenseite in einem Privathaus an der Ecke von Volckmer- und Harlachinger Straße, der kleinen Villa des Architekten Max Ostenrieder. An die Nebengebäude dieses Anwesens auf der Südseite der Volckmerstraße waren die Toilettenanlagen für den Sportplatz angebaut worden.

Zweimal 1860 – die „reinliche Scheidung"

Zwischenzeitlich hatte die von der Deutschen Turnerschaft mit Nachdruck propagierte „reinliche Scheidung von Turnen und Sport" zur Aufspaltung des TSV 1860 geführt. Nach außen hin traten nun die als Sportverein (SV) 1860 ausgegliederten Fußballer und Leichtathleten getrennt von den Turnern auf, die den Turn- und Sportverein (TSV) wieder in Turnverein (TV) 1860 umbenannt hatten. Für die Aktiven änderte sich jedoch kaum etwas, da es neben personellen Verflechtungen auf den administrativen Ebenen auch einen detaillierten Vertrag über die Zusammenarbeit zwischen den beiden Vereinen gab. Darin wurde auch die Benutzung des Sportplatzes geregelt, der wie sämtliches Vermögen im Besitz des Turnvereins blieb.

Der Sportverein hatte aber ein grundbuchamtlich eingetragenes Mitbenutzungsrecht am Sportplatz an der

1922 bis 1924

2

3

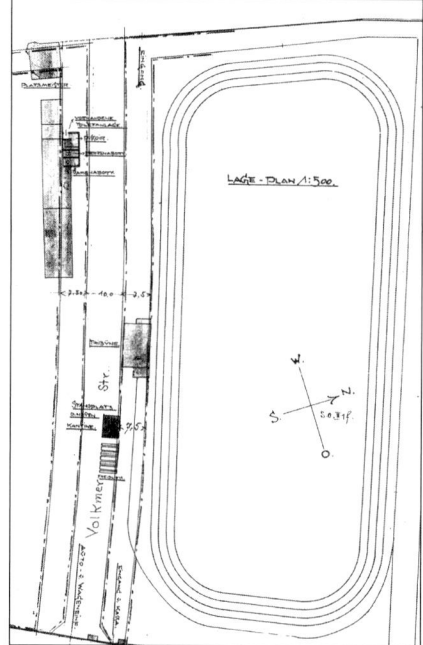

4

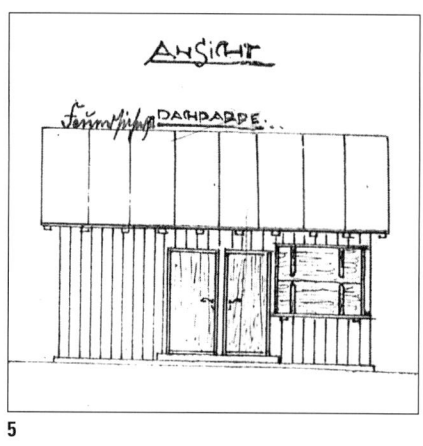

5

Grünwalder Straße erhalten. Ein „zum Zwecke der gemeinsamen Vermögensverwaltung" gegründeter Verwaltungsrat von TV und SV 1860, bestehend aus sechs Mitgliedern, sollte dabei als Entscheidungsgremium fungieren. Der Verwaltungsrat hatte das Recht, einen Teil der bei eintrittspflichtigen Veranstaltungen – also vor allem bei Fußballspielen – erzielten Einnahmen einzufordern. Als Präsident des Turnvereins fungierte der seit 1920 amtierende frühere Justizminister Dr. Ernst Müller-Meiningen. Sein Pendant beim SV 1860 wurde Heinrich Zisch. Beide verfügten über gute Kontakte zu städtischen und staatlichen Stellen, was sich beim kommenden Stadionbau als äußerst nützlich erweisen sollte.

2 Mannschaftsfoto vom Spiel 1860 - FC Teplitz 1:4 am 25. März 1922. Im Hintergrund das Kantinengebäude und die Sitztribüne.

3 Die 1896 erbaute „Ostenrieder-Villa" an der Harlachinger Straße 1a heute.

4 Lageplan für den Kantinenneubau vom Frühjahr 1922. Der Sportplatz war in der Realität breiter als im Plan gezeichnet. Der Planfertiger wollte anscheinend die bereits erfolgte Ausdehnung des Platzes auf den Bereich der geplanten Zassingerstraße gegenüber der Baubehörde vertuschen. An der Volckmerstraße sind die Sitztribüne, die Ostenrieder-Villa (damals Wohnung des Platzwarts) mit ihren Nebengebäuden (Besuchertoiletten) und die geplante Kantine eingezeichnet.

5 Ansicht des kleinen Kantinengebäudes.

1925 bis 1926
Aus dem Sechzger-Platz wird Münchens erstes Stadion

Die ersten Pläne

Die nötigen Planungen für den Ausbau wurden Anfang 1925 in Angriff genommen, da der Platz bei größeren Ereignissen dem Massenandrang nicht mehr genügte. Besonders der Mangel an Sitzplätzen wurde beklagt. Mit dem geplanten Ausbau des 1860-Platzes für rund 20.000 Besucher sollte München eine zweite großzügige Anlage neben dem Teutonia-Platz erhalten.

Die ersten Pläne sahen eine neue 100 Meter lange Tribüne mit 2.000 Sitzplätzen anstelle der alten Holztribüne vor. Daneben sollte ein ovaler Erdwall von 450 Metern Länge um den Platz aufgeschüttet werden, der in etwa eine Breite von sechs Metern und eine Höhe von 2,4 Metern erhalten sollte. Ein Ausbau mit Betonstufen war für die nächsten Jahre geplant. Auf der Längsseite sollte über dem hier elf Meter breiten und drei Meter hohen Wall eine überdachte Stehhalle entstehen. Die Sportpresse würdigte die auf einer Pressekonferenz Ende Juli 1925 vorgestellten Pläne als erstmaligen Versuch in München, „auch weniger zahlungskräftigen Zuschauern wettergeschützte Stehplätze zu schaffen" („Kicker").

Die Stehhalle entsteht

Die Planung und Ausführung der 110 Meter langen und 7,20 Meter hohen Stehhallenkonstruktion lag in den Händen der Deutschen Hallenbau AG (DEHALL) aus München. Mit dem Bau wurde Ende Juni 1925 begonnen, und bereits Mitte August 1925 war die Stehhalle fertig gestellt. Auf dem Erdwall boten zehn befestigte Stufen Platz für circa 6.000 Besucher. Zudem standen zwischen der Tribüne und den um die Aschenbahn verlaufenden Werbebanden noch rund 2.000 weitere Stehplätze zur Verfügung. Das Fassungsvermögen der ersten Stehhalle betrug damit rund 8.000 Zuschauer. Über einen breiten Aschenweg zwischen Grünwalder und Harlachinger Straße gelangten die Besucher zu den rückwärtigen Eingängen.

Die eigentümlich erscheinende Bezeichnung „Stehhalle" rührte von der Dachkonstruktion. Wie der Name

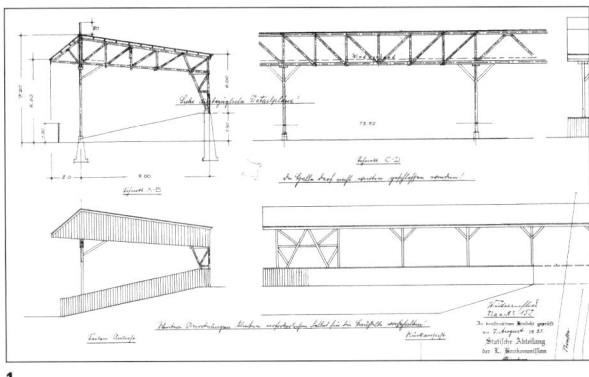

1 Schnitt- und Ansichtszeichnungen des ersten Stehhallen-Baus von 1925.

schon sagt, handelte es sich um eine hallenähnliche Überdachung, die auf der Platzseite von nur neun Stützen getragen wurde. Damit war eine fast ungehinderte Sicht auf das Sportgeschehen gewährleistet. Eine auf diesen Stützen aufgelagerte Firstpfette trug die Fachwerkbinder der Dachkonstruktion. Aus der statischen Konstruktion der Binder ergibt sich die Dachform: ein nach hinten abfallendes Pultdach, das auf Höhe der Stützen nach vorne „umgeknickt" war. Der gesamte Firstgrat des Daches wurde mit senkrecht stehenden Werbetafeln versehen. Auf der Rückseite wurden die Binder von 25 ebenfalls in Fachwerkkonstruktion errichteten Stützen gehalten.

Die neue Haupttribüne

In ähnlicher Bauweise plante die DEHALL auch den Neubau der Sitztribüne auf der Südseite der Anlage. Mit dem Beginn der Arbeiten hatte man bis Mitte Juli 1925 gewartet, da am 12. Juli 1925 das alljährliche Internationale Meeting der 1860-Leichtathleten stattgefunden hatte. Zunächst wurde die alte Holztribüne abgebrochen, die als nicht mehr zeitgemäß und zu klein galt. An ihrer Stelle begann die Tief- und Betonbaugesellschaft Tibet, die auch bei der Planung mitgewirkt hatte, Mitte August 1925 mit dem Bau der neuen Haupttribüne. Die Länge der Tribüne betrug nicht wie anfangs geplant 100, sondern nur 50 Me-

1925 bis 1926

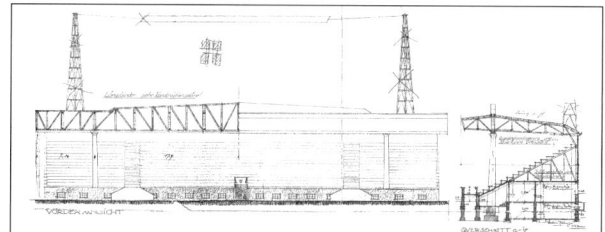

2

3

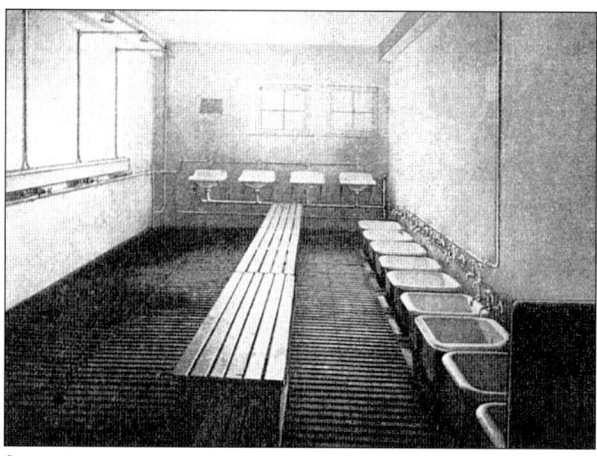

4

ter, ihre Breite 13 Meter. An ihren Seiten trennten sie zwei breite Einmarschpforten von den Erdwällen. 1.600 Besucher fanden Platz auf den 17 Stufen, die bis zu einer Höhe von 7,60 Meter über dem Gelände anstiegen. Die unteren Stufenreihen waren bis zur Beton-Decke des Erdgeschosses betoniert, die Stufen über dem Obergeschoss des Tribünenbaus bestanden aus einer Holzkonstruktion. Der Zugang zu den Plätzen erfolgte von vorne über zwei Treppenaufgänge. Den auf Holzbänken sitzenden Zuschauern bot sich eine nahezu optimale Sicht auf das Spielfeld, da das Dach von nur zwei Stützen – damals einzigartig in Deutschland – getragen wurde. Die beiden quadratischen Betonsäulen hatten eine Höhe von insgesamt elf Metern, wobei sich die unteren Teile bis zu einer Höhe von vier Metern im Tribünenunterbau beziehungsweise im Erdreich befanden.

Rückwärtig lagerte das Dach auf der Tribünenwand. Diese war im Obergeschoss in Holzbauweise ausgeführt, während die 38 Zentimeter starken Umfassungsmauern des Erdgeschosses bis auf Höhe der Fensterbrüstungen in Stahlbeton und darüber in Backstein ausgeführt waren.

Der Erdgeschoss-Unterbau der „nach modernstem Schema" („München-Augsburger Abendzeitung") funktionierenden Haupttribüne war in zwei Flügel geteilt: Im Ostteil befanden sich eine Platzwartwohnung mit Wohnzimmer, Schlafzimmer und Küche, die beiden Umkleidekabinen für die Mannschaften, dazwischen das geräumige Bad mit Duschen und Wannenbädern, ein Besprechungszimmer für den Vereinsvorstand und die Toilettenanlagen. Der 120 Quadratmeter große und über 100 Personen fassende Raum der Stadionwirtschaft bildete zusammen mit Küche, Schänke und einer Zwei-Zimmerwohnung für die Wirtsleute den Westteil des Erdgeschosses. Unter der Schräge der Tribünenstufen befanden sich zudem über die ganze Tribünenlänge um drei Stufen abgesenkte Garderoben-, Geräte-, Vorrats- und Abstellräume. Fünf Kaminzüge an der Südwand ermöglichten den Anschluss von Kohleöfen, wodurch – in Deutschland völlig neuartig – alle Tribünenräume beheizt werden konnten. Im Obergeschoss waren für die Damen im Ostteil sechs zusätzliche, je zwölf Quadratmeter große Umkleideräume samt einem Waschraum untergebracht. Über Küche und Wirtswohnung lagen drei weitere Speicherräume, die über eine eigene Treppe erreichbar waren. Lediglich die Küche war unterkellert. Hier befanden sich ein Bier- und ein Speisekeller.

Die Presse erhielt neben 50 reservierten Tribünenplätzen auch ein eigenes Büro mit Telefonanschluss, das sich wahrscheinlich in den Nebenräumen unter der Tribünenschräge im Erdgeschoss befand. Die Idee einer Rundfunk-Sende- und Empfangsanlage, bestehend aus zwei hohen Masten auf dem Tribünendach, wurde allerdings wieder verworfen. Möglicherweise stieß das Vorhaben auch bei den Genehmigungsbehörden auf wenig Zustimmung. Diese versuchten nämlich durch vielerlei Hürden den Ausbau des 1860-Platzes zu verhindern. Insgesamt dreimal wurde der Bau in den Jahren 1925/26 eingestellt und konnte erst nach schwierigen Verhandlungen wieder aufgenommen werden. Die Behörden hatten wohl zu spät erkannt, dass ein Stadion in Innenstadtlage an viel befahrenen Straßen und Trambahnlinien zu Verkehrsproblemen führen würde.

2 Bauplan für die Sitztribüne von 1925 (Ansicht vom Spielfeld und Schnitt). Die eingezeichneten Masten für die Rundfunk-Sendeanlage wurden nicht gebaut.

3 Der Rohbau der Sitztribüne. Im Hintergrund die Stehhalle.

4 Der Waschraum mit Duschen und Wannenbädern in den 1920er Jahren.

5 Zeichnung des Stadions in der „Münchner Zeitung" vom 2.11.1925.

6 Das Modell des nie verwirklichten Wacker-Stadions an der Forstenrieder Straße (Blick von Nordosten).

Münchens „Großsportstätte" ist fertig

Anfang November 1925 war das Stadion des SV 1860 an der Grünwalder Straße schließlich fertiggestellt. Der zu dieser Zeit „bestausgebauteste Sportplatz" Münchens („Münchner Zeitung") verfügte neben dem schon zuvor wegen seiner Pflege „konkurrenzlos gut" („München-Augsburger Abendzeitung") erhaltenen, 120 mal 70 Meter großen Fußballfeld nun auch über verbesserte Leichtathletik-Anlagen. Die aus Koksasche bestehende 100-Meter-Laufbahn vor der Sitztribüne war um eine fünfte Bahn erweitert worden. Die Sprunggruben, die zwischen den Kurven der 400-Meter-Bahn und dem Rasenplatz lagen, hatte man erneuert und die Sprunggrube vor der Haupttribüne (zwischen 100- und 400-Meter-Bahn) näher an den Rasen gelegt. Dadurch war diese Anlage besser einsehbar geworden. Auch die Tatsache, dass der freie Streifen zwischen der Sitztribüne und den Leichtathletikanlagen in Zukunft nicht mehr als Zuschauerplatz, sondern in den Pausen als Erholungspromenade für Besucher genutzt werden sollte, verbesserte die Sichtverhältnisse für Tribünengäste.

Nur die Werbebanden störten mitunter die Sicht. „Propaganda am unrechten Platz", kritisierte die „Münchner Zeitung". Dafür hatte man den Service für zu spät kommende Besucher verbessert: Zwei Nachrichtentafeln in den Kurven verkündeten nun den aktuellen Spielstand. Neue Zugangswege, eigene Eingänge für Fahrrad- und Motorradfahrer und zusätzliche Kassen auf der Westseite des „Riesensportplatzes" („München-Augsburger Abendzeitung") rundeten den Gesamteindruck der „musterhaften Anlagen" („Münchner Neueste Nachrichten") ab.

„Münchens Fußballer haben dank der Initiative des SV 1860 nun ihre Großkampfstätte", schrieb die Zeitschrift „Sport" am 25. Oktober 1925 und machte den Stadtvätern damit klar, dass die Fußballvereine die 24.000 Zuschauer fassende Anlage in Giesing einem neuen Großstadion am Stadtrand wohl vorziehen würden. Auch der „Kicker" hatte einen Seitenhieb für die Münchner Politiker parat: „Dem SV 1860 darf man gratulieren, dass es ihm gelungen ist,

QUERPASS

Nur das Sechzger wurde ausgebaut – Gescheiterte Stadionprojekte in den 1920er Jahren

Im Februar 1925 wurden dem Stadtrat vier Stadionprojekte vorgestellt, von denen aber keines realisiert werden sollte. Der Renn- und Sportverein München plante ein Stadion mit Auto- und Trabrennbahn zwischen Hofmann- und Kistlerhofstraße in Obersendling, die Motorradfabrik Vis AG ein Stadion mit Rad- und Motorradrennbahn an der Oberbiberger Straße in Obergiesing, der Bayerische Automobil-Klub eine Auto- und Motorradrennbahn mit dem wohlklingenden Namen „Peripheria" und Regierungs-Baumeister Dollmann eine Sport- und Kongresshalle zwischen Ganghofer- und Lipowskystraße südlich der Theresienhöhe.

Auch der MTV 1879 und der FC Wacker strebten den Bau größerer Sportplätze mit Tribünen an, wie ihn die Teutonia bereits vollzogen hatte. Der neue MTV-Platz an der Werdenfelsstraße 56 (östlich des Waldfriedhofs) konnte 1929 eröffnet werden. Der Platz, der 1947 ausgebaut wurde und bis heute in Betrieb ist, erhielt jedoch nie die Ausmaße eines Stadions.

Der FC Wacker besaß in seinem Heimatstadtteil Sendling ein 14,5 Tagwerk großes Gelände westlich des heutigen Partnachplatzes an der Abzweigung der Ehrwalder Straße (heute Treffauer Straße) von der Forstenrieder Straße (heute Albert-Roßhaupter-Straße). Seit 1921 plante man dort den Bau eines Fußballstadions mit rundum laufenden Stehwällen samt einer überdachten Tribüne mit 7.000 Sitzplätzen und zwei Nebenplätzen. Das Projekt sollte durch Privatleute über die Zeichnung von Anteilen im Einzelwert von 120 Mark finanziert werden, wofür man 1925 mit einem Modell des neuen Stadions im Sporthaus Münzinger am Marienplatz warb. 800.000 Reichsmark hatte Wacker im Laufe der Jahre bei der Eisenbahnerbank schließlich angespart, doch das Projekt scheiterte an den Folgen der Inflation. Im April 1930 wurde das Grundstück an die Bank verkauft.

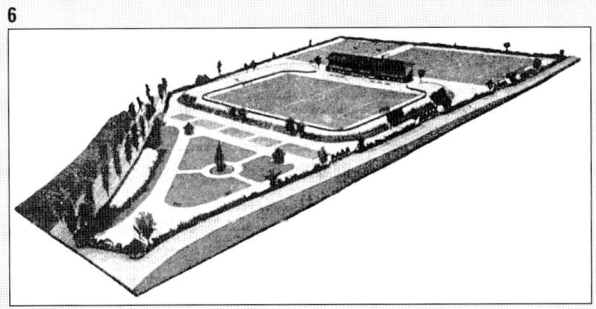

1925 bis 1926

nicht wie der Münchner Stadtrat nur wohlwollende Erwägungen zu pflegen, sondern endlich zur Tat zu schreiten." Die Stadträte hatten sich 1925 nämlich über verschiedene Stadion-Projekte informiert, allerdings ohne eines davon voranzutreiben. „Wir dürfen nicht den Fehler machen, alle anderen Städte übertrumpfen zu wollen", meinte dazu der städtische Sportreferent. Auf die Frage, ob die Schaffung eines Stadions eine dringende Notwendigkeit für München sei, antwortete er: „Nein, aber die Errichtung wäre außerordentlich wünschenswert."

Die Zuschussgesuche des TV und des SV 1860 für den Stadionbau hatte die Stadt immerhin teilweise positiv beschieden. 1860 hatte sich erstmals im April 1925 an die Stadt gewandt. In dem Schreiben hieß es: „Mit dem Eintritt der wärmeren Jahreszeit verlassen Turner und Sportler ihre dumpfen Hallen, um draußen in der frischen Luft und auf dem grünen Rasen ihre körper- sowie geist-stählenden Leibesübungen zu betreiben. Das Fehlen einer großen Kampfbahn, wie wir sie in anderen Städten finden, auf der sich Jung und Alt zu fröhlichem Spiel als auch friedlichem Wettstreit nach des Tages Last und Mühe zusammenfinden, macht sich in München sehr bemerkbar. Der unterzeichnete Verein nennt die einzig große Sportplatzanlage in München sein Eigentum. Die stetig wachsende Zahl der Mitglieder, vor allem der Jugend, zwingt zur völligen Ausnützung des zur Verfügung stehenden Geländes. Zu diesem Zweck sind bauliche Veränderungen an der Anlage notwendig. Die stete Hilfsbereitschaft der Mitglieder und die geringen Mittel des Vereins genügen nicht, um die erforderlichen hohen Kosten aufzubringen."

Die Stadt unterstützte 1860 aber nur deswegen, weil es sich nicht nur um „eine Kampfbahn, sondern wegen der vorhandenen verschiedenen Übungsfelder [um] eine großzügige Sportanlage" handelte.

Am Sechzger-Platz ist immer was los

Die Sportstätte war schon vor dem Ausbau nicht nur von den zahlreichen Aktiven des SV 1860, sondern auch von verschiedenen anderen Vereinen und Sportverbänden genutzt worden. 1860 zählte Mitte 1925 4.300 Mitglieder, darunter 16 Fußballmannschaften (200 Spieler), 300 Leichtathleten, fünf Schlagballmannschaften (60 Spieler) und drei Hockeymannschaften (40 Spieler). Die Hockeyabteilung war inzwischen auf das Gelände südlich des Stadions umgezogen, wo zwischen der Harlachinger Straße und dem Trainingsplatz der Fußballer ein Hockeyfeld geschaffen wurde. Durch den Bau der Stehhalle hatte sich nämlich die Ausdehnung des nördlich gelegenen Nebenplatzes verringert. Neben den 1860-Mitgliedern wurden die Sportplätze an der Grünwalder Straße auch von der Deutschen Turnerschaft, vom Südbayerischen Verband für Leichtathletik, von den Hochschulen, von 100 Mitgliedern der Sektionen „München" und „Turner-Alpenkränzchen" des Deutschen Alpenvereins, von 50 Mitgliedern des Vereins für volkstümliches Schwimmen und zeitweise auch – wegen Mangels an großen Sportplätzen – von anderen sporttreibenden Vereinen genutzt. Nach dem Stadionausbau zogen nun auch der FC Bayern und der FC Wacker mit ihren ersten Mannschaften an die Grünwalder Straße um.

Das Stadion ist schon wieder zu klein

Dass es sich bei der neuen Sportstätte um „eine der schönsten Anlagen Deutschlands, [...] und die erste wirklich großzügige Anlage Münchens" („Münchner Zeitung") handelte, mag gestimmt haben. Dass diese nun aber den Anforderungen der Vereine auf lange Zeit genügen würde, war eine Fehleinschätzung der Presse. Die Führung des SV 1860 schätzte das Fassungsvermögen von 24.000 Plätzen nämlich bald als zu klein ein, da die Erfahrungen der letzten Jahre eine deutliche Steigerung der Zuschauerzahlen erwarten ließen. Und auch die bei einem weiteren Ausbau erwarteten Repräsentativ- und Länderspiele der Fußballverbände SFV und DFB versprachen lukrative Einnahmequellen. Besonders der Präsident des SV 1860, Heinrich Zisch, und der 2. Vorsitzende und Fußballabteilungsleiter Georg Retzer trieben den Ausbau voran.

Der SV 1860 zeichnete als Besitzer der Anlage (seit Februar 1925) für die Baumaßnahmen verantwortlich, während der TV 1860 als Grundstückseigentümer die finanzielle Belastung der Hypothekendarlehen zu tragen hatte. In den Verhandlungen mit dem Verwaltungsrat kam es dadurch immer wieder zu Differenzen über die vom Sportverein zu leistenden Abgaben. Auch die erneuten Ausbaupläne erforderten die gesamte Überzeugungskraft von Heinrich Zisch. Obwohl der Vorstand des Turnvereins anfangs skeptisch war, gab es bei der Generalversammlung im Frühjahr 1926 einen einstimmigen Beschluss der Mitglieder des Turnvereins für die Stadionerweiterung. Auf der Hauptversammlung des SV 1860 konnte Zisch daraufhin die freudige Überraschung verkünden, dass man das Stadion auf 40.000 Plätze ausbauen werde.

Dass die Vergrößerung des Fassungsvermögens nötig war, hatte sich schon bald darauf gezeigt. Der FC Bayern war im Herbst 1925 in das neue 1860-Stadion umgezogen. Am 1. November 1925 stellte man in der Bezirksliga-Partie gegen die SpVgg Fürth mit 11.000 Besuchern einen

7 FC Bayern - SpVgg Fürth 4:3 am 11. April 1926: Pöttinger überspringt den Fürther Verteidiger Hagen.

8 Aufnahmen der Baufirma Tibet von der Stehhalle und den seitlichen Reklametribünen. Unter der Stehhalle sind die Toilettenhäuschen zu sehen.

neuen Münchner Vereinsrekord auf, der bereits bei derselben Paarung in der süddeutschen Endrunde übertroffen wurde. An die 30.000 Fußballanhänger drängten sich sogar um das Spielfeld, als am 11. April 1926 das Spitzenspiel gegen den späteren Deutschen Meister aus Fürth (4:3) anstand. Der Spielball wurde dabei von einem Focker-Flugzeug der „Münchner Illustrierten" abgeworfen, aus dem auch Luftaufnahmen des Stadions gemacht wurden. Der Rundfunk übertrug die Partie sogar ins Ausland. Der FC Bayern wurde in dieser Saison tatsächlich Süddeutscher Meister.

Schon bei den Spielen zuvor war man auf Mängel der Anlage gestoßen. Einige Zuschauer hatten Steine aus der rückwärtigen Böschungsbefestigung gerissen, um sich erhöhte Stehunterlagen zu schaffen.

Die Stehhalle wird erweitert

Wie schon beim Bau der Sitztribüne lagen auch Planung und Durchführung der erneuten Baumaßnahmen bei der Tief- und Betonbaugesellschaft Tibet. Unter der Leitung von Oberingenieur Zech wurde ab August 1926 der Ausbau der Stehhalle vollzogen. Der bereits bestehende, mit zehn Betonstufen terrassierte Erdwall blieb erhalten. Nach oben wurde die Stehhalle nun mit einem Stahlbeton-Hochbau fortgeführt, wobei man in zwei Bauabschnitten von je 55 Metern Länge (Gesamtlänge der Stehhalle: 110 Meter) arbeitete. Auf die in einer Ebene liegenden Unterzüge wurden die 31 Tribünenstufen ähnlich wie die Laufplatten einer Treppe mit glatter Unterschicht betoniert. Zusammen mit den zehn bestehenden Stufen des Erdwalls ergaben sich damit 41 Stehplatzstufen, die Platz für 25.000 Zuschauer bieten sollten. Die oberste Stufe lag auf einer Höhe von neun Metern, die Firsthöhe des Daches betrug nun 13 Meter.

Da man allerdings die zehn Meter breite Dachkonstruktion der alten Stehhalle einfach nur nach oben versetzt hatte, blieb die untere Hälfte der Stehplätze unüberdacht. Gleiches galt natürlich auch für die 1.400 Sitzplätze, die sich auf den sechs Stufenreihen zwischen der Stehtribüne und der 1,20 Meter hohen Werbebande befanden. Weitere Reklame hatte man auf der Vorderseite des Daches angebracht. In der Vereinszeitung der Sechziger hieß es über die neue Stehhalle: „Von ihren Plätzen aus gewährt sie nicht nur einen ungehinderten Ausblick auf jeden Teil der Kämpfenden, sie bietet auch eine herrliche Fernsicht über die ganze Stadt und in das südliche Isartal."

Die Tribünenplätze wurden von der Rückseite der Anlage über zwei so genannte Mundlochaufgänge und zwei seitlich angebaute Treppen erschlossen. Unter dem 110 Meter langen und 14 Meter breiten Tribünenbau war neben Aborthäuschen (an den Enden der Tribüne) und Motorrad- und Fahrrad-Einstellplätzen auch eine 110 Meter lange Aschenbahn für den Winterbetrieb der Leichtathleten untergebracht.

Reklametribünen und weitere Ausbauten: „Deutschlands schönste Vereinssportanlage"

An den beiden Seiten der Stehhalle entstanden je 35 Meter lange Flügelbauten, die als „Reklametribünen" bezeichnet wurden. Ihren Namen verdankten die Betonkonstruktionen den drei Meter hohen Holztafeln, die an hinter den Rängen aufragenden Stützen befestigt und mit Werbeaufschriften versehen waren. Durch die betonierten Stufen-

1925 bis 1926

HÖHEPUNKT

10.10.1926
SV 1860 - VfR Fürth 2:4 –
Verregnete Platzweihe

Die offizielle Einweihungsfeier des 40.000 Zuschauer fassenden Stadions an der Grünwalder Straße fand am Sonntag, den 10. Oktober 1926 anlässlich des Bezirksliga-Fußballspiels SV 1860 - VfR Fürth statt. Der Zuschauerzuspruch bei der um 14 Uhr begonnenen Zeremonie blieb allerdings hinter den Erwartungen zurück. Aufgrund des schlechten Wetters waren nämlich zunächst nur 3.000 Zuschauer gekommen.

Zu Beginn der Veranstaltung spielte die Musikkapelle der Reichswehr einige Weisen. Danach fuhr die Motorradabteilung mit festlich geschmückten Motorrädern ins Stadion ein und drehte drei Runden auf der Aschenbahn. Von den Eingängen seitlich der Sitztribüne marschierten nun insgesamt 1.000 Aktive aus allen 16 Abteilungen des TV und des SV 1860 (Mädchenabteilung, männliche Turner- und Sportlerjugend, Turner und Turnerinnen, Leichtathleten, Hockey-, Schlagball- und Fußballmannschaften, Kampfsportler, Bergsteigerriege, Schwerathleten, Skiabteilung sowie die mit zwei Booten und Paddeln angetretene Faltbootabteilung) zusammen mit kleinen Abordnungen des FC Bayern, des FC Wacker und des Vereins für volkstümliches Schwimmen ins festlich geschmückte und beflaggte Stadion. Flankiert von den Gästen führten die 1860-Turner und -Sportler dann unter der Leitung von Oberturnwart Professor Hacker bei Musikbegleitung Freiübungen vor. Diesen folgte der Auftritt des Sängerkreises mit dem Lied „Gott segne dich, mein Vaterland".

Heinrich Zisch (Vorsitzender des SV 1860) und Dr. Müller-Meiningen (Vorsitzender des TV 1860) begrüßten in ihren Ansprachen die anwesenden Honoratioren und dankten für die Unterstützung beim Stadionbau. Müller-Meiningen hob in seiner Rede den Wert des Sports im Hinblick auf die Wehrhaftigkeit des deutschen Volkes hervor und schloss mit dem pathetischen Satz: „So walte auch über dieser machtvollen Kampfbahn […] als Sinn- und Wahlspruch: Deutschland, Deutschland über alles, über alles in der Welt!" Daraufhin wurde unter Musikbegleitung das Deutschlandlied gesungen. Im Anschluss hielten der 2. Vorsitzende des Süddeutschen Fußballverbandes, Flierl, und der Vertreter der Deutschen Behörde für Leichtathletik, Miller, ihre Ansprachen. Flierl lobte die Sechziger für den Stadionbau („1860 ist mit dieser Anlage in Süddeutschland an der ersten Stelle") und versprach, das nächste Länderspiel für München zu beantragen.

Nachdem die 1860-Jugend das Lied „Ich hab' mich ergeben" vorgetragen hatte, marschierten alle Aktiven außer den Leichtathleten, die einen Stillauf veranstalteten, ab. Zwar musste das geplante Turnen der Musterriege am Pferd wegen des Regens entfallen, die Turnerinnen führten aber nach einer kurzen Unterbrechung rhythmische Freiübungen vor. Um 15.15 Uhr erschien dann das Flugzeug „Klettermaxe", aus dem ein Lorbeerkranz und ein Fußball abgeworfen wurden.

Zum Höhepunkt der Veranstaltung, dem Bezirksliga-Fußballspiel SV 1860 - VfR Fürth, hatten sich inzwischen an die 6.000 Besucher im Stadion eingefunden. Die Sechziger gingen als klarer Favorit in das Spiel, zeigten aber eine deutlich schlechtere Leistung als in den vorangegangenen Spielen. Der Außenseiter aus Fürth erzielte mit seiner Kontertaktik gegen die aufgerückte Münchner Abwehr schließlich vier Tore, wobei auch 1860-Torwart Kob einen schwarzen Tag erwischt hatte. Mit der 2:4-Niederlage der Sechziger hatte die verregnete Eröffnungsfeier ein unerfreuliches Ende genommen. Dass dieser 10. Oktober 1926 sportlich gesehen einfach nicht der Tag der Sechziger war, zeigte sich auch im 5.000-Meter-Vorgabelauf, der in der Halbzeit des Spiels stattfand. Hier musste sich 1860-Läufer Kapp mit 1,1 Sekunden Rückstand dem Deutschen Meister Dieckmann (Hannover) geschlagen geben, der mit einer Zeit von 16:35,0 Minuten siegte.

Der sportliche Ausgang der Veranstaltung war an diesem Tag aber zweitrangig. Schließlich konnte man die Einweihung des lang ersehnten Stadions feiern, weshalb die „Allgemeine Zeitung" ein positives Fazit zog: „München hat nun sein Stadion. Gewiß war es höchste Zeit, aber nicht zu spät, um nicht dankbar des Vereins zu gedenken, der das Unternehmen entschlossen zum glücklichen Ende geführt hat."

10

11

12

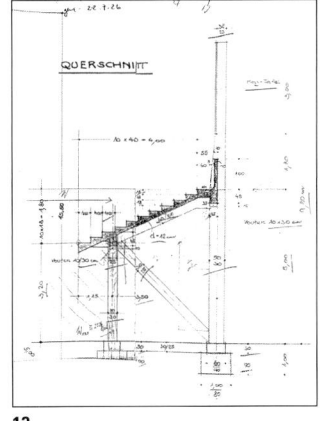

13

9 Plakat für die Eröffnungsfeier des Stadions mit dem Hinweis auf das Bezirksligaspiel 1860 – VfR Fürth.

10 Eröffnungsfeier am 10. Oktober 1926: Die Abteilungen des TV und des SV 1860 haben sich auf dem Rasen aufgestellt. Im Hintergrund die nur spärlich besetzte Stehhalle.

11 Stehhalle und Reklametribüne vom Hockeyplatz.

12 Stehhalle und Reklametribüne vom Spielfeld.

13 Querschnitt durch den betonierten Oberrang der Reklametribünen. Der Unterrang bestand aus einem aufgeschütteten Erdwall. An der Oberkante der Tribüne wurden Werbetafeln errichtet.

platten, die auf zwei Stützenreihen ruhten, wurden die elf Meter breiten und drei Meter hohen Erdwälle um elf Stehplatzstufen erweitert. Die bereits in leichter Rundung verlaufenden Seitentribünen erreichten insgesamt eine Höhe von fünf Metern und staffelten damit den Übergang von den hohen Rängen der Stehhalle (neun Meter) zu den niedrigeren Kurvenplätzen der Erdwälle (drei Meter).

In gleicher Form wie die Stehhalle sollte nach dem Willen der Verantwortlichen im darauf folgenden Jahr der Ausbau des „westlichen Rondells" erfolgen. Damit wäre die Anlage an drei Seiten völlig überdacht gewesen. Die Pläne konnten jedoch nie verwirklicht werden. Eine Erweiterung der Ostkurve war dagegen von Haus aus nicht möglich. Gestützt durch eine Betonmauer, hatte man dort die Oberkante des Erdwalls schon bis an die Grenze zur Grünwalder Straße gesetzt.

Die Sitztribüne erhielt an der Westseite eine vor Wind und Regen schützende Glaseinfassung, womit das Stadion nach einer Bauzeit von nur zweieinhalb Monaten Anfang Oktober 1926 seine vorerst endgültige Gestalt angenommen hatte, die bis zum Zweiten Weltkrieg unverändert bleiben sollte.

Auch die Sicherheit im Stadion hatte man verbessert. Nachdem bereits Anfang April 1926 ortspolizeiliche Vorschriften für den Sechzger-Platz „zur Aufrechterhaltung der öffentlichen Ruhe, Ordnung und Sicherheit" erlassen worden waren, gründete der SV 1860 auch einen eigenen Ordnungsdienst. Dieser war aufgrund des größeren Fassungsvermögens nötig geworden, um die Polizei bei ihrer Arbeit zu unterstützen. Zur besseren Aufsicht der jugendlichen Anhängerschaft wurde auf dem westlichen Erdwall ein eigener Schüler- und Jugendsektor eingerichtet. Durch den Einbau von großen Schiebetoren in der Umzäunung der Anlage, die sich zusammen mit den Kassen an den vier Ecken des Stadions befanden, hatte man auch die Zugänge dem erwarteten Besucherandrang angepasst.

Die Stimmen zu der damals in Süddeutschland einzigartigen Anlage waren voll des Lobes: „Bahnbrechend", „eine Ruhmeshalle des Münchener Sports", „eine Münchener Sehenswürdigkeit" („Münchner Neueste Nachrichten"), „Deutschlands schönste Vereinssportanlage" und „ein stolzes Wahrzeichen für den Siegeszug des Fußballsports" („Der Fußball") lauteten die Komplimente der Presse.

Mit der Einweihungsfeier am 10. Oktober 1926 war aus „dem Sechzger (-Platz)" auch endgültig „das Sechzger (-Stadion)" geworden. „Lange vorher haben sich Anlagen mit den Namen Stadion geschmückt, die an den Bau der 1860er in keiner Weise heranreichen können. Hier hat man

1925 bis 1926

gewartet und dieses vielversprechende Wort erst dann gewählt, als die Berechtigung von niemand mehr zu bestreiten war", urteilten die „Münchner Neuesten Nachrichten" ganz im Sinne der konservativen Sportideologen. Im Jahr darauf bekam die Sportstätte den Namen jenes Mannes verliehen, ohne den man in München wohl noch immer auf ein Stadion gewartet hätte: Heinrich Zisch.

Ein teurer Spaß: Die Kosten des Stadionbaus

Die größten Schwierigkeiten hatten Heinrich Zisch und seine Vorstandskollegen mit der Finanzierung des Stadionbaus zu bewältigen. Besonders heikel war dabei die bereits erwähnte rechtliche Situation: mit dem SV 1860 als Besitzer des Stadions und dem TV 1860 als Grundstücks-

QUERPASS

Heinrich Zisch – Namensgeber und Vater des Stadionausbaus

1927 wurde das Sechzger-Stadion nach Heinrich Zisch benannt, dem damaligen Präsidenten des SV 1860. Auf der Platzseite des Sitztribünendachs ersetzte man eine Werbetafel durch den Schriftzug „Heinrich-Zisch-Stadion" der links und rechts vom Vereinsnamen „1860" eingerahmt wurde.

Der frühere Turner war 1902 im Alter von 33 Jahren Mitglied der zweiten Fußballmannschaft des TV 1860 geworden. Nach seiner aktiven Zeit übernahm der kaufmännische Angestellte verschiedene Funktionärsämter im Verein: 1911 bis 1912 Fußball-Abteilungsleiter, 1924 bis 1930 Präsident des Sportvereins und 1929 bis 1932 des Turnvereins 1860. Danach bekam Zisch 1933 bei beiden Vereinen den Titel des Ehrenvorsitzenden verliehen. Anlässlich dieser Ehrung schrieben die „Münchner Neuesten Nachrichten": „Die Verdienste von Heinrich Zisch gehen weit über das Vereinsleben von 1860 hinaus. Seiner Zähigkeit ist vor allem die Erbauung des nach ihm genannten Stadions an der Grünwalder Straße zu verdanken. Diese Anlage trug zu dem heutigen Aufschwung des Münchner Fußballs viel mit bei. Sie ermöglichte vor allem, dass die vorzüglichen Leistungen auf dem grünen Rasen in weiten Kreisen der Münchner Bevölkerung die notwendige Resonanz finden konnten."

1956, neun Jahre nach dem Tod Heinrich Zischs am 23. April 1947, ehrte ihn die Stadt München durch die Benennung des Weges hinter der Westkurve als „Heinrich-Zisch-Weg".

14 Die nur spärlich besetzte westliche Reklametribüne bei der deutschen Meisterschaft über 50 km Gehen im Oktober 1934. Zu erkennen ist der aufgeschüttete Erdwall, an den der betonierte Hochbau anschließt.

15 Länderspiel Deutschland - Finnland, 18.8.1935: Spielszene vor der Sitztribüne.

16 Heinrich Zisch

17 Postkartenserie mit Aquarellen des 1860er Stadions aus den 1920er Jahren: Stehhalle

18 Ansicht des Stadions von Osten

17

18

1925 bis 1926

eigentümer. Die Kosten waren während der zweijährigen Bauphase stetig gestiegen. Für die ersten Planungen mit Sitztribüne, Erdwällen und Stehhallendach hatte man mit 70.000 Reichsmark kalkuliert. Tatsächlich betrugen die Aufwendungen im Winter 1925/26 bereits 120.000 Reichsmark. Nach dem Ausbau der Stehhalle auf 25.000 Plätze und verschiedenen Maßnahmen an den anderen Tribünen erhöhten sich die Baukosten auf 260.000 Reichsmark. Ein damals riesiger Betrag, der nur schwer zu schultern war.

Der größte Teil in Höhe von 120.000 Reichsmark wurde durch Darlehen der Städtischen Sparkasse getragen, was man den guten Kontakten von Heinrich Zisch zur Stadtspitze zu verdanken hatte. Der FC Wacker hatte nämlich weniger Glück beziehungsweise einflussreiche Fürsprecher, als er 1926 mit einem Kreditgesuch scheiterte. Die Sparkasse hatte dem Turnverein 1925 zunächst 60.000 Reichsmark bei 10% Zinsen und 1% Tilgung gewährt. Später wurde eine zweite Hypothek in gleicher Höhe auf das Stadiongrundstück eingetragen. Zuvor mussten jedoch auf Geheiß des Stadtrats die bestehenden Belastungen, die beim Grundstückskauf 1922 gegenüber der Hypotheken- und Wechselbank und den 1860-Mitgliedern Geier, Zisch und Huber angefallen waren, aus dem Grundbuch gelöscht werden. Dass die ansonsten unter ständiger Geldknappheit leidenden Sechziger auf einen Schlag alle bestehenden Hypothekenschulden zahlen konnten, erscheint verwunderlich. Möglicherweise hatten die Schulden aus dem Inflationsjahr 1922 nach der Währungsreform einen Wert angenommen, der nicht mehr allzu hoch war. Die 1860-Mitglieder Geier, Zisch und Huber könnten ihre Darlehen auch in eine Spende umgewandelt haben.

Neben dem Kredit der Sparkasse (120.000 Reichsmark) nahm der SV 1860 im Jahr 1925 Darlehen bei der Thomas-Brauerei (15.000 Reichsmark), die schon 1904 Verpächter des Platzes in Holzapfelkreuth gewesen war, und bei der Staatsbank (10.000 Reichsmark) auf. Zehn Vereinsmitglieder stellten sich dabei als Bürgen zur Verfügung. Andere Mitglieder spendeten für den Stadionbau. Während sich die „Reklametribünen" seitlich der Stehhalle durch die Vorauskasse der Werbekunden für fünf Jahre quasi selbst finanzierten, gestaltete sich die Deckung der restlichen Baukosten als äußerst schwierig. Zudem fielen laufende Zahlungen für die Pacht der Nebenplätze und den Platzwart an.

Immer wieder ersuchte man daher die Stadt um Zuschüsse. Dabei wiesen die Sechziger stets auf den hohen Nutzungsgrad und die repräsentative Wirkung des Stadions hin, die für München sicher bedeutsam war. Die Zuwendungen der Kommune blieben aber weit hinter den Hoffnungen des Vereins zurück. Neben einem Barzuschuss des Sportreferats in Höhe von 3.000 Reichsmark für dringende Rechnungen half die Stadt durch die Erlassung von Gebühren bei Tiefbau- und Gewerbeamt aus. Auch die Zinszahlungen gegenüber der Sparkasse wurden schon mal von der Stadtkasse übernommen. Dennoch handelte es sich um Beträge, die 1860 immer nur von den ärgsten finanziellen Nöten befreien konnten. Auch ein zinsloses Darlehen über 2.500 Reichsmark aus dem Bildungsfonds der Kreisgemeinde Oberbayern war keine allzu große Hilfe.

Giesing wird Münchens Fußballhochburg

Den Großteil der entstandenen Schulden hatte der SV 1860 selbst zu tragen. Um Schulden und Unterhaltskosten zahlen zu können, reichten die Einnahmen aus den Eintrittsgeldern bei den eigenen Fußballspielen bei weitem nicht aus. Man musste also zusätzliche Einnahmen erzielen, was durch die Vermietung der Sportanlagen möglich war. Und diese Chance nutzten die Sechziger nun ausgiebig. Mit dem SV 1860, dem FC Bayern sowie dem FC Wacker spielten in der Saison 1926/27 alle drei Münchner Vertreter in

19

HÖHEPUNKT

12.12.1926
Deutschland - Schweiz 2:3 –
Das erste Länderspiel im Sechzger

Den ersten Höhepunkt im neuen Stadion lieferte das Länderspiel Deutschland - Schweiz am Sonntag, 12. Dezember 1926. Wie bei der Platzeinweihung im Oktober 1926 versprochen, hatte der Süddeutsche Fußball-Verband das nächste Länderspiel für München beantragt. Das erste Spiel der DFB-Auswahl auf Münchner Boden seit 15 Jahren (Deutschland - Ungarn am 17.12.1911 auf dem MTV-Platz an der Marbachstraße) stieß auf riesiges Interesse. „Unsere [Münchner] Zuschauerzahlen bei den erstklassigen Fußballspielen gehören heute zu den stattlichsten Deutschlands, seit die kühne Tatkraft der 1860er uns ein prächtiges Stadion schenkte", wusste die „Süddeutsche Sonntagspost" zu berichten. Bereits nach dem Vorverkauf, der am Montag vor dem Spiel begonnen hatte, stand fest, dass es zu einem neuen Münchner Zuschauerrekord kommen würde. Nach einem Tag waren die Sitzplätze ausverkauft, bis Freitag hatte man 30.000 Karten abgesetzt. Am Sonntag drängten sich dann rund 35.000 Zuschauer im Stadion. „Das Fassungsvermögen beträgt höchstens 30.000", meinte die Zeitschrift „Fußball". 1860 hingegen hatte die Kapazität mit 40.000 Plätzen angegeben und entsprechend viele Eintrittskarten gedruckt. Am Spieltag waren die Trambahnen zum Stadion bereits um 12 Uhr mittags überfüllt, und als um 14 Uhr ein Flugzeug der Lufthansa den Spielball abgeworfen hatte, boten die Zuschauermassen ein solch eindrucksvolles Bild, dass die „Süddeutsche Zeitung" von einem „Rahmen elementarer Wirkung" und einem „Markstein für die Entwicklung Münchens zur Sportstadt" sprechen sollte.

Mit der Schweiz hatte man den „inoffiziellen Europameister", wie sich die Eidgenossen nach ihrem zweiten Platz bei der Olympiade 1924 nannten, zu Gast. Für die deutsche Elf war das Spiel in München erst der zweite und zugleich schon der letzte Auftritt in der Saison 1926/27. Der DFB gehörte nämlich zu den schärfsten Verfechtern des Amateurgedankens, und nach der Einführung des Profitums in fast allen Ländern Europas blieben nur noch die Niederlande und die Schweiz als Gegner übrig, die der deutschen Sportethik gerecht wurden. Mit Otto Nerz hatte der DFB zwar endlich einen hauptamtlichen Trainer für die Nationalmannschaft eingestellt, doch dessen vor allem auf Grund einer Änderung der Abseitsregel umgestellte Spieltaktik stieß auf heftige Kritik.

Im Spiel gegen die Schweiz geriet die deutsche Elf schnell mit 0:2 in Rückstand und unterlag am Ende mit 2:3. Pfiffe gellten nach Abpfiff durch das Sechzger-Stadion, und die Presse kritisierte neben Trainer Nerz vor allem den 34-jährigen HSV-Stürmer Otto „Tull" Harder, für den sein 15. Länderspiel seit 1914 auch das letzte sein sollte. In der Aufstellung der deutschen Mannschaft hatte sich dafür der Aufstieg der Münchner Vereine in die deutsche Spitze abgezeichnet. Mit Emil Kutterer, Ludwig „Wiggerl" Hofmann (beide FC Bayern) und Torwart Georg Ertl (FC Wacker) waren drei Münchner im Nationaltrikot aufgelaufen.

Aufstellungen:

Deutschland: Ertl (Wacker München), Beier (Hamburger SV), Kutterer (Bayern München), Köhler (Dresdner SC), Geiger, Scherm (beide ASV Nürnberg), Schmidt, Hochgesang (beide 1. FC Nürnberg), Harder, Wolpers (beide Hamburger SV), Hofmann (Bayern München)

Schweiz:
Pache, de Weck, Ranseyer, Geser, von Arr, Neuenschwander, Fink, Poretti, Weiler, Brand, Tschirren

Tore: 0:1 Brand (8.), 0:2 Weiler (14.), 1:2 Hochgesang (44.), 2:2 Scherm (50.), 2:3 Fink (ca. 80.)

1925 bis 1926

21 Luftbild des Stadions (von Südwesten) mit seinen Nebenanlagen beim Spiel FC Bayern - SpVgg Fürth am 11. April 1926: Auf dem Gelände hinter der Stehhalle ein Nebenplatz, der von den Handballern, Hockeyspielern und Leichtathleten genutzt wurde. Den Fußballern diente er als Aufwärmplatz. Südwestlich des Stadions lag die Ostenrieder-Villa, in der 1860-Trainer Breunig wohnte. Östlich der Nebengebäude der Villa befand sich ein Pkw-Parkplatz. Südlich davon lag ein Fußball-Trainingsplatz und an der Harlachinger Straße ein Hockey-Platz. Ende der 1930er Jahre entstanden hier Einfamilienhäuser.

der damals höchsten Spielklasse, der Bezirksliga Bayern, an der Grünwalder Straße. Im Sommer 1927 folgte auch der gerade aufgestiegene Deutsche SV, der 1924 aus der Fußballabteilung des MTV 1879 hervorgegangen war.

Der SV 1860 sollte sich nun auch landesweit einen Namen machen. Als die Sechziger in der Spielzeit 1926/27 bis ins Halbfinale um die Deutsche Meisterschaft vordrangen, fand erstmals auch ein Endrunden-Spiel an der Grünwalder Straße statt. Am 22. Mai 1927 bejubelten 25.000 Zuschauer den klaren 3:0-Sieg im Viertelfinale gegen den VfB Leipzig.

Im Schnitt kamen damals rund 10.000 Besucher zu den Ligaspielen. Stand ein Derby an, strömten 20-30.000 auf den Giesinger Berg, wobei der heute in der Versenkung verschwundene FC Wacker die größten Sympathien bei den Münchner Fußballanhängern genießen durfte. Aber auch die Sechziger sollten ihren „Weg bei der großen Masse machen", wie die „München-Augsburger Abendzeitung" 1927 prophezeite.

Nebenanlagen im Stadionumfeld

Neben dem Stadion verfügte der SV 1860 über ausgedehnte Flächen an der Grünwalder Straße 10: ein kleineres Handball- und Hockeyfeld nördlich des Stadions, zwei 110-Meter-Aschenbahnen unter der Stehhalle und ein großes Fußball-Übungsfeld samt einem Hockeyplatz (im Westen), einer 100-Meter-Bahn und einer Sprunggrube südlich des Stadions im Bereich der bereits geplanten Volckmerstraße. Auf dem dortigen Grundstück hatte man hinter der Haupttribüne zudem einen PKW-Parkplatz errichtet. Zwischen dem Parkplatz und den Trainingsanlagen bestand südlich der heutigen Volckmerstraße eine Durchfahrt zur Harlachinger Straße. Für den Trainer der 1860-Fußballer, Max Breunig, stand eine Wohnung in der kleinen Villa an der Harlachinger Straße 1a zur Verfügung, die man bereits in den Jahren zuvor für den Platzwart gemietet hatte. Die Toiletten, die man an das Nebengebäude des Privatanwesens angebaut hatte, wurden weiterhin genutzt. In das Nebengebäude selbst baute man Bäder für die Sportler ein. Vor dem Gebäude entstand auf der späteren Volckmerstraße der Biergarten der Stadiongaststätte.

Im Frühjahr 1927 pachtete der SV 1860 von der Stadt zudem einen vierten Trainingsplatz, der sich gut einen Kilometer südlich des Stadions an der Grünwalder Straße befand. Der auf Höhe der Kurzstraße am Krüppelheim (der heutigen Orthopädischen Klinik) gelegene Trainingsplatz sollte bald darauf auch zur Heimat der Hockeyabteilung werden. 1928 stellte die Stadt für die 1860-Jugendmannschaften auch die drei Spielfelder des so genannten „Stadtplatzes" oberhalb des Krüppelheims zur Verfügung. An der Grünwalder Straße 114, wo sich bis heute das Trainingsgelände und die Geschäftsstelle des TSV 1860 befinden, standen bis zum Bau eines dreigeschossigen Umkleide- und Verwaltungsgebäudes im Jahr 1968 allerdings nur Holzbaracken für die Sportler zur Verfügung.

1927 bis 1936
Der Stadionbau treibt 1860 an den Rand des Ruins

Die „Untermieter": Nicht jeder Gast ist willkommen

Die hervorragenden Trainings- und Wettkampfbedingungen an der Grünwalder Straße 10 sorgten zusammen mit dem stattlichen Fassungsvermögen des Stadions für großes Interesse bei anderen Vereinen und Verbänden, dort ihre Veranstaltungen durchzuführen. Neben den bereits aufgeführten Fußballvereinen wurde das 1860-Stadion 1926 auch vom Südbayerischen Landesverband für Leichtathletik, von der Deutschen Turnerschaft, von studentischen Korporationen, von den Hochschulen, von der Landespolizei, vom bayerischen Radrennverband und dem Arbeitersportkartell genutzt. Der SV 1860 packte dabei fast jede Gelegenheit beim Schopfe, um Geld in die klamme Vereinskasse zu bekommen. Als Platzmiete verlangte man zunächst immerhin 500 Reichsmark pro Tag. Später wurde die Miete prozentual aus den Einnahmen berechnet, wobei die Mindestsumme 300 Reichsmark betrug.

Vom 4. bis 8. August 1927 fanden anlässlich des „1. Bundesturn- und Sportfests der Reichsbahn-Turn- und Sportvereine" mehrere Wettkämpfe, Fußball- und Handballspiele im Stadion statt. Doch bald war 1860 nicht mehr jeder Gast willkommen. Beim sozialdemokratisch angehauchten Reichsarbeitersporttag (RAST) am 3. Juli 1927 war ein Flugblatt verteilt worden, das beim Deutschen Fußball-Bund (DFB) auf Missfallen stieß. Der SV 1860 verweigerte daraufhin dem Arbeiter-Turn- und Sportbund (ATSB) die Nutzung des Stadions für ein am 4. September 1927 geplantes Arbeiter-Länderspiel gegen die Tschechoslowakei. Da das Dantestadion, in dem das Spiel nach der Absage von Seiten der Sechziger als Eröffnungsveranstaltung stattfinden sollte, noch nicht fertig gestellt war, wurde die Partie schließlich auf den Teutonia-Platz verlegt. Dort sahen 10.000 Zuschauer die 2:3-Niederlage der deutschen Elf.

Dafür versuchte der SV 1860 auch schon mal auf nicht ganz einwandfreiem Wege, an zusätzliche Einnahmen zu gelangen. Als am 6. Januar 1927 das Bezirksliga-Lokalderby zwischen 1860 und dem FC Bayern anstand, waren 12.000 Zuschauer trotz erhöhter Eintrittspreise ins Sechz-

1 Nachdem das „Skandal-Derby" am 6. Januar 1927 abgebrochen wurde, strömten die aufgebrachten Zuschauer zu den Kassenhäuschen zwischen Sitztribüne und Ostkurve.

ger-Stadion gekommen. Aufgrund der schlechten Bodenverhältnisse – eine dicke Schneeschicht bedeckte den Rasen – verkündete man nach wenigen Spielminuten, dass es sich nur um ein Privatspiel handle. Die Zuschauer wollten nun ihr Geld zurück und stürmten das Spielfeld und die Kassenhäuschen. Die Partie wurde abgebrochen, und per Megaphon verkündete man, dass die Karten für das nächste Ligaspiel gültig bleiben würden.

Die anderen Vereine waren mit ihrer Situation als „Untermieter" im Sechzger-Stadion nicht allzu glücklich. Der FC Bayern und der FC Wacker nahmen 1928 beide an der Endrunde um die Deutsche Meisterschaft teil und traten dabei auch je einmal an der Grünwalder Straße an: der FC Wacker am 8. Juli 1928 vor 16.000 Zuschauern im Achtelfinale gegen den Dresdner SC (1:0 nach Verlängerung) und der FC Bayern am 15. Juli 1928 vor 13.000 Zuschauern im Viertelfinale gegen die SpVgg Sülz (5:2). Die Wackeraner erlebten damals den größten Erfolg ihrer Vereinsgeschichte und scheiterten erst im Halbfinale. Der geplante Bau eines eigenen Stadions an der Forstenrieder Straße (ab 1962 Albert-Roßhaupter-Straße) in Sendling wurde nicht verwirklicht, und die „Blausterne" mussten weiterhin an der Grünwalder Straße spielen (siehe „Querpass": „Gescheiterte Stadionprojekte").

1927 bis 1936

HÖHEPUNKT

10. April 1927
FC Bayern – Penarol Montevideo 2:1 –
Internationale Gäste auf Giesings Höhen

Für besonderes Interesse beim Münchner Publikum sorgten in den 1920er Jahren stets die Privatspiele der Münchner Mannschaften gegen ausländische Spitzenclubs. Vor allem der FC Bayern mit seiner weltoffenen Führung holte eine Vielzahl von internationalen Gegnern an die Isar. Mannschaften aus der Schweiz, der Tschechoslowakei, Holland, Ungarn, Frankreich, Österreich, Italien, England und Spanien gastierten seit dem Stadionbau an der Grünwalder Straße auf Giesings Höhen. Wohl kaum ein anderer deutscher Verein trat damals so häufig zu internationalen Freundschaftsspielen an wie der FC Bayern.

Am Sonntag, 10. April 1927, stand ein ganz besonderer Gegner auf dem Programm: der uruguayische Meister ASC Penarol Montevideo. Uruguay galt nach seinem Sieg bei den Olympischen Spielen 1924 als „Fußball-Wunderland". Das Spiel gegen Penarol, für deren Auftritt die Bayern finanziell tief in die Tasche greifen mussten, wurde von der Presse als sportliche Sensation des Jahres angekündigt. „Noch nie hat die bayerische Hauptstadt bisher eine so ausgezeichnete Fußballmannschaft gesehen", erklärte die „Süddeutsche Sonntagspost" bereits vor dem Spiel.

Die Südamerikaner waren eine Woche vor ihrem Auftritt in München nach Europa gereist. Auf der Hohen Warte in Wien war man einer Auswahlelf der Wiener Profiklubs, die als beste Mannschaft Zentraleuropas galt, überraschend unterlegen. Aber auch die Bayern sollten ein harter Brocken für die Penarol-Elf werden. Der Süddeutsche Meister von 1926 hatte in den Wochen vor dem Spiel glänzende Form bewiesen und galt als schwerster Gegner auf Penarols Deutschland-Tournee.

2 Mit Zeitungsanzeigen warb der FC Bayern für das Spiel gegen den uruguayischen Meister. Dessen exotischer Name wäre ohne diese Kampagne von vielen Münchnern für die Bezeichnung eines Arzneimittels gehalten worden, mutmaßte die Presse.
3 Torszene vor der Stehhalle.
4 Die trapezförmige Sitztribüne des Dantestadions.

Die Zuschauer strömten in Massen ins 1860-Stadion. Rund 30.000 Besucher zählte man am Ende. „Es herrschte in der prächtigen Anlage an der Grünwalder Straße eine ähnliche Stimmung wie am Tage des Länderspiels [Deutschland - Schweiz im Dezember 1926; Anm. d. Verf.]", schrieben die „Münchner Neuesten Nachrichten". Nachdem der Spielball vom bekannten Flugzeug „Klettermaxe" abgeworfen worden war, konnte das Spiel beginnen. Die Bayern erzielten bereits in der dritten Minute das 1:0 und zeigten sich auch danach als absolut ebenbürtiger Gegner für Uruguays Meisterelf. Penarols Sturm konnte nicht überzeugen, und erst nachdem die Bayern dank eines Missverständnisses in der gegnerischen Hintermannschaft auf 2:0 erhöht hatten, wurde es in der Schlussphase noch einmal spannend. Zunächst verkürzte Terevinto per Handelfmeter auf 1:2, dann pfiff der Schiedsrichter in der Schlussminute erneut ein Handspiel im Bayern-Strafraum. Der Ball lag bereits am Strafstoßpunkt, als der Schweizer Unparteiische Ruoff die Partie beendete. Nach den Regeln war die Entscheidung völlig korrekt, doch die Spieler von Penarol protestierten verständlicherweise lautstark. Die Bayern freuten sich dagegen mit den Zuschauern über einen unerwarteten Erfolg gegen einen Club von Weltformat.

Aufstellungen:
FC Bayern: Schwab, Kutterer, Schmid, Peller, Hutsteiner, Hofmeister, Schmid, Dietl, Hofmann, Pöttinger, Welker

Penarol Montevideo: Legnasse, Benincasa, D'Agosto, Ruotta, Silva, Aguerre, Suffioti, Anselmo, Arremon, Terevinto, Campolo

Tore: 1:0 Pöttinger (3.), 2:0 Hofmann (86.), 2:1 Terevinto (88./Handelfmeter)

QUER PASS

Städtische Konkurrenz: das Dantestadion

1928 waren in der Frage eines städtischen Stadionprojekts auf jahrelange Diskussionen endlich Taten gefolgt. Die Stadtführung hatte erkannt, welch wichtige Stellung dem Sport im urbanen Leben zugekommen war. Nachdem sich zwischenzeitlich auch die städtische Finanzlage verbessert hatte, plante man den Bau von acht so genannten Bezirksstadien, die über das gesamte Stadtgebiet verteilt werden sollten. Gebaut wurde allerdings nur die am 2. Juni 1928 eröffnete „Kampfbahn an der Dantestraße" im nordwestlichen Stadtteil Gern, da sich die städtische Haushaltslage wieder rapide verschlechtert hatte. Das Dantestadion wurde von Karl Meitinger und Fritz Beblo entworfen. Einzigartig ist die trapezförmige Sitztribüne mit angebauter Turnhalle samt Gymnastiksaal.

Vom Gedanken, ein Großstadion zu bauen, hatte sich die Stadt – wohl nicht ohne eine gewisse Erleichterung – nach dem Bau des Sechzger-Stadions vorerst verabschiedet. Die Errichtung der 20.000 Zuschauer fassenden Mehrzweck-Arena an der Dantestraße hatte dennoch

4

nicht geringe Auswirkungen auf den Nutzungsgrad des Giesinger Stadions und damit auf die Einnahmen des SV 1860. Viele Veranstaltungen wanderten nun ins Dantestadion ab. Obwohl die Idee des „Bezirksstadions" anfangs auf den Breitensport ausgelegt gewesen war, versuchte die Stadt nämlich bald auch Fußballvereine ins Dantestadion zu locken, um den Unterhalt der Anlage finanzieren zu können.

Die Wirtschaftskrise und ihre Folgen

Bedingt durch die Konkurrenz des 1928 eröffneten städtischen Dantestadions fiel die Gesamtbesucherzahl im Heinrich-Zisch-Stadion von 603.200 im Jahr 1928 auf 355.663 im Jahr 1929. Hinzu kamen nun auch die Auswirkungen der Weltwirtschaftskrise, die am 25. Oktober 1928 mit dem Börsencrash in New York begonnen hatte. Die hohe Arbeitslosigkeit führte zu einem eklatanten Zuschauerrückgang, der vor allem den SV 1860 traf. Zum einen waren die eigenen Fußballer schon zuvor nur die lokale Nummer drei in der Zuschauergunst gewesen, zum anderen fiel auch der Schnitt bei den Partien der Stadionmieter FC Bayern und FC Wacker auf 4.000 bis 5.000 Besucher. Der FC Wacker wechselte in der Folgezeit aufgrund der sinkenden Zuschauerzahlen des Öfteren zwischen dem Stadion an der Grünwalder Straße, dem Dantestadion und dem Wacker-Platz. Die Finanzsituation beim SV 1860 verschlechterte sich durch den Einnahmerückgang zunehmend. Um zusätzliche Einnahmequellen zu erschließen, montierte man je drei Scheinwerfer am Sitztribünendach und am südlichen Übungsfeld. Damit konnte der Trainingsbetrieb auf zwei Spielfeldern auch nach Einbruch der Dunkelheit fortgeführt werden.

Zudem erkannten die Sechziger, dass man die Zuschauer nur mit sportlichen Highlights in größerer Zahl anlocken konnte. Ein gutes Beispiel dafür lieferten die alljährlich ausgetragenen Städte-Duelle zwischen München und Berlin. Der prestigeträchtige Kampf gegen die Auswahl der Reichshauptstadt lockte am 29. Dezember 1929 25.000 Zuschauer ins Sechzger-Stadion, die ihr Kommen nicht bereuen sollten. Mit 6:1 schickte das Münchner „Dream-Team" die Berliner zurück an die Spree. Auch 1860 bemühte sich nun verstärkt um auswärtige Privatspielgegner. Sogar südamerikanische Mannschaften waren damals auf Giesings Höhen zu Gast. Den ersten Anlass dafür gab ein Jubiläumsturnier zur 30-Jahr-Feier der Fußballabteilung an Ostern 1929 mit Viktoria Berlin und Hask Agram. Besonders lukrativ waren neben hochkarätig besetzten Privatspielen und den Lokalderbys auch so genannte Doppelspiele. Dabei traten an einem Sonntag zwei Münchner Mannschaften hintereinander zu Spielen im Sechzger-Stadion an. Dank des Einnahmeanteils, den der SV 1860 von den anderen Vereinen als Platzmiete verlangte, kam zwar Geld in die Kasse, doch der Rasen war durch die intensive Nutzung bald in einem miserablen Zustand.

Der Zuschauerrückgang hielt trotz allen Einfallsreichtums der Funktionäre weiter an. Dabei wurde mitunter

1927 bis 1936

auch ein exklusives Rahmenprogramm geboten. So trat am 19. April 1931 während der Halbzeitpause eines Fußballspiels der weltbekannte italienische Jongleur und Varieté-Star Enrico Rastelli, der gerade im Deutschen Theater gastierte, mit seinen Balance-Künsten im Sechzger-Stadion auf. Aber selbst nachdem der SV 1860 im Jahr 1931 als erster Münchner Verein ins Finale um die Deutsche Meisterschaft (Endspiel in Köln: 1860 - Hertha BSC Berlin 2:3) vorgedrungen war und der FC Bayern ein Jahr darauf Deutscher Meister (Endspiel in Nürnberg: FC Bayern - Eintracht Frankfurt 3:0) wurde, stiegen die Besucherzahlen nicht an.

Noch mehr Probleme: Das Dantestadion soll ausgebaut werden

Ein zusätzliches Problem drohte dem SV 1860, als die Stadt im Herbst 1932 mit dem Gedanken spielte, das Dantestadion auszubauen. In einem Schreiben an das Stadtamt für Leibesübungen (SfL) wandte sich 1860 vehement gegen die Erweiterung der städtischen Anlage. Das nach Angaben des SV 1860 42.000 Zuschauer fassende Heinrich-Zisch-Stadion war in den Jahren 1931 und 1932 aufgrund der Notlage der Bevölkerung bestenfalls halb gefüllt gewesen. In 13 beziehungsweise 14 Fällen hatte der SV 1860 vom Stadionmieter nur die Pauschale von 300 Reichsmark verlangen können, da die Ränge zu schlecht besetzt gewesen waren. Zu den Stadionmietern zählten damals neben dem FC Bayern zeitweise noch immer der FC Wacker und der Deutsche SV. 1932 trug auch der FC Teutonia alle Heimspiele im 1860-Stadion aus, als er in der Saison 1931/32 einen sportlichen Höhenflug erlebte (3. Platz in der südbayerischen Bezirksliga hinter Bayern und 1860).

Wie wenig München ein Großstadion benötigte, verdeutlichte nach Ansicht des SV 1860 allein die Tatsache, dass die Arena an der Grünwalder Straße seit dem Ausbau 1926 nie ausverkauft gewesen war und der Rekordbesuch (beim Länderspiel Deutschland - Schweiz 1926) bei 35.000 Zuschauern lag. 1860 schlug daher vor, dem eigenen Stadion keine zusätzliche Konkurrenz durch das Dantestadion zu schaffen. Daraus würden sich nämlich sowohl für den SV 1860 als auch für die Stadt höhere finanzielle Lasten ergeben. SfL-Leiter Behr folgte der Argumentation und begrub die städtischen Stadionpläne. Schließlich hatte sich zuvor auch die finanzielle Situation beim TV 1860 durch die hohe Arbeitslosigkeit und den damit verbundenen Mitgliederschwund schon so weit verschärft, dass nur die Unterstützung der Stadt das Fortbestehen des Vereins sichern konnte.

Die Finanzkrise verschärft sich

Während der SV 1860 die Stadion-Mieteinnahmen kassierte, konnte der TV 1860 die für den Stadionausbau aufgenommenen Kredite nicht mehr zurückzahlen. Die Turner beschwerten sich über das für sie nachteilige Stadionabkommen mit den Sportlern, während die SV-Führung auf den Turnverein sauer war, der bei der Stadionübergabe 1925 eine Aufwertungshypothek aus dem Grundstückskauf verschwiegen hatte. Im April 1922 hatte man nämlich zunächst nur einen Betrag von 250.000 Mark an die Erbengemeinschaft Peter gezahlt. Um den Restbetrag von 450.000 Mark war nun ein Rechtsstreit entbrannt, obwohl die Grundbuchhypothek zugunsten der Familie Peter, die man als Sicherheit für den Kaufpreisrest auf das Stadiongrundstück eingetragen hatte, bereits im August 1922 wieder gelöscht worden war. Möglicherweise machte die Familie Peter erneute Ansprüche geltend, nachdem sie durchschaut hatte, wie günstig der TSV 1860 das Grundstück in der Inflationszeit erworben hatte.

In seiner Finanzkrise half dem Turnverein auch ein Schuldenerlass für ausstehende Gebühren (2.285,17 Reichsmark) bei der Stadt im Dezember 1933 nicht entscheidend weiter. Zum Jahresende 1933 bat der 1860-Finanzausschuss das Stadtamt für Leibesübungen um einen Zuschuss in Höhe von 15.000 Reichsmark für dringende Rechnungen, da 1860 sonst gezwungen wäre, „seine Pforten zu schließen und in Liquidation zu treten".

Die Schulden bei Banken, Firmen und Handwerkern beliefen sich Anfang 1934 auf rund 200.000 Reichsmark. Zudem musste man mit einer Zahlungsverpflichtung im Rechtsstreit mit der Erbengemeinschaft Peter rechnen. Mit den Immobilien an der Auenstraße 19 (Turnhalle) und der Grünwalder Straße 10 (Stadion) bestanden jedoch Besitztümer, deren Wert auf rund 700-900.000 Reichsmark geschätzt wurde. Den Wert des Stadions gab der Verein im Jahresabschluss 1932 mit 450.000 Reichsmark an. Ein Gutachten des städtischen Schätzungs-

5 Plakat für die Doppelveranstaltung 1860 - SpVgg Fürth und Wacker - 1. FC Nürnberg am 1.11.1927.

6 Der weltbekannte Jongleur Enrico Rastelli (Mitte) im Kreis der 1860-Mannschaft. Rechts Trainer Breunig.

ausschusses vom 16.12.1933 ermittelte einen Wert von 350.000 Reichsmark. Während die Stadt „das Verhältnis der Verschuldung zum Reinvermögen immer noch als erträglich" bezeichnete, „wenn die inneren Verhältnisse des Vereins gefestigt wären", sah TV-Präsident Wilhelm Hacker nur eine Lösung: den Verkauf des Stadions und eventuell auch des Anwesens an der Auenstraße. Grund für diesen Schritt war, dass nach Hackers Rechnung selbst bei einer eher unrealistischen Steigerung der Einnahmen und gleichzeitiger Senkung der Ausgaben ein jährlicher Fehlbetrag in der Bilanz des TV 1860 von 13.000 Reichsmark zu erwarten gewesen wäre.

Doch die Stadt lehnte das Verkaufsangebot ab. Zu viele Gesichtspunkte sprachen nach Meinung von SfL-Leiter Behr gegen die Übernahme des Stadions: „Abgesehen von der Prozessangelegenheit in der Aufwertungssumme von 50.000 oder gar 120.000 RM [gemeint ist der Rechtsstreit zwischen 1860 und der Erbengemeinschaft Peter um den o.g. Kaufpreisrest aus dem Grundstückskauf 1922, Anm. d. Verf.], ist gar nicht abzusehen, was der Stadt als etwaiger Besitzerin alles erwachsen würde an Auflagen und Kosten. Solange das Besitztum in den Händen eines Vereins ist, übersieht alles, auch die Presse, die Unzulänglichkeiten der Einrichtung und der Verkehrsverhältnisse. Sobald es sich aber um städtischen Besitz handelt, kommen die Bemängelungen, Kritiken, Wünsche und Auflagen, hier besonders der Polizeidirektion hinsichtlich des Verkehrs. Dabei war schon die Rede von einer Einbeziehung eines Teiles des Spielfeldes oder wenigstens der Zuschauerplätze für entsprechende Verkehrswege. Die Holztribüne mit ihren minderwertigen Umkleide- und Waschräumen usw. müsste ehestens einem massiven Bau Platz machen. Die Einnahmen würden nie die Höhe erreichen wie sie der Verein erzielt; Ermäßigungen und kostenlose Überlassungen würden in sehr vielen Fällen erbeten werden. Alles in allem gerechnet würde der Besitz wenig Freude bringen, aber eine Quelle dauernden Ärgers und großer Geldaufwendungen sein. Die zu übernehmenden Verpflichtungen und die hineinzusteckenden Kosten würden schließlich kaum weniger betragen als ein Stadion mit bescheidener Ausstattung neu kostet." Auch bei der 1860-Turnhalle an der Auenstraße sah Behr keinen Grund, das Anwesen zu erwerben. Der SfL-Leiter schloss sein Schreiben mit den Worten: „Das Stadtamt für Leibesübungen sieht keine Lösung in dieser höchst bedauerlichen Sache. Bei diesem Sachverhalt muss mit der Konkurserklärung des Turn- und Sportvereins München von 1860 gerechnet werden. Bei Übernahme des Besitztums an der Grünwalder Straße durch die städtische Spar- und Girokasse als Hauptgläubigerin im Falle der Konkurserklärung könnte diese Fläche meines Erachtens nur für Bauzwecke in Frage kommen." Als Ersatz für das Heinrich-Zisch-Stadion sollte nach Behrs Meinung über einen Ausbau des Dantestadions nachgedacht werden.

Hoffnungsschimmer und sportliche Highlights

Nachdem am 13. März 1934 der Turnverein (TV) und der Sportverein (SV) 1860 wieder zum Turn- und Sportverein (TSV) 1860 vereinigt worden waren, bestand immerhin wieder eine einheitliche Kassenführung. Hoffnung verbreitete zudem die Zusage der Sparkasse, die bisher geleisteten Tilgungsraten erneut auszuzahlen und die Darlehenstilgung für zwei Jahre auszusetzen. 1935 half die Stadt doch noch durch einen Grundstücksankauf aus. Ein Turn-

1927 bis 1936

7 Rundfunk- und Zeitungsreporter vor der Sitztribüne Ende der 1920er Jahre.

8 Torjubel beim Finale um den Adolf-Hitler-Pokal zwischen Bayern und Berlin/Brandenburg 1933.

9 Blick vom Sitztribünendach auf die Ostkurve mit der großen Normaluhr.

platz an der Auenstraße wurde als Sportgelände für die Schule an der Wittelsbacher Straße erworben. Der Großteil des Kaufpreises von 52.000 Reichsmark wurde für die Darlehenstilgung bei der Sparkasse verwendet.

Auch im Rechtsstreit mit der Erbengemeinschaft Peter um ausstehende Zahlungen aus dem 1922 erfolgten Verkauf des Stadiongrundstücks gab es eine Entscheidung. Die Aufwertungshypothek wurde mit 25.000 Goldmark niedriger angesetzt als erwartet. Welcher Ausgangswert für die gerichtliche Entscheidung des Aufwertungskampfes herangezogen wurde, konnte vom Verfasser nicht geklärt werden. Setzt man den Kaufpreisrest von 450.000 Mark als Ursprungsbetrag an, wäre eine Aufwertungshypothek von circa 50.000 Reichsmark angemessen gewesen, wie vergleichbare Aufwertungsverfahren aus dieser Zeit zeigen. Auch der TSV 1860 selbst rechnete mit einem Betrag von 50.000 Reichsmark, das Stadtamt für Leibesübungen mit 50.000 bis 120.000 Reichsmark. Möglicherweise berücksichtigte das Gericht die Tatsache, dass der Kaufpreisrest von 450.000 Mark bei der Bezahlung im August 1922 vom Geldwert her nur noch halb so viel wert war wie beim Abschluss des Kaufvertrags im April 1922 und legte daher auch nur den halben

Betrag (225.000 Mark) bei der Umrechnungsentscheidung zu Grunde, für den eine Aufwertungssumme in Höhe von 25.000 Reichsmark angemessen war.

Zwischenzeitlich hatte das Stadion einen erneuten sportlichen Höhepunkt erlebt. München war zur fußballerischen Metropole gewachsen. Die Münchner Vereine stellten einen Großteil der deutschen Nationalspieler, die bayerische Landesauswahl war fast identisch mit der Nationalmannschaft. 1933 begeisterte die bayerische Auswahl mit Spielen gegen die Glasgow Rangers und dem Sieg im zweiten Endspiel um den Adolf-Hitler-Pokal gegen den Gau Berlin/Brandenburg (6:1 am 6. August 1933) die Zuschauer im stets gut gefüllten Heinrich-Zisch-Stadion. Beim Adolf-Hitler-Pokal (ein Wettbewerb des DFB für „die Opfer der Arbeit"), der 1933 zum einzigen Mal ausgespielt wurde, handelte es sich um einen Vorläufer des späteren Reichsbund- bzw. Länder-Pokals, an dem die Auswahlmannschaften der 16 Sportgaue teilnahmen, in welche die Nationalsozialisten das Reichsgebiet eingeteilt hatten. Die bayerische Auswahl hatte sich im ersten Endspiel in der Reichshauptstadt mit 2:2 von Berlin/Brandenburg getrennt.

1927 bis 1936

HÖHEPUNKT

18.8.1935
Deutschland - Finnland 6:0 –
Die Nationalmannschaft spielt nach neun Jahren Pause erneut im Sechzger

Im Gegensatz zur bayerischen Auswahl hatte sich die deutsche Nationalmannschaft seit 1926 nicht mehr in München blicken lassen. Mit der persönlichen Unterstützung des Oberbürgermeisters wandte sich das Stadtamt für Leibesübungen im September 1934 daher an den Deutschen Fußball-Bund (DFB) und bat um die Vergabe eines der nächsten Länderspiele nach München. Man räumte zwar das im Vergleich zu den Arenen in Nürnberg, Frankfurt, Hamburg-Altona oder Berlin niedrige Fassungsvermögen des Heinrich-Zisch-Stadions (nach Angaben des Stadtamtes für Leibesübungen über 30.000 Plätze) ein, verwies aber auf die sportliche Stellung Münchens, die der DFB vor finanzielle Gesichtspunkte stellen solle. Der DFB antwortete jedoch nicht einmal auf das Schreiben.

Im Februar 1935 unternahm München einen erneuten Anlauf. In Konkurrenz mit Königsberg bewarb man sich um das Länderspiel gegen Finnland am 18. August 1935 und bot dabei gewichtige Argumente für eine Austragung in der „Hauptstadt der [nationalsozialistischen] Bewegung" auf. Das Fußball-Länderspiel sollte der krönende Abschluss einer im August 1935 geplanten Sportwoche werden, zu der auch das Pferderennen um das „Braune Band" und ein Leichtathletik-Kampf zwischen Deutschland und England gehörten. Der DFB erhörte zur Freude der Münchner am 26. März 1935 das Gesuch. Auch für das Problem des niedrigen Fassungsvermögens wusste der DFB Rat: Das Stadtamt für Leibesübungen könnte sich doch Holztribünen vom Gau Oberbayern der NSDAP ausleihen. Es wurden dann auch zusätzliche Sitzplätze auf der Aschenbahn geschaffen und eine Lautsprecheranlage auf den Tribünendächern installiert, weshalb der „Oberbayerische Gebirgsbote" bereits vor dem Spiel feststellen konnte: „Das 1860er-Stadion war gerüstet!"

Die ersten Zuschauer waren am Sonntag, den 18. August 1935 bereits um sieben Uhr an die Grünwalder Straße gekommen, um eine der restlichen Eintrittskarten zu ergattern. Sonderzüge und Autobusse brachten Zuschauer aus ganz Bayern nach München. Aus mehreren hundert Kilometern Entfernung kamen am Mittag eingestaubte Radfahrer den Giesinger Berg empor. Bereits zwei Stunden vor Spielbeginn war das Stadion mit gut 35.000 Zuschauern restlos gefüllt. „Der Blick auf die Stehhalle war geradezu überwältigend", schrieb der „Völkische Beobachter". Auch vor dem Stadion wohnten mehrere tausend Menschen, die keine Karte mehr bekommen hatten, dem Spiel bei. Nach dem Vorspiel einer nord- gegen eine südbayerische Jugendauswahl (0:3) ertönten um 16 Uhr das Deutschland- und das Horst-Wessel-Lied. Beide Mannschaften grüßten wie damals üblich mit gestrecktem rechten Arm ins Publikum. Deutschland feierte in diesem Vorbereitungsspiel für die 1936 in Berlin anstehende Olympiade einen nie gefährdeten 6:0(3:0)-Erfolg gegen die schwachen Finnen.

An den Olympischen Spielen 1936 selbst wurde München nicht beteiligt. Auf eine Anfrage des Stadtamtes für Leibesübungen, ein Vorrundenspiel des olympischen Fußballturniers nach München zu vergeben, antwortete der DFB, dass alle Spiele in Berliner Stadien stattfinden würden.

Aufstellungen:

Deutschland:
Jakob (Jahn Regensburg), Janes (Fortuna Düsseldorf), Munkert (1. FC Nürnberg), Schulz (Arminia Hannover), Goldbrunner (Bayern München), Gramlich (Eintracht Frankfurt, später Fath/Wormatia Worms), Szepan (Schalke 04), Conen (FV Saarbrücken, später Siffling/SV Waldhof), Lehner (Schwaben Augsburg)

Finnland:
Rinne, Karjagin, Ofsanen, Biiniofsa, Malmgren, L. Karjagin, Koponen, Wedström, Larva, Grönlund, Salin

Tore: 1:0 Lehner (4.), 2:0 Lehner (30.), 3:0 Conen (43.), 4:0 Conen (47.), 5:0 Lehner (57.), 6:0 Conen (70.)

10

10 Länderspiel am 18. August 1935: Szene beim Stand von 1:0. Im Hintergrund die Anzeigetafel mit den hölzernen Tafeln „Deutschland" und „Finnland".

11 Einlaufen der deutschen Mannschaft mit Kapitän Szepan und Torwart Jakob.

12 Dicht gedrängt stehen die Zuschauer beim Einlaufen der Mannschaften in der Stehhalle.

1927 bis 1936

HÖHEPUNKT

19.4.1936
Weltrekord über 20 km –
„Pampas-Flieger" Zabala triumphiert auf Giesings Höhen

1936 konnte das Sechzger-Stadion als Ort eines Weltrekordes für Aufsehen sorgen. Der Argentinier Juan Zabala, Marathon-Olympiasieger von 1932, stellte den Rekord in einem Rennen über 20 Kilometer auf, bei dem er gegen die besten deutschen Langstreckenläufer antrat. Um 38 Sekunden verbesserte „Pampas-Flieger" Zabala mit einer Laufzeit von 1:04:00,2 Stunden die sechs Jahre zuvor von dem Finnen Nurmi bei den Olympischen Spielen aufgestellte Bestmarke. Das Meeting am 19. April 1936 war damit wirklich zur „großen Leichtathletik-Abschlussveranstaltung für das erste Vierteljahrhundert Sportgeschichte im Stadion an der Grünwalder Straße" geworden, wie es die „Münchner Zeitung" prophezeit hatte.

Die äußeren Bedingungen hatten den angekündigten Rekordversuch zunächst unmöglich erscheinen lassen. Zwar war die Bahn mit einer drei Tonnen schweren Dampfwalze sehr gut präpariert worden, und auch das Stadion war für das große Ereignis entsprechend hergerichtet, indem man im Stützengebälk der Tribünendächer Lautsprecher montiert und auf dem Stehhallendach Fahnen und eine Tafel mit den olympischen Ringen angebracht hatte. Auch das Vorspiel der 1860-Handballer gegen eine Augsburger Auswahl (10:3) war trotz Außentemperaturen von nur vier Grad Celsius und einem eiskal-

13

ten Wind auf Giesings Höhen noch halbwegs regulär über die Bühne gegangen. Doch nur sechs Minuten nach dem Start der Läufer von der Nordost-Ecke der Aschenbahn setzte starkes Schneetreiben ein. Der Südamerikaner Zabala ließ sich von den ungewohnten klimatischen Verhältnissen jedoch nicht stören, und nach 50 Runden auf der 400-Meter-Bahn konnten die 3.000 Zuschauer (darunter 1.000 Jugendliche, die freien Eintritt erhalten hatten) den geglückten Weltrekordversuch von Juan Zabala frenetisch beklatschen. Der Stuttgarter Bertsch hatte nebenbei mit 48:45 Minuten einen neuen deutschen Rekord über 15 Kilometer aufgestellt.

Alle finanziellen Rettungsversuche scheitern

Kurz zuvor war der Arzt und NSDAP-Stadtrat Dr. Emil Ketterer neuer Präsident des TSV 1860 geworden. Der überzeugte Nationalsozialist (seit 1923 NSDAP-Mitglied) war Garant dafür, dass die guten Kontakte zur Stadt weiterhin bestanden. Der seit jeher bürgerlich-konservative TSV 1860 hatte sich schon frühzeitig zum Nationalsozialismus bekannt und mit den „Vereinsführern" Ebenböck und Holzer zwei SA-Sturmbannführer zu Vorgängern Ketterers gewählt. Anders als der liberal geltende FC Bayern, der als „Judenclub" beschimpft und von der Stadt bei jeder Gelegenheit behindert wurde, war der TSV 1860 damit zum Lieblingsverein der nationalsozialistischen Stadtführung geworden. Bei der 75-Jahr-Feier am 26. Oktober 1935 hatte man Oberbürgermeister Fiehler und den Leiter des Stadtamtes für Leibesübungen, Behr, zu Ehrenmitgliedern gemacht und sich damit für die stete Unterstützung des mehrmals vom Ruin bedrohten Vereins dankbar gezeigt.

Auf seine „Freunde" in der Stadtführung konnte der TSV 1860 auch weiterhin bauen. Die Sanierung der Vereinsfinanzen war nämlich erneut fehlgeschlagen, und 1860-Präsident Ketterer ersuchte im Januar 1937 das Stadtamt für Leibesübungen um ein Darlehen über 80.000 Reichsmark, da sonst erneut der Konkurs drohe. Die Kämmerei stellte das vom Stadtamt für Leibesübungen gewährte Darlehen aber nicht zur Verfügung. Stattdessen zeigten die städtischen Stellen beachtliches Interesse am Erwerb des Stadions, was jedoch nicht dem Willen des 1860-Präsidenten entsprach: „Wenn wir den Platz verkaufen, können wir

14

schließen und den Besitz verschleudern, der Verein ist damit erledigt", meinte 1860-Präsident Ketterer.

Nachdem auch die Sparkasse eine weitere Hypothek auf das mit über 176.000 Reichsmark belastete Stadiongrundstück verweigert hatte, versuchte Ketterer durch Beziehungen zu höheren Stellen einen Ausweg zu finden. Wilhelm Brückner, SA-Obergruppenführer, persönlicher Adjutant Hitlers und seit 25 Jahren 1860-Mitglied, ermöglichte durch seinen Kontakt zum bayerischen Innenminister Adolf Wagner einen Lösungsvorschlag. Staatssekretär Köglmaier schlug vor, eine städtische Bürgschaft für das Sparkassendarlehen zu gewähren, wofür das Ministerium seine Zustimmung erteilen könnte, wenn der Zinssatz unter 4% läge. Ansonsten wäre die Zustimmung aus Berlin nötig, die nicht zu erwarten sei. Stadtkämmerer Pfeifer erklärte sich einverstanden, wenn die Bürgschaft von Seiten des TSV 1860 durch ein notarielles Kaufangebot für das Stadion abgesichert würde, das die Stadt annehmen könnte, wenn 1860 mehr als drei Monate bei der Sparkasse mit der Darlehenstilgung im Rückstand sei. Diese Tricks, mit denen die rechtlichen Bestimmungen für den Geld- und Hypothekenverkehr der Kommunen und das Berliner Ministerium umgangen worden wären, wurden von der Stadt aber wieder verworfen. Neben dem Risiko, in einen Finanzskandal zu schlittern, sprach wohl auch die Tatsache, dass 1860 unter enormem Handlungsdruck stand, für eine andere Lösung.

15

13 Juan Zabala auf der Zielgeraden.

14 Die Rundfunkreporter berichten beim Länderspiel Deutschland - Finnland am 18.8.1935 vom Dach der Sitztribüne.

15 Spielszene vor der Stehhalle: Gramlich, Goldbrunner und Janes wehren einen der seltenen finnischen Angriffe ab.

1937 bis 1943
Die Stadt übernimmt das Stadion

Der Stadionverkauf

Die Stadt nutzte die auswegslose Lage des TSV 1860, der die finanziellen Belastungen aus Stadionbau, Darlehenszinsen, Steuern und Abgaben nicht mehr tragen konnte, und drängte den Verein damit zum Verkauf des Stadions. Innerhalb nur eines Monats bereitete die Stadtverwaltung den Ankauf vor, ehe am 13. Juli 1937 der Entscheid von Oberbürgermeister Fiehler nach Anhörung des Stadtrates erteilt wurde. Als Begründung für den Erwerb wurde die „Vorsorge für die zukünftige Durchführung einer Auffahrtstraße und vorerst die Erhaltung des Turn- und Sportbetriebes auf dem Platz durch den Verein" angeführt.

Für 357.560 Reichsmark ging das Stadion des TSV 1860 am 23. Juli 1937 in städtischen Besitz über. Das Anwesen auf dem Grundstück Plan Nr. 13065 an der Grünwalder Straße 10 wurde als Sportplatz mit Stehhalle, Sitztribüne und Rampen für Stehplätze zu insgesamt 2,589 Hektar beschrieben. Als Belastungen waren Darlehen über 53.990,41 Goldmark, 55.548,18 Goldmark und 10.461,41 Reichsmark bei der Städtischen Spar- und Girokasse, Straßenkostenhypotheken über 9.195,60 Goldmark und 21.906,30 Goldmark bei der Stadt sowie eine Aufwertungshypothek über 25.000 Goldmark bei Frau Kreszenz Peter (aus dem Grundstückskauf 1922) im Grundbuch eingetragen. Die Hypothekenschuld bei der Stadt (31.101,90 Goldmark) wurde mit dem Kaufpreis verrechnet. 100.000 Reichsmark zahlte die Stadt innerhalb von acht Tagen nach der Grundstücksüberschreibung an den TSV 1860, wobei das Geld von 1860 zur Tilgung von Steuer- und Abgabenschulden eingesetzt werden musste. Die restlichen Belastungen gegenüber der Sparkasse und Kreszenz Peter wurden von der Stadt getilgt. Der verbliebene Restbetrag des Kaufpreises von 70.241,95 Reichsmark war innerhalb von fünf Jahren, also bis Juli 1942, von der Stadt an den TSV 1860 zu zahlen. Bis dahin behielt der TSV 1860 allen Nutzen und alle Lasten am Stadion, als ob er noch Eigentümer des Anwesens wäre.

Die Stadt übernimmt das Stadion endgültig

Der TSV 1860 benötigte das restliche Geld jedoch schon wenig später, und so genehmigte der Oberbürgermeister am 13. Oktober 1937 eine weitere Teilzahlung von 15.000 Reichsmark. Weitere 5.000 Reichsmark trat 1860 am 21. Juli 1938 an die Bayerische Vereinsbank ab. Im Dezember 1938 bat der TSV 1860 die Stadt schließlich um die volle Auszahlung des verbleibenden Restbetrages von 50.000 Reichsmark. Oberbürgermeister Fiehler stimmte am 20. Dezember 1938 dem Gesuch zu. Die Stadt rechnete zudem die von ihr bezahlte Grunderwerbssteuer in Höhe von 2.546,80 Reichsmark für ein vom Verein gekauftes Grundstück und einen Pachtzinsrückstand von 1.855 Reichsmark auf den Kaufpreisrest an. Das Stadion ging daraufhin zum 1. April 1939 endgültig in den Besitz der Stadt über. Mit der finanziellen Verwaltung der Anlage wurde das Liegenschaftsamt betraut, die sonstigen Verwaltungs- und Vergabe-Angelegenheiten erhielt das Stadtamt für Leibesübungen zugeteilt.

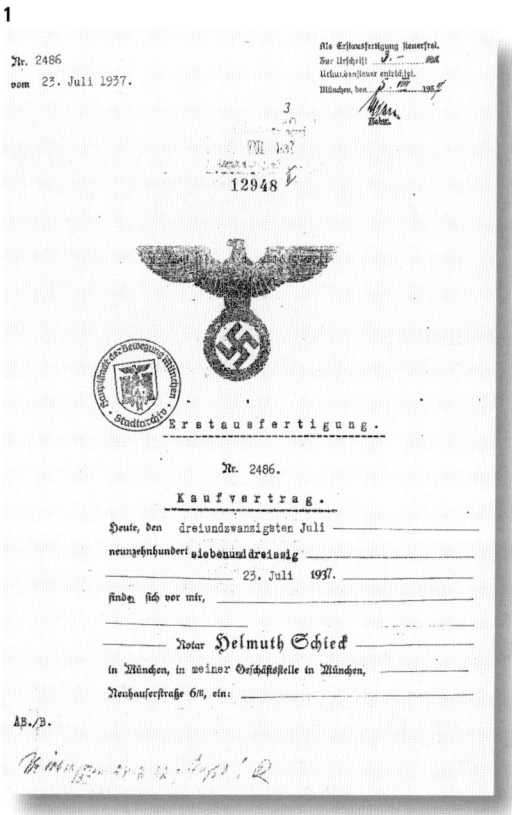

1

1 Die erste Seite des Kaufvertrags vom 23. Juli 1937.
2 12.000 Zuschauer sahen am 12. Februar 1939 das Lokalderby 1860 - Bayern 2:3 im nun städtischen Stadion.

2

Der TSV 1860 war damit um mehr als um ein Gebäude ärmer geworden. Ein anderer Weg war aber wohl nicht möglich, um den Konkurs des Vereines zu verhindern. Die finanzielle Situation hätte sich durch die anstehenden Instandsetzungsarbeiten am Stadion eher noch verschlimmert. Der Verkauf eines vereinseigenen Stadions an die Kommune geschah früher oder später in den meisten deutschen Städten, da die Vereine heilfroh waren, ihre defizitären Anlagen los zu sein.

Der TSV 1860 zeigte sich aber schon kurz nach Überweisung der letzten Rate wenig dankbar und beschwerte sich stattdessen bei Stadtschulrat Bauer am 25. Januar 1939 über zu geringe materielle und ideelle Unterstützung des Stadtamtes für Leibesübungen für die Münchner Vereine. Bei der Stadt war man über so viel Dreistigkeit verständlicherweise empört. Stadtrat Franz Reichinger fragte sich, wo überhaupt die Eigenleistung der Sechziger bliebe, und schlug vor, den Verein am besten gleich in „TSV der Stadt München" umzubenennen. Der Leiter des Stadtamtes für Leibesübungen, Behr, blieb dagegen sachlich und verwies auf geleistete Unterstützungen – insbesondere auf die Unterstützung des TSV 1860. Zudem merkte Behr an, dass „sich offenbar niemand Gedanken darüber [macht], dass München als Hauptstadt der Bewegung Aufgaben besonderer Art zu erledigen hat in einem Umfang, von dem keine andere Stadt etwas verspürt".

Der Grund für die Auseinandersetzung war ein Gesuch des TSV 1860 um pachtweise Überlassung des Stadions nach dem Übergang der Anlage in städtischen Besitz gewesen. Sollte dem Gesuch nicht stattgegeben werden, könne die sportliche Leistungsstärke des TSV 1860 nicht erhalten werden, argumentierten die Sechziger. Das Stadtamt für Leibesübungen erkannte den TSV 1860 als „ersten Verein in München in Bezug auf Leistungen ziemlich auf jedem Gebiet der Leibesübungen" an und genehmigte die Verpachtung des Stadions für eine jährliche Summe von 10.000 Reichsmark. Der Leiter des Stadtamtes für Leibesübungen, Behr, hatte sich erneut als generöser Unterstützer des Vereins erwiesen und dies auch entsprechend erläutert: „Wir wollen nicht das Odium auf uns nehmen, nicht alles getan zu haben, das den Verein auf seiner Höhe und Leistungsfähigkeit erhält bzw. fördert." Der TSV 1860 erhielt neben der Benutzungsgenehmigung für das Stadion an Werktagen ab 16 Uhr und an Sonntagen von neun bis zwölf Uhr auch das Recht, die Platzanlage zu Fuß- und Handballspielen „in der bisher üblichen Weise" zu vermieten.

Instandsetzung des Stadions durch die Stadt

Während der TSV 1860 mit der Stadt einen verlässlichen Helfer in fast allen Lagen hatte, musste die Stadt ihrerseits feststellen, dass sich 1860 um das seit 1937 städtische Stadion nicht gerade vorbildlich gekümmert hatte. „Es war klar, dass im Bezug auf das Aussehen der Sportplatzanlage

1937 bis 1943

nichts Besonderes erwartet werden durfte; was sich aber tatsächlich bot, war geradezu niederdrückend. Die Gesamtanlage machte den Eindruck eines vernachlässigten Besitzes. Man konnte sich des Gedankens nicht erwehren, dass nichts mehr geschehen war, seit die Stadt den Kauf tätigte", lautete die Erkenntnis eines Besichtigungstermins am 23. Februar 1939, bei dem 1860-Platzverwalter Hilber die Vertreter verschiedener städtischer Stellen durch das Stadion geführt hatte. Man beschloss einen Katalog an baulichen Sofortmaßnahmen, die allein schon aus Haftungsgründen unumgänglich waren. Die dafür veranschlagten Mittel von 20.000 Reichsmark waren schon knapp kalkuliert und wurden schließlich auch weit übertroffen. Die zunächst geplanten Instandsetzungsmaßnahmen hatten sich nämlich an mehreren Stellen als unzureichend erwiesen. So kam es bei der Stehhalle nicht nur zu Ausbesserungsarbeiten, sondern zu einer kompletten Erneuerung der Dacheindeckung.

Als neuen Betreuer des Platzes hatte das Stadtamt für Leibesübungen den städtischen Oberoffizianten Willy Falk eingesetzt. Der bisherige, vom TSV 1860 angestellte Platzwart Johann Graf war von der Stadt nicht übernommen worden. Die kleine Platzwartwohnung im Ostteil der Sitztribüne baute man um. Die Räume wurden nun als Sanitätsraum und Sitzungszimmer genutzt. Am 10. August 1939 konnte das Stadtamt für Leibesübungen bei einer Presseführung die einzelnen Renovierungs- und Umbaumaßnahmen erläutern. Um für ein würdiges Erscheinungsbild des Stadions zu sorgen, hatte man sämtliche Reklametafeln entfernt. Oberhalb der so genannten „Reklametribünen" ragten nun anstelle der Werbetafeln sechs Fahnenmasten in die Höhe.

Das ehemalige Heinrich-Zisch-Stadion wurde am 13. August 1939 als „Städtischer Sportplatz an der Grünwalder Straße" offiziell wiedereröffnet. Zur Feier des Tages empfingen die Fußballer des TSV 1860 die Mannschaft von Vienna Wien. Stadtschulrat Bauer ging in seiner Ansprache auf die Verdienste der Sechziger und die vollzogenen Baumaßnahmen ein: „Dieser Sportplatz, das ehemalige 1860-Heinrich-Zisch-Stadion, ist der Beweis schlechthin für die Opferwilligkeit, den Kameradschaftsgeist und den Idealismus eines Vereins; denn die Schaffung und Ausgestaltung bis zur Übernahme durch die Stadt ist das Verdienst des TSV München von 1860, der mit dieser Sportstätte die volkstümlichste Sportanlage Münchens geschaffen hatte. Sie sah in vergangenen Zeiten Sonntag für Sonntag Zehntausende von Zuschauern, sie war seinerzeit der Mittelpunkt des Münchner Sportlebens überhaupt, des Fußballspiels im Besonderen. Nunmehr hat diesen Sportplatz an der Grünwalder Straße die Stadt in ihre Obhut genommen und sie hat nachgeholt, was ein Verein eben einfach nicht mehr leisten konnte, nämlich Verbesserungen auf der ganzen Linie. Ich kann und will nicht alles aufzählen, was geschehen ist, es ist zu augenfällig und spürbar sowohl für die Zuschauer als besonders auch für die aktiven Sportler. Und noch so manches wird erst in den kommenden Wochen zur Ausführung kommen. […] Ich übergebe hiermit den Platz seiner Bestimmung und gebe dabei der Hoffnung Ausdruck, dass unser Münchener Fußballsport sich wieder zu jener stolzen Höhe emporschwingen möchte, die er einmal einnahm. Was von Seiten der Stadtverwaltung dazu beigetragen werden kann, soll gerne geschehen."

Das war auch nötig, da die zur Instandhaltung des Stadions nötigen Maßnahmen weiterhin kein Ende nehmen sollten. Neben dem teilweise brüchigen Beton der Stehhalle machte unter anderem das Sitztribünendach Probleme. Die einst als „kühne Eisenbetonkonstruktion" („Allgemeine Zeitung") bewunderte Bauweise mit nur zwei Stützen hatte sich im Winter 1939/40 als zu gewagt erwiesen. Der schneereiche Winter hatte zu ungewöhnlich hohen Schneelasten auf dem Dach geführt, das sich dadurch durchzubiegen begann. Die Lokalbaukommission legte nach einem statischen Gutachten im Februar 1940 die Sperrung der Tribüne nahe. Die Tragwerksexperten stellten bei den Kragarmen des auf den Stützen aufgelagerten Längsbinders eine hohe Durchbiegung fest, die schon kurze Zeit nach dem Bau aufgetreten war. Zudem hatte man beim Bau schlecht abgetrocknetes Holz verwendet, wodurch es zum Schwinden und zu Verdrehungen in der Dachkonstruktion gekommen war. Um einen Bruch des Längsträgers zu verhindern, ließ das Hochbauamt bis Ende Februar 1940 vier Stahlrohrstützen als zusätzliche Tragkonstruktion neben den beiden vorhandenen Betonpfeilern einbauen.

1860 sucht Ersatzflächen

Die Probleme der Stadioninstandhaltung war der TSV 1860 durch den Verkauf zwar losgeworden, dafür hatte man nun aber Schwierigkeiten bei der Suche nach Trainingsplätzen. Die Pachtverträge der zwei Grundstücksparzellen südlich des Stadions (zwischen Volckmer- und Weningstraße), die man als Fußballfeld, Hockeyplatz und Parkplatz genutzt hatte, wurden nämlich schon bald nach dem Stadionverkauf gekündigt. Die Verpächter nutzten das Areal nun als Bauland. Zur zusätzlichen Erschließung legte die Stadt eine Querstraße an, die Wettersteinstraße,

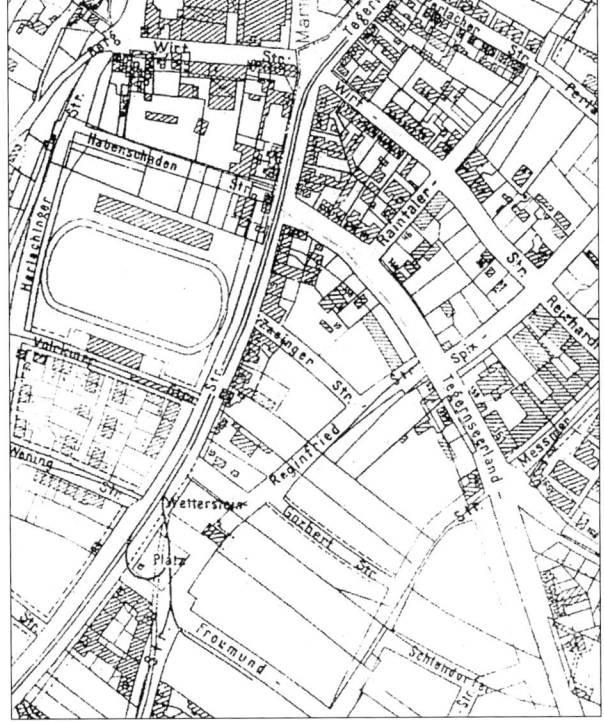

3 Stadtkarte von 1949: Südlich des Stadions entstanden Ende der 1930er Jahre Einfamilienhäuser.

und noch vor dem Zweiten Weltkrieg entstanden auf dem Gelände die ersten Häuser.

Während die Hockeyabteilung auf das einen Kilometer südlich gelegene Gelände zwischen Grünwalder und Kurzstraße umzog, pachtete der TSV 1860 als Ersatzfläche für die Fußballer einen Platz an der St.-Martins-Straße, der mit mobilen Scheinwerfern ausgestattet wurde. Es handelte sich wohl um die sechs Beleuchtungskörper, die man zuvor an der Grünwalder Straße eingesetzt hatte. Im Sommer 1939 erteilte die Stadt die Genehmigung zur unentgeltlichen Nutzung des Sportplatzes an der Säbener Straße, wo man auch eine Umkleidehütte aufstellen durfte. Das große Gelände in Harlaching war in den 1920er Jahren für den Hochschulsport errichtet worden und dient heute unter anderem dem FC Bayern als Trainingsstätte. Auch der als Fläche zum Fußballtraining, Handballspiel, Kugelstoßen, Hammer-, Diskus- und Speerwerfen genutzte Nebenplatz hinter der Stehhalle wurde am 30. April 1941 von der Stadt aufgekauft. Der vorherige Eigentümer Rudi Hensele hatte den Platz für vierteljährlich 90 Reichsmark an 1860 verpachtet. Die Sechziger konnten den Platz aber auch nach der Übernahme durch die Stadt weiterhin nutzen.

Sportliche Höhepunkte während der ersten Kriegsjahre

Weder 1860 noch der FC Bayern spielten seit Mitte der 1930er Jahre eine bedeutende Rolle im deutschen Fußball. Gegen die fränkischen Konkurrenten aus Nürnberg und Fürth wussten die Münchner Vereine in der Gauliga Bayern wenig auszurichten, weshalb die Sehnsucht des Münchner Publikums nach Spitzenfußball wuchs. Als der Deutsche Fußball-Bund das letzte Gruppenspiel des 1. FC Nürnberg in der Endrunde um die Deutsche Meisterschaft gegen Waldhof Mannheim (7:1) am 23. Mai 1937 nach München vergeben hatte, wollten daher auch 20.000 Besucher dabei sein, obwohl der Nürnberger „Club" bereits vor dem Spiel als Gruppensieger festgestanden hatte.

Im Frühjahr 1942 sorgte dann auch endlich wieder ein Münchner Verein für größeres Zuschauerinteresse am Giesinger Berg. Der TSV 1860 hatte sich als bayerischer Meister für die Gruppenspiele um die Deutsche Meisterschaft qualifiziert. Als am 27. April 1941 das Spitzenspiel der Gruppe IV zwischen 1860 und Rapid Wien anstand, drängten sich über 30.000 Besucher im Stadion. 1860 siegte zwar mit 2:1 und blieb auch in den Heimspielen gegen die anderen Gruppengegner VfL Neckarau (6:2 am 20.4.1941 vor 12.000 Zuschauern) und Stuttgarter Kickers (2:1 am 11.5.1941 vor 14.000 Zuschauern) zuhause ohne Punktverlust. Die schlechte Auswärtsbilanz reichte dann aber nur zum zweiten Platz hinter den Wienern, die später Deutscher Meister werden sollten. Mehr Glück hatte 1860 ein Jahr später, als man erstmals den deutschen Pokal gewann. Auf dem Weg ins Berliner Endspiel im November 1942 (2:0 gegen Schalke 04) hatte es auch mehrere Auftritte im eigenen Stadion gegeben, wo des Öfteren ansehnliche Zuschauerzahlen erreicht wurden.

Kriegsgefangene beim Schneeschaufeln

Um die Durchführung des Spielbetriebs in den Wintermonaten zu ermöglichen, setzte die Stadt in den Jahren 1940 bis 1942 mehrmals Kriegsgefangene zum Schneeräumen im Sechzger-Stadion ein. Das Freischaufeln von Spielfeld und Zuschauerplätzen war eigentlich Sache des Veranstalters, die Stadtverwaltung zeigte sich aber auf Kosten der inhaftierten Soldaten gegenüber den Vereinen kulant. Bei den Männern handelte es sich um Franzosen, die als Arbeitskräfte auf verschiedene Stellen verteilt worden waren. Im Winter 1940/41 setzte man mehrmals 40 Kriegsgefangene ein, die bei der Baufirma Ludwig Macher beschäftigt waren.

Ein Jahr später stellte die Abteilung Wasser- und Brückenbau der Stadtverwaltung des Öfteren 40 bis 50 Gefangene aus dem Lager in der Weinberger Straße (Pasing) zur Verfügung. Die Franzosen mussten in ihrer sonst arbeitsfreien Zeit am Samstagnachmittag und Sonntag zu Zusatzschichten im Stadion antreten. Doch nicht immer konnten die Arbeiten wie vorgesehen durchgeführt werden. Die Verständigungsprobleme zwischen Deutschen und Franzosen führten beispielsweise Anfang Januar 1942 dazu, dass der Platz nicht entsprechend einem „Räumplan", der den genauen Ablauf der Arbeiten festlegte, vom

HÖHEPUNKT

20.10.1940
Deutschland - Bulgarien 7:3 –
Das letzte A-Länderspiel im Sechzger

Für ein voll besetztes Stadion sorgte im Oktober 1940 erneut ein Länderspiel. Die Nationalmannschaft erfüllte nach Beginn des Zweiten Weltkrieges einen ähnlichen Zweck wie die Filme der UFA: Die notleidende Bevölkerung sollte für einige Stunden heitere Ablenkung vom Kriegsalltag genießen dürfen. Daneben wollten die Nazis aber auch aller Welt beweisen, wie gelassen das Leben in Deutschland weiterging, während anderswo in Europa Krieg herrschte. Daher wurden im Jahr 1940 allein zehn Länderspiele veranstaltet. Dem Aufeinandertreffen mit Bulgarien konnten am Sonntag, 20. Oktober 1940, rund 35.000 Besucher am Giesinger Berg beiwohnen. Neben 31.500 Karten im freien Verkauf hatte man Freikarten an 1.000 Hitlerjungen und an eine große Zahl von Verwundeten ausgegeben. Wie schon bei den zuvor im Stadion an der Grünwalder Straße ausgetragenen Länderspielen war das Fassungsvermögen durch zusätzliche Sitzplätze im Innenbereich erhöht worden.

Das Sechzger-Stadion war nach dem Ausbau 1926 nur zu Länderspielen ausverkauft. Die Zuschauerzahlen wurden bei allen drei Spielen mit etwa 35.000 angegeben, was folglich dem wahren Fassungsvermögen der Arena entsprochen haben dürfte. Die 1926 angegebene Zahl von 40.000 Plätzen (1932 sprach man gar von 42.000) war wohl reines Wunschdenken des TSV 1860.

Beim Länderspiel gegen Bulgarien erlebten die anwesenden Zuschauer, darunter auch Reichssportführer von Tschammer, ein wahres Scheibenschießen der deutschen Elf, bei der mit Hammerl (Post SV), Kapitän Goldbrunner und Streitle (beide FC Bayern) auch drei Münchner mitwirkten. Bereits nach 19 Minuten führten die Gastgeber mit 3:0, und die Zuschauer dachten sich: „Das kann ja gut werden!" Doch die bisher so sicher kombinierende deutsche Mannschaft wurde nun nachlässig und kassierte noch vor der Pause zwei Gegentore. Die Bulgaren, die nach dem Seitenwechsel aufgrund zweier Verletzungen lange Zeit nur mit zehn beziehungsweise neun Mann spielten, konnten aber in keiner Phase das Spiel an sich reißen und wurden schließlich mit einer deutlichen Niederlage nach Hause geschickt. Der Stuttgarter Edmund Conen traf allein viermal, und so endete das letzte A-Länderspiel an der Grünwalder Straße mit 7:3. Es sollte für 32 lange Jahre auch das letzte in München sein, ehe 1972 das Olympiastadion eröffnet wurde.

Aufstellungen:

Deutschland: Hans Klodt (Schalke 04), Streitle, Goldbrunner (beide Bayern München), Moog (VfL 99 Köln), Kupfer (Schweinfurt 05), Hammerl (Post SV München), Lehner (BW Berlin), Fritz Walter (1. FC Kaiserslautern), Conen, Sing (beide Stuttgarter Kickers), Gärtner (Olympia Lorsch)

Bulgarien: Antonoff, Sogratoff, Radeff, Petroff, Steffanoff, Stambolieff, Mileff, Angeloff, Nikolaieff, Belakapoff, Estimoff

Tore: 1:0 Gärtner (12.), 2:0 Kupfer (17.), 3:0 Conen (19./Handelfmeter), 3:1 Estimoff (20.), 3:2 Estimoff (36.), 4:2 Conen (60.), 5:2 Conen (63.), 6:2 Conen (74.), 6:3 Angeloff (75.), 7:3 Lehner (82.)

4 Länderspiel Deutschland - Bulgarien 7:3 am 20. Oktober 1940. Fritz Walter (weißes Trikot) vor der voll besetzten Stehhalle.

5 Nazi-Prominenz auf der Sitztribüne: Staatsminister und Gauleiter Wagner, Reichssportführer von Tschammer, Oberbürgermeister Fiehler.

6 Hanns Braun.

Schnee befreit werden konnte. Stattdessen ließ man die Gefangenen den Schnee eintreten, um das anstehende Doppelspiel von FC Bayern und FC Wacker durchführen zu können. Im Februar 1942 stellte die Stadt den Räumdienst wieder ein, da man die Kriegsgefangenen für andere Arbeiten benötigte. Nun wurden die Vereinsanhänger per Zeitungsaufruf zum Schneeräumen aufgefordert, wobei die Resonanz wohl gering geblieben sein dürfte.

Wieder ein neuer Name: Hanns-Braun-Kampfbahn

Inzwischen hatte sich auch der Name des Stadions erneut geändert. Aus dem „Städtischen Sportplatz" war die „Städtische Hanns-Braun-Kampfbahn" geworden. Die Vorgeschichte der Namensgebung ist insofern interessant, da sie verdeutlicht, mit welch „wichtigen" Angelegenheiten sich einige NS-Behörden beschäftigten, während an anderen Orten Europas der grausamste Krieg der Menschheitsgeschichte in vollem Gange war.

Bereits am 13. Mai 1937 hatte der Deutsche Reichsbund für Leibesübungen bei der Stadt München angeregt, das Dantestadion nach dem Münchner Leichtathleten Hanns Braun zu benennen. Der am 26. Oktober 1886 in Berlin als Johann Braun geborene Bildhauer hatte sich als junger Mann dem Münchner SC angeschlossen. Bei den Olympischen Spielen gewann Braun 1908 eine Bronzemedaille über 800 Meter und 1912 eine Silbermedaille über 400 Meter. Den Ruf als einer der weltbesten Mittelstreckenläufer in den Jahren um 1910 hatte er sich auch durch seine Siege über eine halbe Meile bei den Internationalen Englischen Meisterschaften in den Jahren 1909, 1911 und 1912 verschafft. Elfmal stellte Braun deutsche Rekorde auf, einen Weltrekord verfehlte er bei der Olympiade 1912 nur denkbar knapp. Als Leutnant und Fluglehrer der Feldfliegerabteilung Nr. 1 des Bayerischen Luftwaffenkorps zog Braun in den Ersten Weltkrieg und starb in den letzten Kriegstagen am 9. Oktober 1918 in der Nähe von Cambrai (Flandern) bei der Kollision mit einem Flugzeug aus den eigenen Reihen.

Die Frage, ob Hanns Braun ein Nazi war, stellt sich aufgrund seines frühen Todes nicht. In der Begründung zur Stadionumbenennung von 1941 wird er zwar in seiner Vaterlandsliebe als Vorbild für die Jugend bezeichnet, hieraus jedoch NS-Gedankengut abzuleiten, würde zu weit gehen. Sein früher Tod bewahrte Hanns Braun jedenfalls vor kritischen Nachforschungen und ermöglichte ihm ein Fortleben als Namensgeber für Straßen in den beiden deutschen Olympiastädten. Im Olympischen Sportforum Berlin sind ihm der Hanns-Braun-Platz und die Hanns-Braun-Straße gewidmet, auf dem Münchner Olympiagelände benannte man 1972 eine Brücke über den Mittleren Ring nach dem Spitzensportler.

1937 war die Stadtverwaltung jedoch gegen die Umbenennung des Dantestadions in Hanns-Braun-Kampfbahn, obwohl dort alljährlich das Hanns-Braun-Leichtathletik-Sportfest stattfand. Die freundschaftliche Verbindung zum faschistischen Bündnispartner Italien sollte nämlich nicht gestört werden. Genau das stand zu befürchten, wenn man den Namen des römischen Dichters Dante aus der Stadionbezeichnung gestrichen hätte. Auch der Einwand, dass die Anlage offiziell gar nicht „Dantestadion" sondern „Städtische Kampfbahn an der Dantestraße" hieß, konnte die Scheu der Verantwortlichen nicht mindern. Folglich suchte man nach einer anderen Lösung, die man zunächst mit den städtischen Sportanlagen an der Säbener Straße zu finden glaubte. Doch gegen einen Hanns-Braun-Sportplatz in Harlaching sprach das Vorhaben, eine Straße im geplanten Münchner Großsportfeld in Riem nach Hanns Braun zu benennen. Die Verwechslungsgefahr wäre zu groß gewesen. Nach fast vier Jahren hatte das Stadtamt für Leibesübungen dann endlich eine Möglichkeit gefunden, das Problem zu lösen. Die gigantischen Pläne für das Riemer Sportfeld waren durch den Ausbruch des Zweiten Weltkrieges nämlich ad acta gelegt worden.

Nach der Übernahme des Sechzger-Stadions durch die Stadt im April 1939 war die Bezeichnung „Heinrich-Zisch-Stadion" aufgegeben worden, „weil die Benennung nach einem der früheren Führer des TSV München von 1860 eine reine Vereinsangelegenheit bedeutete", wie das Stadtamt für Leibesübungen im Frühjahr 1941 feststellte. Das Stadtamt folgerte weiter: „Es ist dieser Platz wie kein anderer geeignet, den Namen Hanns Brauns zu erhalten. Es wäre das die schönste Ehrung, weil Hanns Braun mit seinem Freund Dr. von Halt auf diesem Platz der Pflege der Leichtathletik oblag." Braun hatte sogar an der Eröffnung des Sechzger-Platzes im Frühjahr 1911 teilgenommen und dabei zwei Wettbewerbe gewonnen.

1937 bis 1943

7

QUERPASS

Gescheiterter Größenwahn – Das Sportfeld München-Riem

Nachdem für die Olympischen Spiele 1936 in Berlin das so genannte Reichssportfeld entstanden war, trieben der Münchner Stadtrat Hans Reichinger und einige seiner Parteigenossen aus der NSDAP die Errichtung eines Großsportfeldes in München voran. Westlich des neuen Riemer Verkehrsflughafens, der 1939 eröffnet wurde, hatte man eine Anlage mit einem Großstadion für 60-80.000 Besuchern, einer Radrennbahn und einem Golfplatz vorgesehen. Die Verkehrsanbindung des im Osten Münchens gelegenen Areals sollte über den neuen Autobahnring, die neue Riemer Straße sowie über die geplanten U-Bahn-Stationen „Trudering" und „Sportfeld" erfolgen. Die Umsetzung der Pläne scheiterte an Differenzen mit der Flughafenverwaltung, da das Gebiet in der Anflugzone des Flughafens lag. Auch der 1938 eingerichtete „Generalbaurat für die Hauptstadt der Bewegung" hatte andere Vorstellungen. Nach Ausbruch des Zweiten Weltkrieges wurden die Pläne endgültig hinfällig.

Oberbürgermeister Fiehler stimmte dem Vorschlag am 3. April 1941 zu. Man beauftragte das Stadtbauamt, die Aufschrift „Städtische Hanns Braun-Kampfbahn" an der Dachkante der Sitztribüne anzubringen. Der Titel „Kampfbahn" wurde damals aus deutschtümlerischen Vorstellungen dem griechischen Begriff „Stadion" vorgezogen. Bis zur feierlichen Eröffnung sollte der neue Namenszug verdeckt bleiben. Die Enthüllung wollte man anlässlich eines größeren Fußballspieles durchführen. Sie musste wegen Spielausfällen jedoch mehrmals verschoben werden und fand nie im Rahmen einer großen Feier statt. Am 22. Mai 1941 verkündete man in der Presse schließlich die Umbenennung des bisherigen „Städtischen Sportplatzes" in „Hanns-Braun-Kampfbahn". Erst über zwei Wochen später bemerkte Oberbürgermeister Fiehler, dass für den Vorgang die Zustimmung des „Führers" einzuholen sei, da man die Umbenennung des Sportplatzes einer Straßenumbenennung gleichsetzen müsse. Hitlers Büro erteilte Ende Juni 1941 die Genehmigung, womit die Angelegenheit endlich ein Ende gefunden hatte.

Durchzusetzen vermochte sich der neue Stadionname bei den Münchnern jedoch nie, wie das Stadtamt für Leibesübungen 1948 feststellte. Da die Umbenennung zudem von den Nazis vorangetrieben worden war, wurde die Arena nach dem Zweiten Weltkrieg wieder als „Stadion an der Grünwalder Straße" bezeichnet. Die alte Aufschrift am Haupttribünen-Dach war zu diesem Zeitpunkt sowieso schon in den Trümmern des Stadions versunken.

7 Auf dem Sitztribünendach war seit Mitte 1941 der Schriftzug „Städtische Hanns Braun-Kampfbahn" zu lesen.

1943 bis 1945
Das Stadion versinkt in Schutt und Asche

Auf einen möglichen Angriff hatte sich das Stadtamt für Leibesübungen schon im März 1943 vorbereitet und Luftschutzgeräte angefordert. Als der Ernstfall eintrat, konnte mit den zwei Handspritzen, sechs Wassereimern, 24 Sandtüten und zwei Feuerpatschen natürlich das Ausmaß der Zerstörung nicht eingedämmt werden.

Das Stadion wurde im Herbst 1943 bei zwei Flächenbombardierungen (so genanntes „area bombing") der englischen Luftflotte getroffen. Die Bomben wurden dabei nicht gezielt abgeworfen, da bei den nächtlichen „Blindflügen" eine genaue Ortung bestimmter Angriffsziele nicht möglich war. Die Strategie der Briten war vielmehr, durch die auf das gesamte Stadtgebiet verteilten Zufallstreffer die Infrastruktur kontinuierlich zu schädigen und die Moral der Bevölkerung zu zermürben. Giesing war von den nächtlichen Angriffen besonders betroffen, da die Bomberkommandos von Süden her parallel zur Isar in die Stadtmitte flogen. Bevor sie dorthin gelangten, gerieten die englischen Flugzeuge aber unter den verstärkten Beschuss der deutschen Flak-Stellungen. Die Flugzeuge wendeten daraufhin ab und warfen auf dem Rückflug die restlichen Bomben im südlichen Stadtgebiet ab, das weniger stark verteidigt wurde.

Der erste Bombenangriff

In der Nacht von Montag auf Dienstag, den 7. September 1943, wurde das Stadion erstmals bei einem Fliegerangriff getroffen. 347 britische Bomber waren um kurz vor 20 Uhr von ihren englischen Basen gestartet und hatten gegen 24 Uhr den Sammelpunkt nahe des Ammersees erreicht. Von dort flogen sie in Richtung München. Da starker Flak-Beschuss einen Flug über die Innenstadt verhinderte, warfen die Bomber ihre Sprengbomben über Giesing und Harlaching ab. Der Angriff, bei dem neben dem Stadion auch zahlreiche Wohn- und Herbergshäuser getroffen wurden, forderte 208 Tote und 785 Verletzte. 17.597 Menschen waren obdachlos geworden.

Eine Sprengbombe schlug in die Südwest-Ecke des Stadions ein und zerstörte die westliche Hälfte der Sitztribüne komplett. Betroffen waren dabei die Gastwirtschaft mit Gastraum, Küche und Vorratsraum sowie die ehemalige Wirtswohnung, die man 1939 zu einem Geschäftszimmer und einem Raum für den Kontrolldienst Mayr umgenutzt hatte. Die noch erhaltenen Räume im Ostteil der Tribüne wiesen Schäden im Mauerwerk und in Fenstern und Türen auf. Die Gefahr, dass auch dieser Teil zertrümmert würde, bestand durch das einsturzgefährdete Dach, da mehrere Pfeiler und Querverbindungen des Dachtragwerkes zerbrochen waren. Auch die Bretterverschalung mit dem Namenszug „Städtische Hanns-Braun-Kampfbahn" an der Dachstirnseite hing zum größten Teil lose herunter. Seitlich der Tribüne gelegene Nebenanlagen wie Toiletten und Geräteschuppen waren ebenfalls zerstört.

Auf der gegenüberliegenden Platzseite waren zwei weitere Sprengbomben niedergegangen. Eine davon war durch das westliche Ende der Stehhallenränge geschlagen und beim Aufschlag auf den Boden explodiert. Die zweite Bombe schlug hinter der Stehhalle ein. Durch die Treffer wurde etwa ein Fünftel der Tribüne zerstört. Ein Betonpfeiler war eingeknickt. Zu Beschädigungen kam es bei den Lagerräumen und Toiletten, die sich unter der Stehhalle befanden.

In den Tagen nach dem Angriff sicherte man die verbliebenen Einrichtungsgegenstände und Sportgeräte. Als Schadenshöhe einschließlich Einrichtung wurden vom Stadtamt für Leibesübungen 25-30.000 Reichsmark angegeben.

Der zweite Angriff

Schon wenige Wochen später machte ein zweiter englischer Bombenangriff dem einst als „schönste Vereinssportanlage Süddeutschlands" gerühmten Stadion den Garaus. Am Abend des 2. Oktober 1943 blieb es nicht bei solch wenigen Treffern wie beim ersten Angriff. Diesmal zählte man allein sieben große Bombentrichter auf dem Spielfeld, der Aschenbahn und in den Stehplatzrängen der Erdwälle. Das Spielfeld war dadurch unbenutzbar geworden. Der beim ersten Angriff stehen gebliebene

1943 bis 1945

1 Die Ruine von der Volckmerstraße aus. Das komplette Obergeschoss des Osttraktes (Umkleiden) ist zerstört.

2 Der Fachwerkbinder des Daches ragt über den Trümmern der Tribüne.

Teil der Haupttribüne wurde ebenfalls schwer beschädigt. Der Westteil des Daches war eingestürzt und auf die Ruinen der Grundmauern gefallen. Im Ostteil der Tribüne hatten die Bombenexplosionen die Wandverschalung des Obergeschosses heruntergerissen. Die Zwischendecke und die hölzernen Tribünenstufen der oberen Sitzplatzreihen waren ebenfalls durchgebrochen. Durch die fehlende Decke waren auch die Umkleideräume sowie die Dusch- und Toilettenanlagen im Tribünenunterbau nicht mehr zu benutzen. Nur der Längsbinder der Dachkonstruktion und die Stützen, auf denen der Binder ruhte, ragten einigermaßen unversehrt aus der Ruine.

Auch die Stehhalle war vom zweiten Angriff stark betroffen. Das komplette Holzdach brannte ab, und im Mittelteil der Ränge klaffte ein großes Loch. Die Westhälfte der Stehhalle, die bereits beim ersten Angriff getroffen worden war, musste nun fast vollständig gesperrt werden. Der östliche Teil war nur teilweise beschädigt.

Der britische Luftangriff vom 2. auf den 3. Oktober 1943 hatte 229 Tote und 748 Verletzte gefordert. In Giesing waren neben dem Stadion auch andere öffentliche Bauten und zahllose Wohnhäuser beschädigt worden. Als im Jahr 1944 die US-amerikanischen Luftflotten die Bombardierung auf München fortsetzten, blieb das Stadion verschont. Die Amerikaner hatten die unausgereifte Strategie der britischen Flächenangriffe verworfen und bombardierten nun bei Tag ausgesuchte Ziele, vor allem das Verkehrssystem und die Treibstoffversorgung.

Im Stadion an der Grünwalder Straße wurden die Trümmer der Tribünen in den Monaten nach den briti-

schen Angriffen beseitigt, wobei das Holz der abgebrochenen Dachkonstruktionen ein begehrtes Baumaterial darstellte. Das Stadtamt für Leibesübungen verfügte am 3. Dezember 1943, dass ein Teil des Materials für die Notüberdachung der Räume im Unterteil der Haupttribüne und die Einfriedung des Stadiongeländes verwendet wurde. Mit dem restlichen Holz sollte eine Gerätehütte am Dantestadion gebaut werden. Das übrige Material gab man an die Verkehrsbetriebe der Stadtwerke weiter.

Im April 1944 stellte man eine Liste der bei den Luftangriffen vernichteten Gegenstände auf. Von den 336 inventarisierten Einrichtungsteilen im Wert von 12.965 Reichsmark waren 186 zerstört, womit man einen Schaden von 2.917 Reichsmark zu beklagen hatte. An erster Stelle der Liste wurde bezeichnenderweise ein Porträt Hitlers samt Rahmen im Wert von zwölf Reichsmark aufgeführt.

QUERPASS

Das Poststadion – Exil des TSV 1860 bis Kriegsende

In der Saison 1944/45 spielte der TSV 1860 im Stadion des Post SV, das westlich des Hauptbahnhofs neben den Gleisanlagen lag. Auf dem dortigen Postgelände an der Arnulfstraße hatte der 1926 gegründete Postsportverein in den Jahren 1927/28 eine Sportanlage mit Aschenbahn, Clubheim und Turnhalle erhalten. 1930 war der westlich der Schäringer Straße gelegene Platz ausgebaut und eine Holztribüne auf der nördlichen Längsseite (Arnulfstraße) errichtet worden. Um die Laufbahn hatte man einen Stehplatz-Erdwall aufgeschüttet. Das Fassungsvermögen betrug rund 15.000 Zuschauer. Nach Bombenangriffen im Zweiten Weltkrieg befanden sich öfters Bombentrichter auf dem Rasen, die aber stets innerhalb kurzer Zeit von Vereinsmitgliedern aufgefüllt wurden. Im Mai 1945 wurde das Spielfeld des Poststadions von einer amerikanischen Planierraupe überrollt. Die US-Army beschlagnahmte das Stadion und führte dort Ochsenrennen durch. Anfang 1946 konnte der Post SV den Platz wieder benützen. Als 1965 mit dem Bau des Paketpostbahnhofs begonnen wurde, verschwand die Sportanlage.

Die Ausweichquartiere der Fußballer

Die Fußballmannschaften von 1860, Bayern und Wacker waren bereits nach dem ersten Luftangriff ins Dantestadion umgezogen, das aufgrund seiner Weitläufigkeit eher unbeliebt war. Nachdem auch das Dantestadion den Bombardements zum Opfer gefallen war, mussten die Vereine erneut nach einem anderen Platz suchen. Der TSV 1860 fand bis Kriegsende im Poststadion an der Arnulfstraße 165 eine Bleibe. Mit dem dort beheimateten Post SV hatten die Sechziger schon im Herbst 1939 kurzzeitig eine Spielgemeinschaft gebildet. Der FC Bayern zog für die Saison 1944/45 ins östliche Giesing auf den Platz an der Schlierseestraße um.

Der Spielbetrieb wurde bis Kriegsende aufrechterhalten, obwohl die Menschen nun viel größere Sorgen als das Abschneiden einer Fußballmannschaft hatten. Allerdings war die Gauliga 1944 in regionale Staffeln aufgeteilt worden, und nach dem Rückzug des Luftsportvereins Fürstenfeldbruck und der Kriegssportgemeinschaft Ingolstadt handelte es sich bei der Bezirksklasse München-Oberbayern um eine reine Münchner Meisterschaft. In München konnte die Saison 1944/45 zu Ende gespielt werden, was in den fünf restlichen Bezirksklassen Bayerns nicht der Fall war. Der letzte Spieltag fand am 18. Februar 1945 statt. Meister wurde der FC Bayern vor dem TSV 1860.

3 Aufnahme vom Spiel 1860 - Bajuwaren im September 1945 vor der durchlöcherten Stehhalle.

4 Das Stadion des Post SV an der Arnulfstraße von Osten (1930).

1945 bis 1951
Neuanfang und Wiederaufbau nach dem Krieg

Die ersten Nachkriegsspiele

Am 7. Mai 1945 erklärte Hitler-Nachfolger Dönitz die bedingungslose Kapitulation Deutschlands gegenüber den Westalliierten. Bayern fiel daraufhin unter die Befehlsgewalt der US-Amerikaner, die München bereits am 30. April 1945 eingenommen hatten. Wie alle anderen Freizeitvergnügungen untersagten die Alliierten auch Sportveranstaltungen. Sämtliche Vereine wurden aufgelöst, blieben aber inoffiziell am Leben. Schon bald wurde wieder Sport getrieben, obwohl die formale Lizenzierung der Vereine erst 1947 stattfinden sollte. Knapp zwei Monate nach Kriegsende empfing der FC Wacker den FC Bayern auf dem Wacker-Platz an der Khidlerstraße (4:3 am 24. Juni 1945). Im Rückspiel am 30. Juni 1945 siegten die Bayern 3:1. Gespielt wurde auf dem Platz der Hypo-Bank an der Grünwalder Straße (zwischen Meraner und Südtiroler Straße), den der FC Bayern von 1945 bis 1949 vorübergehend nutzte. Das erste Spiel von Bayern und 1860 fand am 29. Juli 1945 statt. Mit 2:2 trennten sich beide Mannschaften vor knapp 1.500 Zuschauern auf dem Hypo-Platz. Eine Woche zuvor hatte die US-Militärregierung das Spiel noch untersagt.

Kurze Zeit später gab man auch das Stadion an der Grünwalder Straße wieder frei. Das Stadtamt für Leibesübungen hatte die Bombentrichter auf dem Spielfeld zugeschüttet und neue Tore aufgestellt. Erstmals seit den Bombenangriffen im Herbst 1943 wurde am 26. August 1945 wieder im Stadion gespielt. 12.000 Menschen drängten sich auf den einstmals stolzen Tribünen, um das Derby TSV 1860 - FC Bayern (0:4) zu sehen. Die Einnahmen gingen an Verfolgte des Hitler-Regimes. Da die Sitztribüne samt den Umkleidekabinen zerstört war, mussten sich die Spieler nach dem Zweiten Weltkrieg in benachbarten Wohnhäusern umziehen. Für eine Stange Zigaretten war mancher Wohnungsbesitzer gerne bereit, sein Wohnzimmer als Umkleide zur Verfügung zu stellen.

Die Amerikaner beschlagnahmten nach der Machtübernahme verschiedene Plätze. Dazu gehörte auch das Stadion an der Dantestraße, wo die US-Army bis 1953

1

Football und Baseball spielte. Der Druck, in der Stadionfrage handeln zu müssen, erhöhte sich für die Stadtverwaltung sehr schnell. Die Fußballspiele weckten als willkommene Abwechslung in der Notzeit nach dem Krieg nämlich großes Interesse bei der Bevölkerung. Die Gemüter kochten bei manchen Zuschauern besonders hoch. So konnte bei einem Spiel im Oktober 1945 ein aufgebrachter Mann auf das Feld laufen und einen Spieler ohrfeigen, weil die Einplankung um den Platz fehlte und die um den Rasen postierten 18 Polizeibeamten ihn ebenfalls nicht aufzuhalten vermochten. Der Münchener Polizeipräsident forderte den Oberbürgermeister daher am 25. Oktober 1945 auf, die Sicherheit im Stadion durch bauliche Maßnahmen zu verbessern, da ein größeres Polizeiaufgebot nicht möglich sei.

Erste Reparaturmaßnahmen am Stadion

Das Zuschaueraufkommen und damit der Handlungsdruck vergrößerten sich weiter, als im November 1945 die neu gegründete Oberliga Süd, in der auch der TSV 1860 und der FC Bayern mitspielten, ihren Betrieb aufnahm. In den Wirren der Nachkriegszeit war es einigen Vereinsvertretern gelungen, eine süddeutsche Eliteliga zu gründen, was vor dem Krieg stets gescheitert war. Die neue Liga umfasste das Gebiet der gesamten amerikanischen Zone und löste auch in München einen Zuschauerboom aus, der das

1 FC Bayern - BC Augsburg im Jahr 1946 vor den zerstörten Häusern an der Grünwalder Straße. Holzmüller (Mitte) schoss vier Tore beim 5:1-Sieg der Bayern.

2 FC Bayern - Eintracht Frankfurt 1:1 am 1. Mai 1947: Herbert Moll im Zweikampf mit dem Frankfurter Schmidt. Auf den Dächern der umliegenden Häuser drängen sich die Zuschauer.

Stadtamt für Leibesübungen zum Handeln bewegte. Im Dezember 1945 ging das erste Gesuch an das Hochbauamt, das im Februar 1946 mit den Arbeiten begann. Bis April 1946 waren die dringendsten Maßnahmen ausgeführt: Umzäunung des Spielfeldes, Abgrenzung der Laufbahn, Aufstellung von drei Kassenhäuschen und Instandsetzung der Toiletten.

Damit waren jedoch nicht annähernd alle Probleme gelöst. Es haperte oft schon an Kleinigkeiten: „Ist es nicht möglich, zusätzlich noch einige Sitzreihen für die Beinamputierten aufzustellen?", fragte die „Süddeutsche Zeitung" nach dem Oberliga-Derby zwischen 1860 und FC Bayern (2:2) am 28. April 1946, das 20.000 Zuschauer angelockt hatte.

Das hohe Zuschauerinteresse weckte bei den Stadtvätern mal wieder die Idee eines Großstadions. Die Arena sollte auf dem Gelände des ehemaligen Militärflughafens am Oberwiesenfeld im Rahmen einer großen Sportanlage mit Fußballplätzen, Radrennbahn, Schwimmbad, Liegewiese, Tennis- und Spielplätzen entstehen. Es sollten allerdings noch mehr als 20 Jahre vergehen, ehe der Bau des heutigen Olympiageländes beschlossen wurde. Das Vorhaben, ein Großstadion zu errichten, behielt man in den Nachkriegsjahren immer im Hinterkopf. Der Trümmerschutt aus der Innenstadt wurde am Oberwiesenfeld so aufgeschüttet, dass dort ein Stadion hätte gebaut werden können.

Zunächst stand aber der Wiederaufbau des Sechzger-Stadions im Vordergrund. Das sahen auch die Vertreter von TSV 1860 und FC Bayern so und wiesen die städtische Verwaltung darauf hin, dass ein wiederaufgebautes Stadion auch eine wichtige Einnahmequelle für die Stadt darstellen würde. Weil die Vereine einsahen, dass die Stadt auch andere Aufgaben zu bewältigen hatte, boten sie eine eigene Lösung an. Die Stadt sollte den Wiederaufbau den Vereinen überlassen, die im Juli 1945 ein Exposé einer Baufirma mit drei Bauvorschlägen vorgelegt hatten. Im Gegenzug verlangten die Vereine langfristige Pachtverträge und eine Anrechnung ihrer Bauleistungen auf die Pachtzahlungen. Die Stadt ging auf das Angebot jedoch nicht ein und trieb den Wiederaufbau in Eigenregie unter den schwierigen Bedingungen der Zeit mühsam voran.

Große Schwierigkeiten beim Wiederaufbau

Es herrschte damals großer Mangel an finanziellen Mitteln, Baumaterial und Arbeitskräften, vor allem an Fachkräften. Da das städtische Hochbauamt keine Bauarbeiter stellen konnte, trat man an den TSV 1860 und den FC Bayern heran. Diese erklärten sich bereit, abwechselnd je zehn Mitglieder für den Stadionbau zu stellen. Als man Mitte Juni 1946 mit den Arbeiten beginnen wollte, erschien jedoch nur ein Mann vom TSV 1860, der auch nur einen Tag lang arbeitete. Daraufhin erließ das Stadtamt für Leibesübungen am 22. Juni 1946 einen Aufruf durch Presse und Rundfunk an alle sportbegeisterten Münchner, bei der Instandsetzung gegen tarifliche Bezahlung ganz-

1945 bis 1951

oder halbtags mitzuhelfen. Es meldeten sich 13 Personen, wovon über die Hälfte Schüler waren und drei weitere von auswärts kamen (vermutlich Heimatvertriebene), die sich durch ihr Engagement eine Zuzugsbewilligung der Stadt erhofften. Mitte August wiederholte man den Appell, der aber keine Resonanz bei der Bevölkerung hervorrief. Die Menschen waren noch zu sehr mit ihren eigenen Problemen beschäftigt, und die Bezahlung mit der fast wertlosen Reichsmark-Währung bot keinen Anreiz, mitzuarbeiten.

Immerhin hatte nach Verhandlungen mit mehreren Bauunternehmern die Firma Held & Francke zugesagt, den Auftrag zu übernehmen – allerdings nur unter der Auflage, dass Material und Arbeitskräfte von der Stadt gestellt wurden. Am 19. August 1946 begannen die Wiederaufbauarbeiten mit einem Maurerpolier und fünf Hilfskräften, wovon drei Schüler ab Schulbeginn im September nicht mehr zur Verfügung standen. Zeitgleich richtete die Gartenbaufirma Bauer den Rasen her, was Kosten von 5.600 Reichsmark verursachte. Damit stand den Aktiven zum Start der Oberliga-Saison 1946/47 zumindest eine brauchbare Spielfläche zur Verfügung. Die Zuschauer mussten dagegen immer noch mit den Ruinen der Tribünenbauten vorlieb nehmen.

Das Stadtamt für Leibesübungen gab im September 1946 nach viermonatigen Bemühungen die Suche nach Arbeitskräften auf, da auch die Anfragen bei Wiederaufbaureferat, Arbeitsamt, Vereinen, dem Lager des Landesarbeitsamtes in Moosburg, Sonderministerium, Stadtbauamt, Aktionsausschüssen und dem Bayerischen Landes-Sportverband (BLSV) ohne Erfolg geblieben waren. Das Wohlfahrtsreferat meldete elf, später 13 Empfänger von Wohlfahrtsunterstützung, die vier Stunden täglich arbeiten sollten. Von diesen erschienen nur zwei Männer und eine Frau. Die Aktion wurde aufgrund der schlechten Erfahrungen schließlich eingestellt. Neben den oben genannten drei Kräften arbeiteten im Herbst 1946 zeitweise zwei Maurer und ein Zimmermann, die der TSV 1860 vermittelt hatte, und vier kriegsbeschädigte Sportplatzaufseher des Stadtamts für Leibesübungen am Stadion.

Neben den Arbeitskräften mangelte es auch an Baustoffen. Die an Fachfirmen vergebenen Installations- und Elektroarbeiten verzögerten sich aufgrund des fehlenden Materials. Um an Nägel für die Umzäunung zu gelangen, richtete man am 11. Oktober 1946 einen Aufruf an die Fußballanhänger. Beim nächsten Spiel gingen 1,5 Zentner Nägel ein, der FC Bayern und Stadtrat Brandhuber spendierten ebenfalls Nägel. Den fehlenden Rest musste die Stadt zu überhöhten Preisen kaufen. Bezahlt wurde das Material aus einem Fonds der beiden Vereine, denen die Bereitstellung von Geld vor der Währungsreform nicht schwer fiel. Als die Stadt im Frühjahr 1947 aber erneut an die Vereine mit der Bitte herantrat, Arbeitskräfte bereitzustellen, verwiesen die Funktionäre auf die städtische Vergnügungssteuer von 15%, mit der sie schon genug belastet seien. Die Beschwerden über den schlechten Zustand des Stadions von Seiten der Vereine, der Sportverbände und der Zuschauer häuften sich inzwischen.

Das Stadtamt für Leibesübungen mühte sich weiterhin, Material zu beschaffen. Für die Stadionumzäunung fehlte das Holz, und Anfragen an den Bürgermeister von Ruhpolding, das Forstamt Trostberg und die Holzbewirtschaftungsstelle blieben ohne Erfolg. Selbst wenn man Holz zugesagt bekam, waren noch lange nicht alle Probleme gelöst. Eine Bereitstellung von Schnittholz für den Zaun und den Haupttribünen-Wiederaufbau durch das Innenministerium im April 1947 scheiterte daran, dass die Vereine die Bäume im Staatsforst hätten fällen müssen, was diesen nicht möglich schien. Als das Stadtamt für Leibesübungen im Mai 1947 endlich Bezugsscheine für 30 Kubikmeter Holz (fünf Kubikmeter vom FC Bayern, 15 Kubikmeter auf Vermittlung von Polizeipräsident Pitzer und zehn Kubikmeter von Stadtrat Lettenbauer) zusammenbekommen hatte, wurde das Holz trotz mehrmaliger Reklamation monatelang nicht geliefert.

Einen Teilerfolg errang das Stadtamt für Leibesübungen durch eine andere Aktion. Die Deutsche Städte-Reklame schrieb 30 Firmen an, die Teilstücke des Zauns errichten und dafür auf zwei bis drei Jahre kostenlose Reklameflächen erhalten sollten. Bis August 1947 baute eine Firma 45 Meter Umzäunung. Erst im Frühjahr 1948 war die Einfriedung des Stadions vollständig. Immerhin wurden aus dem Zaun keine Latten herausgerissen und als Brennholz gestohlen. Die Menschen hatten trotz der anhaltenden Notlage genügend Einsicht, eine einmal fertig gestellte Baumaßnahme nicht wieder zu zerstören.

Die Instandsetzung der Stehhalle

Die bisherigen Arbeiten hatten sich auf die nötigsten Sicherungsmaßnahmen und die notdürftige Herrichtung des Stadions für den Spielbetrieb beschränkt. Dem Zuschauerandrang bei den Oberliga-Spielen waren die Ruinen an der Grünwalder Straße kaum gewachsen. In der Saison 1946/47 wollten durchschnittlich 15.000 Besucher die Spiele des TSV 1860 sehen, was den zweiten Platz in der süddeutschen Zuschauerstatistik hinter dem 1. FC Nürnberg bedeutete. Daneben spielten der FC Bayern und in der Saison 1947/48 auch der Oberliga-Aufsteiger

3 Szene bei einem Spiel des TSV 1860 am 20. Juni 1947. Der Oberrang der beschädigten Stehhalle war aus Sicherheitsgründen gesperrt.

4 Schulkinder drängen sich auf der zerstörten Stehhalle beim „Tag der Schule" 1947.

FC Wacker im Sechzger-Stadion, dessen Zustand Polizeipräsident Pitzer während einer öffentlichen Stadtratssitzung im Sommer 1947 als „Saustall" bezeichnete. Obwohl Tribünenabschnitte wie die halbe Westhälfte der Stehhalle gesperrt waren, drängten sich dort bei größeren Veranstaltungen Tausende von Zuschauern. Mit der Instandsetzung der Tribünen musste also schleunigst begonnen werden.

Im Februar 1947 hatte das Stadtamt für Leibesübungen beim Stadtbauamt Pläne für den Wiederaufbau des Stadions angefordert. Bei mehreren Besprechungen und Ortsterminen Anfang Mai 1947 einigten sich die beiden städtischen Stellen mit den Vertretern von TSV 1860 und FC Bayern darauf, dass die Stehhalle mit ihrem großen Fassungsvermögen als Erstes instand gesetzt werden sollte.

Die Standsicherheit der Tribüne schien nicht mehr gewährleistet. Man hatte schon die Sprenglöcher in die tragenden Stützen gebohrt, als ein Gutachten der Münchner Aufbau-Gesellschaft (MAG) ergab, dass eine Ausbesserung der Stützen möglich und billiger als ein kompletter Neubau wäre. Daneben sollte mit der Herrichtung der Platzwartwohnung und des Sanitätsraums im noch erhaltenen Ostteil der Haupttribüne begonnen werden.

Mitte Juni 1947 nahm die Baufirma Berger die Betonbauarbeiten an der Stehhalle auf. Um die Hilfskräfte der Firma überhaupt an der Baustelle halten zu können, musste das Stadtamt für Leibesübungen Unterkünfte und – wie bei privaten Bauherren üblich – auch das Mittagessen stellen. Zehn Arbeiter wurden in den ehemaligen Um-

1945 bis 1951

HÖHEPUNKT

14.3.1948
TSV 1860 - 1. FC Nürnberg 2:1 – Zuschauerrekord: fast 60.000 im Sechzger

Am 14. März 1948, als das Spitzenspiel der Oberliga Süd zwischen dem TSV 1860 und dem 1. FC Nürnberg anstand, kam es zu einem nie mehr erreichten Zuschauerrekord auf Giesings Höhen. 29 fußballverrückte Anhänger hatten im Stadion übernachtet, weitere kamen bereits ab sechs Uhr früh, um sich die besten Plätze beim Anstoß um 15 Uhr zu sichern. Bereits um elf Uhr, also vier Stunden vor Anpfiff (!), war das Stadion voll besetzt. Das Stadtamt für Leibesübungen hatte die Anzahl der Eintrittskarten auf 45.000 beschränkt, doch der TSV 1860 verkaufte mehr Karten als zulässig. Als Polizeipräsident Pitzer von dem Zuschauerandrang am Mittag unterrichtet wurde, ließ er das Spiel absagen. Die Verfügung erreichte 1860-Präsident Wetzel – angeblich – zu spät, und die Partie wurde angepfiffen. Bei einer Absage wäre es wohl zu Ausschreitungen von erbosten Zuschauermassen gekommen.

„Bei Spielbeginn war dann auch kein Kamin in Sehweite des Stadions unbesetzt", berichtete der „Münchner Merkur". Im völlig überfüllten Stadion drängten sich 58.200 Zuschauer. Die Menschen standen im Stadion bis direkt an den Spielfeldrand, und berittene Polizei musste die Zuschauer vor dem Anpfiff und bei Eckbällen und Einwürfen zurückdrängen. Pausenlos mussten die Sanitäter Ohnmächtige bergen. Im Gedränge wollte sich manch einer mit unerlaubten Mitteln Platz schaffen. Ein Maurer wurde verhaftet und mit Stadionverbot bestraft, weil er sich mithilfe einer Stahlrute Luft verschafft hatte. Dass es bei solch kleineren Zwischenfällen blieb und es keine größere Katastrophe mit Verletzten oder gar Toten gab, glich fast einem Wunder. „Die Sicherheitsexperten des Kreisverwaltungsreferats würden noch heute bleich", hieß es Jahre später angesichts der Massen, die sich auf der Ruine der Haupttribüne und der Stehtribüne befanden. Noch drei Tage vor dem Spiel hatte die Lokalbaukommission eine Sperrung der Stehtribüne wegen schadhafter Betonteile und Geländer angedroht.

Zum Spiel: Die Sechziger gingen als Außenseiter in das Duell gegen den 1. FC Nürnberg, denn eine Woche zuvor hatten sie beim VfB Stuttgart eine herbe 2:8-Schlappe erlitten. Nürnberg zeigte in der ersten Halbzeit seine bekannt hohe Spielkultur, doch die geschickt verteidigenden Löwen erzielten in der 43. Minute durch einen Kopfball-Abstauber von Thanner überraschend das Führungstor.

Nach dem Seitenwechsel spielten die Sechziger offensiver und erhöhten durch einen eher harmlosen Schuss von Schmidhuber auf 2:0. Dass die Partie trotzdem spannend blieb, hatte Nürnberg dem Sechziger Glas zu verdanken, der glaubte, Schiedsrichter Hirsch hätte Foul gepfiffen und damit das Spiel unterbrochen. Dem war aber nicht so, und als Glas den Ball in die Hand nahm, deutete der Schiedsrichter auf den Elfmeterpunkt. Morlock verwandelte zum 2:1, aber dank seines „hochklassigen Deckungssystems" („SZ") konnte der TSV 1860 den Sieg über die Zeit retten.

Nürnberg wurde trotz der Niederlage am Saisonende mit acht Punkten Vorsprung auf die zweitplatzierten Sechziger überlegener Meister der Oberliga Süd und sicherte sich anschließend auch den ersten deutschen Meistertitel der Nachkriegszeit.

Aufstellungen:

TSV 1860: Sembritzki, Pledl, Glas, Müller, Bayerer, Sommer, Lammers, Schmidhuber, Thanner, L. Janda, Hornauer

1. FC Nürnberg: Schaffer, Billmann, Knoll, Berger, Uebelein, Gebhardt, Herbolsheimer, Morlock, Pöschl, Kastner, Winterstein

Tore: 1:0 Thanner (43.), 2:0 Schmidhuber (65.), 2:1 Morlock (69./Handelfmeter)

5

5 Oberliga-Spitzenspiel TSV 1860 – 1. FC Nürnberg: Spielszene vor der voll besetzten Stehhalle.

6 Berittene Polizei muss die Massen immer wieder vom Spielfeld zurückdrängen. Im Hintergrund die Anzeigetafel.

7 Auch auf der Aschenbahn vor der Ostkurve drängen sich die Zuschauer.

8 Das Spielfeld von Südosten. Im Hintergrund die Westkurve mit der Anzeigetafel und die Stehhalle.

1945 bis 1951

kleideräumen der Haupttribüne einquartiert. Einen Teil der vom Stadtamt für Leibesübungen geliehenen Wohnungseinrichtung nahmen die Männer nach Beendigung des Bauauftrags einfach mit. Die aus dem Fonds der Vereine gezahlte Prämie von 4.000 Reichsmark hatte den Arbeitern scheinbar nicht ausgereicht.

Die Arbeiten schritten aufgrund der schlechten Bezahlung und Verpflegung nur äußerst langsam voran. Erst am 10. Dezember 1947 waren alle Löcher in den Zuschauerrängen der Stehhalle zubetoniert, wobei acht nebeneinanderliegende Stufenfelder im Mittelteil völlig erneuert wurden.

Zuschauerboom auf zerstörten Tribünen

Bereits drei Tage zuvor, am 7. Dezember 1947, hatten 42.000 Zuschauer im großteils noch immer zerstörten Stadion für einen neuen Rekord gesorgt. Die Besucher auf den völlig überfüllten Rängen wollten das Lokalderby und Spitzenspiel der Oberliga Süd zwischen dem Dritten TSV 1860 und dem Tabellenführer FC Bayern (2:3) sehen.

Der Fußballboom hielt im Nachkriegsdeutschland weiter an. Spiele vor 20.000 Zuschauern waren vor dem Krieg noch die Ausnahme. Nun spielte man auch in München regelmäßig vor solch stattlicher Kulisse. Die zunehmende Fußballbegeisterung verlief aber nicht immer in friedlichen Bahnen. In der Saison 1946/47 mussten mehrmals Spiele aufgrund von Zuschauerausschreitungen abgebrochen werden. Am 17. Januar 1948 erhielten drei Zuschauer Stadionverbot, weil sie nach einer Elfmeter-Wiederholung beim Spiel FC Bayern gegen Eintracht Frankfurt – der Elfmeterschütze des FC Bayern hatte im zweiten Versuch verschossen – den Platz stürmten und Schiedsrichter und Polizei angriffen.

Die mitunter noch etwas ungeregelte Organisation der Veranstaltungen bescherte dem Stadion an der Grünwalder Straße aber auch seinen wohl nie mehr schlagbaren Zuschauerrekord. 58.200 Besucher strömten am 14. März 1948 zum Spiel der Sechziger gegen den 1. FC Nürnberg an die Grünwalder Straße.

Der Rekordbesuch beschleunigt den Wiederaufbau

Auf Einladung des Stadtamtes für Leibesübungen hatten auch Oberbürgermeister Scharnagl, Bürgermeister Wimmer und 14 Stadträte dem Spiel beigewohnt und die unzumutbaren Zustände miterlebt. Der schlechte Eindruck verstärkte sich durch die hohe Zuschauerzahl zusätzlich und löste in den Tagen darauf emsiges Handeln bei den zuständigen Behörden aus. Der TSV 1860 wurde für sein grob fahrlässiges und unerlaubtes Vorgehen beim Kartenverkauf gerügt. Nach einer Besprechung mit Polizeipräsident Pitzer reduzierte die Stadt das zulässige Fassungsvermögen des Stadions auf 35.000 Zuschauer. Die Ränge wurden in Blöcke mit festgeschriebenen Zuschauerzahlen eingeteilt. Bei großen Spielen sollten die Karten von nun an nur noch im Vorverkauf und nicht mehr an der Tageskasse erhältlich sein, um den Ansturm von kurzentschlossenen Zuschauern am Spieltag zu vermeiden. Bei der Militärregierung erreichte der Polizeipräsident die Genehmigung, die Grünwalder Straße – ansonsten eine Militärstraße – für eine Stunde nach Abpfiff von Oberliga-Spielen sperren zu dürfen.

In der Stadtratssitzung am 18. März 1948 berichtete das Stadtamt für Leibesübungen über die bisher durchgeführten Arbeiten am Stadion, welche die meiste Zeit von nur einem Polier, einem Maurer und zwei Hilfsarbeitern verrichtet worden waren. Man verwies darauf, dass das Stadtamt für Leibesübungen zwei und der FC Bayern 2,5 Tonnen Zement für die Ausbesserung der Stehhallen-Ränge bereitgestellt hatten. Daneben waren unter anderem drei große und vier kleine Kassenhäuschen, 800 Meter Zaun und 150 Meter Sitzfläche für Versehrte entstanden. Die Kriegsversehrten, die zum größten Teil aus der nahe gelegenen Orthopädischen Klinik an der Grünwalder Straße (früher „Krüppelheim") ins Stadion kamen, hatten zuvor auf der Aschenbahn sitzend oder liegend die Spiele verfolgt.

Auch die Erweiterung der Stehplätze durch Aufschüttung von Schutt und die Renovierung der erhaltenen Räume in der Haupttribüne waren durchgeführt worden. Der Stadtrat beschloss, dass die Instandsetzung des Stadions von Stadtbauamt und Wiederaufbaureferat vordringlich zu behandeln sei und dass das Stadtamt für Leibesübungen zusammen mit der Polizei das Stadion sperren dürfe, wenn die Vereine städtische Anordnungen erneut missachten sollten.

Die genauen Baumaßnahmen wurden in den darauffolgenden Wochen erörtert, wobei zunächst die Fertigstellung der Stehhalle im Vordergrund stand. Daneben sollte mit dem Wiederaufbau der Haupttribüne und der Terrassierung des westlichen Stehwalls mit Zementstufen begonnen werden. Die Aufträge wurden an die Baufirmen Berger und Wayss & Freitag vergeben. Zur Finanzierung der Bauvorhaben stellte der Stadtrat 310.000 Reichsmark zur Verfügung, wobei 110.000 Reichsmark im Haushalt 1948 schon eingeplant waren. Die zusätzlichen Kosten wurden aus Rücklagen für eine geplante Radrennbahn (192.552 Reichsmark) und die Sportplatzerneuerung (7.448 Reichsmark) entnommen.

Die Vertreter von TSV 1860, FC Bayern und FC Wacker zeigten sich mit den Planungen einverstanden, schlugen aber vor, die 400-m-Laufbahn abzutragen, um mehr Zuschauerplätze schaffen zu können. Der Vorschlag war zuvor schon im Stadtrat diskutiert worden, wo er aber zunächst verworfen wurde. Stadtrat Fischer ersuchte die Vereine bei der Aussprache erneut um Mithilfe durch Bereitstellung von Baumaterial, Arbeitskräften und Geld.

Ausverkaufte Ränge, aber kein Endrundenspiel

Zunächst begann man mit der Fertigstellung der Stehhalle. Die durch Bombeneinschläge verursachten Löcher in den Rängen hatte man, wie bereits erwähnt, bis Dezember 1947 ausgebessert. Es bestanden noch Schäden an der Tragkonstruktion. Die Tribüne war 1926 in zwei Bauabschnitten von je 52 Metern Länge errichtet worden. Der östliche Teil war bei den Bombenangriffen geringer beschädigt worden als die westliche Hälfte. Das galt sowohl für die Ränge, als auch für die Stützenkonstruktionen des Unterbaus. Aufgrund von nicht ausgeführten Abstützungsmaßnahmen sperrte die Lokalbaukommission im April 1948 das obere Drittel im östlichen Teil und die obere Hälfte im westlichen. Beim Spiel TSV 1860 - 1. FC Nürnberg hatten sich die Massen noch auf der gesamten Tribüne gedrängt. Nun wurde man vorsichtiger: Als zum Derby TSV 1860 - FC Bayern am 4. Mai 1948 erneut ein Zuschaueransturm bevorstand, sperrte man die gesamte Stehhalle und verlegte das Spiel um fünf Tage. Am 9. Mai 1948 wurde bis zehn Uhr vormittags an der Stehhalle gearbeitet, ehe die Lokalbaukommission den unteren Tribünenteil abnahm. Ein Drittel der Plätze wurde freigegeben und der obere Teil von der Polizei abgesperrt. Am Nachmittag sahen dann 35.000 Zuschauer das 1:1-Unentschieden im Oberliga-Derby.

Der TSV 1860 war am Saisonende Zweiter hinter Nürnberg, scheiterte in der Endrunde um die Deutsche Meisterschaft jedoch im Viertelfinale auf neutralem Platz in Worms am 1. FC Kaiserslautern (1:5). Der Bayerische Fußball-Verband (BFV) hatte beantragt, eines der begehrten, da zuschauerträchtigen Endrundenspiele nach München zu vergeben. Der Deutsche Fußball-Bund lehnte das Gesuch mit der Begründung ab, dass die derzeitigen Platzverhältnisse im Stadion an der Grünwalder Straße keinen repräsentativen Rahmen abgeben würden.

9 Von selbst gebauten Leitergerüsten aus verfolgten die Zuschauer 1948 das Spiel gegen die Gäste aus St. Gallen.

10 Die prominente Mannschaft des FC Schalke 04 läuft am 22. August 1948 zu einem Freundschaftsspiel gegen den TSV 1860 ins dicht gefüllte Stadion ein. 1860 besiegte die Schalker in deren erstem Spiel nach der Währungsreform mit 3:1.

Dafür konnten die Münchner am 10. Oktober 1948 erstmals seit Kriegsende wieder ein internationales Spiel auf Giesings Höhen miterleben. Eine Kombination der Schweizer Zweitligavereine aus St. Gallen und Bühl trat vor 35.000 Zuschauern gegen eine Münchner Auswahl an. Viel höher als der 5:1-Sieg der Gastgeber wurde jedoch die freundschaftliche Geste der Eidgenossen bewertet, die trotz einer bei Sportveranstaltungen geltenden internationalen Blockade gegenüber Deutschland angereist waren. Um die Austragung des Spiels nicht zu einem Politikum werden zu lassen, wurden die Einnahmen für das Münchner Waisenhaus gespendet.

1945 bis 1951

Die Stehhalle wird fertig gestellt

Inzwischen waren auch die Arbeiten an den Tribünen fortgeschritten. Die Stehhalle war am 7. Oktober 1948 von der Lokalbaukommission freigegeben worden und konnte sich beim Massenandrang gegen die Schweizer Gäste bewähren. Die beschädigte Stahlbetonkonstruktion war mit Spritzbeton überholt worden. Schiefe Stützen hatte man wieder gerade gerichtet und auf verstärkte Fundamente gestellt. Der vordere Teil der Ränge unterhalb der Mundlocheingänge, der aus einem aufgeschütteten Erdwall bestand, wurde planiert. 1926 hatte man dort ebenfalls Betonstufen angebracht, die später wegen Baufälligkeit zugeschüttet worden waren. Nach Abschluss der Arbeiten an den Stehhallenrängen wurde das Fassungsvermögen des Stadions auf 45.000 geschätzt.

Besondere Eile war im Herbst 1948 beim Bau der Stehhallen-Überdachung vonnöten, da die Lokalbaukommission eine Fertigstellung bis zum Winteranfang am 21. Dezember 1948 forderte. Im vorherigen Winter hatten die Witterungseinflüsse nämlich zu Schäden und mehrmaliger Sperrung der Stehhalle geführt. Am 25. November 1948 konnte das Richtfest für das Stehhallendach gefeiert werden, und die Arbeiten waren pünktlich im Dezember 1948 beendet. Für die Konstruktion waren mehrere Varianten geprüft worden, die der städtische Baudirektor Schanhäußer erarbeitet hatte. Die Entscheidung war zugunsten einer Lösung ausgefallen, die sich gegenüber der im Krieg abgebrannten Holzkonstruktion an mehreren Punkten unterschied. Die Zahl der Stützen wurde von neun auf 17 verdoppelt, und man setzte nun anstelle von Holzstützen Stahlrohre ein. Der Grund für die erhöhte Stützenzahl lag in der höheren Eigenlast der Dachkonstruktion. Das neue Dach ragte nämlich 7,5 Meter über die Stützenreihe nach vorne hinaus und überdeckte damit auch den unteren Teil der Ränge, was beim alten Dach nicht der Fall gewesen war. Der Schutz vor Regen durch die größere und weiter auskragende Dachfläche war nach Niederschlagsdaten des Deutschen Wetterdienstes berechnet worden und lag erwartungsgemäß über dem des alten Daches. Manche Zuschauer beschwerten sich dennoch und behaupteten, das Vorgängerdach wäre besser gewesen.

Neben dem Regenschutz hatte man nach Meinung der Stadt aber auch die Sichtverhältnisse verbessert. Zwar störte die erhöhte Stützenzahl den Blick auf das Spielfeld stärker als zuvor, doch dafür lagen die Fachwerkbinder nun etwas höher. Zudem führten die sich verjüngenden Kragarme zu einer schmalen Dachvorderkante. Beim Dach von 1925/26 bildete eine Reklameschürze den Abschluss, die nun zwar auch wieder geplant war, aber aus statischen Gründen nicht angebracht werden konnte. Ein Sturmschaden im Frühjahr 1949 am gerade fertig gestellten Blechdach hatte wohl zu höherer Vorsicht geführt.

Auch an der Tribüne selbst wurde noch gearbeitet. Die Untersicht der Stehhallenränge wurde verputzt, und unter den Rängen wurden, angrenzend an die Stützmauer des Vortribünen-Erdwalls, verschiedenen Nebenanlagen eingebaut. Im Abschnitt zwischen den zwei niedrigsten Stützenreihen befanden sich ganz außen die WC-Anlagen, die

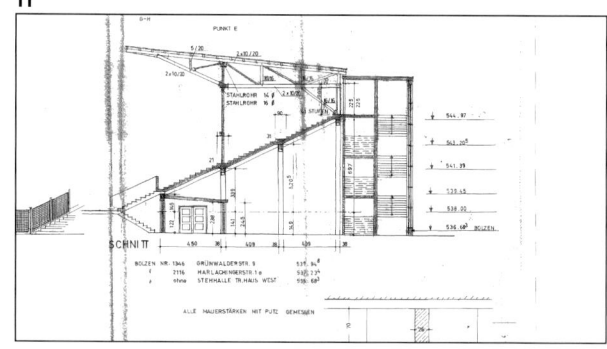

11

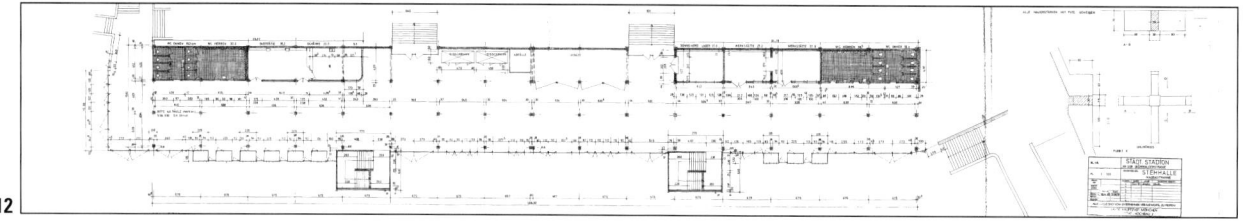

12

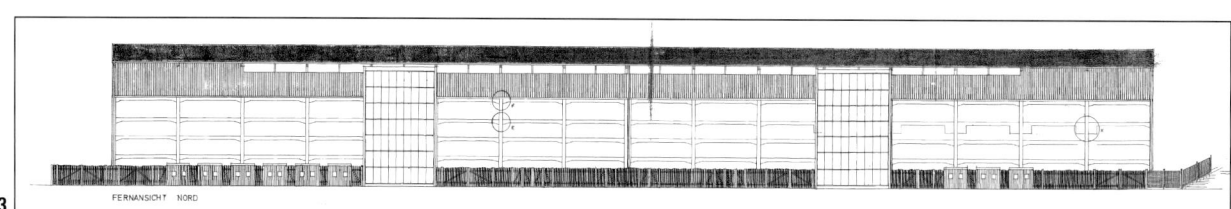

13

14

15

16

11 Pläne der Stehhalle (1969): Schnitt durch die Stehhalle mit der neuen Dachkonstruktion. Der Unterrang besteht aus einem Erdwall, an den Kiosk- und Werkstatthäuschen angebaut sind. Die Treppentürme (rechts) wurden erst 1960 angebaut.

12 Grundriss der Nebenanlagen unter der Stehhalle: Seitlich die Toiletten, im Osten (links) ein Imbisskiosk, im Westen (rechts) die Werkstatt und in der Mitte Eisschränke und ein Geräteverschlag.

13 Ansicht der Stehhalle von Norden. Die beiden Treppenhaustürme wurden erst 1960 angebaut.

14 Blick von Südwesten auf die wieder aufgebaute Stehhalle (1951). Im Vordergrund die Leichtathletik-Sprunggrube.

15 Die Stehhalle von der Grünwalder Straße (1951). Vorne der Staketenzaun vor der Ostkurve, rechts die ehemalige Reklametribüne, an deren Seite Werbung angebracht wurde.

16 Zuschauerandrang vor den Kassenhäuschen unter der ehemaligen Reklametribüne.

an das städtische Kanalnetz angeschlossen wurden. Zuvor war die Abwasserentsorgung über Versitzgruben erfolgt. Bis Mitte der 1950er Jahre wurde unter dem Ostteil der Tribüne eine kleine Imbiss-Gaststätte der Paulaner-Brauerei errichtet. Unter dem Westteil entstand eine Werkstatt mit Lagerraum. Sämtliche Einbauten waren aus Ziegeln gemauert und mit einem Pultdach gedeckt worden. Zwischen den Mundloch-Aufgängen in der Mitte der Stehhalle fanden ein Geräteverschlag, die Abfallcontainer und zwei Eisschränke Platz.

Im Sommer 1949 wurde die Westseite der Stehhalle mit einer Glaswand als Schlagregenschutz versehen, womit die Arbeiten an der Tribüne nach rund zweijähriger Bauzeit zunächst abgeschlossen waren.

Der Wiederaufbau der Haupttribüne

Zur gleichen Zeit war auch die Haupttribüne bis auf den Innenausbau fertig gestellt. Von der alten Sitztribüne von 1925 waren nur die unteren Ränge und einige notdürftig überdachte Erdgeschossräume in der Osthälfte erhalten geblieben. Die Dachkonstruktion und den oberen Holzaufbau hatte man noch während des Krieges entfernt. Die Mauerreste des gesamten Gaststättenflügels wurden seit Sommer 1946 abgetragen. Im August 1947 beantragte die Paulaner-Brauerei den Bau einer hölzernen Wirtschaftsbaracke anstelle des zerstörten Westteils. Der Bauantrag wurde abgelehnt, obwohl man im Sommer 1947 zunächst nur damit begonnen hatte, die Räume im Ostteil instand zu setzen. Dabei wurden die Platzwartwohnung, ein Sanitätsraum, ein Abrechnungszimmer, die Umkleidekabinen, die Duschanlagen und die Toiletten saniert. Auch die Elektroinstallation wurde repariert.

Als der Stadtrat im März 1948 nach dem Massenbesuch beim Spiel zwischen dem TSV 1860 und dem 1. FC Nürnberg zusätzliche Finanzmittel in Aussicht gestellt hatte, ging das Wiederaufbaureferat die Planung der Haupttribünen-Instandsetzung an. Der Bau sollte nach altem Schema „in einer etwas einfacheren Form wieder erstehen" („SZ"). Bis August 1948 wurde die mit Kohlebriketts befeuerte Heizungsanlage in Betrieb gesetzt, und es konnte wieder heiß geduscht werden. Über den Erdgeschossräumen zog man eine Stahlbetondecke ein, die zunächst mit einer provisorischen Teerschicht vor Nässe geschützt wurde.

Im September 1948 ging der Genehmigungsantrag für den Wiederaufbau der Tribüne bei der Lokalbaukommission ein, und nachdem der Stadtrat am 30. November 1948 die Mittel für das Vorhaben endgültig bereitgestellt

1945 bis 1951

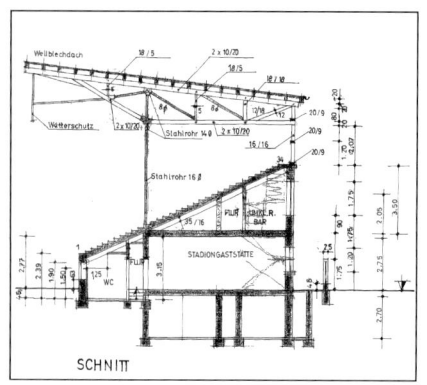
17

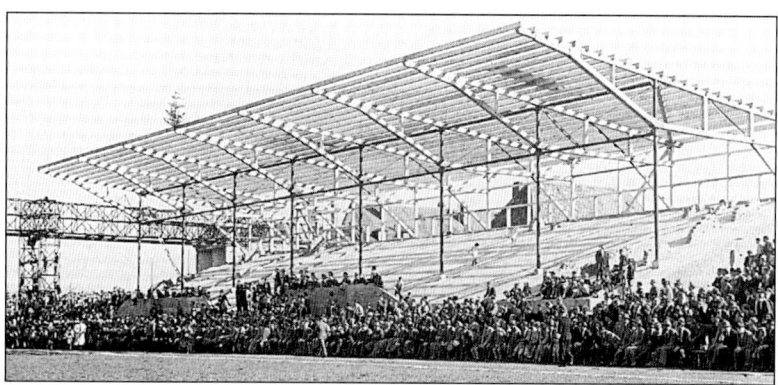
18

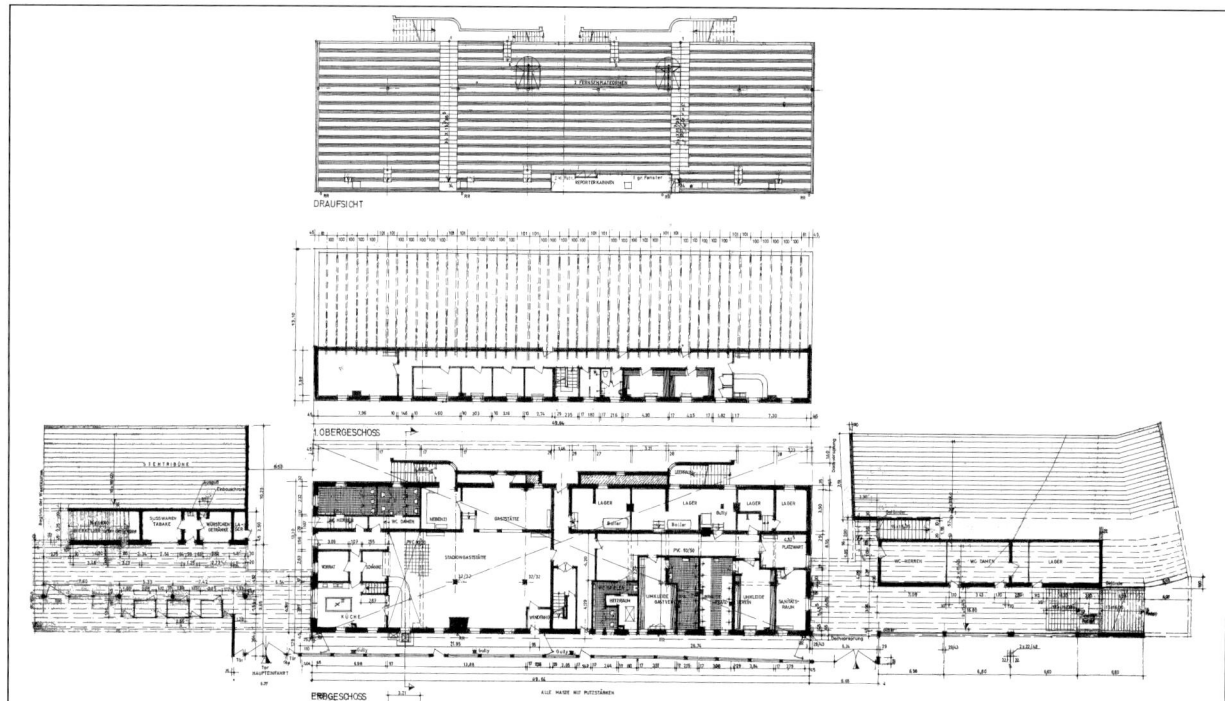
19

hatte, stand dem Beginn der Arbeiten nichts mehr im Wege. Eine Woche zuvor hatte der Stadtratsausschuss für Leibesübungen beschlossen, pro verkaufter Eintrittskarte zehn Pfennige als Abgabe für den Sportstättenaufbau zu verlangen. Nach Fertigstellung der Betonarbeiten an der Stehhalle hatten die Arbeiter der Baufirma Berger bereits im Oktober 1948 mit dem Aufbau der Haupttribüne begonnen. Die Arbeiten schritten schnell voran, und im Mai 1949 stand die überdachte Sitztribüne. Dass der Bauablauf deutlich zügiger als bei der Stehhalle verlief, lag wohl an der Währungsreform, die im Juni 1948 in Kraft getreten war. Das von der Stadt gezahlte Geld war nun wieder etwas wert.

Die Ränge der wiedererrichteten Haupttribüne stiegen flacher an als beim Vorgängerbau: Die Neigung betrug 22° anstatt 30°. Die Holzkonstruktion wurde durch in Plattenbalken-Bauweise betonierte Ränge ersetzt. Durch die niedrigere Neigung lag die oberste der insgesamt 17 Stufen nicht mehr 7,60 Meter sondern nur 6,50 Meter über Geländeoberkante. Die Traufhöhe des Daches an der Straßenseite blieb aber bei zehn Metern, so dass – wie schon bei der Stehhalle – die Sichtverhältnisse verbessert wurden. Beim Bau des Daches wandte man exakt dieselbe Konstruktion wie bei der Stehhalle an. Die acht Stahlrohrstützen standen nun in einem Abstand von sieben Metern auf den tragenden Innenwänden, die über die gesamte Gebäudelänge die tiefer liegende Nebenraumzone abgrenzten. Bei der Vorgängerkonstruktion hatten sich die zwei weiter vorne stehenden Betonpfeiler wie erwähnt als unzureichend erwiesen. Zwar wurde nun die Sicht durch

20

21

22

24

23

25

17 Schnitt durch die Sitztribüne mit der neuen Dachkonstruktion (Plan von 1969). Der vordere Teil des Erdgeschosses ist tiefer gelegt. Hier befinden sich Nebenräume. Unter der Tribünenschräge im Obergeschoss sind Presse-, Umkleide- und Abstellräume untergebracht.

18 Die Sitztribüne im Rohbau.

19 Grundrisse der Sitztribüne (Plan von 1970). Oben: Die Zuschauerränge mit der Reporterkabine am oberen Ende. Mitte: Das Obergeschoss mit Umkleiden und seitlichen Aufenthaltsräumen. Unten: Das Erdgeschoss mit Gaststätte (links) und Umkleiden (rechts). Der zweite Duschraum wurde erst 1963 eingebaut. Für ihn musste die Platzwartwohnung am östlichen Ende aufgegeben werden. Beim Wiederaufbau nach dem Krieg verzichtete man im Gaststättenflügel auf die Wohnräume für die Wirtsleute, die nur in den Anfangsjahren bewohnt gewesen und später zu einem Abrechnungszimmer umgebaut worden waren. Dadurch rückten Küche, Schänke und Vorratsraum an den westlichen Tribünenrand. Die Gaststube wurde nun 3,50 Meter länger. Am Gang neben der Küche baute man in der tiefer liegenden Nebenraumzone anstelle von Lagerräumen eine WC-Anlage ein.

20 Die Stadionwirtschaft: Küche

21 Saal

22 Schänke

23 Die Bar im Aufenthaltsraum für Ehrengäste und Presse am östlichen Ende des Obergeschosses.

24 Der Pressekonferenzraum am westlichen Ende des Obergeschosses.

25 Ansicht der Sitztribüne von der Volckmerstraße.

1945 bis 1951

die höhere Anzahl von Stützen stärker eingeschränkt, das zwei Meter weiter auskragende Dach bot aber auch mehr Schutz vor Regen. Gegen Schlagregen versah man beide Tribünenseiten im Sommer 1949 mit Glaswänden. Bei der alten Tribüne war ein solcher Schutz nur im Westen angebracht worden.

Anfang Oktober 1949 montierte man an der Dachvorderkante eine 2,5 Meter hohe Reklamebande, auf die man bei der Stehhalle aus statischen Gründen verzichtet hatte. Auch die seitliche Verschalung der Dachkonstruktion diente wie schon vor dem Krieg als Reklamefläche. Die Treppenaufgänge vor der Tribüne wurden verlängert, wodurch zwei kurze Stichtreppen für den Ehrengastbereich angeschlossen werden konnten. Auf Höhe der Spielfeldmittellinie, die sich rund vier Meter östlich von der Tribünenmitte befand, baute man an der Tribünenrückwand auf zwölf Metern Länge Kabinen für die Rundfunkreporter ein.

Die Gaststätte im westlichen Tribünenunterbau wurde nur geringfügig verändert wiedererrichtet und vor allem bei den sanitären Anlagen modernisiert. Im neu ausgebauten Obergeschoss wurden Umkleidezimmer für Schiedsrichter und Athleten eingerichtet, ebenso zwei Räume für Ehrengäste und für Journalisten. Den 22.000 DM teuren Innenausbau der Gaststätte hatte die Paulaner-Salvator-Thomas-Brauerei übernommen, nachdem sie den Wirtschaftsbetrieb im Stadion am 25. Mai 1949 für 20 Jahre von der Stadt gepachtet hatte. Als Pachtzins wurde eine Umsatzbeteiligung der Stadt in Höhe von 7% vereinbart.

Erneuter Massenbesuch und kuriose Ideen

Bereits vor der endgültigen Fertigstellung hatte das Stadtamt für Leibesübungen eine sportliche Spitzenveranstaltung an die Grünwalder Straße holen können. Anders als noch im Jahr zuvor empfanden die Verantwortlichen des DFB das Münchner Stadion als würdig für ein Endrundenspiel um die Deutsche Meisterschaft. Am 26. Juni 1949 reisten der 1. FC Kaiserslautern und Borussia Dortmund an die Isar, um das Halbfinale auszutragen. 57.000 erwartungsfrohe Menschen sorgten für einen erneuten Massenbesuch, mussten aber nach einem torlosen Unentschieden enttäuscht den Heimweg antreten. Im Wiederholungsspiel in Köln siegte Dortmund schließlich 4:1. Das wieder einmal restlos gefüllte Stadion an der Grünwalder Straße und die Tatsache, dass 92.000 Besucher das Endspiel zwischen Borussia Dortmund und dem VfR Mannheim im Stutt-

26 Zwei Aufnahmen vor dem Endrundenspiel Dortmund - Kaiserslautern am 26. Juni 1949 mit dem Originaltext der Zeitschrift „Fußball": „Das Stadion an der Grünwalder Straße in den frühen Morgenstunden. Es ist 8 Uhr morgens, aber schon sind einige hundert Unentwegte eingetroffen, obwohl es noch sieben Stunden dauert, bis das Vorspiel 1860 - Jönköpping (Schweden) als Lohn für echte Fußballtreue anfängt."

27 „Immer noch wird es drei Stunden dauern, bis das erste Spiel beginnt, und fünf Stunden, bis Kaiserslautern und Dortmund antreten. Jetzt ist es 12 Uhr mittags, fast möchte man meinen, dass das Stadion voll ist, aber noch fehlen einige Tausend an der Endzahl 60.000." Nach offiziellen Angaben zählte man 57.000 Zuschauer.

26

27

garter Neckarstadion sehen konnten, veranlassten den Stadtrat zu neuen Gedankenspielen über ein Münchner Großstadion am Oberwiesenfeld. Nun sollte mit Rängen für 100.000 statt wie bisher für 80.000 Besucher geplant werden, meinte ein Ratsmitglied. Schon nach dem Spiel 1860 gegen Nürnberg ein Jahr zuvor hatten alle Fraktionen betont, dass das Sechzger-Stadion für München nicht ausreichend sei und man möglichst bald mit der Planung des Großstadions beginnen müsse.

Derweil blieb aber nur der Ausbau des bestehenden Stadions ein Thema, wobei auch zu berücksichtigen war, dass man Nutzungen vermeiden musste, bei denen der Rasen Schaden nehmen könnte. Der Sportdirektor des amerikanischen GYA-Centers München, Sergeant Rohr, hatte nämlich eine besondere Idee, um auf Giesings Höhen für

Unterhaltung zu sorgen: „Wird das Stadion an der Grünwalder Straße Stierkampfarena?", fragte die „Abendzeitung" am 12. Mai 1949. Eine solche Veranstaltung plante nämlich der US-Militär, um Geld für die Jugendförderung einzunehmen. Neben dem Dantestadion und der Amor-Radrennbahn (Fuggerstraße) war dabei auch das Sechzger-Stadion im Gespräch. Die „AZ" bezweifelte aber zu Recht die Sensationslüsternheit der Münchner, um ihr „Fußballheiligtum ohne Widerrede von Stierhufen zertrampeln zu lassen". Der Rasen war durch die Vielzahl von Spielen und die ständigen Bauarbeiten sowieso schon arg ramponiert und wurde mit einem Kartoffelacker verglichen.

Die Erweiterung der Stehwälle

Bevor der Platz erneuert wurde, standen noch einige Arbeiten an den Stehplatzkurven an. Mit dem Schutt aus den Trümmern der zerstörten Haupttribüne hatte man seit 1946 die seitlich der Tribüne gelegenen Wälle erweitert. Die Wallanlagen reichten schließlich bis an die Grenze zur Volckmerstraße, womit man das ehrgeizige Ziel eines Stadion-Fassungsvermögens von 60.000 bis 65.000 Zuschauern zu erreichen versuchte. Auch wenn solche Zahlen höchstens zweimal im Jahr zu erwarten waren, galt der Grundsatz, dass München als bayerische Landeshauptstadt die Verpflichtung habe, ein großes Stadion zu besitzen. Bis Sommer 1950 wurden sämtliche Erd- und Schuttwälle ausgebessert und planiert. Für die Terrassierung der flach geneigten Ränge gab es im Laufe der Zeit mehrere Vorschläge. Realisiert wurde die Variante mit Setzstufen aus Beton und Trittstufen aus vorhandenem Material samt einer Ausgleichsschicht aus Schlacke – allerdings erst 1951 und nur an den größeren Wällen seitlich der Haupttribüne. Davor schuf man drei Sitzplatzreihen mit Holzbänken. Die Wälle der Ost- und der Westkurve galten nur als Provisorium und waren durch die angrenzenden Straßen in ihrer Breite stark eingeschränkt. Bei großen Zuschauerzahlen kam es immer wieder zu Drängeleien auf den Erdwällen. Fing es dann auch noch zu regnen an, verwandelten sich die nicht terrassierten Stehplatzränge in matschige Rutschbahnen.

Auch die Sportanlagen werden saniert

Nachdem auch die Arbeiten an den Stehplatzwällen größtenteils abgeschlossen waren, ging man im Sommer 1951 die Erneuerung von Rasen und Aschenbahn an. Wie schon fünf Jahre zuvor beauftragte die Stadt die Gartenbaufirma Friedrich Baur, die sich auf Sportplatzbau spezialisiert hatte, mit den Arbeiten. Während der Sommerpause der Fußballer von Juni bis August 1951 wurden die insgesamt 182.000 DM teuren Maßnahmen durchgeführt. Aufgrund einer Ost-West verlaufenden Schräglage des Platzes musste das Gelände bis zu 50 Zentimeter mit Kies aufgeschüttet werden. Zuvor hatte man um den Platz Drainagerohre verlegt, die das Regenwasser zum Auer Mühlbach unterhalb der Isarhangkante abführten. Auf den planierten Kiesuntergrund des Spielfeldes brachte man eine Humusschicht und rund 50 x 50 Zentimeter große Rasenstücke auf. Den Rasen hatte man aus dem Gelände „Am Knie" in Pasing ausgestochen. Die vielen Narben zwischen den einzelnen Rasenflecken führten allerdings zu einem holprigen Geläuf. Erst später wurde Rollrasen gebräuchlich, mit dem die Mitarbeiter des Sportamtes heutzutage in jeder Sommerpause den Platz teilweise erneuern.

Zwischen dem Spielfeld und den Kurven der neu angelegten Aschenbahn entstanden im Osten eine Weitsprunganlage und im Westen eine Kugelstoßanlage. Danach terrassierte man wie erwähnt einen Teil der Stehränge auf den Erdwällen und schloss nach über fünf Jahren Bauzeit den Wiederaufbau des Stadions ab. Die Arbeiten hatten am Ende rund eine Million Mark verschlungen.

28 Blick von Osten auf die Sitztribüne (1951). Die Ränge der Ostkurve waren nur seitlich der Sitztribüne mit Stufen versehen.

29 Der Erdwall der Ostkurve und die Häuser an der Grünwalder Straße in den 1950er Jahren.

QUERPASS

Das Sechzger wird Filmkulisse

Im Frühjahr 1950 waren das Sechzger-Stadion zur Filmkulisse und die Spieler des TSV 1860 zu Filmstars geworden. Für den Spielfilm „Der Theodor im Fußballtor" wurden im Stadion an der Grünwalder Straße am 7. Mai 1950 Aufnahmen vom Oberligaspiel zwischen 1860 und dem späteren süddeutschen Meister SpVgg Fürth (1:3) gemacht. Das Stadtamt für Leibesübungen stellte das Stadion auch unter der Woche für Schauspielszenen zur Verfügung. Die Münchner Willy Zeyn Film GmbH produzierte die Liebes- und Verwechslungskomödie nach Buch und Regie von E. W. Emo unter besonderer Befürwortung des Kultusministeriums. Neben den Hauptdarstellern Theo Lingen (Torwart Theo Lubitz), Josef Meinrad (2. Torwart Theodor Haslinger junior) und Hans Moser (Klubvorsitzender Theodor Haslinger senior) spielten mit Rudolf Schündler, Lucie Englisch, Gustav Knuth, Beppo Brehm und Rundfunkreporter Sammy Drechsel weitere Publikumslieblinge in diesem Film. „Der Theodor im Fußballtor" wurde von den Kritikern jedoch nicht gerade positiv beurteilt: „Mit populären Schauspielern aufbereitete, seichte Filmposse mit mäßig komischen Situationen und Verwicklungen, die aus einem seinerzeit populären Schlager vergeblich Kapital zu schlagen versucht."

30

Nicht „Leder-Alm" oder „Haxenlust" – es bleibt beim alten Stadionnamen

Beim Thema Stadionnamen war es erneut zu Diskussionen gekommen, ehe der Sportausschuss des Stadtrats am 11. April 1950 die seit Kriegsende verwendete Bezeichnung „Städtisches Stadion an der Grünwalder Straße 10" offiziell bestätigte. Unter den 322 Vorschlägen, die bis Ende August 1949 bei der von der „Abendzeitung" durchgeführten Aktion „Taufpate gesucht" eingegangen waren, hatten die Stadtväter nichts Passendes gefunden. Als beste Ideen hatte die „AZ" die Bezeichnungen „Isar-Stadion", „Weiß-Blau-Stadion", „Münchner-Kindl-Stadion", „Leder-Alm" und „Grünwalder-Stadion" ausgewählt. Der letztere Vorschlag wurde – neben dem althergebrachten „Sechzger-Stadion" – zu einem im Volksmund gebräuchlichen Ausdruck, der für nicht Ortskundige zu Verwechslungen führen kann. Schließlich steht das Stadion im Stadtteil Giesing und nicht im noblen Vorort Grünwald. Die Bezeichnung „Sechzger-Platz", die der frühere 1860-Präsident und Stadionnamensgeber Heinrich Zisch als „eingebürgert und rechtmäßig" vorschlug, traf nach Meinung der Stadtväter für das seit 1939 in städtischem Besitz befindliche Stadion nicht mehr zu. Aber auch einige Einfälle aus der humoristischen Ecke hatte ein „AZ"-Leser parat: „Haxenlust", „Toto-Friedhof", „Dr.-Högner-Kultur-Verflachungs-Stadion" (nach dem bayerischen Ministerpräsidenten) oder „Städtische Goldruine".

Die Vereine werden zur Kasse gebeten

Eine kostspielige Angelegenheit sollte das Stadion bleiben, und der TSV 1860 dürfte froh gewesen sein, dass er die finanzielle Belastung durch die Sportstätte 1937 an die Stadt losgeworden war. Nach den Vorstellungen der Stadt sollten die Vereine ab 1950 beim Kartenverkauf höhere Abgaben zahlen, um die Ausbaukosten zu refinanzieren, was bei den Vereinsfunktionären erwartungsgemäß auf wenig Gegenliebe stieß. Die Vereine setzten schließlich ihre Position durch. Nun wurden nach Abzug der Baunotabgabe

30 Titelseite des Filmprogramms für den „Theodor im Fußballtor" mit Hauptdarsteller Theo Lingen.

31 - 34 Im Sommer 1951 wurde das Spielfeld des Stadions erneuert. Nach dem Einbau einer Drainage wurde ein neuer Rasen aufgebracht.

(5%, zuvor 4,5%) und der Vergnügungssteuer (15%, zuvor 13%) auf die verbliebenen Zuschauererlöse 10% Stadionmiete angerechnet. Der städtische Sportdirektor Rüff hatte eine Mietberechnung auf Grundlage der Bruttoeinnahmen gefordert und in diesem Zusammenhang das Verhalten des FC Bayern angeprangert, der seiner Meinung nach die Zuschauerzahlen bei der Abrechnung nach unten manipuliert hatte. Die Mindestmiete wurde auf 600 DM festgelegt, wobei der FC Wacker, dessen Einnahmen oft kaum 200 DM betrugen, Erleichterungen von städtischer Seite erhielt.

Neben den Abgaben an die Stadt mussten die Vereine auch Rechnungen des Kontrolleurdienstes Mayr (3,5%), der Polizei, der Schiedsrichter und Sanitäter (zusätzlich 320 DM pro Spiel) und des Fußballverbandes (325 DM pro Spiel) aus den Spieleinnahmen bezahlen. Der TSV 1860 hatte 1950 aus Oberliga- (322.000 DM) und Privatspielen (179.000 DM) insgesamt 501.000 DM eingenommen.

1951 bis 1961
Ausbau des Sechzgers statt Neubau eines Großstadions

Der Bau eines Großstadions wird erneut aufgeschoben

Zur finanziellen Enttäuschung wurde für das Stadtamt für Leibesübungen ein Spiel in der Endrunde um die Deutsche Meisterschaft am 21. Mai 1950. Diesmal hatte man nur ein Achtelfinalspiel zugeteilt bekommen, und die Mannschaften von Kickers Offenbach und Tennis Borussia Berlin lockten beim 3:1-Sieg der Hessen nur 15.000 Besucher an die Grünwalder Straße.

Das Stadion war nach dem abgeschlossenen Wiederaufbau im Jahr 1950 mit rund 50.000 Plätzen die achtgrößte Arena der Bundesrepublik Deutschland. Ein weiterer Ausbau des Stadions wurde im Sommer 1951 vom Sportausschuss des Stadtrats beschlossen. Geplant war neben einer Tiefstrahler-Lichtanlage, für die man die Stromleitungen bereits verlegt hatte, der Ausbau der Kurven zwischen den Tribünen, wodurch das Fassungsvermögen auf 75.000 Plätze steigen sollte. Die hohen Kosten von einer Million Mark führten dazu, dass die Pläne zunächst nicht verwirklicht wurden.

„Die mannigfaltigen Unzulänglichkeiten des Stadions an der Grünwalder Straße werden immer offenkundiger", meinte der „Münchner Merkur" am 23. Januar 1951. Da zudem der Bau einer Südtangente des Mittleren Rings als Hauptzufahrt zur Autobahn München-Salzburg im Gespräch war, die direkt durch das Stadiongelände führen sollte, plädierte die Zeitung für den Bau des „seit 50 Jahren geplanten Großstadions" am Oberwiesenfeld. An Kosten für Stadion und Nebenanlagen rechnete man mit bescheidenen sechs bis sieben Millionen Mark. Der Stadtrat trieb das Projekt im Münchner Norden in den darauf folgenden Jahren nicht weiter voran und stellte die Planungen am 10. März 1955 endgültig zurück. Stattdessen initiierten die Stadtväter ein Zehn-Jahres-Programm für den Bau von Bezirkssportanlagen, das für die aktiven Sportler als nötiger angesehen wurde.

Der Bedarf an einer Arena für 80.000 Zuschauer war in den Jahren zuvor nicht zu erkennen gewesen. Den größten Andrang hatte mit 35.000 Zuschauern das Amateurländerspiel Deutschland - Österreich am 8. Juni 1952 ausgelöst. Der Zuschauerschnitt der Münchner Vereine lag stets unter 20.000. Der TSV 1860 und FC Bayern spielten in den 1950er Jahren eine Zeit lang nur in der zweiten Liga, der FC Wacker war gar in die Drittklassigkeit abgerutscht. Seit 1952 wurde der Wackerplatz an der Khidlerstraße ausgebaut, der für die „Blausterne" meistens ausreichen sollte. Als die amerikanischen Militärs 1953 das Dantestadion wieder freigaben, das zuvor von den Amerikanern allein genutzt worden war, stand die Stadt zudem erneut vor einer teuren Sportstätteninstandsetzung.

Am Stadion an der Grünwalder Straße gab es nun andere Probleme. Die Diskus- und Hammerwerfer des TSV 1860, die auf dem Platz hinter der Stehhalle trainierten, hatten mit ihren Wurfgeräten die Betonsäulen der Tribüne beschädigt. Das Stadtbauamt sah im Januar 1954 jedoch keine statischen Probleme und empfahl, bei Bedarf ein Gutachten der Lokalbaukommission anzufordern.

Die ersten Nachtspiele

Ein Jahr später kam es zu einer Premiere in der Münchner Sportgeschichte. Am 7. April 1955 fand erstmals auf Giesings Höhen ein so genanntes Nachtspiel statt. Da es sich bei dem Termin um den Gründonnerstag handelte, sprach die Presse von einem „vorzeitigen Ostergeschenk" an das Münchner Publikum. Der TSV 1860 hatte sich Tiefstrahler von den Bavaria-Filmstudios geliehen und diese an den Tribünendächern befestigt. Das provisorische Flutlicht beleuchtete mit 200.000 Watt ab 20:15 Uhr den Rasen, auf dem die Sechziger den jugoslawischen Spitzenclub Hajduk Split zu einem Freundschaftsspiel (1:2) empfingen. Das Stadion an der Grünwalder Straße gehörte damit erneut zu den Vorreitern beim Flutlichteinsatz in deutschen Sportstätten, denn bereits 1928 hatten die Sechziger drei Scheinwerfer für den Trainingsbetrieb am Haupttribünendach befestigt.

Einen Monat nach der Premiere gegen Split erweiterte man die Strahlkraft der Flutlichtanlage auf 300.000 Watt, die das Spielfeld bei der Partie 1860 - Grasshoppers

1 Gespannt blicken die Spieler auf den Hubschrauber, der den Spielball für das Freundschaftsspiel 1860 - 1. FC Kaiserslautern (2:2) am 12. August 1951 einfliegt. Der amtierende Meister aus der Pfalz lockte 30.000 Besucher an die Grünwalder Straße.

Zürich (0:5) am 2. Mai 1955 „beinahe taghell erstrahlen ließen. Eine auffälligere Spielkleidung beider Mannschaften und die tadellosen Bälle (Schweizer Fabrikat) schufen günstige Voraussetzungen. [...] Das Erscheinen von über 20.000 Zuschauern beweist, dass Nachtspiele neben ihrem sportlichen Wert auch ein gesellschaftliches Ereignis sind", schrieb die „SZ". Bis August 1955 wurde die Anlage vom TSV 1860 weiter ausgebaut. 48 Scheinwerfer lieferten nun eine Leuchtstärke von 80 Lux und ermöglichten regelmäßig attraktive Flutlichtspiele. (Zum Vergleich: Heute leuchtet die Anlage im Stadion mit ca. 800 Lux.)

Ein Amateur-Länderspiel am Pfingstmontag, den 21. Mai 1956, fand allerdings am Nachmittag statt. 22.000 Zuschauer sahen Ludwig Landauer vom Zweitligisten FC Bayern als einzigen Münchner in der deutschen Elf, die Schottland 4:1 besiegte. Erst im Jahr darauf ließ der DFB ein B-Länderspiel unter Flutlicht in München austragen. Am Mittwoch, den 6. März 1957, strömten 45.000 Besucher ins Giesinger Stadion, um das „Bruderduell" zwischen Deutschland und Österreich (4:0) zu sehen, obwohl es sich nur um das Treffen der Reserveteams vor dem drei Tage später in Wien stattfindenden Spiel der A-Mannschaften handelte. „Das Ganze ist effektvoll: romantisch das Dunkel, künstlich und schaufensterhaft das helle Viereck. Aber wer noch ein natürliches Gefühl hat, der empfindet das Unnatürliche dieser Fußballkulisse – dem fehlt die Sonne und der Himmel", kritisierte die „SZ" und wies auf mögliche Unregelmäßigkeiten des Kunstlichtes hin, die als Grund dafür galten, dass bislang keine Punkt- oder Länderspiele unter Scheinwerfern stattgefunden hatten. „Insofern hatte ich den Verdacht, dass der DFB sich gesagt hat: Wenn München schon ein Länderspiel bekommt, dann höchstens bei Flutlicht!", meinte der „SZ"-Redakteur.

Der ersehnte Ausbau des Stadions kommt in Gang

Neben den Länderspielen sorgte das Derby zwischen 1860 und den Bayern, die 1957 DFB-Pokalsieger wurden, für volle Ränge auf Giesings Höhen. Darauf mussten die Fans allerdings zwischen 1953 und 1957 verzichten: 1953/54, 1954/55 und 1956/57 spielten die Löwen nur in der zweiten Liga Süd, 1955/56 dagegen die Bayern. Als sich die Münchner Rivalen nach über vier Jahren Pause am 15. September 1957 wieder in einem Punktspiel (3:3) gegenüberstanden, wollten rund 40.000 Anhänger dabei sein.

1951 bis 1961

2

„Selbst Lichtmasten wurden von den Zuschauern erklettert. Und immer wieder tönte es durch die Lautsprecher: Bitte noch etwas zusammenrücken. Ein Regenguss rasselte herunter, doch die Füße blieben trocken. Keinen Tropfen ließ die Menschenmauer durch", berichtete die „Süddeutsche Zeitung". Als das Stadion auch beim Rückspiel (4:3 für 1860) am 18. Januar 1958 mit 40.000 gefüllt war, klagte dieselbe Zeitung: „Bei solch zugkräftigen Spielen beweist sich stets, wie armselig die Millionenstadt München im Vergleich zu anderen Oberliga-Städten mit seinem Stadion dran ist. 1.100 Sitzplätze fasst die kümmerliche Tribüne. Nur etwa 600 Karten standen für den Verkauf zur Verfügung, da rund 500 Personen Jahreskarten besitzen."

Was die niedrige Anzahl von Sitzplätzen betraf, stand keine Verbesserung in Aussicht. Beim Ausbau der Stehplatzkurven dagegen schon. 1956 hatte man nämlich nordwestlich des Stadions den schon länger geplanten Bau der Candidauffahrt durchgeführt, der die Verbindung des Mittleren Rings mit der Tegernseer Landstraße und damit den Anschluss an die Autobahn A 8 München-Salzburg über die Ausfahrt Neubiberg herstellte. Dem Straßenbauprojekt waren der Leichtathletik-Nebenplatz, der auch als Aufwärmplatz für die Fußballer gedient hatte, und einige Häuser hinter der Stehhalle zum Opfer gefallen. Nun stand der Ausbau des Verkehrsknotenpunktes nordöstlich des Stadions an. Die Grünwalder Straße musste um sieben Meter verbreitert werden, was man bei der Baulinienfestsetzung für die Häuser südlich des Stadions schon berücksichtigt hatte. Das einzige Hindernis für die „unaufschiebbare Straßenbaumaßnahme" stellte der Erdwall im Osten des Stadions dar.

Im Juli 1957 entschied sich der Stadtrat nach Erörterung mehrerer vom Hochbauamt erstellter Varianten für folgende Umbau-Lösung: Die Aschenbahn, die laut Baudirektor Sperber „sowieso kaum benützt" wurde, sollte wegfallen und der Ostkurven-Wall samt Stützmauer um 15 Meter nach Westen verschoben werden. Das Fassungsvermögen von ca. 42.000 Plätzen würde dadurch gleich bleiben, erklärten die städtischen Planer.

Damit war die Debatte um den weiteren Stadionausbau noch nicht beendet. Am 31. Januar 1958 stellte die Bayernpartei im Stadtrat den Antrag, das Stadion auf 50.000 Plätze auszubauen. In der Diskussion gaben die Vereinsvertreter von TSV 1860 und FC Bayern eine für die Stadträte überraschende Stellungnahme ab: „Ein Großstadion kann uns überhaupt nicht interessieren – es würde wahrscheinlich zu unserem Ruin führen. Was wir brauchen, ist ein Stadion, in dem 45-50.000 Besucher wirklich etwas sehen." Die Vereine wollten nicht die meiste Zeit in einer nahezu leeren Arena spielen, erklärte Ludwig Hopfensberger, 2. Vorsitzender des TSV 1860: „Der FC Bayern und der TSV 1860 sind nicht daran interessiert, ein Spiel gegen Viktoria Aschaffenburg oder Jahn Regensburg in einem weiß Gott wo gelegenen Großstadion vor leeren Rängen zu spielen." Auch das Zuschauerinteresse an den Lokalderbys zwischen den beiden Mannschaften sei auf 50-60.000 begrenzt. Es war aber gleichzeitig klar, dass die Fremdenverkehrsstadt München ohne Großstadion keine Länder- oder Endrundenspiele um die Deutsche Meisterschaft erhalten würde. Das Projekt am Oberwiesenfeld hatte einen erneuten Dämpfer erlitten. Ein Stadtrat meinte gar, die einfachste Lösung für das Stadion-Problem wäre der Abstieg von 1860 und FC Bayern in die zweite Liga.

Man befasste sich nun mit weiteren Ausbaumöglichkeiten am Giesinger Stadion, die jedoch durch die umliegenden Straßen stark eingeschränkt waren. Manche Stadträte beklagten, dass die Grundstücke hinter der Haupttribüne vor und nach dem Krieg vollständig bebaut worden waren, wodurch nur ein Ausbau der Kurven als einzige Möglichkeit übrig blieb. Das Aufstellen von Stahlrohrtribünen wurde dabei als unrentabel verworfen, und eine weitere Aufschüttung des Westkurven-Walls hätte nach Aussagen des Baureferats maximal 3.000 neue Stehplätze zur Folge gehabt. Das im Jahr zuvor beschlossene Projekt einer Verschiebung der Ostkurve samt des Baus einer zwei Meter hohen Stützmauer wurde am 27. Februar 1958 vom Sportausschuss des Stadtrates aufgegeben. Man beschloss stattdessen, das Stadion an der Grünwalder Straße „bestmöglich auszubauen", womit das Stadtbauamt noch am selben Tag den Architekten Professor Rudolf Ortner beauftragte. Der Kämmerer stellte Mittel in Höhe von 0,5 bis 1 Million DM in Aussicht.

2 Luftaufnahme des Stadions von Nordosten bei einem Flutlichtspiel im Jahr 1970.
3 Luftbild des Stadions von Nordwesten während des Baus der Candidauffahrt im Jahr 1956.

Der Treppenwitz

Zusammen mit seiner Frau, der Architektin Annalies Ortner-Bach, legte Professor Ortner dem Sportausschuss in der einen Monat später, am 27. März 1958 stattfindenden Sitzung die ersten Skizzen für den Ostkurven-Neubau vor. Die Eingabepläne wurden am 10. Juni 1958 nach der Genehmigung durch Stadtbaurat Zametzer auch vom Stadtrat mit nur einer Gegenstimme abgesegnet. Gleichzeitig beschloss man, auch die Westkurve auszubauen, wodurch bei Gesamtkosten von 1,7 Millionen DM das Fassungsvermögen des Stadions auf 52.000 Plätze angehoben werden sollte.

Anfang Mai 1958 begannen nach dem Ende der Oberliga-Saison die Baggerarbeiten zur Abtragung des alten Ostkurven-Erdwalls. Die Aschenbahn wurde abgetragen, denn die neue Stehplatztribüne sollte bereits acht Meter hinter der Spielfeldgrenze beginnen. Das Fassungsvermögen betrug während der Bauphase nur noch 32.000 Plätze. Während mit der Verbreiterung der Grünwalder Straße termingerecht begonnen wurde, rührte sich am Stadion in der Sommerpause der Fußballer nichts, was zu ersten Unmutsäußerungen der Vereine und der Presse („Abendzeitung": „Das ist eine Schande!") führte. Eine interne Umstrukturierung des Baureferats und die noch laufende statische Berechnung des Entwurfs wurden als Gründe für die Verzögerung genannt. Fast drei Monate nach Baubeginn erklärte man Anfang August 1958 die Tiefbauarbeiten als abgeschlossen und versprach, die neue Ostkurve bis Dezember 1958 fertig zu stellen und im April 1959 mit dem Neubau der Westkurve zu beginnen.

Die ersten 6.000 Stehplätze der neuen Ostkurve konnten Ende November 1958 freigegeben werden. Die Ränge des neuen Walls waren mit 25 Setzstufen aus Betonfertigteilen und Trittstufen aus Bitumensplitt terrassiert worden, womit die Zuschauer auf festem Untergrund stehen konnten. Beim alten, glatt planierten Erdwall bestand die Gefahr, bei Nässe abzurutschen.

Die niedrige Stufenhöhe der Stehplatzränge führte jedoch für die Besucher zu unzulänglichen Sichtverhältnissen, was einen großen Aufschrei von Fans, Medien und Politikern auslöste: „Ein Treppenwitz" („Süddeutsche Zeitung") und „Schildbürgerstreich im Fußballstadion" („Abendzeitung") titelten die Zeitungen. Der Großteil der Stufen war 70 Zentimeter tief und damit für zwei hintereinander stehende Personen gedacht. Bei dieser Stehplatzvariante sollte die mittlere Höhe der Stufen nach dem von Professor Ortner verfassten Standardwerk für den Bau von Sportstätten 20 Zentimeter betragen. Als Normmaß galten ansonsten 15 bis 17 Zentimeter. Für die Ostkurve hatte Ortner zwölf Zentimeter hohe Stufen geplant. Das zum Regenwasserablauf nötige Gefälle einer Stufe sollte laut Plan einen Zentimeter betragen. Ausgeführt wurde ein Gefälle von bis zu fünf Zentimetern. Dadurch verringerte sich die Höhe der Setzstufen teilweise auf nur noch sieben Zentimeter.

1951 bis 1961

4

ner Merkur" sarkastisch die Einführung einer „progressiven Stehanordnung (PRST)", wonach sich die Zuschauer nach Größe gestaffelt aufstellen sollten. Bei Zuwiderhandlungen schlug er als Strafe den Zwangsbesuch von zwölf Stadtratsitzungen vor. Der mit so viel Häme überzogene Stadtrat beschäftigte sich vor Ort mit der Angelegenheit. Ein erneuter Umbau der Ostkurve wäre aber zu teuer, urteilten die Ratsmitglieder, woraufhin alles beim Alten blieb. Für den noch ausstehenden Neubau der Westkurve wollte man allerdings aus den Fehlern lernen.

Die Ostkurve wird fertig gestellt

Im Winter konnte wegen Frostgefahr nicht an der Ostkurve betoniert werden, weshalb sich der Weiterbau verzögerte. Erst im Mai 1959 wurde die Verbindung zwischen Ostkurve und Sitztribüne fertig gebaut, wodurch das Fassungsvermögen der Kurve auf 12.000 Stehplätze wuchs. Die Stehplatzränge stiegen hier bis auf eine Höhe von sieben Metern an. Die oberen der insgesamt 35 Stufen liegen nicht auf einem Wall, sondern bestehen aus einem aufgeständerten Stahlbetonbau. Unter diesem wurden Toiletten, Kassenräume und eine Garage mit drei Stellplätzen für die Nutzfahrzeuge des Sportamtes eingebaut. Kassen sind neben einer integrierten Trafostation auch an der Nordostecke der Kurve zu finden. Hier wurde nach demselben Prinzip ein Betonhochbau an den Wall angefügt, wodurch zusätzlich 14 Stehplatzreihen entstanden. Zwischen den Rängen des Walls und denen der Betonhochbauten verläuft ein Zwischengang, zu dem seitliche Aufgänge führen. In der Mitte der Ostkurve wird dieser Gang zum oberen Abschluss der Stehplätze und mündet in zwei Treppenaufgängen, die durch eine Öffnung in der Stützmauer zur Grünwalder Straße führen.

Die Ursache für die zu niedrig geplante Stufenhöhe lag in der nur 2,20 Meter hohen Betonstützmauer entlang der Grünwalder Straße. Auf dieser Höhe hatte Tiefbaureferent Helmut Fischer während der ersten Diskussionen über einen Ausbau der Ostkurve im Juli 1957 bestanden, da seiner Ansicht nach eine – nach Baurecht zulässige – vier Meter hohe Wand für die Anwohner nicht zumutbar gewesen war. Mit dieser Vorgabe hatte Stadtbaurat Zametzer den Architekten Professor Ortner die Planung übergeben. Ortner hatte eine 2,20 Meter hohe Stützmauer geplant, die mit der einen Meter hohen Brüstung eine 3,20 Meter hohe Wand ergab. Fischer wollte nun die Schuld an der Misere auf Zametzer und Ortner abwälzen: Zametzer hätte schließlich die Eingabepläne geprüft und die zu niedrigen Stufen bemerken müssen.

Auch im Stadtrat sorgte die Angelegenheit für großen Wirbel. Der Vorschlag eines Stadtrates, die Zuschauer sollten sich auf Lücke stellen, löste bei den Fußballanhängern nur weitere Schimpftiraden aus. „Vielleicht schlägt der Stadtrat noch vor, die Besucher sollten Tonleitern mitnehmen und diese hinaufsteigen", spottete die „Süddeutsche Zeitung". Ein „SZ"-Reporter berichtete über seinen Stadionbesuch in der Ostkurve, wo er für 1,20 DM die Gelegenheit erhielt, „90 Minuten lang die Hutkrempe seines Vordermannes zu studieren". Für 1,80 DM bekäme man einen Platz in der Stehhalle, wo normale Treppen vorhanden seien. Ein Leserbriefschreiber forderte im „Münch-

Bei der Form der neuen Tribüne handelte es sich trotz der Bezeichnung „Kurve" um einen eher leicht geschwungenen Längsbau. Die Aschenbahn und die Weitsprunganlage waren nun weggefallen, und die Werbebande vor der Ostkurve war bis auf wenige Meter an den Spielfeldrand gerückt. Als unteren Abschluss der Kurve hatte man zwei Reihen mit Holzbänken errichtet, die den Kreis der Sitzbänke vor den Tribünen schließen sollten. Vor der Stehhalle und der Sitztribüne bestanden vier Bankreihen, und an den seitlich an die Sitztribüne anschließenden Stehplatzrängen hatte man drei (in den Kurven zwei) Bankreihen eingeplant.

Zur Straßenseite hin bilden Wände mit einer waschbetonartigen Oberfläche den Abschluss der Ostkurve. Entlang der Grünwalder Straße wurden 3,20 Meter breite

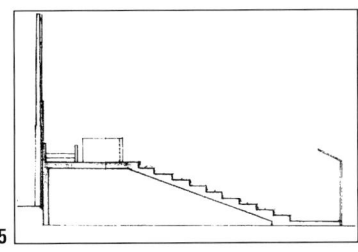

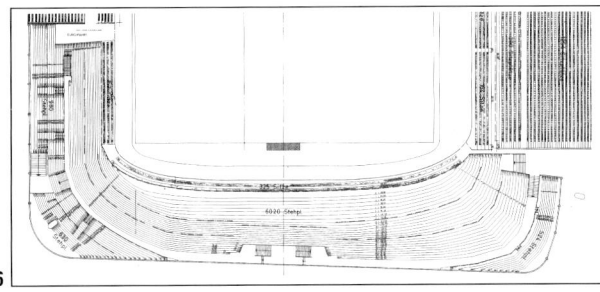

4 Mitarbeiter der Stadtverwaltung demonstrieren 1958 die schlechten Sichtverhältnisse in der neuen Ostkurve.

5 Schnitt durch die Mitte der Ostkurve (Umbauplan von 1991).

6 Grundriss der Ostkurve (Plan von 1987).

7 Blick von Süden auf die Ostkurve (2003).

Wandabschnitte mit Dehnfugen aneinander betoniert. An den Ecken der Ostkurve untergliedern die hervorspringenden Stützen der Tribünenkonstruktion die Fassade. Auf der südlichen Längsseite, zur Volckmerstraße hin, blieb der untere, sechs Meter breite Stützenzwischenraum frei. Hier wurden vergitterte Stahlschiebetore eingebaut. Darüber betonierte man acht künstlerisch bearbeitete Tafeln mit einer Höhe von vier Metern zwischen die Stützen, die im unteren Abschnitt eine Kette sporttreibender Menschen zeigen.

Die abstrahierten Läufer, Fußballer, Speerwerfer, Gewichtheber, Tänzer, Boxer, Fechter, Hammerwerfer, Hockeyspieler, Fackelträger und Reiter wurden vom Bildhauer Joachim Berthold als Formen auf die Betonschalung aufgebracht. So entstanden glatte Reliefs, die sich von der aufgerauten Oberfläche der Tafeln absetzen. Das Kunstwerk am Stadion an der Grünwalder Straße trägt den Titel „Sportfries". Es zeigt, wie fast alle Werke Bertholds, die Auseinandersetzung mit der menschlichen Figur. Diese bleibt hier aber auf die zweidimensionale Ebene beschränkt, was in seinem Werk eher selten auftaucht.

Die Flutlichtanlage

Professor Ortner war von der Stadt 1958 neben der Planung von Ost- und Westkurve auch mit dem Bau einer neuen Flutlichtanlage betraut worden. Auf vier 52 Meter hohen Masten in den Ecken des Stadions lieferten ab Ende Oktober 1959 insgesamt 148 Scheinwerfer eine Leuchtkraft von 300 Lux. Später wurde diese auf 350 Lux (1965 mit je 60 Scheinwerfern pro Masten) beziehungsweise 800 Lux (Anfang der 1980er Jahre mit je 24 Scheinwerfern pro Masten) erweitert. Die alte Anlage, die 1955 vom TSV 1860 auf den Tribünendächern provisorisch montiert worden war, hatte nur mit 80 Lux gestrahlt und Teile des Rasens weniger gut ausgeleuchtet.

Nachdem der Stadtrat im November 1958 den 305.000 DM teuren Bau der Flutlichtmasten genehmigt hatte, wurde mit den Betonbauarbeiten an den Fundamenten der beiden östlichen Masten begonnen. Drei Masten wurden in die Stehplatzkurven integriert, nur der nordöstliche Mast steht außerhalb des Stadions. Die Masten verjüngen sich nach oben hin bei gleich bleibender Breite (1,10 Meter) in der Tiefe von 3,10 Meter auf 1,00 Meter. Der Unterteil der Masten besteht bis zu einer Höhe von acht Metern aus Stahlbeton, der obere Teil aus Stahlblech. Innerhalb der Hohlkonstruktion aus 6-7 Millimeter starkem Stahlblech befindet sich eine Leiter, dank derer man die heute 3.500 Watt starken Radiumlampen auswechseln kann. Eine Scheinwerferlampe kostet heute ca. 250 Euro.

Der Bau der Westkurve

Für Verärgerung hatte der langsame Bauablauf an der Ostkurve bei den Vereinsvertretern gesorgt (FC Bayern-Präsident Endler: „Das ist eine Schlamperei"), die aus Protest im Februar 1959 nur noch die halbe Stadionmiete an die Stadt bezahlten. Im Mai 1959 waren die Arbeiten an der Ostkurve und der Grünwalder Straße endlich abgeschlossen, und es konnte mit dem Bau der Westkurve begonnen werden. Bei der Prüfung der Baupläne achtete der Stadtrat nach den harsch kritisierten Pannen an der Ostkurve besonders genau auf die Stufenhöhe der Stehplätze. Bei einer Stufentiefe von 40 Zentimetern planten Professor Ortner und seine Frau Annalies Ortner-Bach nach oben hin steigende Stufenhöhen von 16,5, 17, 18, 19 und 20 Zentimetern. Die Norm von 16 Zentimetern wurde damit stets übertroffen.

Die unteren 20 Stehplatzreihen wurden auf einem Erdwall errichtet und wie in der Ostkurve mit Beton-

1951 bis 1961

QUER PASS

Die Gestalter des Kurvenausbaus: Rudolf Ortner und Joachim Berthold

Mit Professor Rudolf Ortner hatte das Stadtbauamt einen bekannten Experten auf dem Gebiet der Sportstättenplanung verpflichtet. Der 1912 in Nürnberg geborene Architekt hatte von 1932 bis 1933 in den letzten Jahren des Bauhauses unter Mies van der Rohe, Josef Albers und Wassily Kandinsky in Berlin studiert und 1936 an den Vereinigten Kunstlehranstalten Weimar unter Paul Schultze-Naumburg seinen Abschluss als Diplom-Architekt gemacht. Nach dem Krieg lehrte Ortner selbst an Hochschulen in Weimar (1946-1948 Hochschule für Baukunst) und Gotha (1948-1951 Direktor der staatlichen Ingenieur-Schule). Danach war er nach Urfeld am Walchensee gezogen, wo er sein Standardwerk über den Bau von Sportanlagen mit dem Titel „Sportbauten" verfasste. Von 1958 bis 1968 leitete er die Beratungsstelle für Turn- und Sportstättenbau des Freistaates Bayern in der Sportschule Grünwald. Daneben übernahm Ortner Lehraufträge für Sportarchitektur an der Technischen Universität München und an den Hochschulen in Erlangen und Augsburg.

Bei Aufträgen für „Kunst am Bau" war der Bildhauer Joachim Berthold ein bevorzugter Partner von Rudolf Ortner. Berthold wurde als Sohn einer Rosenheimer Goldschmiedefamilie 1917 im thüringischen Eisenach geboren. Nach dem Studium an der Werkschule Köln und an der Münchner Akademie von 1936 bis 1941 begann er nach dem Zweiten Weltkrieg als freischaffender Bildhauer im südlich von Rosenheim gelegenen Oberaudorf, wo er bis zu seinem Tod 1990 lebte. Anfang der 1960er Jahre erfolgte nach Ausstellungen und öffentlichen Aufträgen in Deutschland die Anerkennung des Auslandes. Vor allem in Deutschland und in der USA sind seine Werke in Museen und im öffentlichen Bereich zu finden.

setzstufen und Trittstufen aus Bitumensplitt abgetreppt. Daran schließt ein zwei Meter breiter Zwischengang mit einem einfachen und vier doppelten Treppenaufgängen an. Unter dem Gang befinden sich zwischen den Treppen Kiosk-, Toiletten- und Lagerräume. Auf deren betonierten Wänden und auf runden Betonstützen liegt der Oberrang der Westkurve auf, der in einer auskragenden Rippendeckenkonstruktion betoniert wurde. Die oberen Stufenreihen ragen bis zu 4,50 Meter über die Stützenflucht hinaus.

Eine besondere Schwierigkeit stellte der Anschluss der Westkurve an die bestehenden Tribünen dar. Die 1926 als „Reklametribünen" gebauten Betonkonstruktionen an den Seiten der Stehhalle hatte man zusammen mit den alten Erdwällen entfernt. Die neuen Erdwälle der Westkurve wurden mit fünf beziehungsweise sechs Metern Abstand zur Stehhalle und zur Sitztribüne aufgeschüttet. Auch zwischen Ostkurve und Haupttribüne ließ man einen Freiraum von vier Metern, um die Durchfahrt von

8 Auf der Südseite der Ostkurve sind in der Betonverkleidung des Oberrangs Reliefs mit abstrahierten Sportlern zu sehen.

9 Die Anzeigetafel vor dem Zweiten Weltkrieg mit der manuell zu bedienenden Spielzeituhr und den Betreuern „Uhrmann" und „Taferlmann".

10 Die hölzerne Anzeigetafel nach dem Zweiten Weltkrieg (Januar 1949).

11 Die neue Anzeigetafel mit der Normaluhr nach dem Bau der Westkurve.

12 Auch zweistellige Resultate wie Bayerns Bundesliga-Rekordsieg am 27. November 1971 konnten angezeigt werden.

13 Die Anzeigetafel mit der Wellblechverkleidung heute.

14/15 Heute sind noch drei Schilder in Gebrauch: „1860" (Rückseite „HEIM"), „BAYERN" und „GÄSTE".

16 Für Länderspiele gab es spezielle Namensschilder.

17 Bis zu Beginn der 1980er Jahre stand für jeden Gegner ein eigenes Namensschild bereit. Heute sind nur noch die Schilder von Kickers Offenbach und TeBe Berlin erhalten.

QUERPASS

Die manuelle Anzeigetafel – ein Kultobjekt

Ein wichtiges Ausstattungsstück des Stadions hatte man gleich in den ersten Arbeitsgängen der Aufbauzeit nach dem Zweiten Weltkrieg wieder in Betriebsbereitschaft versetzt: die Anzeigentafel über der Westkurve. Auf einem drei Meter hohen Untergestell thronte ein Podest für das Bedienungspersonal und dahinter die aus Holzlatten gezimmerte Tafel mit der großen Spielzeituhr (45 Minuten) in der Mitte und den Schildern für die Anzeige des Spielstands an der Seite. Neben diesen musste auch die Uhr von einem Bediensteten, dem so genannten „Uhrmann", per Hand bedient werden. Vor dem Krieg hatte sich in der Ostkurve eine Art Bahnhofsuhr befunden, die von Werbung für Odol-Zahnpasta umrahmt war. Diese mechanische Normaluhr auf Höhe des südlichen Spielfeldrands verschwand nach dem Zweiten Weltkrieg. Im Oktober 1954 verbot der Süddeutsche Fußballverband jedoch den Betrieb von Spielzeituhren, da die Zeiger gegen Spielende des Öfteren etwas schneller gestellt wurden, wenn die Heimmannschaft knapp in Führung lag. Daraufhin ersetzte man die Spielzeituhr durch eine Normaluhr.

Beim Neubau der Westkurve wurde auch die Anzeigentafel ausgetauscht. Die neue Anzeigentafel glich im Aussehen aber in etwa ihrer Vorgängerin. Auf einer 3,00 Meter hohen und 6,30 Meter breiten Betonplatte, die mit einer Holzverkleidung versehen war, hatte man in der Mitte eine runde Normaluhr montiert. Um 1970 ersetzte man die Holzverschalung durch eine Wellblechplatte. Der Uhrregulator wurde im Platzwartraum in der Sitztribüne untergebracht. Als 1980 die Sommerzeit eingeführt wurde, tauschte man das mechanische Uhrwerk gegen eine Funkuhr aus. Auf der Anzeigetafel wurden neben und unter der Uhr Leisten und Haken angebracht. Zwischen den oberen Leisten können die 220 mal 55 Zentimeter großen Namensschilder der Mannschaften geschoben und an den Haken die Zifferntafeln für den Spielstand eingehängt werden. Wie bisher standen schwarze Schilder mit den in Weiß gemalten Schriftzügen „1860" (Rückseite „HEIM"), „BAYERN" und „GÄSTE" zur Verfügung, die bis heute im Einsatz sind. Daneben ließ das Sportamt auch weiß lackierte Spanplatten mit schwarzer Schrift von einem Maler anfertigen. Bisher hatte es nur für Länderspiele und internationale Gastmannschaften spezielle Pappschilder gegeben. Nun wurden für jeden Gegner der Münchner Vereine entsprechende Namensschilder in Auftrag gegeben, die bis Mitte der 1980er Jahre eingesetzt wurden, ehe der Großteil dieser Schilder im Müll landete.

9

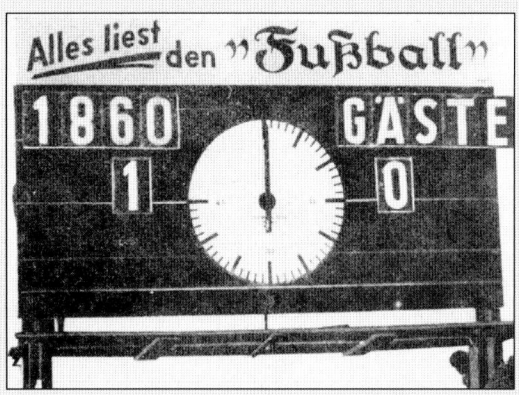
10

11

12

14

15

16

17

13

1951 bis 1961

18 Die Westkurve mit dem aufgeschütteten Unterrang, dem Zwischengang und dem aufgeständerten Oberrang (2001). In der Mitte die Anzeigetafel.
19 Jeder Flutlichtmast verfügt heute über 24 Scheinwerfer.

Rettungsfahrzeugen und Feuerwehr zu ermöglichen. Der aufgeständerte Oberrang der Kurven wurde über sämtliche Durchfahrten hinweg geführt, was vor allem bei den Stehplätzen seitlich der Sitztribüne zu Kritik führte. Dort ist nämlich durch die Seitenverglasung der Tribüne die Sicht stark eingeschränkt.

An den Anschlusspunkten zu Sitztribüne und Stehhalle verfügt der Oberrang der Westkurve über 16 betonierte Stehstufen. Zur Mitte der Kurve hin steigt die Zahl der Stufen auf 30 an, da hinter der Kurve am Heinrich-Zisch-Weg mehr Platz zur Verfügung stand. Da die Umzäunung zwischen den tragenden Betonsäulen der Westkurve seit deren Bau als Grenze des Stadiongrundstücks gilt, ragt der Oberrang de facto in den öffentlichen Straßenraum hinein, was aber bei einem städtischen Stadion anscheinend kein Problem darstellt. Bis auf zehn Meter Höhe steigen die ausladenden Ränge des korbbogenartig geschwungenen Tribünenbaus, über denen in der Mitte die Anzeigentafel thront.

Im Vorfeld des Westkurvenbaus führten die ständigen Planänderungen zu Schwierigkeiten, da diese die erwarteten Kosten von 1,1 auf 1,8 Millionen DM steigen ließen. Der Bau der Westkurve an der Isarhangkante erwies sich als äußerst schwierig. 14 Meter lange Stahlbetonpfähle mussten als Fundamente betoniert werden. Die Stadträte wollten sich aber nicht schon wieder blamieren und verzichteten im Juni 1959 auf einen Baustopp. Die „SZ" schimpfte schon vor Baubeginn über ein „teures Flickwerk". Am Ende sollten die Baukosten für Kurven und Flutlicht vier Millionen DM betragen. Zumindest wurde der Bau der Westkurve zur Freude der Vereine mit deutlich mehr Schwung durchgeführt. Bis zu hundert Mann arbeiteten an der neuen Tribüne. Beim Bau der Ostkurve waren es lange Zeit nur sechs gewesen.

Bis Ende Juli 1959 war der ebenfalls erneuerte Erdwall vor der Stehhalle fertig. Im Zuge des Kurvenausbaus hatte man auch hier die flache Stehrampe durch 18 Stufen ersetzt. Vor diesen Stehplatzrängen entstanden vier Bankreihen. Die steileren Ränge benötigten weniger Platz als der alte Erdwall, wodurch die Werbebande um 3,50 Meter zurück gesetzt werden konnte. Das Fassungsvermögen der Stehhalle fiel durch die Baumaßnahme auf 14.000 Stehplätze, dafür standen nun aber 880 Sitzplätze zur Verfügung.

Insgesamt bot das Stadion weiterhin nur rund 30.000 Zuschauern Platz. Der FC Bayern hatte trotz des reduzierten Fassungsvermögens in der abgelaufenen Saison 1958/59 einen neuen Münchner Rekordschnitt von 22.800 Zuschauern aufgestellt. Bei Spielen des TSV 1860 waren durchschnittlich 18.900 Besucher gekommen. Die Vereine erhöhten die Eintrittspreise, um die Verluste auszugleichen, die durch das eingeschränkte Fassungsvermögen entstanden. Als es am 22. November 1959 zum Spitzenspiel der Oberliga Süd zwischen dem FC Bayern und dem Karlsruher SC (2:4) kam, hätte man 70.000 Karten verkaufen können. Auch das Gastspiel von Pelé, dem wohl besten Fußballspieler aller Zeiten, mit seinem brasilianischen Club FC Santos beim TSV 1860 konnten am 27. Mai 1960 nur 30.000 Zuschauer auf Giesings Höhen miterleben. Santos schoss die Löwen mit 9:1 ab und wurde vom Münchner Publikum mit 90-minütigen Ovationen gefeiert.

HÖHEPUNKT

2. November 1960
Süddeutschland - Zentralungarn 3:3 –
Vernichtende Kritik für den Stadionausbau

Als am Mittwoch, den 2. November 1960, der erste Massenbesuch im fertig ausgebauten Stadion an der Grünwalder Straße anstand, hagelte es Kritik von allen Seiten. Zum „Repräsentativ-Länderspiel" Süddeutschland gegen Zentralungarn, einem Klassiker seit den 1920er Jahren, stürmten die Zuschauer den Giesinger Berg.

Das Freundschaftsspiel verlief äußerst spannend und endete mit dem torreichen Resultat von 3:3. Der Augsburger Nationalspieler Helmut Haller hatte vor den Augen von Bundestrainer Herberger zweimal getroffen und wurde vom Publikum mit stehenden Ovationen gefeiert. „Die äußeren Begleitumstände passten leider nicht in dieser strahlenden Fußballnacht", urteilte die „SZ". 48.397 Eintrittskarten waren verkauft, dazu einige hundert Freikarten ausgegeben worden. Da man zu wenige Ordnungskräfte eingesetzt hatte und ein Zugangstor eingedrückt wurde, gelangten mehrere tausend Zuschauer ohne Eintrittskarte ins Stadion. Die Schätzungen beliefen sich auf bis zu 58.000 Besucher. Das Fassungsvermögen des Stadions betrug laut Architekt Ortner nur 50.300 und laut Bauamt 51.800 Plätze. Im Stadion kam es zu großem Gedränge, die Sanitäter mussten ständig Ohnmächtige und Verletzte abtransportieren. Selbst auf dem Zaun über der Ostkurve saßen Besucher, die von der Polizei aber unbehelligt blieben.

„Das ist kein Fußballstadion für die Millionenstadt München", schimpfte die „Abendzeitung", da die Sichtverhältnisse bei hohen Zuschauerzahlen nicht akzeptabel seien. Für große Oberliga- und Länderspiele sei daher ein Großstadion nötig, ansonsten würde München auf Provinzniveau absinken. Der Süddeutsche Fußball-Verband erklärte nach der Partie, künftig keine Repräsentativspiele mehr nach München zu vergeben. „Das Stadion bleibt ein Stückwerk, das auch durch weitere ‚Bastelarbeiten' nicht geändert werden kann. München hat bis heute noch kein angemessenes Stadion, wie es in anderen, sogar kleineren Städten, eine Selbstverständlichkeit ist", meinte auch das „8-Uhr-Blatt" und schloss mit der drastischen Forderung eines Zuschauers: „Abreißen und neu bauen."

Für den Stadtrat war die ständige Kritik am Stadion an der Grünwalder Straße ein leidiges Thema. Schon 1958, angesichts der Stufenmisere beim Ostkurvenbau, hatte Oberbürgermeister Thomas Wimmer gezürnt: „3,5 Millionen haben wir schon in diesen Krautacker gesteckt und jedes Mal, wenn wir ein neues Stück angeflickt haben, hagelt es von irgendeiner Seite Proteste."

Aufstellung:

Süddeutschland: Groh, Lutz, Kraus, Auernhammer (beide 1860 München), Höfer, Szymaniak, Giesemann, Stein, Erhardt (15. Schymik), Hermann, Haller

Tore: 1:0 Stein (6.), 1:1 Solymosi (57.), 1:2 Solymosi (70.), 2:2 Haller (74.), 3:2 Haller (77.), 3:3 Tichy (83.)

Die Eröffnung als reines Fußballstadion

In der gesamten Oberligazeit schwankte der Zuschauerschnitt sowohl bei den Löwen wie den Bayern um 20.000. Die steigenden Zuschauerzahlen ab dem Ende der 1950er Jahre entsprachen einem bundesweiten Trend, der vor allem auf das von den Gewerkschaften durchgesetzte arbeitsfreie Wochenende zurückzuführen war. Die Freude bei den Vereinen und ihren Anhängern war daher groß, als die Westkurve im August 1960 mit Beginn der neuen Oberligasaison freigegeben wurde. „Die neue Westkurve des Stadions an der Grünwalder Straße sieht wie das Stück eines modernen Großstadions aus", schwärmte der „Münchner Merkur".

Während andere Großstadien sich aber vor allem auch durch ihre Eignung für Leichtathletik-Wettkämpfe auszeichneten, fehlten im Sechzger-Stadion nun sämtliche Leichtathletik-Einrichtungen. Mit dem Kurvenausbau waren nämlich die 400-Meter-Bahn und die Weitsprung- und Kugelstoßanlagen verschwunden. Die jahrzehntelang veranstalteten Showeinlagen von Leichtathleten und Turnern bei Fußballspielen fielen nun weg. Auch die Zeit der Radrennen auf der Aschenbahn war jetzt passé. Fast 50 Jahre nach ihrer Ersterrichtung war aus der Sportstätte, die sogar einmal den Namen eines Leichtathleten getragen hatte, ein reines Fußballstadion geworden.

Was für Freunde der Leichtathletik ein herber Rückschritt war, bedeutete für die Fußballanhänger eine deutliche Verbesserung. Die Stehplatzkurven befanden sich nun

1951 bis 1961

20 Blick von Norden auf die Gegengerade (2001). In der Mitte ist ein Treppenturm zu sehen, der nach dem Abriss der Stehhalle in den Gegengeraden-Neubau integriert wurde.

näher am Rasen, was zum einen bessere Sicht auf das Spielgeschehen und zum anderen natürlich auch eine bessere Fußballatmosphäre bedeutete. Erst durch den Ausbau der Kurven hatte das Stadion die baulichen Voraussetzungen erhalten, um – nicht zuletzt dank der Anfeuerung durch die Fans – als Spielstätte mit einem besonderen Flair Geltung zu erlangen.

1961 wurden die Baumaßnahmen endgültig abgeschlossen. Hinter der Stehhalle errichtete man zwei schon seit über zehn Jahren angedachte Treppenhausanbauten, die ebenfalls von Professor Ortner entworfen worden waren. Die zweiläufigen Treppen führten bis zur Oberkante der Stehhalle und entlasteten nun die unteren Zugänge. Während die tragenden Seitenwände der Treppenhaustürme aus Sichtbeton bestehen, sind die Fassaden zur Straße und zur Tribüne hin mit einer gitterartig unterteilten Glasfront versehen.

Parkplatzmangel und Verkehrschaos

Das Stadion entsprach nun einigermaßen den Ansprüchen von Vereinen und Zuschauern, auch wenn man die geringe Zahl von Sitzplätzen beklagte. Die Sitztribüne verfügte nur über rund 1.700 Plätze, und die unterhalb der Ränge um das Spielfeld laufenden Bankreihen (insgesamt 2.500 Plätze) boten keine besonders guten Sichtverhältnisse. Ein weiteres Problem des Stadions war seine Innenstadtlage, die den TSV 1860 im Jahr 1908 zum Umzug von Holzapfelkreuth nach Giesing bewogen hatte. Damals wollte man näher ans Stadtzentrum rücken, um mehr Zuschauer anzulocken. Doch schon bald wuchs die Stadt über das Stadiongelände hinaus, das 1911 noch am Rande Giesings gelegen hatte. Schon 1928 schrieb der „Völkische Beobachter", dass „die unzulänglichen Verkehrsverhältnisse am Stadion an der Grünwalder Straße vor Spielbeginn allgemein bekannt" seien. Der Grund dafür lag in der nicht erfolgten Trennung von Straßen- und Trambahnverkehr. Nach dem Zweiten Weltkrieg mussten die ungeteerten Straßen um das Stadion bei Spielen sogar mit Wasser besprengt werden, um die Anwohner vor zu viel aufgewirbeltem Staub zu bewahren.

Die zunehmende Massenmotorisierung brachte ein weiteres Problem mit sich: das Fehlen ausreichender Parkmöglichkeiten. In den 1930er Jahren hatte die Stadt den Fehler gemacht, die Bebauung des Geländes südlich der Sitztribüne zu genehmigen. Dort hatten zwischen dem Trainingsplatz und dem Stadion Parkplätze zur Verfügung gestanden. Nach dem Zweiten Weltkrieg parkten viele Autofahrer auf den Straßen, weshalb sich vor und nach jedem Spiel chaotische Verkehrsverhältnisse auf der Grünwalder Straße bildeten.

Eine Rolle spielte dabei auch der Ausflugsverkehr am Wochenende, der zeitlich meist mit der An- und Abfahrt der Stadionbesucher zusammenfiel. Die Polizei leitete daher die von Süden kommenden Ausflugsrückkehrer schon zwei Kilometer vor dem Stadion am Tiroler Platz auf eine weiträumige Umfahrung über Nauplia-, Stadelheimer- und Schwanseestraße. Ab Frühjahr 1958 wurden neben der Grünwalder Straße auch die Reginfried- und die Spixstraße verbreitert, wodurch eine wesentlich kürzere Umleitungsstrecke ermöglicht wurde, die am Wettersteinplatz begann.

Damit war natürlich nicht das Parkplatzproblem gelöst, das sich durch den Ausbau der Westkurve weiter verschlimmerte. Die Stellplätze hinter der Kurve am Heinrich-Zisch-Weg waren nun auch weggefallen. Im Oktober 1960 gewährte der Stadtrat für die Errichtung von 500 Parkplätzen am Candidplatz und 200 weiteren Parkplätzen an der Candidstraße Mittel in Höhe von 410.000 DM. In den 1960er Jahren stellten die Firmen Agfa (Spixstraße, 500 Stellplätze) und Osram (Ludmillastraße) ihre Firmenparkplätze zur Verfügung. Der Bedarf für die 8-10.000 PKW pro Spiel war trotzdem bei weitem nicht gedeckt.

Die Polizei erarbeitete für die Schaltung der Ampeln im Stadionumfeld Sonderprogramme, mit denen längere Grünphasen für den Besucherverkehr geschaltet werden konnten. Als weitere Maßnahme zur Entzerrung der Verkehrsströme wurde nach jedem Spiel ein Sperrring um das Stadion errichtet. Auch die Taktfrequenz der Trambahnen und Busse wurde bei Spielen erhöht.

1962 bis 1972
Sportliche Glanzlichter auf Giesings Höhen

Das Sechzger wird Bundesliga-Spielort

All diese Maßnahmen waren nötig geworden, weil sich die Zahl der Zuschauer seit 1963 mit der Einführung der Bundesliga enorm gesteigert hatte. Schon zum Ende der letzten Oberliga-Spielzeit stürmten die Anhänger bei 1860-Spielen das Stadion an der Grünwalder Straße. Beim Spitzenspiel gegen den 1. FC Nürnberg musste man 20.000 Menschen am Eingang zurückweisen, da schon alle Karten verkauft waren. Trotz der 2:4-Niederlage wurden die Sechziger Südmeister vor dem „Club". In den Gruppenspielen um die Deutsche Meisterschaft feierte 1860 zuhause nur Siege und freute sich bei jedem Spiel über ein gut gefülltes Stadion: 45.000 Zuschauer beim 3:2 gegen Borussia Dortmund (25. Mai 1963), 39.000 beim 4:0 gegen Borussia Neunkirchen (1. Juni 1963) und 47.000 beim 2:1 gegen den HSV (15. Juni 1963). Wie wichtig die Unterstützung der Fans vor heimischer Kulisse war, zeigte sich daran, dass die Mannschaft alle Auswärtsspiele verlor und damit Borussia Dortmund den Finaleinzug überlassen musste. Ihre sportlich erfolgreichste Oberliga-Saison schlossen die Sechziger auch mit einem vereinsinternen Rekordschnitt von 22.000 Zuschauern ab. In der ersten Spielzeit der neu gegründeten Bundesliga wollten im Schnitt gar 32.000 die Spiele des TSV 1860 sehen.

Während sich der TSV 1860 als Meister der Oberliga Süd für die neue Eliteklasse qualifiziert hatte, musste der FC Bayern den Gang in die Zweitklassigkeit antreten. Der DFB hatte ihm die Bundesliga-Aufnahme verweigert, da es in jeder Stadt nur einen Bundesligisten geben sollte.

Gitterzäune und Bierflaschen-Verbot

Der Status eines Bundesliga-Spielorts zog weitere Baumaßnahmen am Stadion nach sich. Aufgrund der Erfahrungen bei den Gruppenspielen um die Deutsche Meisterschaft beschloss der Stadtrat im Mai 1963, für 14.500 DM den Sicherheitsstandard der Anlage zu erhöhen. Zackenleisten auf Mauern, Türen und Toren, ein Drahtzaun auf der Westkurvenbrüstung, eine Bretterschalung auf der Ostkurven-Stützmauer, Barrikaden an den Ausgängen zur Candidstraße, Zackenkreuze an den Laternen entlang der Grünwalder Straße und die Verlegung der Steigleitern an den Flutlichtmasten auf fünf Meter Höhe sollten die Fußballanhänger an gefährlichen Kletteraktionen hindern. „Wie bei Raubtierdressuren im Zirkus" kam sich der Reporter des „Münchner Merkurs" aufgrund so vieler Zäune und Barrikaden vor. Solche Einbauten waren jedoch nötig, um manche Leute zur Einhaltung der Stadionordnung zu zwingen.

Ein Jahr später leitete der Stadtrat nach den Erfahrungen der ersten Bundesliga-Saison weitere Sicherheitsmaßnahmen ein. Im Sommer 1964 wurde für 20.000 DM ein zwei Meter hoher Gitterzaun vor die Tribünen gebaut, der die Aktiven vor aufgebrachten Störern schützen sollte. Diese waren laut Polizei eher im Lager der „mittelalterlichen" Zuschauer als bei den Jugendlichen zu finden. „Welch ein Affront für das goldenene Münchner Herz", zürnte der „Münchner Merkur", während die „Süddeutsche Zeitung" treffend titelte: „Die Löwen müssen im Käfig spielen." Zustände wie im alten Rom seien nun im Stadion an der Grünwalder Straße anzutreffen, meinte ein Stadtrat. Der Vorschlag von Schutzpolizeichef Krack, statt des Zauns einen drei Meter breiten Graben um das Spielfeld zu bauen, hatte bei den Stadtpolitikern 1964 noch für Heiterkeit gesorgt. Acht Jahre später sollte ein solcher Graben im Olympiastadion Wirklichkeit werden.

Für heftige Diskussionen sorgte auch die Stadtratsdebatte am 26. August 1964 über ein Flaschenverbot im Stadion. Die Bierflaschen stellten als mögliche Wurfgeschosse eine Gefahr dar und sollten daher durch Dosen ersetzt werden. Da die Brauerei, die das Stadion belieferte, aber kein Dosenbier produzierte, blieb zunächst alles beim Alten. Einen Getränkeausschank in Plastikbechern, wie in anderen Städten üblich, wollte man dem Publikum in der Bierstadt München nicht zumuten. Im Oktober 1966 sollte das Flaschenverbot schließlich doch eingeführt werden, und man verkaufte von da ab 4.000 Bier- und 5.000 Coladosen pro Spiel. Damit verschwanden auch die über die Ränge kriechenden Buben, die sich mit dem Pfand

HÖHEPUNKT

24.8.1963
TSV 1860 - Eintracht Braunschweig 1:1 –
Das Sechzger wird ein
Geburtsort der Bundesliga

Als am Samstag, dem 24. August 1963, um 17 Uhr das Bundesliga-Zeitalter begann, war das Stadion an der Grünwalder Straße einer von acht Schauplätzen des ersten Spieltages. Der TSV 1860 hatte mit Eintracht Braunschweig eine vermeintliche „graue Maus" zu Gast. Die Niedersachsen, immerhin Dritter der abgelaufenen Saison in der Oberliga Nord, sahen sich vor dem Spiel gegen die als heimstark bekannten Sechziger selbst als klarer Außenseiter. 33.500 Zuschauer waren bei sonnig-schwülem Wetter an die Grünwalder Straße gekommen und erlebten einen planmäßigen Start der Gastgeber.

Doch nachdem Rudi Brunnenmeier in der 17. Minute das Führungstor erzielt hatte, gelang den Sechzigern nicht mehr viel. Braunschweig glich in der zweiten Hälfte zum 1:1-Endstand aus und erntete den Beifall des verärgerten Münchner Publikums. Die Spieler des TSV 1860 dagegen wurden mit einem gellenden Pfeifkonzert verabschiedet. Trainer Max Merkel wusste: „Schlimmer geht's nimmer!" Auch in den folgenden Bundesligaspielen blieben die Leistungen der Sechziger durchwachsen, und am Saisonende stand mit Rang acht ein Platz im Mittelfeld der Tabelle.

Aufstellungen:

TSV 1860: Radenkovic, Wagner, Steiner, Zeiser, Stemmer, Luttrop, Heiß, Küppers, Brunnenmeier, Grosser, Thommes

Braunschweig: Jäcker, Brase, Meyer, Schmidt, Kaack, Bäse, Gerwien, Schrader, Moll, Hosung, Dulz

Tore: 1:0 Brunnenmeier (17.), 1:1 Gerwien (74.)

1 Brunnenmeier erzielt das 1:0. Kaack und Torwart Jäcker haben das Nachsehen.

2 Viele Buben besserten sich ihr Taschengeld auf, indem sie im Stadion Pfandflaschen aufsammelten.

2

der eingesammelten Flaschen ihr Taschengeld aufgebessert hatten. An ein komplettes Alkoholverbot war 1964 noch nicht zu denken, auch wenn man im Stadtrat das Verhalten einiger Zuschauer anprangerte, die ein Fußballspiel scheinbar als Saufgelage ansahen. „Die kommen doch schon mit der Schnapsflasche ins Stadion", empörte sich Stadtrat Preißinger. Sein Kollege Schuster meinte darauf: „Das hat doch nichts mehr mit Sport zu tun."

Nichts mit Sport, sondern mit hoher Politik hatte auch der Empfang von Bundespostminister Stücklen beim Spiel TSV 1860 - Eintracht Frankfurt im August 1964 zu tun. 40.000 Münchner pfiffen den Minister angesichts einer kurz zuvor beschlossenen Telefonpreiserhöhung aus. „Drei bis vier Minuten dauerte der Tumult – es war der lauteste, den man je auf einem deutschen Fußballplatz gehört hatte", mutmaßte die „Abendzeitung".

Änderungen bei Stadionmiete und Fassungsvermögen

Im Januar 1965 befasste sich der Sportausschuss des Stadtrates erneut mit dem Stadion an der Grünwalder Straße. Die Vermietung des Stadions an den TSV 1860 und den FC Bayern wurde durch einen neuen Überlassungsvertrag geregelt, der die „allgemeinen Benutzungsrichtlinien" von 1950 ersetzte. Die Stadt sicherte den Vereinen die Überlassung des Stadions für Bundesliga- und Regionalligaspiele zu. Bei DFB- und Privatspielen war eine vorherige Genehmigung nötig. Als Miete wurden 10% der Bruttoeinnahmen (ab 1966 inklusive Fernsehgelder) abzüglich der Vergnügungssteuer (10%) und der Sonderabgabe für sozialen Wohnungsbau (5%) verlangt. Der Prozentsatz der Abgabe blieb damit gegenüber der alten Regelung unverändert. Die Mindestmiete wurde jedoch von 600 auf 800 DM heraufgesetzt. Für die Flutlichtbenutzung bei Abendspielen berechnete man pauschal 300 DM, ab Sommer 1966 500 DM. In dem Vertrag wurden auch organisatorische Fragen wie die Übernahme des Schneeräumens und der Betrieb der Lautsprecheranlage durch den Veranstalter festgehalten. Den Vereinen wurde nur die Durchsage von Sport-, Fund- oder Suchmeldungen, jedoch nicht von Werbung, erlaubt. Im Februar 1966 schloss die Stadt einen Vertrag mit einer Firma ab, deren Stadionsprecher für 40 DM pro Spiel die Durchsagen und die Musikeinspielung übernahm. Auch die Stadionordnung wurde vertraglich festgeschrieben. Gegenüber der alten Fassung von 1957 wurden nun auch Wurfteile wie Steine und Flaschen im Stadion verboten, was zum oben erwähnten Ende des Flaschenbierverkaufs führte.

Nach Rücksprache mit dem Amt für öffentliche Ordnung und der Lokalbaukommission legte man das Fassungsvermögen des Stadions neu fest. Anstatt 51.800 waren nun nur noch 44.000 Zuschauer zugelassen. Bei Flutlichtspielen und im Winterzeitraum vom 1. Dezember bis 15. März wurde die Zahl auf 40.000 beschränkt. Im Juli 1965 ergab eine statische Überprüfung, dass die Anzahl der Schülerkarten von 1.900 auf 2.200 erhöht werden konnte. Dadurch stieg das Fassungsvermögen auf 44.300 beziehungsweise 40.300 Plätze.

Die Einführung der Bundesliga hatte nicht nur höhere Sicherheitsauflagen, sondern auch andere bauliche Veränderungen mit sich gebracht. Im Sommer 1963 wurden an den Dachstützen der Haupttribüne zwei 1,58 Meter auskragende Hängebühnen für die Kamerateams des Bayerischen Fernsehens montiert. Auch im Erdgeschoss der Haupttribüne wurden für 25.000 DM Umbauten vorgenommen. Man baute einen zweiten Duschraum ein, für den der Umkleideraum der Heimmannschaft verlegt werden musste. Dieser rückte nun nach Osten an die Stelle der Küche des Platzwartes. Dessen Wohnung wurde aufgelöst, da man sie als zu primitiv für den neuen Stadionbetreuer ansah, der ab Oktober 1963 die Nachfolge von Platzwart Josef Wenzel antreten sollte. Die verbliebenen beiden Zimmer der ehemaligen Platzwart-Wohnung werden seither als Sanitätsraum und als Büro- und Aufenthaltsraum für die Ordnungskräfte und den Platzwart genutzt.

1964 ersetzte eine Gas-Zentralheizung die Einzelöfen im Haupttribünenunterbau. Für den Heizkessel wurde ein separater Raum abgetrennt, der im Bereich der WC-Räume zwischen Kabinen und Eingangsflur liegt. Seitdem stehen im Erdgeschoss des Osttraktes nur noch zwei Toiletten zur Verfügung. Der frühere Heizraum und das Kohlenlager unter der Tribünenschräge werden heute als Aufenthalts- und Lagerräume genutzt.

München wird Deutschlands Fußballhauptstadt – und braucht ein Großstadion

Durch die Umbauten war der Komfort für die Aktiven gestiegen. Die Spieler von TSV 1860 und FC Bayern leiteten nun den Aufstieg Münchens zur deutschen Fußball-

1962 bis 1972

Hauptstadt ein. Zunächst feierte 1860 nationale und internationale Erfolge in Serie: 1963 Süddeutscher Meister und Qualifikation zur Bundesliga, 1964 deutscher Pokalsieg, 1965 Finalist im Europacup der Pokalsieger, 1966 Deutscher Meister und 1967 Vizemeister.

Im Sommer 1965 schaffte auch der FC Bayern den Sprung in die Bundesliga. Die Bayern gewannen in der Aufstiegsrunde alle Heimspiele. München war damit die erste Stadt mit zwei Bundesliga-Vereinen.

Das geringe Fassungsvermögen des „Kleinstadions" konnte mit der allgemein steigenden Kartennachfrage nicht mehr mithalten. Die Rufe nach einem Großstadion wurden daher immer lauter. Auch die Vereinsvertreter, die 1958 noch gegen eine solche Arena und für den Ausbau des bestehenden Stadions plädiert hatten, forderten die Stadt nun zum Handeln auf. Skeptiker argumentierten hingegen, dass nur bei Spitzenspielen ein höheres Zuschauerinteresse bestünde und das Stadion in den ersten beiden Bundesliga-Jahren bei Spielen des TSV 1860 im Schnitt nur zu 68% ausgelastet war. Zudem waren nur sieben Spielstätten der Bundesliga größer als das Münchner Stadion. Unter der Führung des seit 1960 amtierenden Oberbürgermeisters Hans-Jochen Vogel wurde der Bau eines Großstadions am Oberwiesenfeld trotzdem forciert.

München war im Frühjahr 1966 Deutschlands Sporthauptstadt geworden. Am 26. April vergab das Internationale Olympische Komitee die Olympischen Sommerspiele 1972 nach München, am 28. Mai wurde der TSV 1860 Deutscher Meister, und am 4. Juni gewann der FC Bayern den DFB-Pokal. Angesichts der kommenden Europacup-Festtage stöhnte 1860-Präsident Adalbert Wetzel beim Empfang am Rathaus-Balkon: „Wenn wir nur schon das Olympiastadion hätten!" Trainer Max Merkel meinte: „Am besten wir weichen nach Berlin aus, aber das können wir unseren Münchnern nicht antun!"

1860 startete nun im Europacup der Landesmeister, nachdem man in den Jahren zuvor im Pokalsieger-Wettbewerb und im Messepokal angetreten war. Nach dem mühelosen Weiterkommen gegen Omonia Nikosia traf 1860 in der 2. Runde auf den spanischen Spitzenclub Real Madrid. Am 17. November 1966 war das Stadion an der Grünwalder Straße natürlich restlos ausverkauft, über 41.000 Besucher feuerten die Sechziger an. „In der 39.

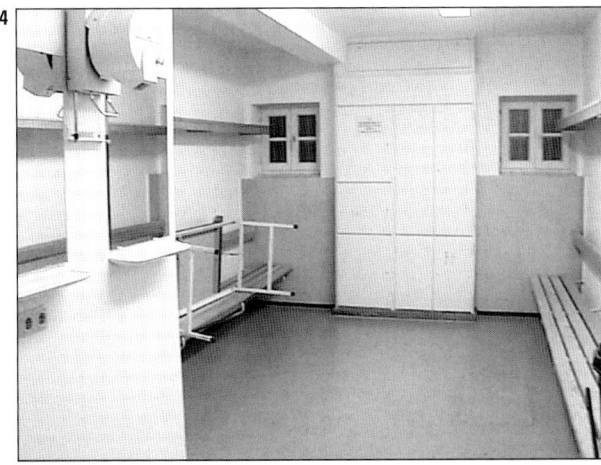

3 Der Duschraum der Gastmannschaft (2003).
4 Kabine der Gastmannschaft.
5 Kabine der Heimmannschaft.
6 In der Saison 1969/70 musste die Partie 1860 - Alemannia Aachen wegen des vereisten Rasens im Stadion an der Grünwalder Straße abgesagt werden. Die 1860-Spieler Wagner und Perusic versuchten sich zum Spaß als Eishockeyspieler.

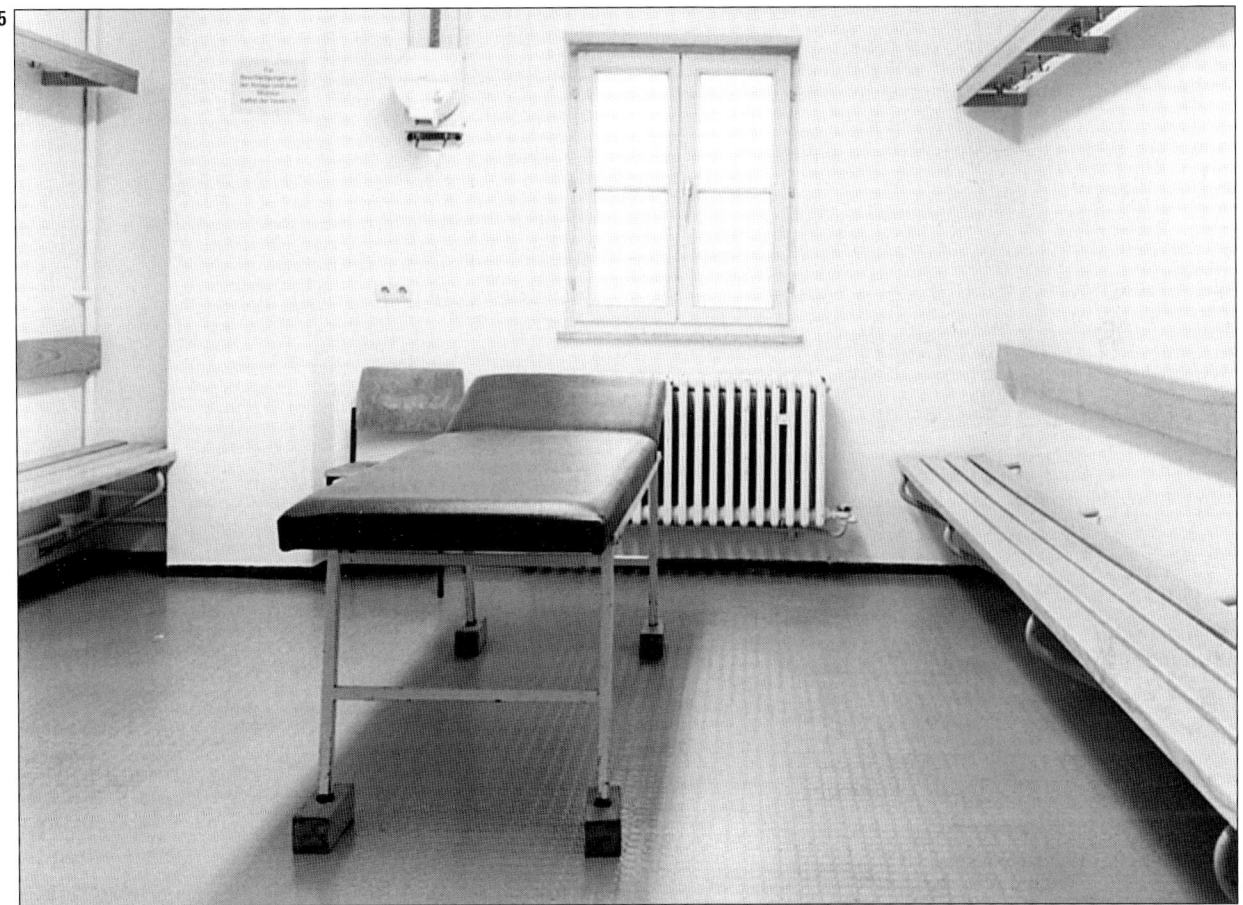

Spielminute schien das Stadion zu bersten. 1860 führte 1:0, der Beifall stürzte wie Kaskaden von den Rängen", schrieb Hans Eiberle in seinem Buch „Die Löwen". Der 1:0-Sieg reichte am Ende nicht aus. In Madrid verloren die Sechziger mit 1:3 und schieden aus.

Mehr Erfolg hatte der FC Bayern im Europacup der Pokalsieger. Im Nürnberger Endspiel besiegten die Bayern die Glasgow Rangers mit 1:0 nach Verlängerung. Nach dem Bundesliga-Aufstieg 1965 und dem Pokalsieg 1966 setzte der FC Bayern auch in den folgenden Jahren seine Erfolgsserie fort. 1967, 1969 und 1971 wurden die Bayern deutscher Pokalsieger, 1969 auch Deutscher Meister. Während die Bayern-Anhänger im „Sechzger-Stadion" häufig Grund zum Jubeln hatten, ging es mit dem TSV 1860 stetig abwärts.

1962 bis 1972

QUERPASS

Die Platzwarte im Sechzger-Stadion

Als das Sechzger-Stadion 1926 eröffnet wurde, bekam die Sportstätte auch einen fest angestellten Betreuer. Erster Platzwart wurde Johann Gattinger, der zunächst noch in der kleinen Ostenrieder-Villa neben dem Stadion wohnte bis er die Platzwart-Wohnung in der neuen Sitztribüne beziehen konnte. 1934 kam es zu einem familieninternen Wechsel auf dem Posten des Stadionbetreuers: Jakob Gattinger, vermutlich der Sohn Johann Gattingers, übernahm die Stelle. Ihm folgte 1939 Johann Graf, der allerdings schon bald wieder entlassen wurde. Bisher hatte nämlich der TSV 1860 den Platzwart beschäftigt, nun war das Stadion in städtischen Besitz übergegangen, und die Stadt besetzte die Stelle mit einem eigenen Angestellten, dem Oberoffizianten Willy Falk. Während Falk nicht mehr im Stadion wohnte, war man bei der Stadt nach dem Zweiten Weltkrieg froh, den neuen Platzwart Josef Fiederer im Stadion unterbringen zu können.

Als 1954 Johann Wenzel zum Nachfolger Fiederers wurde, hatte sich die Arbeit für den Platzwart schon etwas erleichtert. Bei der Rasenpflege konnte er nun auf maschinelle Hilfsmittel zurückgreifen, womit der Einsatz von Schafherden zur Beweidung des Platzes ein Ende hatte. Die wenig appetitlichen Hinterlassenschaften der Schafe hatten zudem bei den Spielern stets für Unmut gesorgt. Wenzel, dessen Enkel übrigens die familiäre Bindung zum Stadion bis heute aufrechterhält, indem er mit seiner Reinigungsfirma für Sauberkeit im Sechzger sorgt, wurde 1963 von Toni Weingartner abgelöst. Mit dem Platzwartwechsel und der Einführung der Bundesliga verschwand auch die Platzwartwohnung.

Nach zehn Jahren Tätigkeit im Stadion wechselte Weingartner 1973 als Hausmeister an eine Schule. Ihm folgte Alfons Reger, der bis 2002, also fast 30 Jahre, seinen Dienst im Stadion versah. Der „Fonsä" kümmerte sich zusammen mit seiner Frau Berta, die für die Bewirtung der Gäste sorgte, liebevoll um die Spielstätte. Für Löwen-Anhänger Reger war das Stadion stets etwas Besonderes. Oft kamen auch unter der Woche Besucher vorbei, „darunter viele Urlauber, die wollten das Sechzger sehen, so wie man ein berühmtes Bauwerk anschaut", berichtet Reger. „Die durften auch mal über den Lautsprecher was sagen, und wenn es dunkel war, habe ich sie auch mal das Flutlicht einschalten lassen. Das vergessen die doch ihr Leben nicht."

Dass „Urgestein" Reger zufälligerweise gerade in dem Jahr in Ruhestand ging, in dem die Pläne, das Stadion abzureißen, bekannt wurden, passt ins Bild. Seine Nachfolger sind beim städtischen Sportamt als so genannte „Rollierer", das heißt als Platzbetreuer ohne feste Bindung an eine Sportstätte, angestellt.

(1926) – 1934	Johann Gattinger (TSV 1860)
1934 – 1939	Jakob Gattinger (TSV 1860)
1939	Johann Graf (TSV 1860)
1.4.1939 – (1943)	Willy Falk (Stadt)
15.11.1947 – 16.8.1954	Josef Fiederer (Stadt)
1.8.1954 – 30.9.1963	Johann Wenzel (Stadt)
1.10.1963 – 31.5.1973	Anton Weingartner (Stadt)
1.6.1973 – 30.6.2002	Alfons Reger (Stadt)
1.7.2002 – 30.9.2002	Herr Sonnberger bzw. Herr Wegscheider (Stadt)
seit 1.10.2002	Tahir Dedek (Stadt)

7 Alfons Reger vor dem Eingang zur Haupttribüne.
8 Der aktuelle Platzwart Tahir Dedek mit den Messlatten zum Aufbau der Tore.
9 Johann Wenzel im Jahr 1962 beim Messen der Schneehöhe. Stadionhund Maxi versinkt fast in der weißen Pracht.

QUERPASS

Die Bewohner des Stadions

Für den ersten Platzwart im Sechzger-Stadion, Johann Gattinger, hatte der TSV 1860 im Jahr 1926 eine Wohnung in der kleinen Villa an der Harlachinger Straße 1a (Privatbesitz) gemietet. Von 1927 bis 1929 wurde diese Mietwohnung von 1860-Trainer Max Breunig genutzt.

Dass in der 1925 gebauten Sitztribüne des Sechzger-Stadions einmal Wohnungen vorhanden waren, mag für Kenner der kleinen Tribüne mit ihren beengten Platzverhältnissen heute unvorstellbar sein. Doch anfangs standen in der Haupttribüne eine Zwei-Zimmer-Wohnung für die Wirtsleute (am westlichen Ende) und eine Drei-Zimmer-Wohnung für den Platzwart (am östlichen Ende) zur Verfügung. Während die Wirtswohnung nur bis 1929 genutzt wurde, war die Platzwartwohnung bis 1963 in Gebrauch. Von 1937 bis 1941 kam die Einquartierung eines Turn- und Sportlehrers (Trainer beim TSV 1860) hinzu, und nach dem Zweiten Weltkrieg fanden neben den beim Wiederaufbau des Stadions beschäftigten Bauarbeitern auch Wohnungslose in der Sitztribüne eine Bleibe. Als bei Einführung der Bundesliga 1963 die Mannschaftskabinen und Duschräume erweitert wurden, endete das Kapitel der Stadion-Bewohner. Platzwart Anton Weingartner, der Nachfolger Johann Wenzels, erhielt eine städtische Dienstwohnung an der Grünwalder Straße.

In der folgenden Auflistung sind alle Personen erfasst, die mit ihrem Erstwohnsitz im Stadion an der Grünwalder Straße gemeldet waren.

1927 – 1929	Johann Gattinger (Platzwart)
	Joseph Straßberger (Gastwirt)
1930 – 1933	Johann Gattinger (Platzwart)
1934	Johann Gattinger (Platzwart)
	Jakob Gattinger (Platzwart)
1935 – 1936	Jakob Gattinger (Platzwart)
1937 – 1938	Jakob Gattinger (Platzwart)
	Rudolf Prokoph (Turn- und Sportlehrer)
1939	Jakob Gattinger (Platzwart)
	Johann Graf (Platzwart, gelernter Sattler)
	Rudolf Prokoph (Turn- und Sportlehrer)
1940	Johann Graf (Platzwart, gelernter Sattler)
	Rudolf Prokoph (Turn- und Sportlehrer)
1941	Rudolf Prokoph (Turn- und Sportlehrer)
1942 – 1943	keine Bewohner
1944 – 1945	Wohnungen kriegszerstört
1945 – 1949	Wohnungen kriegszerstört bzw. Bewohner nicht erfasst
1950	Josef Fiederer (Platzwart)
	Johann Pietrzak (Nachtwächter)
1951 – 1954	Josef Fiederer (Platzwart)
	Peter Laubach (Schausteller)
1954 – 1963	Johann Wenzel (Platzwart)

1962 bis 1972

HÖHE PUNKTE

1963-2002
Die Europa-Cup-Spiele im Sechzger

Im Stadion an der Grünwalder Straße kam es Mitte der 1960er Jahre zu Heimspielen der Sechziger, die für Fans und Aktive unvergesslich blieben. Und das lag an beiden Seiten. Im Halbfinale des Europacups 1965 etwa musste der TSV 1860 beim Rückspiel gegen den AC Turin die 0:2-Niederlage des Hinspieles ausgleichen. Frenetisch angetrieben von 33.000 Anhängern, siegten die Sechziger am 27. April 1965 mit 3:1 und erwirkten ein Entscheidungsspiel in Zürich. „Es herrschte die beste Stimmung, die ich je im Sechzger erlebt habe", schwärmte Trainer Max Merkel noch Jahre später.

Nicht 1860, sondern die Bayern hatten dem Stadion an der Grünwalder Straße in der Saison 1962/63 jedoch erstmals Europapokal-Atmosphäre beschert. Zu den Spielen im Messepokal waren gegen Drumcondra FC (6:0 im Achtelfinale) und Dinamo Zagreb (0:0 im Viertelfinale) allerdings nur 3.000 beziehungsweise 8.000 Zuschauer gekommen. Später sorgten dann viele dramatische Begegnungen des FCB gegen europäische Spitzenclubs wie AC Mailand, FC Liverpool oder Glasgow Rangers für voll besetzte Ränge im Sechzger-Stadion. Die Bayern verloren an der Grünwalder Straße kein einziges Europapokal-Spiel.

Bis zum Bau des Olympiastadions 1972 fanden insgesamt 31 Europapokal-Spiele auf Giesings Höhen statt. 1996 und 2002 kamen drei Auftritte des TSV 1860 im UI-Cup hinzu.

TSV 1860

Europapokal der Pokalsieger 1964/65
1. Runde: US Luxemburg 6:0 (14.000 Zuschauer)
Achtelfinale: FC Porto 1:1 (37.000)
Viertelfinale: Legia Warschau 0:0 (31.000)
Halbfinale: AC Turin 3:1 (33.000)

Messepokal 1965/66:
1. Runde: Malmö FF 4:0 (3.500)
2. Runde: Göztepe Izmir 9:1 (24.000)
Achtelfinale: Servette Genf 4:1 (15.000)
Viertelfinale: Chelsea London 2:2 (13.000)

Europapokal der Landesmeister 1966/67
1. Runde: Omonia Nikosia 8:0 (9.000)
2. Runde: Real Madrid 1:0 (41.000)

Messepokal 1967/68
1. Runde: Servette Genf 4:0 (14.000)
2. Runde: FC Liverpool 2:1 (13.000)

Messepokal 1968/69
1. Runde: Legia Warschau 2:3 (19.000)

Messepokal 1969/70
1. Runde: Skeid Oslo 2:2 (4.000)

UEFA-Intertoto-Cup 1996
Gruppenspiel: LKS Lodz 5:0 (10.000)
Gruppenspiel: Kamaz Tschelny 0:1 (12.000)

UEFA-Intertoto-Cup 2002
2. Runde: FC BATE Borisov 0:1 (18.000)

Gesamtbilanz TSV 1860:
15 Spiele, 8 Siege, 4 Unentschieden, 3 Niederlagen

FC Bayern

Messepokal 1962/63
Achtelfinale: Drumcondra FC 6:0 (3.000)
Viertelfinale: Dinamo Zagreb 0:0 (8.000)

Europapokal der Pokalsieger 1966/67
1. Runde: Tatran Presov 3:2 (15.000)
2. Runde: Shamrock Rovers 3:2 (14.000)
Viertelfinale: Rapid Wien 2:0 (37.000)
Halbfinale: Standard Lüttich 2:0 (38.000)

Europapokal der Pokalsieger 1967/68
1. Runde: Panathinaikos Athen 5:0 (22.000)
2. Runde: Vitoria Setubal 6:2 (18.000)
Viertelfinale: FC Valencia 1:0 (23.000)
Halbfinale: AC Mailand 0:0 (45.000)

Europapokal der Landesmeister 1969/70
1. Runde: AS St. Etienne 2:0 (39.000)

Messepokal 1970/71
1. Runde: Glasgow Rangers 1:0 (25.000)
2. Runde: Coventry City 6:1 (7.000)
Achtelfinale: Sparta Rotterdam 2:1 (15.000)
Viertelfinale: FC Liverpool 1:1 (22.000)

Europapokal der Pokalsieger 1971/72
1. Runde: Skoda Pilsen 6:1 (5.000)
2. Runde: FC Liverpool 3:1 (40.000)
Viertelfinale: Steaua Bukarest 0:0 (40.000)
Halbfinale: Glasgow Rangers 1:1 (40.000)

Gesamtbilanz FC Bayern:
19 Spiele, 14 Siege, 5 Unentschieden, 0 Niederlagen

10 „Mucki" Brenninger und Sepp Maier nach dem ersten Europa-Pokal-Sieg der Bayern 1967. Im Europapokal der Pokalsieger hatten sich die Bayern nach Siegen über Tatran Presov, Shamrock Rovers, Rapid Wien und Standard Lüttich für das Finale qualifiziert, wobei alle Heimspiele an der Grünwalder Straße gewonnen worden waren. Im Finale in Nürnberg besiegte der FC Bayern die Glasgow Rangers nach Verlängerung mit 1:0.

11 Friedhelm Konietzka erzielt bereits in der ersten Minute das entscheidende Tor des ersten Bundesliga-Derbys.

HÖHEPUNKT

14.8.1965
TSV 1860 - FC Bayern 1:0 –
Das erste Bundesliga-Derby

Am ersten Spieltag der Bundesligasaison 1965/66 stand gleich das Derby zwischen Titelfavorit TSV 1860 und Aufsteiger FC Bayern an. „Münchens Kleinstadion war ausverkauft. Schon am Mittwoch hatten die letzten Eintrittskarten ihre Liebhaber gefunden. Am Samstag blieben die Kassen geschlossen. Die Geschäfte der Schwarzhändler gingen miserabel", berichtete die „Süddeutsche Zeitung". 44.000 Zuschauer drängten sich am 14. August 1965 im Stadion an der Grünwalder Straße und sahen eine äußerst unfaire Partie. Bereits nach 56 Sekunden hatte der von Borussia Dortmund zu den Sechzigern gewechselte Timo Konietzka das Tor des Tages erzielt. Danach mutierte das Spiel zum „Schlachtfest" („SZ"). Bayern-Stopper Danzberg sah die rote Karte, nachdem er den bereits am Boden liegenden Konietzka getreten hatte. Das spielerische Niveau des Derbys war erschreckend schlecht. „Einige hochdotierte Nationalspieler wiesen Konditionsschwächen und Einfallslosigkeit auf, die man höchstens C-Klassen-Spielern verzeihen würde", kritisierte die Presse vor allem die als Spitzenmannschaft eingestufte Elf des TSV 1860.

Der weitere Fortgang ist hinlänglich bekannt: 1860 wurde in der Saison 1965/66 Deutscher Meister, und hätten am ersten Spieltag nicht die Blauen, sondern die Roten gewonnen, wären am Ende die Bayern in der Tabelle ganz vorn gestanden.

Aufstellungen:

TSV 1860: Radenkovic, Wagner, Kohlars, Reich, Perusic, Grosser, Heiß, Küppers, Brunnenmeier, Konietzka, Rebele

FC Bayern: Maier, Olk, Kunstwadl, Drescher, Beckenbauer, Danzberg, Koulmann, Ohlhauser, Müller, Nafziger, Brenninger

Tor: 1:0 Konietzka (1.)

11

1962 bis 1972

HÖHEPUNKT

28.5.1966
TSV 1860 - Hamburger SV 1:1 –
Die Löwen sind Deutscher Meister

Pfingstsamstag 28. Mai 1966 – ein Datum, das jeder Sechziger-Fan kennt, egal, ob er damals schon auf der Welt war oder nicht. Es ist der Tag, an dem der TSV 1860 zum ersten und bislang einzigen Mal Deutscher Meister wurde.

1860 hatte am letzten Spieltag der Bundesliga-Saison 1965/66 den Hamburger SV zu Gast. Die Zuschauer strömten trotz unaufhörlichen Regens bereits Stunden vor dem Spiel ins Stadion. Transparente mit Aufschriften wie „Alles andere ist Kleister, Sechzig wird heut' Meister" oder „Peter, Peru und Radi zwingen alle in die Knie" machten den unerschütterlichen Glauben der Fans an ihre Mannschaft deutlich.

Zum Spielbeginn um 16 Uhr hatte es aufgehört zu regnen. Das Erscheinen der 1860-Elf wurde von ohrenbetäubendem Jubel begleitet. Da die Sechziger eine Woche zuvor 2:0 bei Verfolger Borussia Dortmund gewonnen hatten, war klar, dass ihnen ein Punkt zum Titelgewinn reichen würde. Trainer Max Merkel wollte daher nicht zu viel riskieren, denn er wusste: „Meine Burschen bringen alles fertig. Das ist oft genug bewiesen worden." Nach der frühen Führung durch Rudi Brunnenmeier setzte 1860 also auf eine defensive Taktik. Die Spannung war völlig aus dem Spiel, als Konkurrent Dortmund bereits zur Pause mit 1:3 in Frankfurt zurücklag (Endstand 1:4). Auch Uwe Seelers Ausgleich in der 76. Minute änderte daran wenig. Die nasskalte Witterung tat ihr Übriges dazu, dass die 45.000 Zuschauer im ausverkauften Stadion während der 90 Minuten nie wirklich in Ekstase gerieten. Erst nach dem Spiel ließen sie ihrer Freude freien Lauf und stürmten das Spielfeld. „Sechzig, Sechzig"-Rufe hallten immer wieder durch das Stadion, und aus Tausenden Kehlen klang „So ein Tag, so wunderschön wie heute..." über den Giesinger Berg. Im Autokorso fuhren die frisch gebackenen Deutschen Meister anschließend zum Marienplatz, wo beim Empfang von Oberbürgermeister Vogel 8.000 Münchner den Löwen zujubelten.

Aufstellungen:

TSV 1860: Radenkovic, Wagner, Patzke, Zeiser, Reich, Perusic, Rebele, Luttrop, Brunnenmeier, Konietzka, Grosser

Hamburger SV: Schwerin, Sandmann, Kurbjuhn, Schulz, Horst, Strauß, Peltonen, B. Dörfel, Seeler, Pohlschmidt, G. Dörfel

Tore: 1:0 Brunnenmeier (6.), 1:1 Seeler (76.)

12 Die Mannschaft des TSV 1860 nach dem Gewinn der deutschen Meisterschaft am 28. Mai 1966. Hinten: Reich, Küppers, Wagner, Konietzka, Rebele, Radenkovic, Vizepräsident Beer, Präsident Wetzel, Brunnenmeier. Vorn: Perusic, Steiner, Kohlars, Luttrop, Patzke, Heiß, Zeiser. Kapitän Grosser und Trainer Merkel fehlen auf dem Foto. Im Hintergrund die Stehhalle.

1962 bis 1972

Bauliche Probleme an den Tribünen

Während zunächst die Löwen und später die Bayern sportliche Triumphe feierten, begann der Stern des Sechzger-Stadions langsam zu sinken. In der Sommerpause 1965 mussten Reparaturen am Dach der Sitztribüne vorgenommen werden, da sich Zuschauer über herabtropfenden Teer beschwert hatten. Das Dach war 1949 zuerst nur mit Bitumen-Dachpappe gedeckt worden. Auf diese wurde später ein Blechdach aufgebracht, das sich bei Sonneneinstrahlung stark erhitzte. Das Bitumen wurde zum Schmelzen gebracht und tropfte durch die Holzschalung. Um die Teertropfen aufzufangen, hatte man daher eine Jutebespannung unter der Verschalung angebracht. 1965 war die Jute brüchig geworden und man ersetzte sie durch Aluminiumtafeln.

Im selben Jahr kam es im Stadion auf dem Kaiserslauterer Betzenberg zu einem Unglück, bei dem ein Mann ums Leben kam. Der DFB ordnete daraufhin 1966 eine Sicherheitsüberprüfung aller Bundesliga-Stadien an. Dass man im Stadion an der Grünwalder Straße bis zu vier Tote im Jahr zu beklagen hatte, lag aber zur Erleichterung der Stadt nicht an fehlenden Sicherheitsmaßnahmen. Meist war ein Herzinfarkt die Todesursache, der wohl von der zu hohen Aufregung über das Spielgeschehen herrührte. Nach der Sicherheitsüberprüfung wurden auf den Stehtribünen zusätzliche Geländer, so genannte Wellenbrecher eingebaut. Zudem war eine Aufteilung der Ränge in Blockabschnitte nötig.

Beim Einbau der Wellenbrecher bemerkte man den schlechten Zustand der Betonstufen auf der Stehhalle. Der Sportausschuss des Stadtrats gab daraufhin im Juli 1966 ein Statik- und Betongutachten beim Materialprüfungsamt für das Bauwesen an der Technischen Universität München in Auftrag. Im Mai 1967 lag der Bericht von Professor Rüsch vor, der sehr geringe Nennfestigkeiten des Betons konstatierte. Die Stadt ließ daher im Frühjahr 1968 weitere Untersuchungen bezüglich Standsicherheit, zulässiger Nutzlast und Verwendbarkeitsdauer der Stehhalle durchführen. Die Prüfer urteilten, dass die Nennfestigkeiten zwar zum Teil unter den Anforderungen der Norm lägen, die Standsicherheit aber nicht gefährdet sei. Die Werte für Bruchsicherheit wurden nämlich eingehalten. Wegen der vorhandenen Überdachung schätzte man die Korrosionsgefahr für die Stahlbewehrung im Beton als gering ein.

Größere Sorgen machte den Gutachtern die Dicke der Stufenplatten. Von den acht Plattenfeldern des westlichen Bauabschnitts wiesen nur vier Felder die Sollstärke von 13 Zentimetern auf. Dabei handelte es sich um diejenigen Bereiche, die den Zweiten Weltkrieg unbeschadet überstanden hatten. Während hier Plattenstärken bis zu 27 Zentimetern ermittelt wurden, lagen die Werte in den 1947/48 erneuerten Feldern zum Teil nur bei zehn Zentimetern. Die Gutachter kamen daher zu der Schlussfolgerung, dass die zulässigen Relationswerte von Beanspruchung zu Bruchsicherheit nur eingehalten werden könnten, wenn die Stehhalle zukünftig als Sitztribüne genutzt würde. Das Fassungsvermögen des Stadions wäre dadurch natürlich weiter gesunken. Schon im April 1967 hatte der Entwurf einer neuen Versammlungsstättenverordnung für Aufregung gesorgt, nach der man das Platzangebot von 44.000 auf 23.000 hätte halbieren müssen.

Die Lizenzauflagen des DFB forderten für Bundesligavereine ein Stadion mit mindestens 35.000 Plätzen. Für die Stehhalle kam daher eine komplette Sperrung nicht in Frage, weil das Fassungsvermögen des Stadions dann auf 32.300 gesunken wäre. Eine Reduzierung des Fassungsvermögens auf exakt 35.000 Plätze scheiterte daran, dass eine Verteilung der Zuschauer nach statischen Gesichtspunkten auf der Stehhalle nicht zu organisieren war. Ein Umbau zu einer Sitztribüne wäre zwar möglich gewesen, wurde aber verworfen. Eine Verbesserung des Stahlbetons war bei dieser Variante schließlich nicht beinhaltet.

Am 17. April 1969 entschied sich der Sportausschuss des Stadtrats daher für das Einziehen von Stahlträgern unterhalb der Deckenplatten und genehmigte dafür 310.000 DM. In derselben Sitzung lehnten die Ausschussmitglieder Absperrmaßnahmen und eine weitere Blockaufteilung im Stadion ab. Diese Maßnahmen hatte ein Gutachten des Instituts für Sportstättenbau vorgeschlagen, das im Rahmen der Sicherheitsüberprüfung angefertigt worden war. Das Fassungsvermögen des Stadions wäre durch diese Maßnahme auf 37.263 Plätze reduziert worden. Baureferat und Sportamt wiesen aber auf die geringe Auslastung des Stadions hin. 1968 waren nur bei vier von 42 Spielen mehr als 37.000 Besucher gekommen, im Schnitt waren es 18.000. Auch der Bau des Olympiastadions ließ die Maßnahmen als unnötig erscheinen.

Um das bis zur Instandsetzung gültige Fassungsvermögen der Stehhalle festzulegen, gab die Stadt eine erneute Untersuchung bei der Technischen Universität München in Auftrag. Der Lehrstuhl von Professor Knittel führte mit dem Ingenieurbüro Obermayer im August 1969 einen 20.000 DM teuren Belastungsversuch durch. Von der Berufsfeuerwehr wurden Wasserfässer auf den Stehhallenrängen verteilt. Ergebnis: Die Standsicherheit der Tribüne war auch ohne eine Sanierung gegeben. Pro-

13 Die Stehhalle um 1971/72.

14 Luftbild des Stadions aus dem Jahr 1971. Rechts oben sind bereits die neuen Wohnblöcke zu sehen, die anstelle der Bergbrauerei entstanden. Die Bäckermühle (links oben) musste bald einem Bürokomplex weichen.

1962 bis 1972

fessor Rüsch, der die vorherigen Gutachten erstellt hatte, blieb jedoch bei seiner Ansicht, dass eine Sanierung nötig sei. Im Streit der Gutachter entschied sich die Stadt im Herbst 1969 für die einfachste und billigste Variante: Man beließ alles beim Alten und blickte der Eröffnung des Olympiastadions entgegen.

Das Spielfeld wird kleiner, die Zahl der Stadionmieter größer

Veränderungen hatte es dafür im Jahr zuvor am Platz gegeben. In der Sommerpause 1968 wurde der Rasen erneuert und die Länge des Spielfeldes auf 105 Meter verkürzt, nachdem der DFB das alte Maß von 110 Metern als nicht Bundesliga-konform bemängelt hatte. An beiden Breitseiten wurden die Kreidelinien nun 2,50 Meter weiter innen gezogen. Platzwart Anton Weingartner konnte den Fußballanhängern jedoch versichern: „Die Elfmeter werden weiterhin aus elf Metern und nicht aus 8,5 Metern Entfernung geschossen."

Andere Veranstaltungen als Fußballspiele fanden seit Jahren nicht mehr im Stadion an der Grünwalder Straße statt, da die Leichtathletik-Anlagen mit dem Kurvenausbau weggefallen waren. Im Frühjahr 1970 traten zwei Konzertveranstalter an die Stadt heran und beantragten, das Stadion für Open-Air-Konzerte zu nutzen, wobei man den Auftritt von Gruppen wie den Rolling Stones vorsah. Die Bühne könne man auf dem Rasen aufbauen und die Besucher auf der Stehhalle versammeln, meinten die Veranstalter. Der Stadtrat lehnte beide Gesuche ab, da das Stadion an der Grünwalder Straße nur für Sportveranstaltungen zugelassen sei und eine Nutzungsänderung für Musikveranstaltungen nicht erteilt werden könne. Neben der nicht ausreichenden Anzahl von Fluchtwegen sprach unter anderem der schlechte Zustand der Stehhalle gegen das Vorhaben. Der Stadtschulrat konstatierte in der Anhörung, dass die Tragfähigkeit der Tribüne für tanzende Besucher nicht ausreiche. Zudem sei ein massenhaftes Übersteigen des Zauns zwischen Tribüne und Rasen und die Störung der Anwohner zu befürchten. Ein weiteres Gegenargument war die Tatsache, dass die Veranstaltung im Juni, also zur Zeit der Rasenüberholung stattfinden sollte. Aufgrund der Nutzung durch zwei Vereine war der Zustand des Rasens durch die allwöchentliche Beanspruchung stets stark in Mitleidenschaft gezogen.

Vor der Spielzeit 1970/71 verschärfte sich das Problem. Der FC Wacker war in die Regionalliga Süd (damals zweithöchste Spielklasse) aufgestiegen und wollte nun das seit 1963 genutzte Dantestadion verlassen und neben Bundesligist FC Bayern und Bundesliga-Absteiger TSV 1860

15

15 Das weitläufige Dantestadion erfreute sich bei Zuschauern und Spielern nie großer Beliebtheit.

16 Brand der Sitztribüne am 30. Januar 1971: Als die Feuerwehr anrückte, brannte das Gebäude schon lichterloh.

17 Blick von der Ostkurve auf die brennende Sitztribüne.

18 Die Holzbänke der Tribüne waren von den Brandstiftern mit einer brennbaren Flüssigkeit übergossen worden.

ebenfalls im Stadion an der Grünwalder Straße spielen. Das Amt für öffentliche Ordnung hatte das Dantestadion nämlich aufgrund fehlender Parkplätze und der engen Straßen um die Spielstätte als nicht regionalligatauglich eingestuft. 70 Spiele pro Saison könne der Rasen des Stadions an der Grünwalder Straße aber nicht verkraften, urteilte die Stadtgartendirektion. Im Juni 1970 beschloss der Sportausschuss daher, dass die Regionalligisten TSV 1860 und FC Wacker ab Oktober 1970 an Wochenenden mit Heimspielen des FC Bayern oder bei schlechter Witterung ins Dantestadion ausweichen sollten. „Sechzger-Stadion künftig ohne 1860?", fragte der „Münchner Merkur" irritiert. Der TSV 1860 protestierte lautstark gegen den Plan. Ein Zuschauerschnitt von 12 - 15.000 sei aus wirtschaftlicher Sicht für den Verein nötig, könne aber im nur 10.000 Plätze bietenden Dantestadion nicht erreicht werden.

Durch einige Spielverlegungen konnten 1860 und Wacker aber schließlich fast den gesamten Herbst 1970 über im Stadion an der Grünwalder Straße bleiben. 1860 musste nur das Heimspiel gegen den SSV Reutlingen am 11. Oktober 1970 im Dantestadion austragen. Dort trennte kein Zaun das Spielfeld vom Publikum, weshalb man die Fans um Zurückhaltung bat. Erst kurz zuvor hatte 1860 wegen Zuschauerausschreitungen 350 DM Strafe an den Süddeutschen Fußballverband zahlen müssen. Obwohl 7.000 Zuschauer an die Dantestraße gekommen waren, zog 1860-Spieler Hans Rebele weiterhin das Sechzger-Stadion als Heimspielstätte vor: „Da ist die Atmosphäre doch ganz anders." Der FC Wacker musste gegen den ESV Ingolstadt am 15. November 1970 ins Dantestadion ausweichen, wo man ab Januar 1971 wieder alle Heimspiele austrug. Die Wacker-Elf stand abgeschlagen am Tabellenende und lockte meist deutlich weniger als 5.000 Besucher an, für die das Dantestadion ausreichte. Die Spielstättenfrage war damit gelöst.

Die Haupttribüne brennt ab

Schon im Frühjahr 1971 standen jedoch neue Probleme am Sechzger-Stadion an. Die Haupttribüne fiel in der Nacht von Freitag auf Samstag, den 30. Januar 1971 einem Brand zum Opfer. Um 1:32 Uhr wurde die Feuerwehr alarmiert, die sechs Minuten später mit vier Löschzügen

1962 bis 1972

19 Das Regionalliga-Spiel 1860 - Viktoria Aschaffenburg fand vor der abgesperrten Ruine der Haupttribüne statt.
20 Das Dach der Sitztribüne wurde unmittelbar nach dem Brand abgetragen.

HÖHEPUNKT

30.1.1971
TSV 1860 - Viktoria Aschaffenburg 3:1 – Die Sechzger-Fans zeigen nach dem Brand Flagge

Während die Feuerwehr nach dem Brand der Sitztribüne am Vormittag des 30. Januar 1971 mit den Aufräumarbeiten begann, berieten Vertreter von TSV 1860, Lokalbaukommission, Sportamt und Feuerwehr über die Durchführung des für 14:30 Uhr geplanten Regionalligaspiels der Sechziger gegen Viktoria Aschaffenburg. Die 1860-Führung wollte eine Absage unbedingt verhindern. Eine Verlegung ins Dantestadion war aus organisatorischen Gründen nicht mehr möglich, weshalb Oberbürgermeister Vogel das Stadion an der Grünwalder Straße widerwillig freigab.

Die Haupttribüne und die angrenzenden Stehränge wurden zwischen den Flutlichtmasten abgesperrt, da man Gefahren durch vom Dach herabstürzende Teile befürchtete. Die Spieler zogen sich auf dem Trainingsgelände des TSV 1860 an der Grünwalder Straße 114 um und fuhren mit Bussen zum Stadion, die hinter der Stehhalle parkten und als Kabinenersatz dienten. Trainer und Ersatzspieler nahmen auf Bänken hinter den Toren Platz, die Pressevertreter begaben sich in die Stehhalle. Für die Beschallung wurden Notlautsprecher aufgebaut.

Die Bedingungen auf dem Rasen waren nicht besonders gut. Das Löschwasser war nicht nur in die Innenräume der Tribüne, sondern auch auf den Platz gelaufen, der sich daher auf der Sitztribünenseite als knöcheltief seifig erwies. Das Ergebnis von 3:1 für 1860 war jedoch zweitrangig für die Zuschauer. 15.000, darunter Oberbürgermeister Hans-Jochen Vogel, waren gekommen, mit

19

nur 10.000 hatte der TSV 1860 gerechnet. „Es machte sich fast eine Familienstimmung auf den Rängen breit, denn in der Not rückt man halt stärker zusammen", schrieb der „Münchner Merkur". Die Spieler bedankten sich für die große Solidarität der 1860-Fans mit „ihrem" Stadion und warfen Blumensträuße ins Publikum.

Aufstellungen:

TSV 1860: Fraydl, Kroth, Wagner, Schmidt, Lex, Zacher, Metzger (78. Leufgen), Hiller, Purucker, Rebele, Holenstein

Viktoria Aschaffenburg: Krost, Dahlem, Hohner (76. Rödel), Gorille, Erben, Stahl, Nille, Eser, Englert (72. Böhl), Wachsmann, Neureuther

Tore: 1:0 Metzger (5.), 2:0 Schmidt (55.), 2:1 Wachsmann (82.), 3:1 Holenstein (86.)

anrückte. Der Dachstuhl und die Holzbänke brannten lichterloh. Da man den Rasen nicht beschädigen wollte, fuhren keine Feuerwehrautos in den Stadioninnenraum. Mit Drehleitern wurde von der Volckmerstraße aus das Dach gelöscht. Vom Stadioninnenraum aus wässerte man die Bänke. Um 2:03 Uhr hatten die 90 Feuerwehrmänner den Brand im Griff, um 2:45 Uhr war das Feuer erloschen. Die ungewöhnlich hohe Wassermenge von 156.000 Litern war nötig gewesen, um die Tribüne zu löschen. Bis fünf Uhr früh dauerten die Nachlöscharbeiten. Das Feuer hatte sämtliche Holzteile von Bänken, Wand- und Dachverkleidung zerstört. Die Stahlkonstruktion des Dachstuhls, die

Blecheindeckung und die Reporterkabinen waren ebenfalls beschädigt.

Am Vormittag des 30. Januar 1971 nahm die Brandfahndung zusammen mit dem Landeskriminalamt die Ermittlungen auf. Alle Fakten deuteten auf Brandstiftung hin. Zwei Zeugen hatten vier Männer aus dem Stadion laufen sehen, und auf den Holzbänken hatte man Reste einer brennbaren Flüssigkeit und damit getränkte Tücher gefunden. Die Täter vermuteten die Ermittler in einem Kreis von Personen, die schon in den Wochen zuvor Anschläge auf Polizei und Justiz verübt hatten. Polizeipräsidium, TSV 1860 und FC Bayern setzten daraufhin

21 Schnitt durch die Sitztribüne: Das Dach wurde in ähnlicher Form wieder errichtet. Die neue Konstruktion besteht aus Leimbinder-Stützen, die mit den Pfetten des Dachstuhls zu einem Rahmen-Tragwerk verbunden sind. An die Dachstützen wurden Reporterkabinen angebaut.

22 Ansicht der Sitztribüne von Westen.

23 Ansicht der wieder aufgebauten Haupttribüne von der Volckmerstraße. Für die Außenverkleidung der Dachkonstruktion wählte man anstelle der bisherigen Bretterverschalung graue Well-Eternit-Platten. Zwischen den leicht überstehenden Pfetten wurde ein schmales Fensterband eingefügt.

20

eine Belohnung von 5.000 DM aus. Unter der Schlagzeile „Münchner Fußballfans jagen den Feuerteufel" fragte die „tz": „Wer kennt den Mann, der das Münchner Fußballheiligtum zerstören wollte?" Der oder die Täter wurden aber nie gefasst. Nur ein Trittbrettfahrer meldete sich bei der Kriminalpolizei, der 53.000 DM erpressen wollte und mit weiteren Gewalttaten drohte.

Der Wiederaufbau der Haupttribüne

Der Wiederaufbau der Tribüne wurde äußerst schnell in die Wege geleitet. Am Montag nach dem Brand ließ das Baureferat die Reste des Dachstuhls befestigen und begann mit der Sicherung der Bausubstanz. Da keine statischen Probleme auftraten, gab man die Stehplatzränge neben der Haupttribüne für das am 6. Februar 1971 anstehende Spiel FC Bayern - Borussia Dortmund frei. Der FC Bayern sagte das Spiel jedoch ab, weil die Umkleiden beschädigt waren und die 800 Besitzer von Haupttribünen-Dauerkarten nicht alle auf den verbliebenen Sitzplätzen untergebracht werden konnten.

Am Dienstag nach dem Brand konnten dem Sportausschuss des Stadtrats bereits erste Vorschläge für das weitere Vorgehen unterbreitet werden. Da man keine Chancen auf einen Wiederaufbau vor der Sommerpause sah, wurden Provisorien wie Notbänke, ein Notdach oder eine Stahlrohrtribüne vor der Sitztribünenruine diskutiert. Der Stadtrat sah in seiner Sitzung am 3. Februar 1971 weder betriebstechnische noch terminliche Vorteile einer solchen Übergangslösung und genehmigte drei Tage nach dem Brand den sofortigen Wiederaufbau der Haupttribüne.

Für die neue Dachkonstruktion waren verschiedene Ideen geäußert worden. Die Vereine forderten schon länger ein lichtdurchlässiges Dach aus Plexiglas, um eine längere Sonneneinstrahlung auf den Rasen zu ermöglichen.

Das Baureferat prüfte den Vorschlag und verwarf ihn aber ebenso wie den Gedanken eines Referenten, im Stadion an der Grünwalder Straße ein Probedach für die geplante Gegentribünen-Überdachung des Olympiastadions zu verwirklichen. Dort sollte für die Fußball-Weltmeisterschaft 1974 ein zweites Zeltdach aus NASA-Kunststoff entstehen, das aber nie gebaut wurde. Für das Sitztribünendach des Sechzger-Stadions behielt man schließlich das alte Konzept bei. Bis Mitte Mai 1971 sollte das Dach nach dem Willen des Stadtrates fertig gestellt sein. Für die Instandsetzung der Bestuhlung rechnete man mit einer schrittweisen Freigabe der erneuerten Plätze bis Anfang März.

Mit der Planung des neuen Haupttribünendachs beauftragte die Stadt das Münchner Ingenieurbüro Rudolf Grimme und Volker Wettmann, das bis Ende Februar 1971 seine Entwürfe vorlegte. Der Stil der alten Dachkonstruktion wurde nur geringfügig verändert. Für die Pfetten verwendete man aus statischen Gründen anstatt der abgebrannten Fachwerkträger Binder aus verleimtem Brettschichtholz. Die Durchmesser der acht Stahlrohrstützen, auf denen das Dach lagert, wurden von 16 auf 26,7 Zentimeter erhöht, wodurch sich die Sicht auf den Rasen etwas verschlechterte. An der Rückwand durchbrach man über dem Treppenhaus die Betonplatte der Ränge. Hier entstand ein Treppenaufgang vom Obergeschoss des Innenraums zu den Zuschauerplätzen. Darüber führt eine Treppe zu einer Galerie, die das zwei Meter breite Band von Reporterkabinen erschließt. Die an den Stahlstützen montierten Kabinen für Rundfunk- und Fernsehreporter, Presseleute, Stadionsprecher, Polizei und Lichtsteuerung und die dazwischen liegende Plattform für die Fernsehkameras ersetzten die zerstörten Kamerakanzeln und den an der Tribünenrückwand angebrachten Reporterraum.

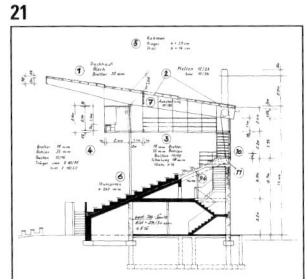 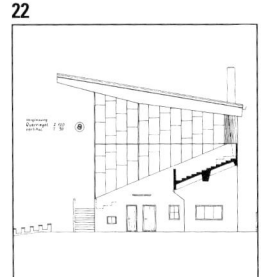

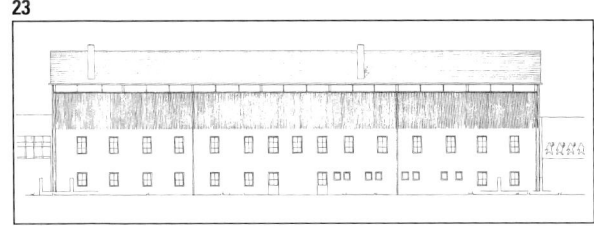

115

1962 bis 1972

Im März 1971 begann die Holzbaufirma Goldes mit den Arbeiten. Mitte April stand der Rohbau des Dachstuhls, und die Sitzplätze wurden freigegeben. Der Einlass von Zuschauern auf die Ränge einer noch im Bau befindlichen Tribüne wäre schon wenige Jahre später nicht mehr zulässig gewesen. In der Tribünenmitte wurden zwischen den beiden Aufgängen die ersten fünf Bankreihen bis zur Stützenflucht als Loge mit einem Geländer abgetrennt. 1979 ersetzte man dort die Holzbänke durch Kunststoffschalensitze.

Ab dem 8. Mai 1971 waren die Haupttribünenbesucher wieder vor Regen geschützt, nachdem man auf der Dachunterkonstruktion aus Sparren und Holzverschalung provisorische Dachpappenbahnen verlegt hatte. Das Blechdach wurde bis 24. Mai 1971 aufgebracht, und am 2. Juni 1971 konnte das Richtfest gefeiert werden. Um den Zeitplan einhalten zu können, waren Zusatzschichten der Arbeiter am Abend, in der Nacht und am Wochenende nötig gewesen. Die Reporterkabinen und die Treppenaufgänge wurden bis Juli 1971 fertig gestellt. Danach schützte man die Tribünenseiten wieder mit Glaswänden. Zwischen dünnen Metallprofilen wurden zwölf senkrechte Glasscheiben mit einer Breite von einem Meter gesetzt.

Bei der Abrechnung der Baukosten ergaben sich gegenüber den am 10. März 1971 genehmigten 642.000 DM Mehrkosten von 37.000 DM, wovon die Paulaner-Brauerei 5.000 DM als Spende übernahm.

24 Kaum stand das neue Dach im Rohbau, wurde die Tribüne wieder für die Zuschauer freigegeben. Das Bild entstand beim Spiel 1860 – 1. FC Nürnberg 1:1 am 24. April 1971.

25 Die obersten Reihen der Tribünenränge wurden mit klappbaren Schreibpulten für die Pressevertreter versehen.

26 Die Haupttribüne mit der seitlichen Glasverschalung und den Reporterkabinen heute.

27 Mit dieser Skizze bewarb sich München 1966 für die Olympischen Spiele 1972. Der Blick von Nordosten zeigt den Fernsehturm (links), die Plattform für Stadion, Sporthalle und Schwimmhalle und das olympische Dorf (unten).

QUER PASS

Die Entscheidung für das Olympiastadion

Mitte der 1960er Jahre war es endlich so weit: Der Münchner Stadtrat nahm den Bau des seit Jahrzehnten diskutierten Großstadions in Angriff. Gründe für diesen Entschluss gab es genug: Schließlich hatte München mit dem Stadion an der Grünwalder Straße seit 1940 kein A-Länderspiel mehr und nie ein Endspiel um die Deutsche Meisterschaft oder den DFB-Pokal zugeteilt bekommen. Das Prestige der bayerischen Landeshauptstadt – seit 1957 auch Millionenstadt – verlangte nach einer standesgemäßen Arena. Zudem waren die städtischen „Hausaufgaben" für den Breitensport gemacht, da das 1955 eingeleitete Zehn-Jahres-Programm zum Bau von Bezirkssportanlagen termingerecht abgeschlossen worden war.

1964 gründete die Stadt daher die Münchner Sportpark GmbH und kaufte für zwölf Millionen DM vom Freistaat Bayern das ehemalige Militärareal am Oberwiesenfeld. Auf der Heidelandschaft des Oberwiesenfeldes waren im 19. Jahrhundert ein Exerzierplatz und die öffentliche Turnanstalt entstanden. Ab 1921 traten Münchens Fußballgrößen auf dem Teutonia-Platz am östlichen Rand des Oberwiesenfelds an, dem größten Fußballplatz Münchens vor dem Ausbau des Sechzger-Platzes zum Stadion 1925/26. Von 1931 bis 1939 befand sich der Münchner Verkehrsflughafen auf dem Teilstück des Geländes nördlich des Nymphenburg-Biedersteiner-Kanals. Nach dem Zweiten Weltkrieg hatte man den Trümmerschutt aus der Innenstadt zu einem Schuttberg angehäuft, der für den Bau eines Großstadions genutzt werden sollte. Bei der Planung des Olympiastadions wurde der Schuttberg aber letztlich nicht mit einbezogen.

Nach dem Kauf des Geländes schrieb die Stadt 1964 einen Architekten-Wettbewerb aus. Die Pläne der siegreichen Büros Henschker (Braunschweig) und Deiss (München) wurden 1966 nach dem Zuschlag für die Olympischen Sommerspiele 1972 über den Haufen geworfen, da der Wettbewerb auf ein Stadion mit 90.000 Plätzen beschränkt gewesen war. Für die Olympiabewerbung hatte die Stadt den Stadionentwurf in ein Gesamtkonzept eingebettet, welches das Stadion, eine Mehrzweckhalle und eine Schwimmhalle auf einer riesigen betonierten Fläche vorsah. Unter der Betonplatte sollten Versorgungseinrichtungen und Parkplätze liegen. Das Konzept wurde wegen seiner fehlenden städtebaulichen Geschlossenheit bemängelt und schließlich verworfen. Ein neuer Architekten-Wettbewerb sollte einen „für die Olympischen Spiele 1972 […] würdigen städtebaulichen und architektonischen Rahmen" finden. Nur die Eissporthalle und der Fernsehturm wurden schließlich im Zuge des ursprünglichen Sportpark-Projektes verwirklicht.

27

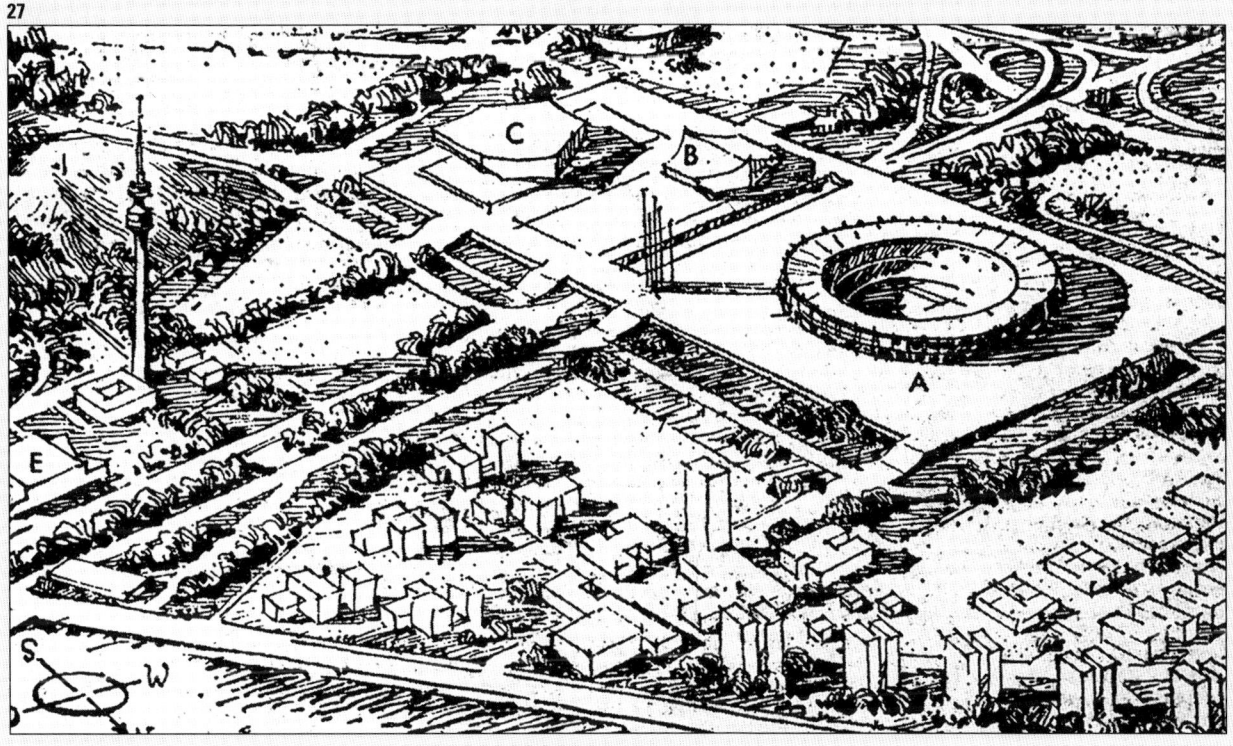

1972 bis 1977
Das Sechzger im Schatten des Olympiastadions

Das Olympiastadion ist fertig – die Diskussionen ums Sechzger beginnen

Das Stadion an der Grünwalder Straße war nach dem schnellen Wiederaufbau der Sitztribüne für die letzte Spielzeit vor der Eröffnung des Olympiastadions gerüstet. Der FC Bayern nahm als Pokalsieger 1971 am Europacup teil. Bei den Spielen gegen den FC Liverpool und Steaua Bukarest war das Stadion mit 40.000 Zuschauern ebenso ausverkauft wie im Halbfinale gegen die Glasgow Rangers. Am 5. April 1972 fand das letzte Europacup-Spiel auf Giesings Höhen statt. Die Schotten erreichten ein 1:1 in München und zogen nach einem 2:0-Sieg im Rückspiel ins Finale des Europacups der Pokalsieger ein. Trotz des Ausscheidens im internationalen Wettbewerb absolvierte der FC Bayern eine erfolgreiche Saison, da man den dritten Meistertitel der Vereinsgeschichte nach 1932 und 1969 feiern konnte. Zum letzten Spiel, bei dem Verfolger Schalke 04 quasi zum Endspiel nach München kam, zogen die Bayern allerdings zum ersten Mal ins neue Olympiastadion und feierten dort einen klaren 5:1-Erfolg und die Meisterschaft.

Einen Monat zuvor, am 26. Mai 1972, hatte man die Arena mit einem Länderspiel zwischen der Bundesrepublik Deutschland und der Sowjetunion (5:1) eröffnet. München hatte nun, nach über 50 Jahren Wartezeit, endlich das ersehnte Großstadion erhalten. Schon bald nach der Fertigstellung des Olympiastadions begann die Diskussion um die Zukunft des Stadions an der Grünwalder Straße.

HÖHEPUNKTE

1932, 1969, 1972
FC Bayern: Dreimal Meister, aber nie im Sechzger

Wer genau hinsieht, wird in diesem Buch eines vermissen: den Bericht von einem Spiel, durch das der FC Bayern Deutscher Meister wurde. Das liegt einfach daran, dass die Bayern nie einen Titelgewinn nach einem Spiel im Stadion an der Grünwalder Straße direkt feiern konnten. Allerdings bereiteten sie dreimal ihren Titelgewinn im Sechzger vor.

Seine erste Deutsche Meisterschaft gewann der FC Bayern in Nürnberg. Am 12. Juni 1932 fand dort das Endspiel gegen Eintracht Frankfurt statt, das mit einem klaren 3:0-Sieg für die Bayern endete. Auf dem Weg ins Finale hatten die Rothosen wenigstens im Achtelfinale „zuhause" im Sechzger-Stadion antreten dürfen. Minerva Berlin wurde dabei am 8. Mai 1932 vor 15.000 Zuschauern mit 4:2 besiegt.

1969 konnten die Bayern ihre erste Bundesliga-Meisterschaft feiern. Mit zuvor noch nie gesehener Souveränität zogen sie der Konkurrenz davon, und bereits am 29. Spieltag stand nach einem 1:0-Sieg in Dortmund der Titelgewinn fest. In den Heimspielen an der Grünwalder Straße hatten die Bayern nur eine Niederlage hinnehmen müssen – diese aber ausgerechnet gegen den Lokalrivalen 1860.

1 Blick von Süden auf das Olympiastadion.
2 Bayerns erster Auftritt im Olympiastadion endete 1972 mit dem Meistertitel: Franz Beckenbauer mit der Schale, daneben Sepp Maier.

Auch 1971/72 legten die Bayern erneut den Grundstein zur Meisterschaft auf Giesings Höhen, wo sie in 16 Heimspielen bei 13 Siegen und drei Unentschieden ohne Niederlage blieben. Als am letzten Spieltag das Duell gegen den direkten Meisterschaftskonkurrenten Schalke 04 anstand, zog der FC Bayern auf Drängen von Präsident Neudecker erstmals ins Olympiastadion um. 79.032 Zuschauer sahen dort einen 5:1-Sieg der Bayern, der ihnen den Titel sicherte. Dank der Einnahme von 1,2 Millionen DM aus dem Kartenverkauf wurde damals die Aufnahme eines Kredites abgewendet, der zur Zahlung ausstehender Spielergehälter nötig geworden wäre.

„Münchens Fußball-Mekka muss erhalten bleiben!", titelte der „Münchner Merkur" am Tag des Eröffnungsspieles der olympischen Arena. Der Grund für diese eindeutige Forderung waren erste Gerüchte, die besagten, dass die Stadt das mitten in Giesing gelegene Stadionareal – geschätzter Wert: 6,13 Millionen DM – verkaufen wolle. Stadtschulrat Fingerle versuchte zu beschwichtigen: Überlegungen über das Stadion an der Grünwalder Straße wolle man erst nach den Olympischen Spielen anstellen. Der „Münchner Merkur" sah keinen stichhaltigen Grund für einen Abriss des Stadions, in dem „25.000 Zuschauer ohne wesentliche Verkehrsstörungen abgewickelt werden" könnten. Vielmehr wäre nun für die Münchner Vereine eine ideale Lösung der Spielstättenfrage möglich: Der FC Bayern könnte im Olympiastadion, der damalige Regionalligist TSV 1860 im Sechzger und der FC Wacker auf dem bis Herbst 1972 zur Bezirkssportanlage ausgebauten Wacker-Platz an der Demleitner Straße in Sendling spielen.

Allerdings dachte auch der TSV 1860 über einen Umzug ins Olympiastadion nach. Die Sechziger wollten jedoch zunächst die Zuschauerentwicklung in der neuen Arena abwarten und sich die Option auf eine Rückkehr nach Giesing offen halten. 1860-Vizepräsident Dr. Schmöger erklärte: „Ohne Zweifel hat das Grünwalder Stadion den Vorteil, ein reines Fußballstadion zu sein, das ein Fluidum hat, wie es nur noch in England zu finden ist." Das Olympiastadion vor Augen, verklärte sich der Blick auf das in den Jahren zuvor oft als zu klein verfluchte Sechzger-Stadion. Auch FC Bayern-Präsident Neudecker traute der Euphorie über die neue Arena noch nicht ganz und forderte bezüglich des Stadions an der Grünwalder Straße: „Sportstätten sollte man nicht auflösen, denn man kann nicht genug davon haben. Wenn das Stadion abgerissen wird, steht wohl eine rein kommerzielle Lösung dahinter."

„Ich will kein Schwarzmaler sein, aber wenn einmal der Erfolg ausbleibt, dann ist mit Sicherheit jede Mannschaft froh, ins Grünwalder Stadion ausweichen zu kön-

1972 bis 1977

HÖHEPUNKT

20.9.1972
FC Bayern - Werder Bremen 2:1 –
Bayerns Abschied vom Sechzger

Der FC Bayern konnte aus organisatorischen Gründen sein erstes Heimspiel der Bundesliga-Spielzeit 1972/73 nicht im Olympiastadion durchführen und trat daher noch einmal im Sechzger-Stadion an. Die Partie gegen Werder Bremen am Mittwoch 20. September 1972 sollte bis heute das letzte Pflichtspiel des FC Bayern an der Grünwalder Straße bleiben.

Gegen die schwach gestarteten Bremer (0:0 gegen Aufsteiger Offenbach) gingen die Bayern vor 25.000 Zuschauern als klarer Favorit ins Spiel. Zum Saisonauftakt hatte die Lattek-Elf schließlich einen 5:0-Kantersieg in Oberhausen gefeiert und damit gleich die Tabellenführung übernommen. Von dort ließ sich der FC Bayern bis zum 34. Spieltag nicht mehr verdrängen und sicherte sich am Saisonende mit noch nie dagewesener Souveränität die Meisterschaft. Im Spiel gegen Werder Bremen mussten sich die Bayern aber zu einem 2:1-Sieg zittern. Zwar hatten Edgar Schneider und Gerd Müller einen 2:0-Vorsprung herausgeschossen, doch nachdem Franz „Bulle" Roth einen Foulelfmeter vergeben (48.) und der Bremer Weist auf 2:1 verkürzt hatte, spielten nur noch die Gäste aus dem hohen Norden.

Beim Abschied zeigte Trainer Udo Lattek fast etwas Wehmut: „Der Platz in Giesing oben ist uns längst ans Herz gewachsen. Er hat Atmosphäre und Tradition. Ein wenig trauern wir schon. Aber viele Aspekte sprechen doch fürs Olympiastadion." Eine Woche später, am 27. September 1972, zogen die Bayern im Zuge der Europa-Cup-Begegnung gegen Galatasaray Istanbul endgültig in die neue Arena um. Mit dem Olympiastadion waren die Bayern-Spieler aber zunächst nicht immer zufrieden. Torwart Sepp Maier erinnerte sich später: „Wir Spieler haben den Umzug mit einem weinenden und einem lachenden Auge gesehen. Wir wollten damals in unserem alten Stadion bleiben und nur Schlager- und Europacup-Spiele im Olympiastadion austragen. Der DFB hat's aber verboten, und es war wohl auch richtig. Der Verein brauchte die Einnahmen aus der riesigen Arena, und wir Spieler haben ja auch davon profitiert." Schließlich verdankte der FC Bayern dem Olympiastadion hohe Erlöse aus dem Kartenverkauf, wodurch die Bayern in den 1970er Jahren gegenüber dem Konkurrenten Borussia Möchengladbach mit seinem veralteten Bökelberg-Stadion davonzogen und zur deutschen Nummer 1 aufstiegen.

Aufstellungen:

FC Bayern: Maier, Hansen, Schwarzenbeck, Beckenbauer, Breitner, Roth, Krauthausen, Hoeneß, Schneider, Müller, Hoffmann (46. Dürnberger)

Werder Bremen: Bernard, Zembski, Schmidt, Höttges, Assauer, Kamp, Dietrich, Hasebrink, Görts, Weist, Neuberger

Tore: 1:0 Schneider (25.), 2:0 Müller (46.), 2:1 Weist (61.)

3 Franz Beckenbauer vor dem Spiel mit Bremens Rudi Assauer. Im Hintergrund die Sitztribüne.

nen. Ich würde es sehr bedauern, wenn die Stadt den Platz eingehen ließe", meinte der Präsident des Bayerischen Fußball-Verbandes, Hans Huber, der mit seiner Prognose Recht behalten sollte, wie die Drittligazeiten des TSV 1860 in den 1980er Jahren zeigten.

Bei so viel Einigkeit unter den Fußball-Funktionären wollte auch das Sportamt nicht zurückstehen und erklärte, dass eine Großstadt ohne weiteres zwei Stadien verkraften könne. Beispiele wie Hamburg, Berlin, Köln oder Stuttgart machten dies deutlich. Mehr als zwei Stadien seien aber zu viel, argumentierte die Münchner SPD und bezog dabei auch das inzwischen auf 14.000 Plätze ausgebaute Dantestadion in ihre Überlegungen mit ein. Da das Stadion an der Grünwalder Straße nur zu Fußballspielen genutzt wurde und über keinerlei Nebenanlagen für andere Sportarten verfügte, erwartete die SPD-Stadtratsfraktion in Zukunft nur eine geringe Auslastung der Anlage. Man stellte daher am 17. Juli 1972 den Antrag an SPD-Oberbürgermeister Georg Kronawitter, zu prüfen, „ob das Gelände des Grünwalder-Stadions einer Wohnbebauung zugeführt werden kann".

Liga-Pokal statt olympisches Fußballturnier

München stand im Sommer 1972 ganz im Zeichen der Olympischen Spiele. Die Besucher waren fasziniert von der kühnen Zeltdachkonstruktion über den vom Stuttgarter Büro Behnisch und Partner entworfenen Bauten. Eine Integration des Stadions an der Grünwalder Straße in die Reihe der olympischen Veranstaltungsorte gab es nicht. Schon im September 1969 hatte das Sportamt Vermutungen zurückgewiesen, einige Wettbewerbe der Olympischen Spiele 1972 könnten im Sechzger-Stadion ausgetragen werden. Spielorte für das olympische Fußballturnier wurden schließlich neben dem Münchner Olympiastadion das Nürnberger Stadion (61.000 Plätze), das Augsburger Rosenaustadion (43.000), das Regensburger Jahn-Stadion (22.000), das Passauer Dreiflüsse-Stadion (20.000) und das Ingolstädter ESV-Stadion (15.000). Die Zuschauerzahlen blieben dort des Öfteren im vierstelligen oder gar dreistelligen Bereich, wofür das Giesinger Stadion eigentlich auch ausgereicht hätte, wie „SZ"-Sportjournalist Hans Schiefele feststellte: „Niemand missgönnte den Fußballfreunden in den bayerischen Städten, wenigstens einen Schimmer olympischen Fluidums mitbekommen zu haben, aber ebenso gut hätte sich das ganze Turnier im Raum München mit seinem Stadion an der Grünwalder Straße und den vielen Bezirkssportanlagen bewältigen lassen. So wäre den Teilnehmern eine weite Wegstrecke wie bis nach Passau […] erspart geblieben."

Wegen der Olympiade, die vom 26. August bis zum 10. September 1972 stattfand, wurde der Saisonstart der Bundesliga auf den 16. September 1972 verschoben. Um die lange Sommerpause zu überbrücken, führte der DFB den einmalig ausgetragenen Liga-Pokal-Wettbewerb durch, bei dem regionale Vorrundengruppen gebildet wurden. Regionalligist TSV 1860 empfing dabei am 2. August 1972 den Stadtrivalen FC Bayern. Im ersten Derby, das im Olympiastadion ausgetragen wurde, sahen 79.000 Zuschauer einen 3:1-Sieg der Bayern. Das Rückspiel fand am 23. August 1972, drei Tage vor Beginn der Olympischen Spiele, in Giesing statt. Nur 23.000 erlebten das letzte Derby, bei dem der FC Bayern als Heimverein an der Grünwalder Straße antrat. Die Bayern gewannen mit 5:3.

Bereits Anfang August war die Regionalliga Süd in die Saison 1972/73 gestartet. Die beiden Münchner Vertreter TSV 1860 und FC Wacker trugen ihre Spiele zunächst im Stadion an der Grünwalder Straße aus. Bundesligist FC Bayern wechselte ins Olympiastadion, bestritt vor dem endgültigen Umzug aber noch ein letztes Heimspiel auf Giesings Höhen.

Der TSV 1860 hatte ebenfalls einen Umzug in Erwägung gezogen, der sich aber angesichts eines katastrophalen Fehlstarts in die neue Saison bald erübrigte. Dass die Sechziger ab Mitte November 1972 dennoch im Olympiastadion spielten, kam eher unfreiwillig zustande.

Orkanschaden – der Anfang vom Ende der Stehhalle

Am Montag 13. November 1972 zog zwischen 7:30 Uhr und 12 Uhr von Südwesten her ein Sturm der Windstärke 10, das heißt mit bis zu 100 km/h Windgeschwindigkeit, über München. Um 11:30 Uhr riss der Orkan Teile des Stehhallendaches herunter und schleuderte diese auf die umliegenden Straßen. Zwei Personen erlitten dabei Verletzungen, daneben wurden zwei Autos und eine Ampel beschädigt. 1.000 Quadratmeter Blechdach lagen auf der Candidauffahrt, die ebenso wie die Grünwalder Straße bis 17 Uhr in einer Fahrtrichtung gesperrt bleiben musste. Von den 16 Binderfeldern des Stehhallendaches hatte der Sturm im siebten bis neunten Feld (von Westen aus gezählt) fast die gesamte Dachkonstruktion mit Blecheindeckung, Bitumenbelag, Holzschalung und Sparren abgehoben. In fünf weiteren Feldern fehlte das Blechdach. Die Berufsfeuerwehr und vom Hochbau-

1972 bis 1977

4

5

amt angeforderte Firmen führten bis zum Nachmittag die Sicherungsarbeiten des Daches aus.

Die am Samstag, dem 18. November 1972, im Stadion an der Grünwalder Straße geplante Doppelveranstaltung mit den Regionalligaspielen TSV 1860 - Freiburger FC und FC Wacker - SSV Reutlingen musste abgesagt werden. Der FC Wacker wich nach Sendling auf den ehemals vereinseigenen Platz aus, der von Juli 1970 an vom Sportamt der Stadt München renoviert und am 7. August 1972 als „Bezirkssportanlage an der Demleitner Straße" wieder eröffnet worden war (Eröffnungsspiel FC Wacker - FC Bayern 4:6). Bereits im Dezember 1972 kehrte Wacker ins Stadion an der Grünwalder Straße zurück. Die Wackeraner zogen aber im Frühjahr 1973 endgültig von Giesings Höhen zurück in ihre traditionelle Sendlinger Heimat, da man in der Regionalliga Süd erneut abgeschlagenes Tabellenschlusslicht war.

1860 zieht ins Olympiastadion, stellt einen Zuschauerrekord auf und kehrt wieder heim

Auch der TSV 1860, der seine Partie gegen den Freiburger FC im Olympiastadion austrug, wollte zunächst schon beim darauffolgenden Heimspiel gegen den VfR Heilbronn wieder an der Grünwalder Straße antreten. Man blieb jedoch im Olympiastadion, wo trotz der im Vergleich zum Sechzger-Stadion höheren Stadionmiete – 10% statt 5% – mehr Einnahmen winkten. Die Zuschauerzahlen blieben dort aber im unteren Bereich, weshalb die Kalkulation der Verantwortlichen nur bedingt aufging. Ihre Hoffnungen, die im Olympiastadion eine sprudelnde Geldquelle sahen, beruhten auf der hohen Anzahl von 47.000 Sitzplätzen im über 79.000 Zuschauer fassenden Betonoval. Die Mehrzahl der Fußballanhänger entschied sich jedoch für den Kauf einer billigeren Stehplatzkarte, was die Einnahmen bei schlecht besuchten Spielen im Vergleich zum Stadion an der Grünwalder Straße kaum steigerte.

1860 blieb auch zu Beginn der Saison 1973/74 im Olympiastadion, wo sich am Abend des 15. August 1973 beim Spiel gegen den FC Augsburg (mit dem Italien-Rückkehrer Helmut Haller) zwischen 90.000 und 100.000 Zuschauer drängten. Die Rekordzahl, die in München vorher und nachher nie mehr erreicht wurde, war nur möglich gewesen, weil vor dem Stadion wartende Anhänger Zäune und Kassenhäuschen überstiegen, nachdem bereits in der dritten Spielminute das 1:0 für die Sechziger gefallen war. Der TSV 1860 war auf die Zuschauermassen nicht eingestellt gewesen und hatte nur 50.000 Eintrittskarten drucken lassen. Schließlich wurden unnummerierte Ersatzkarten verkauft, doch der Andrang vor den Stadionkassen konnte auch dadurch nicht ausreichend befriedigt werden. Wie schon 1948 im Stadion an der Grünwalder Straße kam also auch der Rekordbesuch im Olympiastadion durch irreguläre Umstände zustande. Der TSV 1860 hält damit die Zuschauerrekorde in beiden Münchner Stadien und wird diese wohl nicht mehr verlieren.

Ansonsten bewegten sich die Besucherzahlen bei 1860-Spielen im Olympiastadion erneut teilweise nur im vierstelligen Bereich, weshalb man die letzten sechs Heimpartien im Frühjahr 1974 an der Grünwalder Straße austrug, wo inzwischen der gerade heimatlose Amateurverein FC Sportfreunde eine vorübergehende Bleibe für die Saison 1973/74 gefunden hatte. Schon ein Jahr zuvor hatte die 1860-Führung geäußert, dass sie eine Rückkehr nach Giesing befürworten würde. Voraussetzung war aber der Ausbau des Stadions, das hieß der Sitzplätze, wobei ein Fassungsvermögen von 25.000 Plätzen als ausreichend angesehen wurde. Auch Bayern-Präsident Neudecker stellte Überlegungen über einen Umzug im Winter an, wenn man weniger Anhänger bei den Heimspielen erwartete. „Das Stadion an der Grünwalder Straße hat ein Fluidum, das dem Olympiastadion fehlt", hatte Neudecker nach den ersten Erfahrungen mit der weitläufigen Leichtathletik-Arena erkannt. Er bezeichnete daher Planspiele über einen Abriss der traditionsreichen Sportstätte am Giesinger Berg als „Schildbürgerstreich".

Proteste gegen den Abriss und neue Ideen

Nach dem Sturmschaden am Dach der Stehhalle im November 1972 standen die Karten für das Sechzger-Stadion denkbar schlecht. Doch weitere Proteste regten sich. „Lasst's unseren 60er stehen!", formulierten 17 Institutionen und Persönlichkeiten ihren Aufruf an den Stadtrat. Der Sturm war ihrer Meinung nach ein „günstiger Wind für einige Stadträte, die das Stadion lieber heute als morgen abgerissen sähen". Der Kreis der Unterzeichner kam aber nicht etwa aus den Reihen von Fußballfreunden. Er bestand vielmehr aus Giesinger Elternbeiräten, Schulrektoren, Pfarrern und Jugendpflegestellen, die sich gegen eine von der SPD geplante Wohnbebauung auf dem Stadiongelände wandten. Der Abriss der Tribünen käme viel zu teuer, um dort billige Wohnungen schaffen zu können, wurde argumentiert. Zudem könne die in Giesing sowieso schon unzureichende Versorgung mit Schul- und Kindergartenplätzen eine weitere Wohnsiedlung nicht verkraften. An Anlagen für den Schul- und Breitensport bestehe im Stadtviertel ebenfalls Mangel, weshalb der Abriss einer Sportstätte nicht hinnehmbar wäre.

Auch der Bezirksausschuss des Stadtbezirks Obergiesing plädierte dafür, vorrangig den Schulsport zu fördern. Die Stadtteilpolitiker schlugen daher den Einbau von Schulsport-Anlagen im Stadion an der Grünwalder Straße vor, wodurch dieses auch als Bezirkssportanlage genutzt werden könne. Einen „kommerziellen Ausbau" nach den Wünschen der beiden Profivereine lehnte man dagegen ab.

Nachdem die CSU-Fraktion im Januar 1973 zwei Anträge zur Instandsetzung der Stehhalle gestellt hatte und weitere Vorschläge, wie der Bau eines Hallenbades, aus Bürgerkreisen eingegangen waren, bemühte sich der Stadtrat im Mai 1973, einen Kompromiss aus allen Anliegen zu finden. Das Stadtentwicklungsreferat lehnte in der Anhörung vor dem Stadtrat die Errichtung von Sozialwohnungen unter anderem wegen der fehlenden Infrastruktureinrichtungen ab. Zudem benötigte München nach Meinung der Planungsexperten ein zweites großes Stadion als Ausweichspielort. Man hatte erkannt, dass die Austragung von Spielen mit weniger als 15.000 Zuschauern im Olympiastadion unwirtschaftlich war. Einstimmig beschlossen die Stadträte schließlich, das Stadion an der Grünwalder Straße für den Schul- und Breitensport auszubauen, wobei der Charakter eines Fußballstadions zu wahren sei. Wegen des geringen Sportstättenangebotes in Giesing erwartete man für ein solches Freizeitsportzentrum großen Zulauf. Neben der Sanierung der Stehhalle, bei der ein Teil der Ränge in 4.269 Sitzplätze umgewandelt werden sollte, war der Abriss der Stehplatzkurven geplant. An ihrer Stelle sollten Allwetterplätze für Basketball und Volleyball, Weitsprunganlagen und Kurzstrecken-Laufbahnen angelegt werden. Nach den Umbaumaßnahmen, deren Kosten auf knapp 1,2 Millionen DM veranschlagt wurden, sollte das Fassungsvermögen des Stadions 25.000 Plätze betragen.

Die genauere Prüfung des Vorhabens durch das Baureferat ergab jedoch, dass dieser Kostenrahmen nicht zu halten sein würde. „Der Ausbau kostet 2,24 Millionen – das ist dem Stadtrat zu viel: Soll das Sechzger-Stadion sterben?", titelte die „Abendzeitung" nach der Ratssitzung vom 28. September 1973. Grund für die Kostenexplosion war der schlechte Zustand des Stahlbetons an der Stehhalle. „Das statisch gefährdete Bauwerk kann nicht gehalten werden", konstantierte Stadtbaurat Zech und verkündete, dass die

6

7

4 Teile des Stehhallendaches wurden bei einem Orkan am 13. November 1972 auf die Kreuzung vor dem Stadion geschleudert.

5 Zuschauerrekord im Olympiastadion: Rund 90.000 Zuschauer drängten sich beim Regionalligaspiel 1860 - FC Augsburg (1:1) am 15. August 1973 auf den Rängen.

6 Nach dem Sturmschaden an der Stehhalle verstärkten sich die Abrissdiskussionen.

7 Am 21. Februar 1973 zeigte die Boulevardzeitung „tz" die Alternative bei einem Abriss des Stadions: einen gesichtslosen Wohnblock.

1972 bis 1977

Sanierung laut eines Gutachtens der Technischen Universität München 1,25 Millionen DM koste. Da die Sicherheit der Tribüne dadurch auch nur für begrenzte Zeit gewährleistet sei, plädierte der Stadtbaurat für einen kompletten Neubau, der mit 1,64 Millionen DM veranschlagt wurde. Zusammen mit den Kosten von 600.000 DM für den Umbau zu einer Bezirkssportanlage ergab sich die genannte Summe von 2,24 Millionen DM.

Der Umbau scheitert und die Proteste nehmen zu

Nachdem Stadtrat Ludwig Schmid auch noch grundlegende Zweifel am Konzept des Mehrzweckstadions vorbrachte, das seiner Meinung nach ein „Stadion-Bastard" werde, stellte die Ratsversammlung das Projekt auf unbestimmte Zeit zurück. Nun drohte erneut der Abriss des Stadions, wogegen die Fußballvereine heftig protestierten. „Giesing ist ohne sein traditionsreiches Fußballstadion unvorstellbar", empörte sich der frühere 1860-Präsident Adalbert Wetzel. Seiner Meinung nach wollte die Stadt das Stadion loswerden. Man brauche aber eine Ausweichmöglichkeit zum großen Olympiastadion. Was der Vorteil der Giesinger Arena ist, machte der ehemalige 1860-Stürmer Fredi Heiß klar: „Das Sechzger-Stadion hat eine tolle Fußball-Atmosphäre, ganz im Gegenteil zum Olympiastadion." Peter Grosser, der in den 1960er Jahren für den FC Bayern und den TSV 1860 gespielt hatte, stellte fest: „Das Olympiastadion ist für mich keine Alternative. Vor allem im Winter nicht. Da war ich dreimal draußen und bin zweimal erkältet heimgekehrt. Es wäre ein echter Verlust für München, wenn es auf Giesings Höhen keine Fußballspiele mehr geben würde!" Der ungarische 1860-Trainer Elek Schwartz merkte an: „Es ist geradezu lächerlich, wenn einer Weltstadt wie München nur ein Fußballstadion zur Verfügung stehen würde! Die meisten europäischen Großstädte besitzen drei bis vier moderne Fußballstadien."

Das Thema erhitzte auch in der Bevölkerung die Gemüter, weshalb die „Abendzeitung" eine Umfrage-Aktion startete. Die Leser konnten sich für einen von drei Vorschlägen über die zukünftige Nutzung des Stadions entscheiden und ihre Meinung auf einen Antwortcoupon an das Boulevardblatt senden. Nach einer Woche waren 413 Zuschriften eingegangen. 348 Leser, also die überwältigende Mehrheit von 84%, stimmten für den Ausbau als Fußballstadion, egal wie teuer dieser käme. Wenigstens als Anlage für den Schulsport sollte die Sportstätte nach Meinung von 40 Lesern erhalten bleiben, wobei nur 15 Leser den Profi-Fußball ganz verbannen wollten. 25 Zuschriften, das heißt nur 6%, plädierten für den Abriss des Stadions und den Bau von Wohnhäusern.

„So weit wird es bestimmt nicht kommen", versprach Oberbürgermeister Kronawitter, als ihm die „Abendzeitung" am 4. Oktober 1973 die Stimmzettel übergab. Einen Monat später verfügte der Oberbürgermeister die dringliche Anordnung, das beschädigte Stehhallendach abzutragen. Fast exakt ein Jahr nach dem Orkan verschwand nun der Torso der Dachkonstruktion, womit man bei einem neuerlichen Sturm die Gefahr von umhergeschleuderten Teilen verhinderte.

Tribünenneubau platzt

Das weitere Vorgehen in Sachen Stadionumbau blieb zunächst offen. Im Dezember 1973 erklärten sich der FC Bayern und der TSV 1860 schließlich bereit, für den Neubau der Nordtribüne 750.000 DM bereitzustellen, die aus drei Lokalderbys erzielt werden sollten. 1860-Präsident Sackmann wies darauf hin, dass der Stadt die Unterhaltszahlungen bei einer reinen Schulsportnutzung teurer kämen, als es bei einer weiteren Bereitstellung des Stadions für die Profivereine der Fall sei. Der Sportausschuss des Stadtrates beschloss daraufhin den Neubau der Gegengeraden als Sitztribüne, was der vom Baureferat ausgearbeiteten Umbauvariante vier entsprach. Bei dieser Lösung sollten die Stehplatzkurven erhalten bleiben (Fassungsvermögen des Stadions: insgesamt 33.860 Zuschauer bei 8.043 Sitzplätzen) und folgende Anlagen für den Sportunterricht der Fromund-Schule geschaffen werden: ein Allwetter-Spielfeld, drei Laufbahnen (aber keine Rundbahn), eine Kugelstoß- und zwei Sprunganlagen. Die Rasenbenutzung sollte der Schule nur bei günstiger Witterung erlaubt werden, um das Spielfeld für die Spiele des TSV 1860 zu schonen. Dagegen opponierte der Obergiesinger Bezirksausschuss, da man keine Nutzung als „Großveranstaltungs-Stadion" wollte, bei welcher der Parkplatz an der Kreuzung Candidstraße/Schönstraße nicht wie geplant zu einem Bolzplatz umgestaltet werden könnte.

Als in der Stadtratsitzung am 29. Januar 1974 eine Entscheidung über die vier Vorschläge des Baureferats anstand, kam es zu einer erneuten Wende. Während der FC Bayern seinen Anteil an den Baukosten in Höhe von 375.000 DM zusagte, erklärte der TSV 1860 – entgegen den Ankündigungen im Vormonat – einen finanziellen Beitrag von seiner Seite als nicht möglich. Die SPD beantragte daraufhin, den Sitztribünen-Bau zu streichen und das Fassungsvermögen nach Umbau-Variante eins auf 28.000 Plätze zu reduzieren. Mit 39:36 Stimmen wurde der Antrag abgelehnt.

8 Zeichnung für den Abbruch der Stehhalle (1974). Nur die Ränge auf dem Erdwall blieben erhalten.

9 Auf dem verbliebenen Erdwall wurden Sitzbänke montiert. Die rückwärtigen Nebenanlagen wurden provisorisch überdacht. (Plan von 1974)

Stattdessen stellte man dem TSV 1860 bis zum 15. März 1974 ein Ultimatum: Entweder man sichere das Geld zu, oder die Pläne für den Sitztribünenbau würden verworfen. 1860-Präsident Sackmann bot anstelle einer Bürgschaft die Bereitstellung von Mehreinnahmen an, die durch erhöhte Eintrittspreise erzielt werden sollten. Als die Stadträte auch das Angebot ablehnten, die Stadionmiete von 5 % auf 10 % anzuheben, schimpfte Sackmann: „Da sind Halsabschneider und Erpresser am Werk!" Weil der Vereinsrat des FC Bayern die Bürgschaft des TSV 1860 – wie es Präsident Neudecker vorgeschlagen hatte – nicht übernehmen wollte, verstrich die Frist ohne eine Zusage für weitere 375.000 DM von Vereinsseite. Auch die Rückkehr der 1860-Profis ins Stadion an der Grünwalder Straße ab dem 17. Februar 1974 hatte nur symbolischen Wert.

Der Stadtrat entschied sich im Mai 1974 für den Umbau des Stadions nach Variante eins des Baureferats. Für den Neubau einer Nordtribüne in späteren Jahren sah Bürgermeister Müller-Heydenreich wenig Chancen: „Die finanzielle Situation der Stadt müsste sich wesentlich verbessern, um noch einmal die Zustimmung der Fraktionen zu bekommen."

Abriss der Stehhalle und Umbau zur Bezirkssportanlage

Im Juli 1974 rollten die Bagger an, um die maroden Betonränge der legendären Stehhalle abzureißen. Fast 50 Jahre war die Tribüne „das Herz, der Mittelpunkt des Sechzger-Stadions" (Manfred Fuck in seinem Buch „Der letzte Spieltag"), der Versammlungsort für den harten Kern der Münchner Fußballanhänger gewesen. Erhalten blieben allein der Erdwall mit den beiden Treppenzugängen (die Bezeichnung „Mundloch-Öffnungen" war nun nicht mehr zutreffend), die Betriebsräume und die 1960 angebauten Treppenhaustürme, die bei einem eventuellen Wiederaufbau der Tribüne integriert werden sollten. Die Werkstatt-, Lager-, Kiosk- und Toilettenräume an der Stützmauer des Erdwalls waren nun nicht mehr durch die Tribünenränge vor Regen geschützt. Ihre primitive Überdachung wurde durch eine stabilere Holzkonstruktion ersetzt. Die Pultdächer ragten in der Höhe 1,50 Meter über die Wallkrone hinaus, weshalb man dort einen Maschendrahtzaun errichtete, um das Besteigen der Dächer durch Zuschauer zu verhindern.

Die verbliebenen Betonstufen auf dem Wall wurden in Sitzplätze umgewandelt. Auf jede zweite Stufe montierte man drei Bohlen aus Fichtenholz, wodurch neun Bankreihen mit 1.660 Sitzplätzen entstanden. Hinzu kamen die vier Bankreihen der flach ansteigenden Vortribüne (820

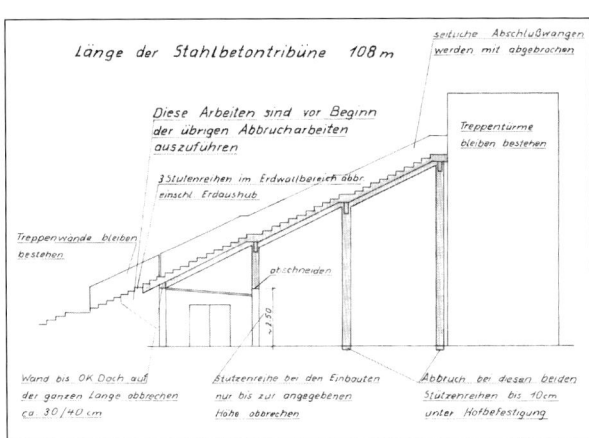

8

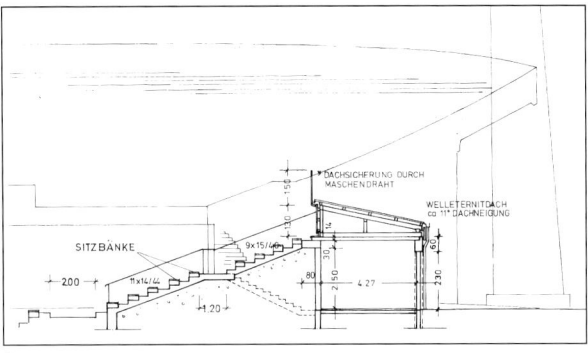

9

Sitzplätze). Nach Fertigstellung der Arbeiten im Herbst 1974 standen auf der Gegengerade damit 2.480 Sitzplätze zur Verfügung. Das Gesamtfassungsvermögen des Stadions betrug nun 28.614 Plätze.

Vor der Westkurve legte man im Frühjahr 1975 ein Allwetter-Kleinspielfeld an, das auch als Anlaufbahn für die nördlich anschließende Weit- und Hochsprung-Sandgrube diente. Der 14 mal 26 Meter große Hartplatz wurde mit abbaubaren Basketballkörben und Volleyballnetzen ausgestattet. Daneben entstanden um das Spielfeld eine 380 Meter lange Laufbahn und zwischen Spielfeld und Gegengerade eine 4-mal-100-Meter-Bahn aus Ziegelsand. Für den Einbau der Sportanlagen gewährte der Freistaat Bayern einen Zuschuss von 20.000 DM. Der Abbruch der Stehhalle und die Umgestaltung in eine „Bezirkssportanlage" kosteten insgesamt 665.000 DM.

Stadion-Pendler 1860 propagiert den Tribünenausbau

Das neue Flair der Sportstätte behagte den Sechzigern aber nicht. Sie wollten mit aller Macht zurück in die 1. Bundesliga und hatten dazu Meistertrainer Max Merkel zurückgeholt. Das Stadion an der Grünwalder Straße mit der

1972 bis 1977

10 Die „Bezirkssportanlage an der Grünwalder Straße" im Jahr 1977: Nur die stehen gebliebenen Treppentürme erinnern an die einstige Stehhalle.

kleinen Gegengerade, deren Anblick an ein Provinzstadion erinnerte, war dem TSV 1860 nicht mehr gut genug. Man erwartete nach dem für Regionalliga-Verhältnisse sensationellen Zuschauerschnitt von 28.070 in der Saison 1973/74 zudem erneut hohe Besucherzahlen, weshalb man im Sommer 1974 zur ersten Spielzeit der neu eingeführten 2. Bundesliga Süd wieder ins Olympiastadion umzog.

Als es zwei Jahre später immer noch nicht mit dem Aufstieg geklappt hatte, machte sich bei den Verantwortlichen große Ernüchterung breit. Nur 14.345 Zuschauer waren in der Saison 1975/76 im Schnitt ins Olympiastadion gekommen, im letzten Heimspiel gegen Waldhof Mannheim verloren sich 2.552 Anhänger in der 80.000er-Arena. Das Stadion an der Grünwalder Straße reiche für die kommende Saison völlig aus, befand das 1860-Präsidium. Nur zu Spitzenspielen wollte man ins Olympiastadion ausweichen, das sich aufgrund des hohen organisatorischen Aufwands bei geringen Zuschauerzahlen als zu teuer erwiesen hatte. Als neuen „Nachbarn" in der „Bezirkssportanlage" an der Grünwalder Straße lernten die Sechziger die Amateure des FC Bayern kennen, die dort seit Sommer 1975 ihre Spiele austrugen. Bayern-Präsident Neudecker wollte durch diese Maßnahme den Abriss-Befürwortern den Wind aus den Segeln nehmen, indem er ihnen zeigte, dass das Sechzger-Stadion noch gebraucht wurde.

Ein Problem blieb der Tribünentorso auf der Nordseite des Stadions. Seit dem Abbruch der Stehhalle „war das Stadion nur noch die Hälfte wert. Die rechte Atmosphäre wollte nicht aufkommen" wusste der „Münchner Merkur". Noch vor Saisonbeginn stießen die Verantwortlichen des TSV 1860 daher eine neue Diskussion über den Ausbau der Gegengerade an. Am 23. Juni 1976 reichten die beiden 1860-Funktionäre und Mandatsträger, Dr. Erich Riedl, 1860-Präsident und CSU-Abgeordneter im Bundestag, und Alois Mittermüller, Leiter der 1860-Leichtathletik-Abteilung und SPD-Landtagsabgeordneter, bei Oberbürgermeister Kronawitter (SPD) einen Antrag ein, die Sitzplätze auf der Nordseite mit einer Überdachung zu versehen. Auch einen Entwurf für das Dach konnten die Sechziger präsentieren. Diesen hatte Bauingenieur Harry Kaiser, Leiter der 1860-Boxabteilung, angefertigt. Nach seiner Kalkulation kam die billigste Lösung auf Kosten von rund 600.000 DM. Im Hinterkopf schwebte der 1860-Führung jedoch ein ganz anderer Plan vor: der Neubau einer überdachten Tribüne mit 8.000 Sitzplätzen, der 1,3 bis 1,5 Millionen DM kosten sollte. „Mit den 80 Millionen, die plötzlich im Stadtsäckel aufgetaucht sein sollen, müsste zumindest die Erfüllung der ersten Lösung möglich sein", meinte Mittermüller.

Während Oberbürgermeister Kronawitter den Vorschlägen positiv gegenüberstand, gab es Probleme von Seiten des Amts für öffentliche Ordnung. Die städtische Behörde war der Ansicht, dass „bei ausgesprochenen Schlagerspielen, die einen überdurchschnittlichen Besucherandrang zu erwarten haben, die Sicherheit im Stadion nicht mehr gewährleistet werden" könne. In diesen Fällen sollte der TSV 1860 wieder ins Olympiastadion ausweichen, was er in der Saison 1976/77 auch gegen Kickers Offenbach (32.000 Zuschauer), VfB Stuttgart (77.600), 1. FC Nürnberg (45.000) und Arminia Bielefeld (60.000; Aufstiegsrelegation zur Bundesliga) tat. Zu den Spielen an der Grünwalder Straße kamen zwischen 8.000 und 22.000 Zuschauer.

1977 bis 1982
Trotz neuer Tribüne bleibt 1860 bei der Stadionwahl launisch

Die Gegengerade wird gebaut – aber es gibt schon wieder Proteste

Einen erneuten Rückschlag in Sachen Gegengerade-Umgestaltung gab es Ende Juli 1976. Nun lehnte die Stadtkämmerei einen Sitztribünen-Neubau ab, da die Kosten laut Baureferat auf mehr als eine Million DM kämen. Das Projekt bringe zudem allein für den TSV 1860 Vorteile, der auf höhere Einnahmen hoffen könne. Sollte 1860 in die erste Bundesliga aufsteigen, würde sich ein Ausbau des Stadions an der Grünwalder Straße aber als Fehlinvestition erweisen, weil die Sechziger dann wieder im Olympiastadion spielen würden, argumentierte der Kämmerer.

Die Stadtpolitiker zeigten sich von derlei Warnungen aber wenig berührt. Am 1. Dezember 1976 beauftragte der Stadtrat das Baureferat bei 16 Gegenstimmen aus den Reihen der SPD mit der Planung einer überdachten Sitztribüne auf der Nordseite des Stadions an der Grünwalder Straße. Grund für die Entscheidung war die Erkenntnis, dass die Sportstätte aufgrund des festgestellten Bedarfs stärker auf den Profi-Fußballsport als auf den Breitensport ausgerichtet werden musste.

Die Breitensporteinrichtungen der „Bezirkssportanlage" standen seit zwei Jahren zur Verfügung, wurden aber von der Bevölkerung bei weitem nicht im erwarteten Maße angenommen. Anfangs kamen 30, bald aber nur noch zwei bis vier Interessenten zu den von der Stadt organisierten Breitensport-Veranstaltungen. Auch für den Schulsport der Icho-Schule war das Stadion kaum geeignet. Probleme bereiteten hier die häufige Sperrung des Rasens aufgrund von Fußballspielen und die für Schulkinder gefährliche Straßenkreuzung vor dem Stadion.

Nach dem Stadtratsbeschluss jubelten 1860-Führung und Presse über die „Wiedergeburt des Sechzger-Stadions" („Abendzeitung"). Weniger erfreut zeigte sich die Bürgerversammlung des Bezirks Obergiesing, die wenige Tage später einen Antrag gegen den Tribünenneubau stellte. Die Bezirksausschüsse 17 (Obergiesing) und 18 (Untergiesing-Harlaching) stimmten nach langer Diskussion schließlich für den Ausbau des Stadions.

Auch die Anhänger des TSV 1860 waren nur bedingt zufrieden mit dem Bau einer Sitztribüne. Der Fanclub „Die Löwen" hatte am 23. Oktober 1976 beim Spiel 1860 - FC Augsburg auf einem Plakat 2.000 Unterschriften für die Forderung „Wir wollen unsere Stehhalle wieder haben!" gesammelt und dieses am 10. November 1976 durch den 1. Vorsitzenden Wolfgang Kotlorz an Oberbürgermeister Kronawitter übergeben. Kronawitter hatte versprochen, „sich im Stadtrat positiv für diese Sache einzusetzen". Nun war die Entscheidung zwar für einen Tribünenneubau, aber zugunsten von Sitz- anstatt Stehplätzen gefallen.

Die 1860-Führung hatte aus wirtschaftlichen Gründen für eine Sitztribüne plädiert, wollte aber den Willen der Fans nicht übergehen. Beim Spiel gegen die SpVgg Bayreuth am 12. Februar 1977 führte man daher eine Zuschauerumfrage durch, bei der 1.387 von 1.511 Befragten, also 92 %, für einen Wiederaufbau der Stehhalle votierten. Im Stadtrat fand dieses Ergebnis aber keinen Anklang, stattdessen bestätigte man im Frühjahr 1977 den Beschluss für den Bau einer Sitztribüne.

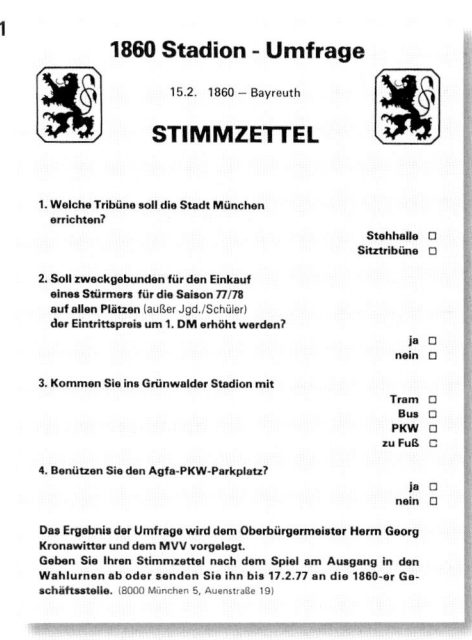

1 Stimmzettel für die Zuschauerumfrage von 1860.

1977 bis 1982

2 Schnitt durch die neue Gegengerade. Unter den Rängen wurden containerartige Nebengebäude errichtet.

3 Ansicht von Norden (Candidstraße) auf die neue Gegengerade. Die bestehenden rückwärtigen Treppentürme integrierte man in den Neubau.

Die Planung der neuen Sitztribüne

Das Baureferat hatte seit Dezember 1976 fünf Varianten in Holz-, Stahl- und Betonbauweise für die neue Dachkonstruktion geprüft und kostenmäßig verglichen. Zwei Lösungen kamen in die engere Wahl und wurden vom Münchner Architekturbüro Wolfgang Böninger und Peter Biedermann weiter untersucht. Stadtbaudirektor Sebastian Rosenthal äußerte gegenüber den Architekten klare Vorstellungen, wie die neue Tribüne aussehen sollte. Gewünscht war ein einfaches, kostengünstiges Bauwerk, das sich in den Bestand einfügt. Eine extravagante Dachform wie beim Olympiastadion wurde von Rosenthal ausdrücklich abgelehnt. Die Wahl fiel schließlich auf eine Konstruktion aus Rahmenbindern in Stahlkastenbauweise, unter die das Dach gehängt wurde. Bei der anderen Variante war eine Überdachung auf Holzleimbindern vorgesehen, die auf Stahlbetonstützen ruhen und mit Zugseilen nach hinten abgespannt werden sollten. Da sich die Seilverankerung im Boden außerhalb der Stadioneinfriedung befunden hätte, wurde diese Lösung aus Angst vor terroristischen Anschlägen verworfen.

Der Stadtrat schloss sich am 27. Juli 1977 dem Vorschlag des Baureferates an und genehmigte den Neubau der 4.700 Zuschauer fassenden „Sitztribüne Nord", der 4,961 Millionen DM kosten sollte. 62.000 DM entfielen dabei auf den Erwerb eines Grundstücks, das sowieso der Stadt gehörte. Zudem erwartete man einen Zuschuss von 20% aus der Sportförderung des Freistaates Bayern. Für die künstlerische Gestaltung wurden nur 20.000 DM angesetzt, da es sich um ein offenes Bauwerk handelte. Die „Kunst am Bau" beschränkte sich schließlich auf die Umsetzung eines Farbkonzeptes, das sich am Kontrast von orangeroten Kunststoffschalensitzen und hellgrün gestrichenen Dachbindern zeigt. Stadtbaudirektor Rosenthal hatte diese Farbgebung durchgesetzt, da ihm der Vorschlag des Büros Böninger und Biedermann für rote Dachbinder und ockerfarben verkleidete Treppenhaustürme als nicht zeitgemäß erschien. Das Erscheinungsbild des Tribünenneubaus sollte nach der Fertigstellung lobende Anerkennung finden. Die Presse sprach von einer „in kühner Struktur und Architektur modernen und mit der Gestaltung der Schalensitze unter den Strahlen von Sonne und Flutlicht farbenfreudig ‚leuchtenden' Sitztribüne" („Münchner Stadtanzeiger").

1860 wechselt weiter munter bei der Stadionwahl

Der TSV 1860 bekam die neue Tribüne quasi zum Wiederaufstieg in die Bundesliga „geschenkt", auf den man sieben Jahre lang gewartet hatte. Auch die Sechziger sollten ihren Obolus an den Baukosten leisten. Ihr Vorschlag, einen Zuschlag auf den Eintrittspreis in Höhe von 0,50 DM (Stehplätze) beziehungsweise 1,00 DM (Sitzplätze) pro Karte zu verlangen, wurde vom Stadtrat abgelehnt. Stattdessen einigte sich 1860-Präsident Riedl mit dem Stadtschulrat und dem Kämmerer auf eine Erhöhung der Stadionmiete von 5% auf 8,5% der Einnahmen.

In der Bundesliga-Saison 1977/78 wollte 1860 zunächst weiterhin zwischen den Stadien in Giesing und am Oberwiesenfeld pendeln, blieb dann aber die ganze Spielzeit über im Olympiastadion, was durch die anfangs hohen Zuschauerzahlen und die Bauarbeiten am Sechzger-Stadion gerechtfertigt erschien. Die Stadt hatte während der Bauzeit der neuen Tribüne von Frühjahr 1978 bis Frühjahr 1979 neben dem Schul- und Freizeitsportbetrieb nämlich nur Spiele der Bayernligisten FC Wacker und FC Bayern Amateure im Stadion an der Grünwalder Straße vorgesehen. Der TSV 1860 stieg nach nur einem Jahr wieder aus der Bundesliga ab, und viele Fans und Experten mutmaßten, dass das stimmungsarme Olympiastadion daran nicht unschuldig war. Dort spielten die Sechziger nach einem miserablen Saisonstart meist vor nur spärlich gefüllten Rängen. „Wenn wir im Grünwalder Stadion geblieben wären, hätten wir den Klassenerhalt geschafft", vermuteten die Anhänger. In der darauf folgenden Zweitliga-Saison 1978/79 kehrte 1860 wieder auf Giesings Höhen zurück, wo inzwischen eifrig an der neuen Sitztribüne gebaut wurde.

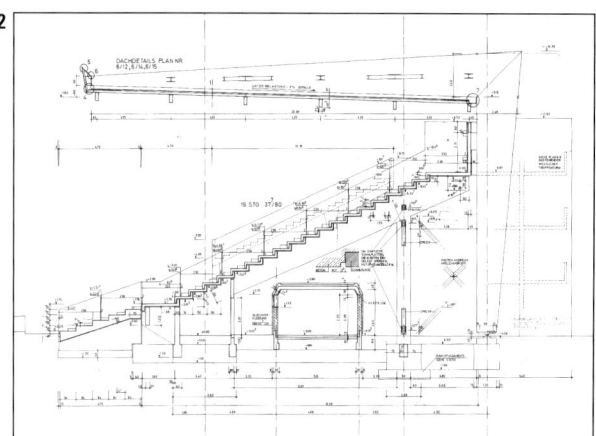

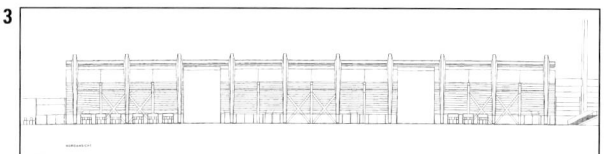

4 Die Zahnbalken der neuen Tribüne.
5 Die Rahmenbinder der Dachkonstruktion wurden in zwei Teilen montiert.
6 Die Dachkonstruktion im Bau.

Der Bau der Gegengeraden

Seit Ende Februar 1978 hatten die Baufirmen Josef Riepl und Philipp Holzmann den Erdwall und die rückwärtigen Betriebsräume abgetragen und im April 1978 mit dem Bau der neuen Tribüne begonnen. Bis August 1978 war die Unterkonstruktion der Ränge betoniert. Zwischen den Betonschotten am Fuß der Tribüne befinden sich Abstellräume und zwei Treppenaufgänge zum Zwischengang, der die oberen Ränge von den fünf Stufen des Unterrangs trennt. Der Unterrang ist als abgetreppte Platte betoniert, wohingegen die 19 Stufen des Oberrangs aus z-förmigen Betonfertigteilen bestehen, die ineinander übergreifen. Vom Gang am oberen Ende der Ränge gelangt man über kurze Anschlussstege in die Treppenhaustürme, die 1960 für die Stehhalle errichtet und in die neue Tribüne integriert wurden.

Anfang Oktober 1978 konnte mit der Errichtung des Dachtragwerks begonnen werden. Zunächst stellte man die senkrechten Teile der winkelförmigen Konstruktion auf; daran wurden 22 Meter auskragende Dachträger montiert. Die 108 mal 23 Meter große Dachhaut besteht aus Trapezblechen.

Nachdem das Dach fertig gestellt war, konnte am 28. November 1978 das Richtfest gefeiert werden. Als Redner trat unter anderen Stadtbaurat Zech auf, der sich beim Stadtrat für die Genehmigung des Baus trotz der schlechten Finanzsituation bedankte. Die Baukosten waren inzwischen von 4,9 auf 6,5 Millionen korrigiert worden. Zweiter Bürgermeister Dr. Wilfried Zehetmeier bezeichnete den Stadtrats-Entscheid vom 27. Juli 1977 als „willkommenes Geburtstagsgeschenk" zum 50. Jahrestag der Stadioneröffnung. „Und mit diesem Beschluss des Münchner Stadtrats", meinte Dr. Zehetmeier, „war sein [der Sechzger-Platz; d.V.] weiterer Fortbestand als attraktives, vollwertiges Fußballstadion gesichert – als ein großes Stadion freilich, das auch bei etwas geringeren Zuschauerzahlen noch jene Atmosphäre bieten kann, wie sie Spieler und Publikum gleichermaßen zu schätzen wissen. Von der Wohnbebauung bis zur Errichtung einer Bezirkssportanlage reichten die unterschiedlichen Vorstellungen darüber, was aus dieser Anlage werden sollte, nachdem unsere Stadt mit den Olympiabauten das lang ersehnte Großstadion erhielt und das Sechzger ohne seine überdachte Stehhalle eben nur noch entfernt an einstige Glanzzeiten erinnerte. Schließlich – nach reiflicher Überlegung und Abwägung aller Gesichtspunkte – hat sich die Überzeugung durchgesetzt, dass München dieses zweite große Stadion braucht. Und es ist auch gar kein Geheimnis, dass bei diesen Überlegungen vor allem die Belange und die

1977 bis 1982

Wünsche des traditionsreichsten Münchner Fußballvereins 1860 München eine Rolle gespielt haben. Es war ja einmal das Vereinsstadion der Löwen, und sie werden im Frühjahr bestimmt sehr gerne wieder in ‚ihr' altes und neues Stadion einziehen. Ich bin aber auch sicher, dass die Zuschauer, die vielen Münchner Fußballfans und die treuen Anhänger der Löwen wieder wie in früheren Jahren in hellen Scharen auf Giesings Höhen pilgern werden. Denn die große Popularität des Sechziger-Stadions kommt ja nicht von ungefähr: Hier ist – wenn man so will – Münchner Fußballgeschichte geschrieben worden, und ich bin sicher, dass diese Geschichte nicht nur im großen Olympiastadion, sondern ebenso hier auf Giesings Höhen um einige interessante und erfolgreiche Kapitel erweitert werden kann."

7

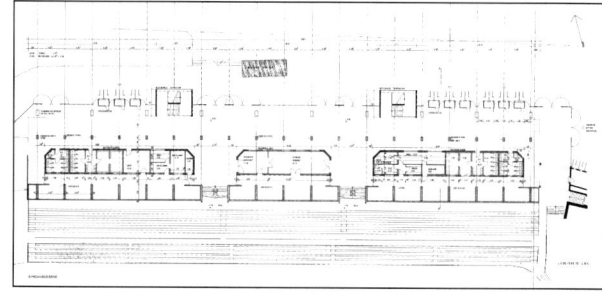

8

Mit dem Wunsch nach sportlichen Erfolgen wandte sich auch der Richtfestspruch an die anwesenden Vereinsvorsitzenden Riedl (TSV 1860), Neudecker (FC Bayern) und Riedmeyer (FC Wacker): „Aba spuin, des müaßn s' scho, die Sechzger und de Wacka; denn vom Dach alloa wern s' ned de näxte Liga packa!"

Zumindest 1860 „packte" 1979 den Aufstieg in die Bundesliga. Sechsmal war man in der Zweitliga-Saison 1978/79 ins Olympiastadion umgezogen. In drei Fällen wegen des erwarteten Zuschauerandrangs (gegen Kickers Offenbach, den Karlsruher SC und den 1. FC Saarbrücken) und drei weitere Male (gegen den KSV Baunatal, Hanau 93 und den Würzburger FV) wegen winterlicher Witterungsverhältnisse, da das Olympiastadion anders als das Sechzger-Stadion über eine Rasenheizung verfügte.

Die Nebenanlagen der neuen Tribüne

Im Stadion an der Grünwalder Straße wurde bis Frühjahr 1979 an der Fertigstellung der neuen Sitztribüne gearbeitet. 4.694 rote Kunststoffschalensitze wurden über gebogene Metallrohre an den Betonstufen befestigt. Neben diesen überdachten Plätzen stehen seither auch 820 unüberdachte Sitzplätze auf den vier Bankreihen der alten Vortribüne zur Verfügung.

Unter der Tribünenschräge errichtete man zwischen den Lagerräumen und den Betonstützen drei Flachbauten. In den beiden äußeren Bauten sind Kioske mit Lagerräumen und Toiletten untergebracht. Im mittleren Bau befinden sich eine Schreiner- und eine Schlosserwerkstatt. Die Werkstätten nutzt das Sportamt der Stadt München für alle Reparaturarbeiten, die in den städtischen Sportstätten anfallen. Das containerartige Erscheinungsbild der Betriebs- und Nebenräume rührt von der dunkelgrün gestrichenen Blechverkleidung, die das massive Ziegelmauerwerk umhüllt und vor Beschädigungen schützt. Aus Sicherheitsgründen wurden die vorderen Ecken der Nebengebäude großzügig abgeschrägt.

Auch die neun Kassenhäuschen hinter der Tribüne wurden erneuert und mit einer grünen Blechummantelung versehen. Sie mussten samt der Stadioneinfriedung um über zwei Meter nach Norden verschoben werden, da das hinter der Tribüne stehende Rahmendachtragwerk mehr Platz benötigte, als es bei der Stehhalle mit ihrem auf der Tribünenoberkante liegenden Dach der Fall war. Die Ausdehnung des Stadiongeländes stellte kein Problem dar. Schließlich musste die Fläche nur vom Vorbereich des öffentlichen Gehwegs in eine städtische Sportfläche umgewidmet werden. An dieser Stelle ist erwähnenswert, dass die beiden Flutlichtmasten im Südwesten und im Nordosten des Stadions auf dem Gehsteig-Bereich stehen.

Die neue Sitztribüne wird eröffnet – und 1860 verlässt das Stadion

Die Nebenanlagen waren noch nicht vollständig fertig gestellt, als die neue Gegentribüne Ende März 1979 eröffnet wurde. Eine vorzeitige Inbetriebnahme der Sitzplatzränge war zwar vom TSV 1860 gewünscht worden, konnte aber – anders als beim Haupttribünen-Wiederaufbau 1971 – aufgrund schärferer Sicherheitsauflagen nicht gewährt werden.

Im Stadion an der Grünwalder Straße gab es mit der Eröffnung der Gegengeraden nun 4.700 neue Sitzplätze. Insgesamt fielen von den 31.500 Plätzen des Stadions aber nur 8.430, also weniger als ein Drittel, auf Bänke beziehungsweise Schalensitze. Zieht man die wenig attraktiven Bankreihen der Vortribünen (2.280 Plätze) ab, bleiben auf

7 Blick von Westen auf die Gegengerade mit ihren Kunststoff-Schalensitzen (2001).

8 Die Nebenanlagen unter der neuen Gegengeraden im Grundriss. Oben sind die Stadionumzäunung zwischen den Treppentürmen und die Kassenhäuschen zu sehen, unten die Ränge des Unterrangs.

9 Zur Eröffnung der neuen Gegengeraden trugen 1860 und FC Bayern am 27. März 1979 ein Derby aus, das 1:1 endete.

HÖHEPUNKT

27.3.1979
TSV 1860 - FC Bayern 1:1 –
Das Eröffnungsspiel der Gegengeraden

Zur Einweihung der Gegengeraden am Dienstag, 27. März 1979, gab es ein abwechslungsreiches Programm. Nachdem der Münchner Fanfarenzug und der Musikzug der Vereinigung Grünwald aufgespielt hatten, folgten kurze Ansprachen von 1860-Präsident Erich Riedl, FC Bayern-Vizepräsident Karl Pfab und Oberbürgermeister Erich Kiesl. Im Mittelpunkt der Feierlichkeiten stand das Lokalderby zwischen dem TSV 1860 und dem FC Bayern. Nachdem die „Alten Herren" der Bayern (mit Ohlhauser und Brenninger) das Vorspiel der Traditionsmannschaften mit 7:2 gegen die Sechziger um Grosser und Rebele gewonnen hatten, trafen um 20 Uhr die Profimannschaften der beiden Lokalrivalen aufeinander.

26.000 Zuschauer im fast ausverkauften Stadion (Fassungsvermögen 31.537) erlebten einen „Fußball-Gala-abend" („Abendzeitung"). Nach einer eher ruhigen ersten Halbzeit brachte Sturz die Sechziger in der 56. Minute in Führung. Die Freude hielt bei den Fans des Zweitligisten 1860 aber nicht lange an, denn schon eine Minute später konnten die Bayern durch Oblak ausgleichen. Breitner traf kurz darauf nur den Pfosten, auf der Gegenseite scheiterte Kohlhäufl zweimal an Bayern-Torwart Maier. Mit 1:1 trennte man sich auf dem Spielfeld am Ende schiedlich-friedlich unentschieden. Auf den Rängen ging es weniger friedlich zu: In der Ostkurve kam es zu Schlägereien zwischen rivalisierenden Fangruppen. Nach dem Spiel zogen rund 500 jugendliche Randalierer durch die Tegernseer Landstraße, blockierten den Verkehr und warfen Fensterscheiben ein. Die Polizei nahm elf Personen fest.

Trotz dieser unschönen Begleiterscheinungen war die Freude bei den Anhängern darüber groß, dass die Traditionsspielstätte durch den Tribünenneubau wieder komplettiert worden war. „Immerhin fühlten sich Tausende von Münchner Fußballfans stärker zum Stadion an der Grünwalder Straße hingezogen als zum supermodernen Olympiastadion, wo die Zuschauer vom Spielgeschehen auf dem Rasen allzu weit entfernt sitzen", stellte der „Münchner Merkur" fest.

Aufstellungen:

TSV 1860: Zander, Scheller, Kohlhäufl, Sturz, Stering (46. Nielsen), Herberth, Haunstein (76. Vöhringer), Nachreiner, Gerber (46. Hofeditz), Poulsen (84. Bierofka)

FC Bayern: Maier, Gruber (77. Jol), Augenthaler, Schwarzenbeck, Horsmann, Niedermayer (77. Rausch), Breitner, Oblak (89. Steinkirchner), Dürnberger, Rummenigge, Janzon (84. Reisinger)

Tore: 1:0 Sturz (56.), 1:1 Oblak (57.)

1977 bis 1982

10 Nach zehn Jahren Unterbrechung trug der TSV 1860 am 8. November 1980 gegen Arminia Bielefeld wieder ein Bundesligaspiel im Stadion an der Grünwalder Straße aus.

der Haupttribüne (1.450) und der Gegengeraden (4.700) zusammen gerade einmal 6.150 Sitzplätze übrig. Das waren aus Sicht des TSV 1860 zu wenig, um in der Bundesliga wirtschaftlich bestehen zu können. Schließlich konnte man für eine Sitzplatzkarte 26 DM verlangen, für einen Stehplatz dagegen nur 8,50 DM. Die Sechziger zogen deshalb nach dem Wiederaufstieg in die höchste Spielklasse im Sommer 1979 wieder ins Olympiastadion mit seinen 48.000 Sitzplätzen um.

Zwar bedankte sich die Delegiertenversammlung des TSV 1860 Ende November 1979 noch einmal für den Bau der Gegengerade, indem man auf Vorschlag von Präsident Riedl den Alt-Oberbürgermeister Georg Kronawitter „wegen seiner Verdienste um den Münchner Sport" einstimmig zum Ehrenmitglied ernannte. Doch den prompten Auszug aus dem gerade fertig gestellten Stadion nahm man den Sechzigern schon übel. Nur zu Pokalspielen traten die 1860-Fußballer in der Saison 1979/80 an der Grünwalder Straße an. „Für Millionen renoviert: Das Stadion steht leer", titelte der „Münchner Merkur" am 22. August 1980. „Die Sechziger sollten wieder Spaß daran haben, in ihrem Stadion zu spielen" – doch nun fanden dort fast keine Spiele mehr statt. 1860-Geschäftsführer Potzler erklärte, das Fassungsvermögen sei zu klein für die Bundesliga.

Als Hauptproblem galt aber weiterhin der große Mangel an Parkplätzen. 15 Stellplätze am Stadion und 400 weitere am Candidplatz waren bei weitem nicht ausreichend. Ständig hatte es Beschwerden von Anwohnern wegen wilden Parkens gegeben. Abhilfe versprach die 500 Meter vom Stadion entfernte U-Bahn-Station in der Silberhornstraße, die im Oktober 1980 eröffnet wurde. Mit der Linie U8 Scheidplatz - Neuperlach-Süd (spätere U2) konnte man nun direkt vom Hauptbahnhof zum Sechzger-Stadion fahren.

Wieder Bundesliga-Spiele im Sechzger

Potzlers Versprechen, nach der U-Bahn-Eröffnung bei weniger zuschauerträchtigen Bundesliga-Partien wieder an der Grünwalder Straße zu spielen, erfüllte sich am 8. November 1980 beim Heimspiel gegen Arminia Bielefeld (2:1). Erstmals seit über zehn Jahren fand wieder ein Bundesligaspiel der Sechziger in „ihrem" Stadion statt, zu dem 18.000 Zuschauer kamen. Die treuen Anhänger waren glücklich, wie eine Umfrage bei den Spielen gegen Bielefeld und den VfB Stuttgart (am 29.11.1980 im Olympiastadion) zeigte. 934 der 1.355 Befragten, das heißt die eindeutige Mehrheit von 69%, stimmten für die Austragung von 1860-Heimspielen im Stadion an der Grünwalder Straße. Nach diesem Ergebnis beschloss die Vereinsleitung, zum Spiel gegen Eintracht Frankfurt am 7. März 1981 wieder in Giesing anzutreten. „Die Atmosphäre, so behaupten sie mit vollem Recht, sei an der Grünwalder Straße, wo die Zuschauer hautnah am ‚Tatort' sind, ungleich reizvoller als unterm Zeltdach auf dem Oberwiesenfeld, zumal dann, wenn sich dort nur ein paar tausend Besucher tummeln. Und von dieser Kulisse müsse die Mannschaft profitieren, die zur Sicherung des Bundesliga-Verbleibs eben die entsprechende Unterstützung durch die Fans braucht. So haben denn auch die Gäste aus Frankfurt mit gemischten Gefühlen den vom DFB gebilligten Stadionwechsel zur Kenntnis genommen", berichtete die „Süddeutsche Zeitung". Auch die Spiele gegen Bayer Uerdingen (17.000 Zuschauer), Schalke 04 (26.000) und Bayer Leverkusen (18.000) fanden an der Grünwalder Straße statt, womit man dort im Schnitt 21.000 Zuschauer begrüßen konnte. Bei den restlichen zwölf Heimspielen der Saison 1980/81, die im Olympiastadion ausgetragen wurden, kamen durchschnittlich 25.000 Besucher.

Nachdem eine Pokal-Doppelveranstaltung mit den Partien FC Bayern - SC Jülich (8:0) und 1860 - SpVgg Fürth (2:0) am 29. August 1981 vor 15.000 Zuschauern im Olympiastadion zum wirtschaftlichen Reinfall geworden war („SZ": „Ein mattes Ereignis, das nicht nach Wiederholung schreit."), kehrte Bundesliga-Absteiger 1860 wieder ins Stadion an der Grünwalder Straße zurück. Lange hielt die Treue zu „ihrem" Stadion bei den Sechzigern aber nicht an. Nach sieben Spielen am Giesinger Berg verfügte das Präsidium Anfang November 1981 den dauerhaften Umzug ins Olympiastadion. Fehlender Komfort und der Parkplatzmangel wurden wieder einmal als Begründung genannt.

1982 bis 1991
Die Bayernliga-Zeit des TSV 1860: Das Sechzger-Stadion zwischen Zuschauerrekorden und Drittliga-Tristesse

Lizenzentzug und Zuschauereuphorie in der Bayernliga

Die Saison 1981/82 nahm für die Sechziger ein trauriges Ende. Im Frühjahr spielte man, trotz großzügiger Freikarten-Aktionen, vor nur mehr spärlich gefüllten Rängen (Minusrekord: 1.200 Zuschauer gegen Bayer Uerdingen am 16.5.1982) im 79.000 Plätze bietenden Olympiastadion, und im Mai 1982 entzog der DFB dem TSV 1860 angesichts von Schulden in Höhe von über fünf Millionen DM die Lizenz für die Profiliga.

Die Stadionfrage stellte sich nun nicht mehr, da das alte Sechzger-Stadion in der drittklassigen Bayernliga völlig ausreichen sollte. Man unterschätzte aber die Verbundenheit der Anhänger mit ihrem Verein. Als am 4. August 1982 das erste Spiel des TSV 1860 in der 3. Liga anstand, bildeten sich lange Schlangen an den wenigen geöffneten Kassenhäuschen. Der Anstoß wurde um eine halbe Stunde verschoben, ehe vor 12.000 Zuschauern die Partie gegen die SpVgg Landshut (3:2) beginnen konnte. Gerade einmal zehn Tage war 1860 drittklassig, als am 14. August 1982 im Lokalderby gegen die SpVgg Unterhaching (0:2) ein neuer Besucherrekord für die Amateuroberliga aufgestellt wurde. 28.000 Zuschauer drängten sich im fast ausverkauften Sechzger-Stadion.

Die Begeisterung der Anhänger konnte aber auch schlagartig in Wut umschlagen. Nachdem der Schiedsrichter beim Spiel TSV 1860 - FC Schweinfurt am 25. September 1982 in den Schlussminuten einen zweifelhaften Elfmeter für die Gäste gepfiffen hatte, der zum 1:1-Ausgleich führte, drückten aufgebrachte Fans die Spielfeldumzäunung ein und machten Jagd auf den Unparteiischen, der schwere Verletzungen erlitt. Erst eine Hundertschaft der Polizei und Tränengasbomben beendeten die Ausschreitungen. „Im Sechzger-Stadion sah es aus wie nach einem Bombenattentat", schrieb die „Abendzeitung". Die Stadt beklagte Schäden in Höhe von 50.000 DM an der Drahtgitterumzäunung. Der neue Zaun wurde im oberen Teil abgeschrägt, um das Übersteigen zu erschweren. Der Bayerische Fußballverband verhängte für zwei Heimspiele des TSV 1860 eine Platzsperre. Gegen den VfB Helmbrechts wurde daraufhin in Erding und gegen den FC Wacker in Lohhof gespielt. Weil es beim DFB-Pokal-Spiel TSV 1860 - VfL Bochum erneut zu Ausschreitungen gekommen war,

11

12

11 Aufgebrachte Fans drückten beim Bayernligaspiel 1860 - Schweinfurt 05 am 25. September 1982 die Spielfeldumzäunung ein...

12 ...und eröffneten die Jagd auf den Schiedsrichter.

HÖHEPUNKT

19.4.1984
TSV 1860 - SpVgg Fürth 6:1 –
„Das Stadion bebte in seinen Grundfesten"

Als der TSV 1860 am Gründonnerstag, 19. April 1984, im Spitzenspiel der Bayernliga auf die SpVgg Fürth traf, war das Interesse der Zuschauer riesig. Zur Winterpause hatte der Rückstand der Löwen auf den fränkischen Zweitligaabsteiger zwölf Punkte betragen, doch im Frühjahr legten die Sechziger eine eindrucksvolle Aufholjagd hin. Just vor dem Duell der beiden Titelanwärter betrug der Rückstand nur noch zwei Punkte. Das Stadion an der Grünwalder Straße war erstmals seit dem Bau der Gegengeraden ausverkauft, und die 31.700 Zuschauer hatten schon bald Grund zu jubeln. 5:0 stand es nach nur 36 Minuten – „das Sechzger-Stadion bebte in seinen Grundfesten", schrieb „tz"-Redakteur Claudius Meyer. Es war das wohl größte Spiel, das die Sechziger in ihren insgesamt zehn Bayernliga-Jahren boten. Das Endergebnis lautete 6:1, und die „Süddeutsche Zeitung" sprach in ihrem Spielbericht von einer „nostalgischen Nacht der schönen Tore". Eine Woche später übernahmen die Sechziger nach einem 3:2 in Hof die Tabellenführung, die sie bis Saisonende nicht mehr abgeben sollten.

Aufstellungen:

TSV 1860: Hillringhaus, Seider (75. Hecht), Gebele, Goldstein, Schönwetter, Schmitz, Kögl, Beer (82. Sobek), Löbmann, Eigl, Korus

SpVgg Fürth: Kastner, Fink, Glaser, Rupp (9. Adler), Jakl (28. Litz), Störzenhofecker, Hütter, Hermann, Schlerf, Weber, Reichel

Tore: 1:0 Löbmann (3.), 2:0 Schönwetter (Foulelfmeter/14.), 3:0 Korus (22.), 4:0 Beer (26.), 5:0 Löbmann (36.), 6:0 Eigl (80.), 6:1 Litz (82.)

13 Eines der sechs Münchner Tore im Spiel gegen SpVgg Fürth: Paul Schönwetter trifft per Elfmeter zum 2:0.

14 Des Öfteren machte sich Tristesse an der Grünwalder Straße breit, doch die treuen Fans hielten zu ihrem Verein.

verfügte das Kreisverwaltungsreferat vom 21. Dezember 1982 an ein Alkoholverbot im Stadion an der Grünwalder Straße, womit nun die gleiche Regelung wie im Olympiastadion galt.

Die erste Bayernliga-Meisterschaft und das missglückte Experiment mit dem Olympiastadion

Der TSV 1860 blieb auch in den folgenden Jahren drittklassig, sorgte durch außergewöhnlich hohe Zuschauerzahlen jedoch weiterhin für Schlagzeilen. 1984 sicherte man sich nach einer glänzenden Rückrunde den nicht mehr für möglich gehaltenen Bayernliga-Titel.

In der Aufstiegsrunde zur 2. Bundesliga zog der TSV 1860 angesichts des Zuschauerinteresses gegen den VfR Bürstadt und gegen den FC Homburg ins Olympiastadion um, wo 38.000 Besucher im Spiel gegen Bürstadt einen neuen Zuschauerrekord für Amateuroberligen aufstellten. Von den sechs Spielen der Aufstiegsrunde gewann 1860 nur das Heimspiel gegen den Freiburger FC (4:2 nach 0:2-Rückstand). Es war die einzige Partie, die im heimischen Sechzger-Stadion ausgetragen wurde. Ansonsten fehlte den Spielern die Nestwärme der engen Arena auf Giesings Höhen. Der Kontakt zwischen ihnen und den treuen Fans riss ab, und viele mutmaßten später, der Umzug habe wahrscheinlich den Aufstieg verhindert. Wie schon nach dem Bundesliga-Abstieg 1978 wurde also das Olympiastadion als Grund für den sportlichen Misserfolg angeführt.

Neue Heimmannschaften an der Grünwalder Straße

Einen weiteren Wechsel der Spielstätte vollzogen die Sechziger am 3. Juni 1986 gegen den TSV Allach. Das BFV-Pokal-Spiel ging vor 600 Zuschauern am Trainingsgelände des TSV 1860 an der Grünwalder Straße 114 über die Bühne. Damit wurde erstmals ein Pflichtspiel auf dem Areal ausgetragen, das die Sechziger seit 1927 von der Stadt gepachtet haben. Auch im Stadion an der Grünwalder Straße lagen die Besucherzahlen mitunter nur im dreistelligen Bereich, wenn zu Saisonende keine Chance mehr auf die Rückkehr in die 2. Bundesliga bestand.

Für Zweitliga-Ambiente sorgte am 5. November 1989 ausgerechnet der Rivale aus dem Vorort Unterhaching. Der Aufsteiger verlegte sein Heimspiel gegen Schalke 04 vom Unterhachinger Stadion an der Grünauer Allee, einem besseren Sportplatz, nach München an die Grünwalder Straße. Das Zuschauerinteresse blieb jedoch aus: Statt

der erwarteten 10.000 Besucher kamen nur 3.000, wovon 1.500 auch noch die Gäste unterstützten.

Als zweiter Hauptnutzer des Sechzger-Stadions neben dem TSV 1860 trat seit 1988 der SV Türk Gücü auf. Der türkische Sportverein war 1975 gegründet worden und spielte zunächst auf der Bezirkssportanlage am Krehlebogen im Stadtteil Altperlach. Nach dem Aufstieg in die Bayernliga durften die Fußballer der „türkischen Kraft" auf Giesings Höhen umziehen. Die Amateurmannschaft des FC Bayern musste dafür ins Dantestadion ausweichen. Als Türk Gücü 1992 wieder abstieg, wechselte er mit den „kleinen Bayern" den Spielort und zog an die Dantestraße. Für die Anzeigetafel hatte Türk Gücü übrigens – wie auch die SpVgg Unterhaching – ein eigenes Schild anfertigen lassen.

Zu Bayernliga-Derbys gegen den ruhmreichen TSV 1860 wechselten viele Vereine aus München und dem Umland von ihrem Heimstadion an die Grünwalder Straße. Während sich die Kassierer von FC Wacker, SpVgg Unterhaching, TSV Großhadern, TSV Eching und SpVgg Starnberg über hohe Zuschauerzahlen freuten, machte sich bei 1860 alljährlich der Frust über den wieder einmal verfehlten Aufstieg breit.

1991 bis 1995
Alle Ausbaupläne scheitern – 1860 verlässt das Sechzger-Stadion

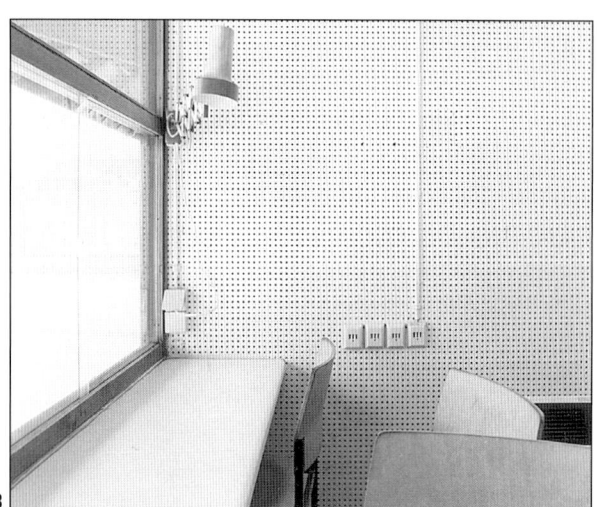

Neue Ausbaudiskussionen nach dem ersten Aufstieg der Löwen

Erst als Karsten Wettberg im Februar 1990 den Trainerposten beim TSV 1860 übernahm, kam die sportliche Wende. Über 32.000 Besucher drängten sich im völlig überfüllten Sechzger-Stadion, als 1860 am letzten Spieltag der Saison 1989/90 nach einem dramatischen 3:3 im direkten Duell gegen den FC Schweinfurt 05 knapp die Bayernliga-Meisterschaft verpasste. Ein Jahr später klappte es nach neun Jahren Drittklassigkeit mit dem ersehnten Aufstieg in die 2. Bundesliga. Am 16. Juni 1991 besiegte 1860 im letzten Aufstiegsrundenspiel Borussia Neunkirchen vor ausverkauftem Haus mit 2:1. Mit der Rückkehr der Sechziger ins Profilager gingen auch die Diskussionen um das Stadion an der Grünwalder Straße wieder los.

In den Bayernligajahren waren am Stadion nur einige dringend nötige Reparaturen durchgeführt worden. Mitte der 1980er Jahre hatte man die gesamte Elektroinstallation und die gasbetriebene Dampfheizung erneuert. Auch die Aufschrift „Städtisches Stadion an der Grünwalder Straße" über den Kassenfenstern der Ostkurve entstand in dieser Zeit. Im Herbst 1987 wurden die Reporterkabinen unter dem Haupttribünendach um zwei Sprecherplätze und zwei Polizeikabinen (zuvor eine Kabine im Ostteil) erweitert, die man westlich der bestehenden Kabinen anbrachte.

Bald darauf musste im Frühjahr 1988 ein Teilbereich in der Nordost-Ecke der Ostkurve gesperrt werden. Es handelte sich dabei um den schmalen Hochbau, der an den Erdwall anschließt und in dessen Inneren Kassenräume und die Trafostation untergebracht sind. Da die Standsicherheit der Betonkonstruktion nicht mehr gewährleistet war, trennte man die dort befindlichen 524 Stehplätze mit einem Bretterverschlag von den restlichen Rängen ab. Ein Sanierungsplan der Architekten Wrba und Weimer, der auch den südöstlichen Kurvenabschnitt einbezog, wurde damals nicht verwirklicht. Die Stahlbetonstufen des Westkurven-Oberrangs wurden dagegen sandgestrahlt und an schadhaften Stellen ausgebessert.

1 Schriftzug über den nördlichen Kassenschaltern der Ostkurve.
2 Blick vom Spielfeld auf die Reporterkabinen unter dem Tribünendach.
3 Reporterkabine von innen.
4 Werbung auf der Anzeigetafel.
5 1991 wurden die Zuschauerblöcke im Stadion neu aufgeteilt.

4

In der Saison 1990/91 kam es in der Westkurve zu einer weiteren optischen Veränderung, die schon seit über 30 Jahren vorgesehen war: Die Anzeigetafel wurde zu Werbezwecken genutzt. Unter der großen Uhr war nun der Schriftzug „Hacker-Pschorr-Bräu" zu lesen, der 1994 von „Löwenbräu" abgelöst wurde. Mit der Anbringung der Werbetafel verschwand das kleine Glasdach, unter dem sich der „Taferlmann" zuvor bei Regen unterstellen konnte. Der umtriebige Geschäftsführer des TSV 1860, Peter Deffner, vermarktete bald auch die Reklametafeln an der Platzseite des Gegengeradendaches, die seit ihrer Erstellung 1979 ebenfalls nie mit Werbung versehen worden waren.

Nach dem Aufstieg des TSV 1860 in die 2. Bundesliga 1991 galt es, die strengeren Sicherheitsvorschriften des DFB zu erfüllen. Eine Aufteilung der Stehplatzkurven in abgeschlossene Sektoren wurde nötig, die man im Juni 1991 mit 2,20 Meter hohen Stahlgitterzäunen ausführte. Die Ostkurve wurde in zwei (Blöcke P und Q), die Westkurve in drei Blöcke (F, G/H, J) aufgespalten. Die Neueinteilung der Sektoren betraf auch die Haupttribüne und die Gegengerade. Die beiden Blöcke der Haupttribüne (bisher A, B) wurden nochmals geteilt und in vier Bereiche untergliedert (nun A, B, C, D). Die vier Sektoren der Gegengerade (bisher C, D, E, F) erhielten die Kennbuchstaben L, M, N und O. Das Fassungsvermögen des Stadi-

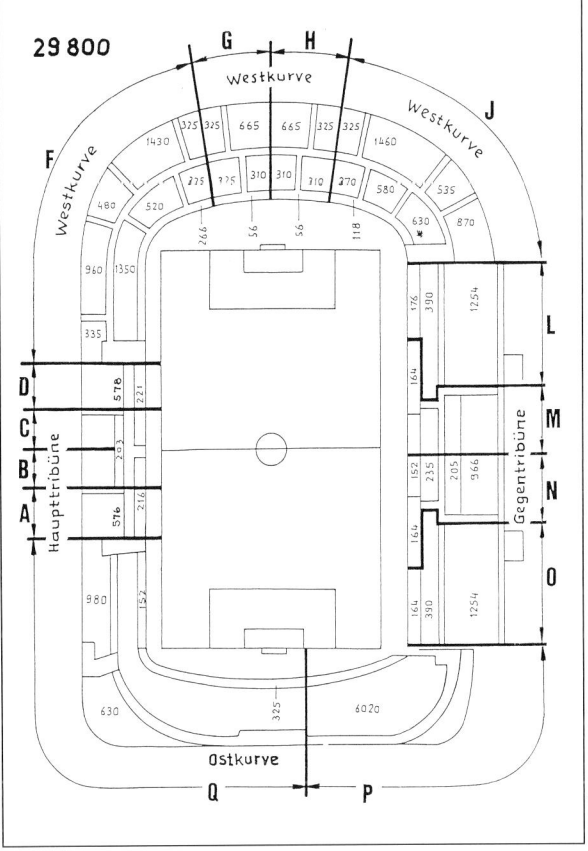

5

1991 bis 1995

HÖHEPUNKT

6.4.1992
TSV 1860 - FC Bayern 1:4 –
Das letzte Derby und die Frage: „Wer war erfolgreicher im Sechzger?"

Am 6. April 1992 fand das bislang letzte Lokalderby zwischen dem TSV 1860 und dem FC Bayern im Stadion an der Grünwalder Straße statt – als Freundschaftsspiel. Während das „Hinspiel" im Olympiastadion im August 1991 (0:0) noch 40.000 Zuschauer angelockt hatte, rief der Auftritt im Sechzger-Stadion nur wenig Interesse hervor. Aufgrund von Terminproblemen war das Spiel mehrmals verschoben worden, und am Ende kamen nur 7.000 Zuschauer. Beide Mannschaften steckten im Abstiegskampf – die Bayern in der ersten, die Sechziger in der zweiten Bundesliga. Der Endstand von 4:1 für den FC Bayern machte letztlich keiner der beiden Mannschaften richtig Mut für die anstehenden Aufgaben in der Liga.

106-mal standen sich Sechziger und Bayern von 1912 bis 1992 an der Grünwalder Straße gegenüber. Die Frage lautet nun: Wer war erfolgreicher im Sechzger?

Wie die Statistik zeigt, konnte der TSV 1860 seinen Heimvorteil auf Giesings Höhen kaum nutzen. Denn nur in den Bundesliga- und DFB-Pokal-Duellen im Sechzger waren die Blauen erfolgreicher als die Bayern.

Wettbewerb		Spiele	Siege 1860	Siege Bayern	Unentschieden
Gesamtbilanz	1912 – 1992	106	35	46	25
1860-Platz	1912 – 1924	15	5	5	5
1860-Stadion	1925 – 1943	39	11	16	12
Gesamtbilanz	1912 – 1943	54	16	21	17
Oberliga	1945 – 1963	23	9	12	2
Bundesliga	1965 – 1970	10	5	4	1
DFB-Pokal	1951 – 1967	5	2	1	2
Liga-Pokal	1972	1	0	1	0
Pflichtspiele	1945 – 1972	39	16	18	5
Freundschaftsspiele	1945 – 1992	13	3	7	3
Gesamtbilanz	1945 – 1992	52	19	25	8

6 Aufnahme vom Spiel 1860 - Bayern 2:2 am 11. November 1932. Das Derby endete mit einem Platzsturm der Bayern-Anhänger, nachdem 1860 in der Schlussminute durch einen umstrittenen Handelfmeter ausgeglichen hatte.
7 Karl-Heinz Wildmoser 1994 auf der Haupttribüne des Sechzger-Stadions. Rechts sein Sohn.

ons betrug nun 29.766 Plätze. Der Einbau eines weiteren Trennzauns, der den mittleren Abschnitt der Westkurve in die Sektoren G und H aufgliedern sollte und bereits angefertigt war, wurde Mitte August 1991 nach einem Gespräch zwischen TSV 1860, Oberbürgermeister Kronawitter, Kreisverwaltungsreferat und Polizei zurückgestellt. Die Sicherheitsorgane behielten sich vor, den dritten Zaun bei Entstehen von Gefahrenquellen nachträglich einbauen zu lassen, was aber nie geschah. Aufgrund der Sicherheitsrichtlinien wurden auch die Aufgänge und die Fluchttore farblich markiert. Die Treppenaufgänge wurden grün gestrichen, die Tore im Gitterzaun rot. Kurz darauf mussten die Maler erneut zum Pinsel greifen, weil der DFB die Tore gelb bemalt haben wollte.

Oberbürgermeister Kronawitter zeigte sich – wie schon während seiner ersten Amtszeit in den 1970er Jahren – sehr zuvorkommend gegenüber den Forderungen des TSV 1860, der auf baldige Umbaumaßnahmen am Stadion drängte. Bereits am 18. Juni 1991, nur zwei Tage nach dem Aufstieg der Sechziger, beantragte die Stadtratsfraktion der SPD die Sanierung und den Ausbau des Stadions an der Grünwalder Straße. Die Führung des TSV 1860 legte der Stadt eine umfangreiche Mängelliste vor. Die Aufzählung vom 1860-Geschäftsführer Deffner reichte von einigen Stehplatz-Bereichen mit schlechten Sichtverhältnissen (tote Winkel und Glaswände am Übergang zu den Sitztribünen), den unattraktiven Sitzplätzen auf den niedrigen Vortribünen, der veralteten Ausstattung der Haupttribüne (Holzbänke, Reporterkabinen, sanitäre Anlagen, fehlender VIP Raum), den zu niedrigen und bereits abbröckelnden Stehstufen in der Ostkurve, der zu schwachen Lautsprecheranlage und dem Fehlen einer elektronischen Anzeigetafel bis hin zum altbekannten Parkplatzproblem. Neben einigen kleineren Verbesserungsmaßnahmen schwebten den Sechzigern zwei größere Projekte vor: ein Neubau der Ostkurve mit steileren Stufen und eine neue Haupttribüne, die sich zwischen den beiden Flutlichtmasten über die gesamte Südseite des Stadions erstrecken sollte. Als weniger aufwendige Alternative schlug man die Überbauung der bestehenden ebenerdigen Bankreihen vor. Ein runderneuertes Sechzger-Stadion sollte nach Meinung des Vereins rund 40.000 Plätze umfassen. Dabei legte man großen Wert darauf, dass trotz anders lautender Bestrebungen der Fußballverbände DFB und UEFA genügend Stehplätze für die Fans erhalten blieben.

Im Sommer 1991 brachte FC Bayern-Manager Uli Hoeneß erstmals auch ein anderes Thema ins Gespräch. Unzufrieden mit dem stimmungsarmen Olympiastadion, äußerte er gegenüber der Stadt den Gedanken, ein völlig neues Stadion zu bauen, in dem er seine Vision vom „Stadion 2000" mit einem „totalen Unterhaltungsprogramm für die ganze Familie" umsetzen wollte. Die Stadtoberen stellten sogleich den Ausbau des Sechzger-Stadions in Frage, für den man 2,4 Millionen DM bereitstellen wollte. Das Baureferat arbeitete zwar im Herbst 1991 einen Vorentwurf für die Großinstandsetzung der Ostkurve aus, der eine Erhöhung der Ränge im Nordost-Bereich und die Bestuhlung des Unterrangs (2.655 Sitzplätze) vorsah. Nur die oberen Stufen in den nördlichen und südlichen Randbereichen der Ostkurve sollten weiterhin als Stehplätze (2.170 Plätze) genutzt werden. Die Planungen wurden aber nicht weiter vertieft, da sich der sofortige Wiederabstieg des TSV 1860 abzeichnete.

Karl-Heinz Wildmoser übernimmt den TSV 1860 und träumt von der „Löwen-Grube"

Nach dem ernüchternden Abstieg der Sechziger übernahm der Großgastronom Karl-Heinz Wildmoser im Juni 1992 das Präsidentenamt beim TSV 1860. Zusammen mit dem von ihm verpflichteten Trainer Werner Lorant erweckte Wildmoser den „schlafenden Riesen" 1860 zu neuem Leben. Nach nur einer Bayernliga-Saison kehrten die Sechziger in die 2. Bundesliga zurück, und man hegte große Ziele: „In drei Jahren steigen wir in die 1. Bundesliga auf", versprach Wildmoser. Auch der Stadionausbau sollte schnellstmöglich angepackt werden. Beim Empfang der Aufstiegsmannschaft im Rathaussaal am 13. Juni 1993 meinte Oberbürgermeister Kronawitter: „Ich weiß, dass die Sechziger ein besser ausgebautes Stadion brauchen. Die billigste Lösung wär's jetzt, wenn ihr sofort in die Bundesliga marschiert. Dann miaßt's ihr naus ins Olympiastadion." Wildmoser erwiderte schlitzohrig: „Damit

7

1991 bis 1995

über ein besseres Stadion nicht nur, wie schon einmal, nur g'redt werd, hab' ich Ihnen zwei Dinge mitgebracht: Das ist der fertige Plan für den Ausbau der Ostkurve. Und damit Sie des net vergessen, hamma zur Erinnerung noch ein Poster dabei."

Der Vorentwurf des Münchner Architekturbüros Buck und Partner sah eine zweistöckige Tribüne mit 13 Stufenreihen auf dem Unterrang (2.000 Sitzplätze), acht Stufen auf dem Oberrang (1.170 Sitzplätze) mit dahinter liegender Stehplatzzone (160 Stehplätze) und VIP-Boxen im Zwischengeschoss (300 Plätze) vor. Hinter den Logenplätzen sollten ein Barbereich, eine Lobby und ein Raum für Pressekonferenzen entstehen. In der darunter liegenden Erdgeschoss-Ebene waren ein Fanartikel-Shop, Imbiss-Restaurants und Toiletten geplant. Die Dachkonstruktion, an deren Vorderkante eine elektrische Anzeigentafel montiert werden sollte, folgte dem Vorbild der bestehenden Gegengerade. Seitlich der neuen Tribüne zeigte die Planung zwei Stehtribünen für jeweils 740 Zuschauer.

Während die Gespräche zwischen Vereinsführung und Stadt liefen, drang die Mannschaft des TSV 1860 in die Spitzengruppe der Zweitliga-Tabelle vor. Angesichts der großen Euphorie, die der Höhenflug ausgelöst hatte, kamen Ende August 1993 erste Überlegungen auf, das zur Oktoberfestzeit anstehende Spitzenspiel gegen Tabellenführer VfL Bochum ins Olympiastadion zu verlegen. Einige Spieler plädierten für den Umzug (Torwart Rainer Berg: „Ich habe noch nie vor 60.000 gespielt"), aber Präsident Wildmoser blockte trotz möglicher Mehreinnahmen von bis zu 500.000 DM ab: „Viele unserer Fans wollen den Umzug nicht. Wir spielen gegen Jena und Bochum im Grünwalder Stadion." Trainer Lorant pflichtete ihm bei: „Im eigenen Bett schläft's sich am besten." Wildmoser wollte vor allem die schwierigen Verhandlungen mit der Stadt nicht gefährden. „Wir wären nicht gut beraten, dieses Spiel zu benutzen, im Olympiastadion 200.000 Mark mehr zu machen und der Stadt München angesichts des leeren Stadtsäckels ein Argument zu liefern, das Sechzger-Stadion an der Grünwalder Straße nicht auszubauen. Wir würden uns in der Bundesliga unter den schwachen Klubs bewegen, da reicht ein ausgebautes Stadion für 40.000 aus. Wir wollen die Grünwalder Straße zur Löwen-Grube, zur Löwen-Kampfbahn ausbauen, wo wir bei vollem Haus unschlagbar sind", meinte der 1860-Präsident. Der hitzigen Diskussion, bei der sich eine breite Allianz aus Fans (Transparent der Fan-Initiative: „Sechzger-Ausbau: JA – aber Olympiastadion: NIE!"), Spielern (Thomas Miller: „Im Sechzger spielen wir praktisch mit zwölf Mann und

8 30.000 Fans feierten am 13. Juni 1993 nach einem 1:1 gegen den SSV Ulm die Rückkehr des TSV 1860 in den bezahlten Fußball.

9 Die Pläne für den Neubau der Ostkurve: Ansicht von Westen (Spielfeld).

10 Ansicht von Osten (Grünwalder Straße).

11 Schnitt.

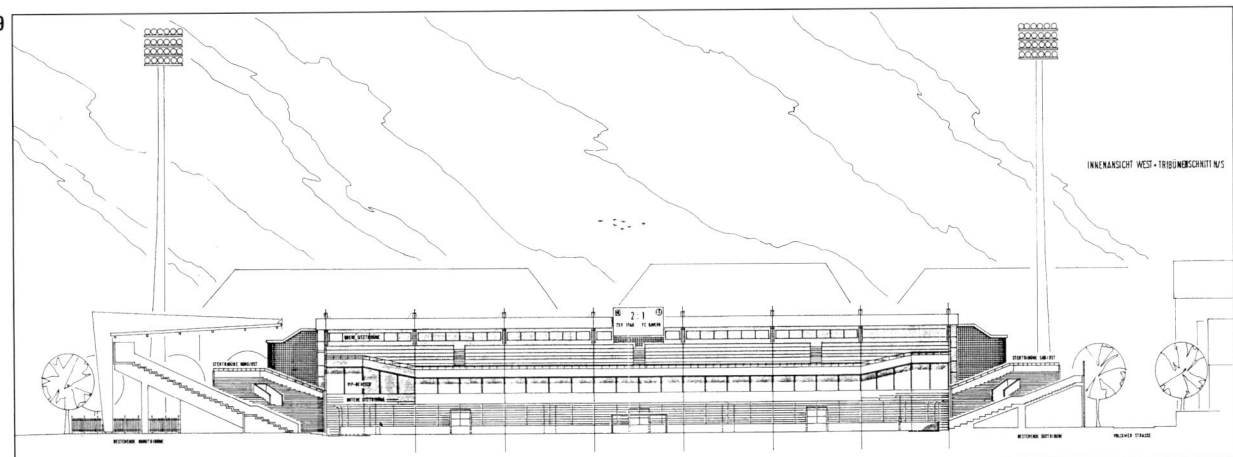

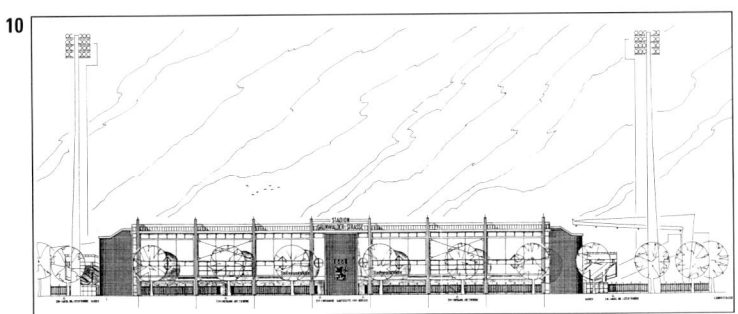

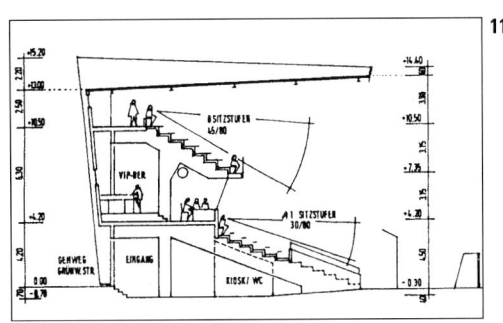

haben durch das Publikum einen unheimlichen Heimvorteil") und dem Präsidenten für das Stadion an der Grünwalder Straße aussprachen, setzte schließlich der DFB ein Ende. „Aus Gründen der Wettbewerbsverzerrung müssen alle Spiele im gleichen Stadion stattfinden. Ein Stadionwechsel ist nur möglich, wenn die Sicherheit gefährdet gewesen wäre", erklärte Liga-Sekretär Holzhäuser.

Nachdem der TSV 1860 den VfL Bochum am 25. September 1993 mit 4:1 geschlagen und das Grünwalder Stadion zum „Tollhaus" („Bild-Zeitung") verwandelt hatte, genehmigte der Sportausschuss des Stadtrates drei Tage später einen Zuschuss von 2,66 Millionen DM für den Ausbau der Ostkurve. Da einige Politiker, vor allem aus Kreisen der Grünen, gegen die Bereitstellung von Finanzmitteln waren und über die Dringlichkeit der Baumaßnahmen unterschiedliche Auffassungen herrschten, meinte 1860-Präsident Wildmoser, dass man „den Umbau am liebsten selbst in die Hand nehmen" möchte. Er plante, mit dem Osttribünenbau im Sommer 1994 zu beginnen. Für den restlichen Teil der kalkulierten Baukosten von sechs Millionen DM (das Baureferat rechnete mit neun Millionen DM) wollte 1860 selbst aufkommen. Um die Finanzierung zu sichern, sollte die Stadt den Sechzigern das Stadion in Erbbaurecht für 33 oder 50 Jahre mietzinsfrei verpachten. Da die Stadt damit ihr Defizit von rund 500.000 DM pro Jahr losgewesen wäre, forderte Wildmoser von der Stadt einen jährlichen Unterhaltszuschuss in Höhe von 470.000 DM. Schrittweise wollte Wildmoser nach der Ostkurve auch den Bau einer neuen Haupttribüne und eine Überdachung der Westkurve vornehmen. 15 bis 25 Millionen sollte das Vorhaben insgesamt kosten, was laut Karl Heinz Wildmoser „in der freien Wirtschaft machbar" gewesen wäre.

Der Bundesliga-Aufstieg, die 13+4-Lösung und Wildmosers Meinungswechsel

Wildmoser erinnerte sich Ende November 1993 angesichts der anhaltenden sportlichen Erfolgsserie aber an das Olympiastadion mit seinen fast 70.000 Plätzen und den komfortablen VIP-Logen, die er als Jahreskarteninhaber beim FC Bayern bestens kannte. Er nahm erste Kontakte zu Olympiapark-Chef Spronk auf und ließ die erstaunten Fans auf einmal wissen, dass in „ein renoviertes Grünwalder Stadion allerhöchstens 27.000 Zuschauer" passen würden. Zudem fühlte sich der neue Oberbürgermeister Christian Ude (SPD) nicht an die Versprechen seines Vor-

1991 bis 1995

12 Mit großen Zaunfahnen taten die Fans in der Westkurve ihre Meinung kund.

13 Wally und Hans Blendinger am berühmten Fenster mit dem Blick ins Stadion (1995).

14 Als die Sechziger in den 1960er Jahren ihre großen Erfolge feierten, herrschte dichtes Gedränge am Wohnzimmerfenster.

gängers Georg Kronawitter (SPD) gebunden und sah angesichts der schwierigen finanziellen Situation der Stadt wichtigere Projekte als den Ausbau des Sechzger-Stadions.

Bei einem Aufstieg in die Bundesliga plante 1860, viermal im Olympiastadion zu spielen, wozu der DFB seine Zustimmung gab. Am 11. Juni 1994 feierte der TSV 1860 durch einen 1:0-Sieg in Meppen nach 13 Jahren Abstinenz tatsächlich die Rückkehr in die Bundesliga. Von einem generellen Umzug ins Olympiastadion hielt Präsident Wildmoser nichts, obwohl das Fassungsvermögen des Stadions an der Grünwalder Straße vom DFB auf 28.500 Plätze beschränkt wurde: „Im Sechzger Stadion holen wir bestimmt sechs, sieben Punkte mehr als im Olympiastadion."

Die Verhandlungen über den Ausbau des Giesinger Stadions stellten sich als äußerst schwierig dar. Beim Empfang des Aufsteigers am Rathausbalkon wurde Oberbürgermeister Ude daher von 20.000 1860-Fans, die sich am Marienplatz eingefunden hatten, gnadenlos ausgepfiffen. Ude meinte daraufhin: „Liebe Fans, die zu den treuesten gehören. Ich kann nicht Millionen aus dem Ärmel schütteln, aber wir sind auf einem guten Weg dahin, dass das Stadion der Sechziger so aussieht, wie die Löwen es verlangen." Ein Finanzierungskonzept mit Hilfe von Sponsoren sei in Arbeit, versprach der Oberbürgermeister. Karl-Heinz Wildmoser hob die Wichtigkeit des Projekts hervor: „Die Sechziger können nicht mehr in einem Stadion spielen, wo die Damen keine Toiletten finden." Wie sich später herausstellte, hatte der TSV 1860 aber schon im Februar 1994 sämtliche Verhandlungen mit der Stadt abgebrochen.

Das Stadion an der Grünwalder Straße sollte im Sommer 1994 wenigstens halbwegs bundesligatauglich hergerichtet werden. „Kaum auszudenken, wenn sich Leverkusens beleibter Manager Calmund im Treppenaufgang verkeilt", witzelte die „SZ". Am großspurig geplanten Ausbau des Stadions verlor Wildmoser aber zunehmend das Interesse. „Da sehe ich so schnell kein Land. Wenn der Verein das Stadion übernehmen würde, müsste er allein für die Stellplatzablöse 25 Millionen zahlen. Das ist natürlich nicht drin", äußerte sich der Präsident noch vor Saisonbeginn. Die Stadt hatte die Ostkurven-Pläne zwar für genehmigungsfähig erklärt, allerdings einen Nachweis für 950 PKW-Stellplätze gefordert, wovon nur 198 (156 an der Candidstraße, 42 an der Harlachinger Straße) vorhanden waren. Die Frage wäre aufgrund der guten Erreichbarkeit des Stadions mit öffentlichen Verkehrsmitteln durchaus lösbar gewesen, meinte die 2. Bürgermeisterin Gertraud Burkert später.

Die ersten drei 1860-Heimspiele der Saison 1994/95 gegen den VfB Stuttgart (36.900 Zuschauer; Ergebnis 0:2), den FC Schalke 04 (29.800; 0:1) und den FC Bayern (60.800; 1:3) fanden ebenso wie das erste Rückrundenspiel

QUER PASS

Logenplatz am Wohnzimmerfenster

Für Fans des TSV 1860 waren sie lange Zeit wohl die beste Wohnlage Münchens: die Häuser an der Grünwalder Straße, von deren Fenstern man ins Stadion blicken kann. Zwei Bewohner dieser Häuser erlangten durch Auftritte in Presse, Funk und Fernsehen überregionale Bekanntheit: Wally und Hans Blendinger.

Hans Blendinger, geboren 1907, war 1911 als kleiner Bub mit seiner Familie in das gerade neu gebaute Haus an der Grünwalder Straße 7 gezogen. Die Auftritte der Sechziger auf dem im selben Jahr eröffneten Sportplatz machten den kleinen Hans schnell zu einem Anhänger der Blauen, obwohl die Wohnung im dritten Stock nicht zur Straße, sondern zum Innenhof lag und damit keinen Blick auf den Sportplatz bot. Nach der Hochzeit 1934 bezog Hans Blendinger mit seiner Frau Wally eine Wohnung im vierten Stock, bei der ein Zimmer zum Stadion ausgerichtet war. Gemeinsam erlebten sie große Erfolge ihres TSV 1860. Wally Blendinger erinnert sich noch gut an den Empfang im festlich geschmückten Stadion, nachdem die Sechziger 1942 in Berlin den Tschammer-Pokal gewonnen hatten.

Im Zweiten Weltkrieg wurde auch die Wohnung der Blendingers stark zerstört. Doch sie blieben in ihrem Haus, halfen beim Wiederaufbau mit und zogen 1948 in eine neue Wohnug im dritten Stock – natürlich wieder mit Blick ins Stadion. In der Nachkriegszeit, als die Umkleiden in der zerstörten Sitztribüne des Stadions noch nicht wieder hergerichtet waren, wurde das Wohnzimmer der Blendingers sogar einmal zur Mannschaftskabine. Als Gegenleistung gab es von den Fußballern des DSC München, die ein Vorspiel im Stadion bestritten, eine Stange amerikanischer Zigaretten.

In den 1960er Jahren wurde die Blendinger-Wohnung zum begehrten Logenplatz. Stets drängten sich viele Freunde am Fenster der Wohnküche, um die Spiele der Sechziger zu sehen. Einmal kam sogar Boxidol „Bubi" Scholz, der für das ausverkaufte Stadion keine Karte mehr bekommen hatte. Die Gäste wurden bestens bewirtet, und immer, wenn die Löwen ein Tor schossen, spendierte Hans Blendinger eine Runde Schnaps. Um ja kein Spiel des damals groß aufspielenden TSV 1860 zu versäumen, reisten die Blendingers sogar einmal früher aus dem Italien-Urlaub zurück. An der Haustür warteten schon die ersten „Logengäste".

Als die Sechziger 1995 ins Olympiastadion umzogen, schickte 1860-Präsident Wildmoser den Blendingers zwei Dauerkarten, doch Wally und Hans lehnten das Angebot dankend ab. Hans Blendinger hatte nämlich arge Schmerzen im Fuß und wusste: „Von der U-Bahn-Station bis ins Olympiastadion läuft man ja ewig." Wenige Jahre später verstarb Hans Blendinger. Seine Frau Wally schaut noch heute den Spielen der Amateur- und Jugend-Mannschaften vom Fenster aus zu und denkt dabei wehmütig an die großen Zeiten des Stadions zurück, die sie gemeinsam mit ihrem Mann erleben durfte.

1991 bis 1995

HÖHEPUNKT

**3.6.1995
TSV 1860 - 1. FC Kaiserslautern 1:3 –
Das letzte Bundesliga-Spiel auf Giesings Höhen**

Das letzte Heimspiel des TSV 1860 in der Bundesliga-Saison 1994/95 wurde zum großen Abschiedsfest. Der Klassenerhalt stand schon vor der Partie gegen den 1. FC Kaiserslautern am Samstag 3. Juni 1995 fest, und so war genügend Raum für Sentimentalitäten abseits des Spielgeschehens. Den Auftakt machte die Verabschiedung von Stürmer Peter Pacult. Der Österreicher war 1993 zu den Löwen gekommen und hatte die Sechziger mit 18 Toren in die Bundesliga und damit sich selbst in die Herzen der Fans geschossen. In der Saison 1994/95 war der 35-Jährige lange verletzt und musste nun den Verein zu Saisonende verlassen. Es war ein ergreifender Abschied. Pacult drehte unter donnerndem Applaus des Publikums eine Ehrenrunde durch das Stadion und schluchzte mit tränennassen Augen: „So schwer habe ich mir das nicht vorgestellt."

Das anschließende Spiel blieb ohne Höhepunkte. Dass mit dem 1. FC Kaiserslautern der Verein zu Gast war, mit dem die Sechziger eine jahrelange Fanfreundschaft pflegten, traf sich gut. Die Pfälzer gewannen 3:1 gegen die harmlosen Gastgeber und sicherten sich dadurch einen Platz im UEFA-Cup. 1860-Trainer Lorant, der entgegen seiner bekannten impulsiven Art völlig ruhig dem Spiel zugesehen hatte, sah sich in seiner These bestätigt, dass die Mannschaft ohne seine Anweisungen völlig hilflos wäre. „Wie bei einem Freundschaftsspiel" sei man aufgetreten, meinte Verteidiger Thomas Miller. In dieses Bild passte auch die schon vor dem Spiel angekündigte Einwechslung von Co-Trainer Roland „Magic" Kneißl. Der Mittelfeldspieler, zu Bayernligazeiten Liebling der Fans, durfte über ein Jahr nach seinem Karriereende zum endgültigen Abschied noch mal mitspielen. Damit hatte sich Kneißls Kindheitstraum, einmal in der Bundesliga zu spielen, doch noch erfüllt.

„Spieler kommen und gehen...", dachten wohl viele der 28.500 Zuschauer im ausverkauften Stadion, als es nach dem Spiel galt, zum dritten Mal an diesem Nachmittag Abschied zu nehmen. Denn nun stand der für viele schmerzlichste Moment an: der Abschied von der Spielstätte, die seit 1911 die Heimat der Sechziger gewesen war. Hier hatten die Fans die größten Triumphe des TSV 1860 gefeiert, aber auch gemeinsam zehn Jahre in der Drittklassigkeit durchgestanden. „Aus solch einer schönen Stube wollt ihr ausziehen? Es ist doch so gemütlich hier", wunderte sich Kaiserslauterns Trainer Friedel Rausch. Doch die 1860-Führung hatte Großes mit dem aufstrebenden Verein vor und sah eine erfolgreiche Zukunft nur durch die Mehreinnahmen im Olympiastadion gewährleistet.

Aufstellungen:

TSV 1860: Meier, Trares, Miller, Kutschera, Störzenhofecker, Rydlewicz, Strogies, Nowak (72. Erhard), Dowe, Bodden (56. Kneißl), Winkler

1. FC Kaiserslautern: Reinke, Kadlec, Ritter, Roos, Haber, Lutz, Brehme (46. Hamann), Marschall (76. Schäfer), Wagner, Kuka, Kuntz

Tore: 0:1 Haber (13.), 1:1 Winkler (17.), 1:2 Kuka (41.), 1:3 Kuka (67.)

15

15 Peter Pacult konnte beim Abschied seine Tränen nicht zurückhalten.

16 Vor dem Spiel gegen Dynamo Dresden am 1. April 1995 zog ein Protestzug der 1860-Fans für den Verbleib im Sechzger-Stadion den Giesinger Berg hinauf.

gegen Borussia Dortmund (38.900; 1:5) im Olympiastadion statt, wo sich das Zuschauerinteresse meist wenig über dem Fassungsvermögen des Stadions an der Grünwalder Straße bewegte und am Ende ein sportliches Desaster von 0:8 Punkten und 2:11 Toren zu Buche stand. Den Umzug ins Olympiastadion zum Saisonstart hatte der TSV 1860 unter anderem mit den Umbauarbeiten an Zäunen und Eingangstoren im Stadion an der Grünwalder Straße begründet. Die einzigen Veränderungen waren aber in der Stadiongaststätte zu erkennen, die nun den VIPs vorbehalten blieb. Als man am 9. Oktober 1994 zum Heimspiel gegen Werder Bremen ins Giesinger Stadion zurückkehrte, zeigte 1860 „die beste Partie seit dem Bundesliga-Aufstieg" („SZ"). Nach der 1:2-Niederlage erklärte Präsident Wildmoser allerdings den Mythos von den im Sechzger-Stadion unschlagbaren Sechzigern für beendet.

Am 10. Spieltag konnte man den ersten Saisonsieg feiern (4:0 gegen den SC Freiburg). „Irrsinnig wohl" fühle er sich in der Giesinger Arena, „weil's halt kleiner ist", meinte Stürmer Peter Pacult schon nach dem zwischenzeitlichen Pokalsieg gegen Leverkusen. Nach dem Spiel gegen Werder Bremen blieben die Sechziger in den folgenden Heimspielen an der Grünwalder Straße ungeschlagen.

1860 verlässt das Sechzger-Stadion

Am 26. Mai 1995 sicherte ein 2:1 gegen den 1. FC Köln vor begeisterter Kulisse (Kapitän Schwabl: „Die Stimmung war schon extrem, das gibt's nirgendwo anders") den Klassenerhalt. Das letzte Heimspiel gegen den 1. FC Kaiserslautern war unbedeutend und wurde zu einer großen Abschiedsfeier, denn wenige Tage zuvor, am 30. Mai 1995, hatte eine außerordentliche Delegiertenversammlung der 1860-Fußballabteilung den Umzug ins Olympiastadion ab der Saison 1995/96 beschlossen.

Ausschlaggebend war der Meinungswechsel von Präsident Wildmoser, der sich im Januar 1994 angedeutet hatte und im Herbst 1994 Gewissheit geworden war. Nach Wildmosers Meinung konnte nur im Olympiastadion der Bundesliga-Verbleib der Sechziger finanziell gesichert werden, wo höhere Einnahmen aus Kartenverkauf und Bandenwerbung erwartet wurden. Die Proteste der „Faninitiative Sechzger-Stadion", die Flugblattaktionen, Protestmärsche und Lichterketten organisiert hatte, blieben ungehört. Der Einwand, dass ein Umzug in die Heimstatt des Rivalen FC Bayern den Identitätsverlust des TSV 1860 bedeute („Statt einen Gegenpol zu schaffen, versucht man, mit gleichen Mitteln Konkurrenz zu machen", meinte das Münchner „Stadtmagazin"), wurde übergangen. Vor der Entscheidung der Delegierten drohten Präsident und Trainer noch mit dem Rücktritt, falls man an der Grünwalder Straße bleiben wolle. „Da muckt dann keiner mehr auf", wusste die „Bild am Sonntag". Von 148 anwesenden Delegierten stimmten am 30. Mai 1995 schließlich 101 für das Olympiastadion, 34 dagegen, drei enthielten sich und zehn gingen nicht zur Wahl. Laut Vereinssatzung hätte Präsident Wildmoser im Übrigen auf ein negatives Votum der Versammlung nicht reagieren müssen und den Umzug eigenmächtig beschließen können.

1995 bis 2000
Scheinbar endlose Stadiondiskussionen

Im Sommer 1995 kehrte 1860 dem Stadion an der Grünwalder Straße endgültig den Rücken und spielte fortan im Olympiastadion, das bis zum Jahr 2000 „zum schönsten Fußballstadion Deutschlands" (Karl-Heinz Wildmoser) ausgebaut werden sollte. Dem FC Bayern waren aber eine Überdachung der Gegengerade und der Einbau von VIP-Logen schon bald nicht mehr gut genug, und er wiederholte seine Forderungen nach einem eigenen, neuen Stadion. Es brach eine schier endlose Stadiondiskussion los, in der neben dem Umbau des Olympiastadions Dutzende Standorte für eine neue Arena geprüft wurden, die auch Spielort bei der Fußball-Weltmeisterschaft 2006 werden sollte.

Neue Mannschaften und neue Ideen für das Sechzger-Stadion

Die 1860-Fans hofften währenddessen immer wieder auf eine Rückkehr ihrer Mannschaft in ein ausgebautes Stadion an der Grünwalder Straße. Besonders engagierte Verfechter dieser Position gründeten im Herbst 1996 den Verein „Freunde des Sechz'ger Stadions e.V." und erarbeiteten ein Konzept für die Erneuerung der Traditionsspielstätte. In einen Neubau sollten nach ihren Vorstellungen ein Stadtteilzentrum und Läden integriert werden. Voraussetzung für den Ausbau war natürlich zuerst einmal der Erhalt des Stadions, der seit dem Auszug der 1860-Profis in Frage gestellt wurde.

Einen Antrag der Obergiesinger Bürgerversammlung auf „baldmöglichste Sanierung" des Stadions lehnte der Sportausschuss des Stadtrats im September 1995 ab. Zwei Monate später präsentierte das Planungsreferat die besten Vorschläge zum Neubau des Sechzger-Stadions, die Architekturstudenten der TU München am Lehrstuhl Professor Kiessler entworfen hatten. Stadtbaurätin Thalgott zeigte sich angetan von den Arbeiten, verwies aber auf fehlende Finanzmittel zur Verwirklichung solcher Gedankenspiele.

Die Auslastung des Stadions stieg dagegen Mitte der 1990er Jahre stark an. Der Amateurmannschaft des FC Bayern folgte 1995 die zweite Elf des TSV 1860. 1996 kamen die A-Junioren der beiden Bundesligisten und der vorübergehend heimatlose Bezirksligist FC Phönix hinzu. Zwischen 60 und 80 Spiele pro Jahr finden seitdem im Stadion an der Grünwalder Straße statt, das damit „die höchste Nutzungsdichte aller Fußballstadien in Deutschland" aufweist, wie das Sportamt 1997 erstaunt feststellte. Allerdings bewegen sich die Zuschauerzahlen bei den Amateur- und Jugend-Spielen nur bei durchschnittlich 500 Besuchern. Im Maximum kommen 3.000 Fans zu den Amateurspielen.

Andere Veranstaltungen, wie etwa Konzerte, galten zwar nicht grundsätzlich als unmöglich, fanden aber kaum statt. Ein Vorvertrag mit der Musikgruppe Kelly Family scheiterte an Lärmschutzauflagen. Dafür kam es am Sonntag, den 15. Juni 1997, zu einer außergewöhnlichen Veranstaltung im Stadion. 5.000 Münchner Muslime ver-

sammelten sich auf der Gegengeraden, um der Einweihungsfeier für das islamische Kulturzentrum an der Martin-Luther-Straße 20 beizuwohnen. „So viele Frauen hat das Stadion an der Grünwalder Straße schon lange nicht mehr gesehen", berichtete die „Süddeutsche Zeitung". Die weiblichen Besucher nahmen aufgrund der religiösen Geschlechtertrennung auf dem Westteil der Gegengerade Platz, die Männer auf dem östlichen Teil.

Neue Hoffnung und erste Abrisspläne

Die Umbaupläne für das Olympiastadion brachten 1997 erstmals konkrete Vorschläge zu Tage, das Stadion an der Grünwalder Straße abzureißen, um durch den Verkauf des Grundstücks eine „Anschubfinanzierung" für den Umbau des Olympiastadions zu erlösen. Anstelle des Sechzger-Stadions konnte sich CSU-Stadtrat Schmatz ein ganz neues Wohnviertel vorstellen. 1998 stellte sich plötzlich die Frage, ob München drei Stadien brauche, weil die Ausbaupläne für das Olympiastadion (seit Frühjahr 1998 in die Denkmalliste aufgenommen) zu scheitern drohten und der FC Bayern erneut mit einem neuen Stadion liebäugelte.

Auch die 1860-Führung war mit der unterkühlten Atmosphäre in der olympischen Leichtathletik-Arena unzufrieden. Von einer Untermiete in einem FC-Bayern-Stadion wollte man jedoch nichts wissen. Angesichts sinkender Zuschauerzahlen bei 1860-Heimspielen und steigender Unzufriedenheit bei den Fans witterten die Verfechter des Sechzger-Stadions im Herbst 1999 neue Chancen und brachten das Thema wieder verstärkt in die Öffentlichkeit.

Präsident Wildmoser reagierte gereizt: „Solche Aktionen gehören vors Rathaus und nicht ins Stadion. Ein Ausbau ist für uns allein finanziell nicht durchführbar. Ich will den Verein nicht bis zu den Urenkeln verschulden." Oberbürgermeister Ude gab den „Schwarzen Peter" umgehend an Wildmoser zurück: „Wenn ich mich recht erinnere, hat er doch die Entscheidung mit dem Umzug ins Olympiastadion getroffen. Wildmoser sollte doch zu seinen Manneswortes stehen und nicht das Rathaus zum

1 Beim Landesliga-Spiel 1860 Amateure - TSV Großhadern am 23. März 1996 hüllten die Fans die Sitze der Gegengerade teilweise mit Papier ein, so dass der Schriftzug „TSV 1860" zu lesen war.
2 Im April 2000 veröffentlichte das Immobilienunternehmen Rossius seine Pläne, auf dem Stadiongelände ein Kongresshotel zu errichten. Als Reminiszenz an das Stadion sollte das Dach einem Zirkuszelt ähneln.

QUER PASS
Das Sechzger als Filmthema und Kulisse

Obwohl der TSV 1860 schon längere Zeit im Olympiastadion spielte, blieb das Sechzger-Stadion bei den Fans ein stetiges Thema. Auch verschiedene Filmemacher entdeckten die unerschütterliche Beziehung zwischen den 1860-Fans und „ihrem" Stadion als Drehbuchstoff. Neben dem Dokumentarfilm „Lokalderby – Eine Stadt im Fußballfieber" (1997), der sich fast zwangsläufig mit dem Giesinger Stadion beschäftigte, spielte die ehemalige Spielstätte der Sechzger auch im Spielfilm „Zum Sterben schön" (1997) und im Kurzfilm „Wichtig ist auf'm Platz" (2001) eine tragende Rolle.

In „Zum Sterben schön" träumt die Hauptfigur, 1860-Fan Peter Gillitzer, vom Auftritt eines neuen Stürmerstars im Sechzger-Stadion. Gillitzer, der in Giesing gleich neben dem Stadion wohnt, finanziert dem TSV 1860 diesen dringend nötigen Spielerkauf durch die Einnahmen aus einem gerade geerbten Bestattungsunternehmen.

Der Kurzfilm „Wichtig ist auf'm Platz" handelt von einem jungen Mann, der seinem im Sterben liegenden Großvater, einem ehemaligen Spieler des TSV 1860, verspricht, im geliebten Sechzger-Stadion begraben zu werden. Als die Erdbestattung am (fiktiven) Betonuntergrund des Spielfelds scheitert, wird die Leiche verbrannt und die Asche mit einer Maschine zur Platzmarkierung auf dem Rasen verstreut.

Das Stadion an der Grünwalder Straße hatte zuvor schon in den Kinofilmen „Der Theodor im Fußballtor" (1950) und „Zwei Nasen tanken Super" (mit Thomas Gottschalk und Mike Krüger, 1984) als Drehort gedient.

Schuldigen machen!" Im Rathaus kursierten derweil Gerüchte, dass im Rahmen der Arbeitsgruppe „Sportstadt 2000" der Verkauf des Stadions an der Grünwalder Straße erörtert werde. Mit dem Erlös sollte der Ausbau des Dantestadions zu einer modernen Leichtathletik-Arena finanziert werden. Das Dantestadion sollte auf diese Weise als Ersatz für ein fußballgerecht umgebautes Olympiastadion dienen, in dem für Leichtathletikanlagen kein Platz mehr gewesen wäre.

Neuen Diskussionsstoff lieferte Anfang April 2000 das Angebot des Münchner Bauträgers Rossius, der das Stadiongelände an der Grünwalder Straße für 30 Millionen DM kaufen und darauf ein Hotel- und Kongresszentrum errichten wollte. Als Reminiszenz an das Stadion sollte der Neubau die Form einer Arena und ein zirkuszeltartiges Dach erhalten, was die „tz" erstaunlicherweise als „gelungene moderne Architektur" bezeichnete. Der geplante Abriss des Sechzger-Stadions rief lautstarke Proteste von Fans, Giesinger Bürgern und Stadtteilpolitikern hervor.

1995 bis 2000

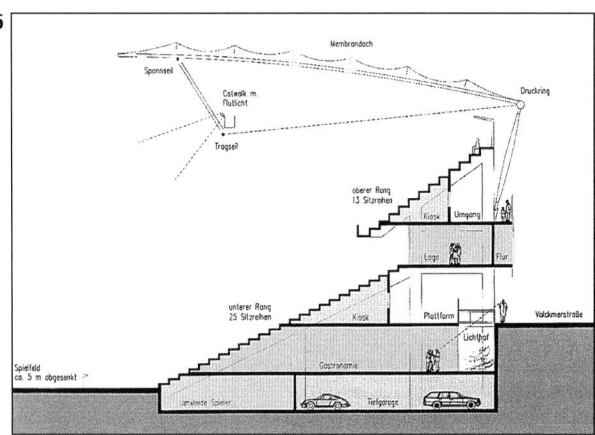

3 Modell der Löwen-Arena. Im Vordergrund die Candidauffahrt.

4 Computeranimation vom Inneren der Löwen-Arena.

5 Schnitt durch die Tribüne der Löwen-Arena mit Tiefgarage, Kabinengeschoss, Eingangsebene, VIP-Logen und Oberrang.

Manfred Schwabls „Löwen-Arena"

Bald darauf gerieten die karikaturistischen Entwürfe aber wieder in Vergessenheit, denn am 13. Mai 2000 verkündete die „Abendzeitung" sensationell: „Geheimplan: Rückkehr nach Giesing". Manfred Schwabl, früherer 1860-Profi und Inhaber einer Firma für Sportstätten-Bestuhlung, plante den Ausbau des Stadions an der Grünwalder Straße nach den Plänen des Hamburger Architekturbüros Weisener. Heinz Weisener war in Hamburg mit seinen Entwürfen für ein neues Stadion des FC St. Pauli gescheitert und passte das Projekt nun an die Münchner Ortsverhältnisse an. Mit der Immobiliengesellschaft Deinböck präsentierte Schwabl zudem einen Investor. 1860-Präsident Wildmoser, den die Abrisspläne unberührt gelassen hatten („Das Haus, in dem sich meine erste Wohnung befand, wurde auch abgerissen") schien zunächst begeistert von Schwabls Ideen. Seine erste Aussage „Das wäre das achte Weltwunder!" ließ aber bereits durchblicken, wie wenig ernsthaft 1860 die Angelegenheit vorantrieb. Bereits vor der endgültigen Präsentation des Konzepts erklärte Wildmoser die Pläne für gescheitert, weil die Miete zu hoch sei und nicht genügend Parkplätze zur Verfügung stünden.

Ende Oktober 2000 stellte Manfred Schwabl das Projekt „Löwenarena" vor. Ein neues Fußballstadion für bis zu 44.000 Zuschauer sollte an der Grünwalder Straße entstehen. Die Basisvariante mit 38.000 Plätzen sah 70 VIP-Logen mit je zehn Plätzen, 2.000 Business-Seats, 25.300 weitere Sitzplätze und 10.000 Stehplätze in der Westkurve vor, die auf zwei übereinander liegenden Rängen verteilt werden sollten. Daneben hätten 3.700 Quadratmeter Gewerbefläche im Innenraum zur Verfügung gestanden. Unter dem Stadion plante man eine Tiefgarage mit 800 Stellplätzen, die vom unteren Teil der Candidstraße aus erschlossen werden sollte. Durch die Aktivierung von Stellplatzmöglichkeiten im direkten Umfeld versprach man eine Lösung des Parkplatz-Problems. Zudem bestand inzwischen eine hervorragende Erschließung mit dem öffentlichen Nahverkehr. 1998 wurde nämlich die U-Bahn-Linie U1 mit den Bahnhöfen am Wettersteinplatz und am Candidplatz eröffnet. Daneben führen die U-Bahn-Linie U2 mit der Station Silberhornstraße, zwei Trambahnlinien und drei Buslinien am Stadion vorbei.

Aufgrund des geschlossenen Baukörpers und der überdachten Ränge erwarteten die Planer eine geringe Lärmbelästigung für die Anwohner. Die Baukosten wurden mit 130 Millionen DM (ohne Tiefgarage und Grundstück) angegeben, die über einen Immobilienfond der Deinböck Capital Management AG vorgeschossen werden

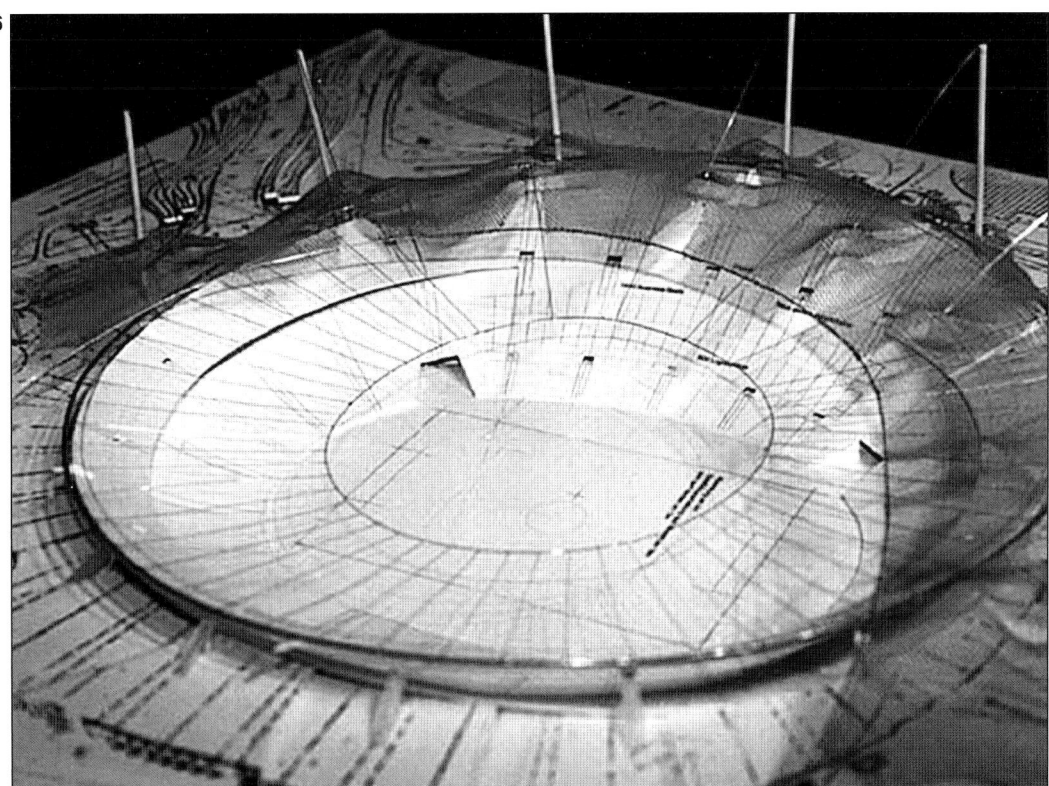

sollten. Die Tiefgarage könnte die Stadt zahlen und unter der Woche als Park+Ride-Anlage für die U-Bahn-Station am Candidplatz nutzen, meinte die Projektgruppe.

Bei der Stadt stießen die Vorschläge auf wenig Interesse. Nachdem Deutschland im Sommer 2000 den Zuschlag für die Fußball-Weltmeisterschaft 2006 erhalten hatte, plante man schließlich den WM-tauglichen Umbau des Olympiastadions und hoffte bei der Finanzierung auf beide Bundesliga-Vereine als Mieter, die sich zudem mit 100 Millionen Mark am 400 Millionen Mark teueren Umbau beteiligen sollten. Zudem gab es juristische Bedenken, dass ein von der Stadt bezahlter Umbau des Olympiastadions, der allein dem FC Bayern zugute kommen würde, gegen EU-Kartellrecht verstoßen könnte. 1860 Präsident Wildmoser wollte dabei nicht „als Bremser dastehen für das WM-Eröffnungsspiel 2006" und erklärte: „Das Sechzger ist ein Luftschloss." Im Bezirksausschuss Untergiesing/Harlaching zeigte man sich dagegen aufgeschlossen für die Pläne Schwabls, die den Stadtteilpolitikern deutlich lieber waren als das zuvor ins Spiel gebrachte Kongresshotel. Bezirksausschuss-Vorsitzende Christa Knappik griff dabei die Idee der „Freunde des Sechz'ger Stadions" auf: „Das neue Grünwalder Stadion soll ein Kommunikationszentrum für ganz Giesing werden."

6 Das so genannte „Konsens-Modell" für den Umbau des Olympiastadions sah einen neuen Überrang und eine komplett neue Überdachung unter dem Zeltdach vor.

Die Wende in der Diskussion über das WM-Stadion

Dann kam jedoch die entscheidende Wende in der Diskussion um das WM-Stadion 2006. Eine Initiative aus Architekten und Bürgern, die sich gegen den Olympiastadion-Umbau wandte, hatte zunächst über 30.000 Unterschriften gesammelt und damit den Weg für einen Bürgerentscheid frei gemacht. Am 6. Dezember 2000 gestand dann das für die Planung zuständige Büro Behnisch und Partner technische Probleme bei der Umbau-Variante des so genannten „Konsensmodells" ein und versetzte den Umbauplänen somit den Todesstoß. Nun ging die Standortsuche für ein neues Stadion wieder von Neuem los, wobei der FC Bayern den Bau zunächst alleine auf die Beine stellen wollte. 1860-Präsident Wildmoser versprach den Fans erneut: „Wir werden niemals Untermieter beim FC Bayern!" Die Schwabl-Pläne lehnte er aber ebenfalls ab. „Einen millionenschweren Umbau hat der Verein nicht im Kreuz", meinte Wildmoser.

Bei einem „Stadiongipfel" am 19.12.2000 machte Oberbürgermeister Ude deutlich, dass die Stadt mit den Infrastrukturmaßnahmen für ein neues Stadion finanziell genug belastet sei, und lehnte eine Beteiligung an den Stadionneubaukosten ab. Der FC Bayern und 1860 einigten sich daraufhin, die neue Arena gemeinsam zu bauen. Wildmoser stimmte schließlich zu, als gleichberechtigter Partner die Hälfte der Kosten zu tragen. 250 Millionen DM Kostenanteil waren für den TSV 1860 scheinbar kein Problem. Gegen den Bau der Löwenarena hatte Wildmoser noch kurz zuvor mit den hohen Kosten von 130 Millionen DM argumentiert, die noch dazu von einer Investmentgesellschaft vorfinanziert worden wären.

QUER PASS

Die Allianz-Arena

Am 11. Juli 2001 hatte die jahrelange Diskussion endlich ein Ende. Nach der Prüfung von 25 Alternativen entschied sich der Münchner Stadtrat für ein Areal im Norden Münchens als Stadion-Standort: das Gewerbegebiet Fröttmaning. Zeitgleich leitete der Stadtrat einen Bürgerentscheid ein, bei dem am 21. Oktober 2001 66% der Münchner für den Stadionneubau stimmten. Im Vorfeld der Abstimmung hatte eine groß angelegte Werbekampagne der Vereine mit tatkräftiger Unterstützung der Boulevardpresse erfolgreich Wahlkampf betrieben.

Anfang Februar 2002 gingen die Schweizer Architekten Herzog und de Meuron zusammen mit der Baufirma Alpine als Sieger aus dem von den Vereinen ausgeschriebenen Einladungswettbewerb hervor. Das neue Stadion bekommt eine Umhüllung aus Folienkissen, die in den Farben der Vereine beleuchtet werden können: rot bei Bayern-, blau bei 1860-Heimspielen.

Der neue Fußball-Tempel wird 250 m lang, 200 m breit und 50 m hoch sein. Das Fassungsvermögen wird 66.000 betragen, wobei eine Erweiterung auf 70.000 möglich ist. Im unteren Rang werden 20.000 Zuschauer Platz finden, im mittleren 24.000 und im oberen 22.000. Alle Plätze sind Sitzplätze. In der Nord- und Südkurve wird man aber jeweils 10.000 Plätze durch Hochklappen der Sitze im Verhältnis 1:1 zu Stehplätzen umwandeln können. Es sind 104 Logen à 40 Quadratmeter und 2.200 Business-Seats vorgesehen. Den Innenbereich sollen vor allem Gastronomiebetriebe und Erlebniswelten füllen. Franz Beckenbauer hält diese Arena für „das ungewöhnlichste Stadion der Welt". Dass der FC Bayern für das Projekt auch den TSV 1860 ins Boot nahm, hatte weniger finanzielle als politische Gründe. Uli Hoeneß: „Ohne sie (die Sechziger) hätten wir die Genehmigung für den Stadionneubau nie bekommen."

Am 21. Oktober 2002 wurde der Grundstein für die nach einem Sponsor benannte „Allianz-Arena" gelegt, im Sommer 2005 wird die Eröffnung stattfinden.

7 Modellfoto der „Allianz-Arena".

8 Nach einer großen Werbekampagne der Vereine stimmten 66% der Münchner bei einem Bürgerentscheid für den Stadionneubau in Fröttmaning.

2001 bis heute
Das Sechzger-Stadion zwischen Abrissdiskussionen und Rückkehrplänen

Das Aus für die Löwen-Arena und neue Abriss-Spekulationen

Für das Stadion an der Grünwalder Straße verschlechterten sich durch den gemeinsamen Stadionneubau von 1860 und FC Bayern natürlich die Zukunftsaussichten. Die Löwen-Arena-Pläne wurden von der Stadt nicht weiter geprüft, da diese „die sehr erfolgversprechenden Anstrengungen für einen Stadionneubau für die WM 2006 konterkarieren" würden, wie Stadtbaurätin Thalgott Ende März 2001 erklärte. Der Stadtrat stimmte der ablehnenden Haltung des Planungsreferats zu. Daraufhin übergaben die „Freunde des Sechz'ger Stadions" Listen mit 20.000 Unterschriften an Oberbürgermeister Ude, die seit den Abrissplänen im Frühjahr 2000 für den Erhalt des Stadions an der Grünwalder Straße von Fans und Giesinger Bürgern gesammelt worden waren. Mitte Mai 2001 klärte die für Sportfragen zuständige 2. Bürgermeisterin Gertraut Burkert die Öffentlichkeit auf, woran die Schwabl-Pläne gescheitert waren: „Natürlich prüft das Referat nur Projekte, denen eine Realisierungschance gegeben wird. Solange 1860-Präsident Wildmoser erklärt, wir gehen nie und nimmer ins Grünwalder Stadion, fehlt der Nutzer und Finanzier." Im Oktober 2001 lehnte das Planungsreferat Schwabls Bauvoranfrage endgültig ab, da die Abstandsflächen nicht eingehalten wurden, Stauflächen vor dem Stadion fehlte, die Baulinien überschritten wurden und zu wenig Stellplätze vorhanden waren. Münchens ältestes Stadion wurde damit in Frage gestellt, auch wenn die Stadtpolitiker vor der Kommunalwahl im März 2002 keine große Diskussion mehr aufkommen ließen. Drei große Stadien ab 2005 seien aber zu viel für München, meinte Oberbürgermeister Ude.

Das heiße Eisen hatten dafür Architekturstudenten der TU München angepackt. „Wir wollen uns in die städtebauliche Diskussion einmischen", erklärte Professor Ferdinand Stracke, der die Aufgabe gestellt hatte, ein tragfähiges stadträumliches Konzept für die neue Nutzung des Areals an der Grünwalder Straße zu finden. Sporteinrichtungen oder ein teilweiser Erhalt des Stadions wurden dabei ausdrücklich gewünscht. Stadtbaurätin Thalgott freute sich über die Vorschläge der Studenten, machte aber deutlich, dass man das Stadion als Sporteinrichtung im Münchner Südosten weiterhin brauche.

Die Stadt macht ihre Abrisspläne öffentlich

Dass solche Aussagen schnell Makulatur werden könnten, ahnten Mitglieder der „Freunde des Sechz'ger Stadions" und gründeten am 15. November 2001 die „Wählergruppe Sechzgerstadion". 31 Münchner Bürger wollten sich bei der Stadtratswahl am 3. März 2002 bewerben, scheiterten aber an einer Zulassungshürde von 1.000 Unterstützern, die sich im Rathaus eintragen mussten. Die Wählergruppe sollte aber mit ihren Vermutungen Recht behalten.

Ende April 2002 enthüllte die „Abendzeitung" die geheimen Sparpläne des Stadtkämmerers, die den Verkauf des Stadions an der Grünwalder Straße vorsahen. Die Giesinger SPD-Stadträtin Brigitte Meier präsentierte wenige Tage später die Vorstellungen der Stadt darüber, was mit dem Stadionareal geschehen solle: Ein Mix aus Wohnungen, Geschäftszentren und Grünanlagen sei geplant, eventuell auch ein Hotel mit Tiefgaragen. Ein Proteststurm gegen die Pläne der Stadt brach los. „Abriss Sechzger-Stadion: Hier stirbt ein Stück München", zitierte die Titel-Schlagzeile der „Abendzeitung" am 4. Mai 2002 eine Pressemitteilung der Wählergruppe Sechzgerstadion. Die „AZ" startete eine Umfrageaktion bei den Lesern, bei der diese für den Erhalt oder den Abriss des Stadions stimmen konnten. Das Ergebnis wurde nie veröffentlicht, da die „AZ" – aus welchen Gründen blieb ungeklärt – das Interesse an diesem publikumswirksamen Thema verlor. Nach Angaben der Redaktion waren aber rund 90 % der Stimmzettel für den Erhalt des Stadions. Derweil ging eine große Welle von Leserbriefen bei den Münchner Zeitungen ein. Oberbürgermeister Ude wurde bei öffentlichen Auftritten in Giesing ausgepfiffen. 1860-Geschäftsführer Karl-Heinz Wildmoser junior erklärte: „Wir brauchen das Stadion unbedingt und werden uns mit aller Macht dafür einsetzen, dass es in der jetzigen Form erhalten bleibt" – allerdings nur für die Amateur- und Jugendmannschaften.

HÖHEPUNKT

7.6.2002
TSV 1860 - BATE Borisov 0:1 –
Die Löwen kehren (kurzzeitig) zurück

Am Sonntag 7. Juni 2002 war es so weit: Die Profis des TSV 1860 kehrten wieder einmal in die alte Heimat zurück. Dort hatten sie seit dem Auszug 1995 nur noch im Juli 1996 anlässlich zweier UI-Cup-Partien gespielt. Nach sechs Jahren Pause traten die Sechziger nun wieder in Giesing an, erneut war der Vorqualifikations-Wettbewerb zum Europacup der Anlass. Die „Abendzeitung" schrieb zu den Malerarbeiten, die vor dem Spiel im Stadion durchgeführt wurden: „Es geht hier ja nur darum, das Bröseln der Ruine ein wenig zu übertünchen. Wie bei einer alten Dame, die jahrelang daheim war und sich jetzt noch einmal rausputzt, weil sie noch einmal zu einem Fest eingeladen ist, auch wenn die Falten viel zu tief sind, als dass man sie zuschminken könnte." Präsident Wildmoser sah das Spiel im Sechzger-Stadion als „Zuckerl für die verprellten Hardliner" – nach der Entscheidung für die Allianz-Arena hatte er schließlich keine erneuten Diskussionen über das alte Stadion zu befürchten.

Das Spiel und der Gegner, BATE Borisov aus Weißrussland, waren völlig uninteressant. Im Mittelpunkt stand das Stadion. Ex-Profi Thomas Miller dachte wie viele Fans: „Dieses Spiel lasse ich mir nicht entgehen. Vielleicht ist es ja das letzte für immer." Der Verein rechnete mit höchstens 10.000 Zuschauern, aber Trainer Peter Pacult wusste: „Die Atmosphäre dort ist schon einzigartig. Allein wenn 10.000 Fans drin sind, wird es schon zum Tollhaus." Nach offizieller Abrechnung des Sportamts waren es am Ende 18.000 Besucher – mehr als bei manchem Bundesliga-Spiel der Sechziger im Olympiastadion. „Das Sechzger ist und bleibt halt ein Mythos", stellte die „tz" fest. Immer wieder hallte der Sprechchor „Grüüünwalder Staaadion" zur Melodie von „Guantanamera" durch die Arena. Mehrere Transparente wie „Heimat ist, wo das Herz wehtut" wurden entrollt. Auch die Anwohner zeigten Flagge: „Das Stadion ist Giesing – Hände weg vom Stadion" stand auf großen Stoffbahnen, die von den Dächern an der Grünwalder Straße hingen.

Das Spiel begann in der ersten Halbzeit äußerst unterhaltsam. Zunächst zeigten die Sechziger einige gefällige Aktionen, doch plötzlich gab es auf der anderen Seite Elfmeter. 1860-Keeper Jentzsch fischte aber zur großen Freude des Anhangs den Strafstoß aus dem linken Eck. Roland Kneißl, die Mittelfeld-Legende aus Bayernliga-Zeiten, war begeistert von der Kulisse: „Als der Jentzsch den

1

Elfer gehalten hat, hast du gedacht, wir hätten die Meisterschaft gewonnen!" Es folgte ein Lattenschuss von Martin Max, und mit einem torlosen Unentschieden ging es in die Kabinen. Nach dem Seitenwechsel ließen die Kräfte der Sechziger merklich nach, was nach dem unter der Woche absolvierten Trainingslager nicht verwunderte. In der 73. Minute setzte Borisov zu einem seiner wenigen Konter an und erzielte den 0:1-Endstand.

Trotz der Niederlage ertönten nach dem Spiel keine Pfiffe, und 1860-Verteidiger Rodrigo Costa fragte verwundert: „Warum spielen wir eigentlich nicht immer in diesem Stadion?" Karl-Heinz Wildmoser war übrigens nicht gekommen, weil ihn nach eigener Aussage Alpträume plagen, seit ihn Fans nach einem Amateur-Derby wegen seiner Position in der Stadion-Frage beschimpft hatten.

Das Rückspiel in Borisov verloren die Löwen mit 0:4, und aus dem Wunsch von 1860-Kapitän Marco Kurz und vielen Fans, in die nächste Runde einzuziehen („Gegen den AC Bologna noch einmal im Sechzger zu spielen, wäre wunderschön"), wurde leider nichts.

Aufstellungen:

TSV 1860: Jetzsch, Costa, Meyer, Kurz (52. Borimirov), Cerny (46. Wiesinger), Stranzl, Schwarz, Weissenberger, Tyce, Max, Agostino (69. Schroth)

BATE Borisov: Zhaunou, Likhatarovich, Molash, Boahanski (10. Kantsavy/85. Mironchyk), Baha, Henadz, Yermakovich, Skrypchanka, Lashankov (71. Shmihera), Tarasenka, Kobets

Tor: 0:1 Kantsawi (73.)

1 Auf Transparenten erinnerten die Fans an die im Sechzger-Stadion errungenen Erfolge des TSV 1860.

2 UI-Cup-Spiel gegen BATE Borisov: Freistoß für 1860 vor der Westkurve.

3 Auch die Anwohner an der Grünwalder Straße forderten „Hände weg vom 60er-Stadion".

4 Die herzförmige 1860-Blockfahne auf der Gegengeraden mit dem Schriftzug „Heimat ist, wo das Herz weh tut".

2001 bis heute

Die Abrissdebatte nimmt ihren Lauf

Vor dem UI-Cup-Spiel starteten die „Freunde des Sechz'ger Stadions" und die Wählergruppe Sechzgerstadion ein Bürgerbegehren, bei dem 27.000 Unterschriften gesammelt werden müssen, um einen Bürgerentscheid zur Frage „Sind Sie dafür, dass das Stadion an der Grünwalder Straße dem Amateur- und Jugendfußball erhalten bleibt?" durchzusetzen.

Einen Antrag auf Denkmalschutz für das traditionsreiche Stadion lehnte das Bayerische Landesamt für Denkmalpflege Ende August 2002 ab. Die „sportgeschichtliche Bedeutung lässt sich zwar mit dem Ort, jedoch nicht mit dem bestehenden Bauwerk unmittelbar verbinden", meinte die Fachbehörde. Weitere Kriterien wie baugeschichtliche, kulturgeschichtliche, städtebauliche und volkskundliche Bedeutung, mit denen die Wählergruppe Sechzgerstadion argumentiert hatte, würden sich „weitgehend auf eine bauliche Anlage" beziehen, „die gegenwärtig materiell, das heißt als überlieferte historische Substanz, nicht mehr fassbar ist", urteilte Generalkonservator Dr. Egon Greipl. Auch wenn das Landesamt anderer Auffassung war, das Sechzger-Stadion kam doch noch zu „Denkmals-Ehren". Beim europaweit veranstalteten „Tag des offenen Denkmals" am 8. September 2002 meldete der Bezirksausschuss Untergiesing/Harlaching das Stadion an der Grünwalder Straße als Programmbeitrag, wo eine der meistbeachteten Veranstaltungen Münchens stattfand. 1.000 Besucher kamen zu Stadionführungen und einem Fußballspiel mit der 1860-Traditionsmannschaft. „Das Sechzger-Stadion: Ein Monument inzwischen wie Roms Kolosseum", schrieb die „SZ". Aufgrund des großen Erfolges wurde die Veranstaltung im Jahr 2003 wiederholt.

Unterhaltung abseits des Fußballs boten im Juni 2003 elf Kino-Open-Air-Abende bei „Kino im Stadion" in der Giesinger Arena. Dort wären nach einem DFB-Beschluss vom Frühjahr 2002 Pflichtspiele „aus Sicherheitsgründen grundsätzlich nicht mehr möglich", konstatierte 1860-Geschäftsführer Romeiko im November 2002. Auf Anfrage des „Münchner Merkurs" zeigte sich der DFB aber durchaus flexibel für Sondergenehmigungen, und in der Spielzeit 2003/04 plante der TSV 1860 die Austragung von Pokal-Heimspielen an der Grünwalder Straße. Doch die Sechziger hatten kein Losglück und schieden bereits nach zwei Runden im DFB-Pokal aus.

Das Fassungsvermögen der Sportstätte war mit Beginn des Jahres 2003 auf 24.695 Zuschauer gesunken, da das Baureferat den Westkurven-Block J (neben der Gegengerade) wegen Baufälligkeit sperren ließ. Teile der Stehplatzstufen haben sich dort verschoben, die Vibrationen des Verkehrs auf der Candidauffahrt gelten als Auslöser. Am 2. April 2003 nahm der Stadtrat die Einstellung des Sportbetriebs im Stadion an der Grünwalder Straße und den Verkauf des Geländes als einen Einsparungsbeitrag in den bis 2006 gültigen Haushaltsplan auf. Für die Amateur- und Jugendmannschaften wären dadurch ab 2005 Ersatzspielflächen nötig geworden, auch die Werkstatt des Sportamts unter der Gegengeraden hätte dann

5 Seit Januar 2003 ist Block J der Westkurve wegen Baufälligkeit gesperrt.

6 Luftbild des Stadions (1997).

eine neue Bleibe gebraucht. Interessant sind in diesem Zusammenhang die Richtlinien des DFB für die Regionalliga und die A-Jugend-Bundesliga, die ein Stadion-Fassungsvermögen von 10.000 Plätzen vorschreiben. Ein Ausweichen der Mannschaften auf die Trainingsgelände der Vereine oder städtische Bezirkssportanlagen ist daher nicht zulässig. Das Dantestadion ist im heutigen Zustand nicht regionalligatauglich und müsste zudem von den jetzigen Nutzern (Türk SV, Leichtathletik, American Football) geräumt werden. Daher erörterte das Sportamt bereits den Neubau einer stadionähnlichen Bezirkssportanlage, der aber auch neue Investitions und Unterhaltskosten verursachen würde und damit sogar teurer als der Erhalt des Sechzger-Stadions käme. Die fehlenden Ersatzspielflächen führten schließlich dazu, dass der Betrieb des Stadions bis mindestens 2008 verlängert wurde.

Das städtische Planungsreferat prüft inzwischen eine Überbauung des Stadiongeländes, um einen städtebaulichen Ideenwettbewerb für die Neugestaltung des gesamten Areals zwischen Tegernseer Landstraße und Wettersteinplatz einzuleiten. Die Vorschläge der Politik reichen von einem Gewerbe- oder Wohngebiet bis zu einem Gesundheitspark oder einem Schulzentrum.

Inzwischen sorgte das Stadion aber auch wieder einmal durch sportliche Geschehnisse für Aufsehen. Ende Juli 2003 veranstalteten der FC Bayern und der TSV 1860 ein „Traditionsderby" an der Grünwalder Straße, bei dem Größen vergangener Tage gegeneinander antraten. Ein artistischer Seitfallzieher des Ex-Löwen Klaus Fischer zum 1:0 für 1860 wurde von den Zuschauern der ARD-Sportschau zum „Tor des Monats" gewählt. Vor knapp 12.000 Zuschauern – die große Mehrheit unterstützte lautstark die Sechziger – endete das Spiel 4:4 unentschieden. Die Einnahmen spendeten die Vereine an ein soziales Projekt der Stadt; das Spiel galt nämlich als „Dankeschön" für die städtische Unterstützung beim Bau der Allianz-Arena.

Die dramatische Entwicklung bei 1860 sorgt für überraschende Wendungen in der Stadionfrage

Über die Allianz-Arena kam es im Frühjahr 2004 allerdings zu einer spektakulären Wendung. Am 9. März 2004 wanderten Vater und Sohn Wildmoser in Untersuchungshaft, da sie verdächtigt wurden, bei der Auftragsvergabe für den Bau des neuen Stadions Schmiergelder in Höhe von 2,8 Millionen Euro kassiert zu haben. Karl-Heinz Wildmoser junior, Geschäftsführer des TSV 1860 und der Stadion GmbH, gab an, alleine von den Zahlungen gewusst zu haben. Wenn Karl-Heinz Wildmoser senior daraufhin auch nach wenigen Tagen wieder freigelassen und das Verfahren gegen ihn inzwischen eingestellt wurde, so war die Ära Wildmoser samt aller familieninternen Erbfolgepläne dennoch schlagartig beendet. Zahlreiche Fans des TSV 1860 forderten schon bald den Ausstieg der Löwen aus dem gemeinsamen Stadionbau mit dem FC Bayern und eine Rückkehr an die Grünwalder Straße. Manfred Schwabl vermeldete, dass seine Löwen-Arena-Pläne „nicht im Reißwolf verschwunden" seien.

Der FC Bayern zeigte sich irritiert von den Verfehlungen der weiß-blauen Geschäftspartner, machte aber deutlich, dass der Bau der Allianz-Arena durch den welt-

2001 bis heute

weit beachteten Schmiergeld-Skandal nicht gefährdet sei. Auch zur zukünftigen Zusammenarbeit mit den inzwischen auch noch abstiegsgefährdeten Sechzigern machten sich die Bayern-Verantwortlichen ihre Gedanken: „Ein Jahr mit dem TSV 1860 in der zweiten Liga könnten wir verschmerzen", meinte Bernd Rauch, der neue Vertreter der Bayern in der Stadion-Geschäftsführung. „Sollten die Löwen aber in die Regionalliga absteigen, wäre das Projekt unmöglich zu stemmen." Die Führungsriege des FC Bayern erwähnte in zunehmendem Maße, dass man beim Stadionbau nicht von 1860 abhängig sei. Bernd Rauch: „Es wird ja immer so getan, als ob der FC Bayern das nicht allein schaffen könnte. Ob Berlin, Frankfurt oder Hamburg – da spielt auch nur ein Verein in der Arena."

Zwischenzeitlich war auch in das Thema Sechzger-Stadion Bewegung gekommen. Ende März 2004 meldete die Münchner Presse, dass 1860 bei einem Abstieg in die zweite Liga eine Rückkehr an die Grünwalder Straße plane. Während die Stadt eine Nutzung des Sechzger-Stadions für eine Zweitliga-Saison zunächst ausschloss (OB Ude: „Das ist eine Illusion."), bemühte sich der neue 1860-Präsident Karl Auer um eine Lösung. 1860-Geschäftsführer Detlef Romeiko erklärte die Hintergründe: „Nehmen Sie mal an, wir spielen in einem DSF-Livespiel am Montagabend vor 3.500 Zuschauern im Olympiastadion – das tut schon weh." An der Grünwalder Straße würden nach Romeikos Prognose mindestens 15.000 Fans kommen. Durch den Umzug erhofft man sich bessere Stimmung im Stadion und dadurch bessere Chancen auf den Wiederaufstieg. Als sich der Abstieg immer deutlicher abzeichnete, gab OB Ude seine Blockadehaltung auf, erklärte allerdings, dass nötige Sanierungsarbeiten am Stadion von der Stadt nicht geleistet werden könnten. Eine Fan-Initiative startete sogleich eine Aktion unter dem Motto „Wir richten unser Sechz'ger Stadion her", bei der Spenden gesammelt werden sollen und die Fans selbst bei den Arbeiten mithelfen wollen.

Auch Ernst Prost, Chef des 1860-Hauptsponsors, kündigte seine Unterstützung an. Prost erklärte sich bereit, die Kosten für die einjährige Rückkehr zu übernehmen, um die Chancen auf die Rückkehr des TSV 1860 in die Bundesliga zu erhöhen. Das Stadion soll im Gegenzug in „Liqui-Moly-Stadion" umgetauft werden. Nach dem Abstieg der Löwen zeichnet sich eine Lösung für die Stadionfrage ab. Die Deutsche Fußball-Liga DFL wird eine Ausnahmegenehmigung für das Stadion an der Grünwalder Straße erteilen, auch für die Sicherheitsauflagen der Polizei und das Parkplatzproblem zeichnen sich Lösungen ab. 1860 plant eine so genannte „14+3"-Lösung mit 14 Heimspielen auf Giesings Höhen und drei Partien im Olympiastadion.

Hat das Sechzger-Stadion eine Zukunft?

Ab der Saison 2005/06 wollen die Löwen wie geplant in die Allianz-Arena ziehen. Das Stadion an der Grünwalder Straße soll allerdings nach dem Willen der neuen 1860-Führung auf alle Fälle für die Amateur- und Jugendmannschaften erhalten bleiben. Dem gegenüber stehen aber weiterhin die Abrisspläne der Stadt. Bei einem Abriss des Sechzger-Stadions würde ein Wahrzeichen Giesings und ein Stück Münchner Sport- und Baugeschichte wegfallen.

„Nein, nicht Nostalgie, sondern vor allem harte Fakten sprechen gegen den Abriss des Stadions. München muss sich darüber klar werden, dass ein solches Bauwerk nicht nur an dieser Stelle, sondern wahrscheinlich nirgendwo im Stadtgebiet wieder errichtet werden kann – Bauvorschriften, Verkehrsfragen und Anwohnerrechte machen das mittlerweile unmöglich. [...] Auch wenn es in den nächsten Jahren noch keine Antwort darauf gibt, wie das Stadion genutzt werden soll: Die Option, mitten in München einen als Stadion für 30.000 Menschen nutzbaren Ort zu haben, ist langfristig gesehen unbezahlbar – weil es sie nur noch einmal gibt und dann nie wieder. Und ist es nicht eines der höchsten Ziele der Stadt, urbane Funktionen in ihrer Mitte zu halten?" Diese Argumentation brachte „SZ"-Journalist Michael Grill in der Abrissdiskussion im Frühjahr 2000 vor. Wenn man sich die Entwicklung des Sportstättenbaus in den USA vor Augen führt, ergibt diese Sichtweise durchaus Sinn. Dort werden die Veranstaltungsarenen wieder ins Zentrum der Städte verlagert, weil das Publikum angesichts einer Flut von Unterhaltungsmöglichkeiten keine langen Anfahrtswege an den Stadtrand mehr zurücklegen will. Zudem gilt diese Vorgehensweise in Amerika als sinnvoll, um dem Ausbluten der Innenstädte entgegenzuwirken.

Möglicherweise wäre die Stadt München in zehn oder 20 Jahren froh, einen Standort für mittelgroße Sportveranstaltungen in zentraler Lage zu besitzen. Eine Zukunftsvision für Münchens traditionsreichstes Stadion, die nicht leichtfertig verspielt werden sollte.

Impressionen

Impressionen

Impressionen

Einsichten

Vom Vereins-Sportplatz zum städtischen Stadion – Eine baugeschichtliche Einordnung der Sportstätte

Als Ende des 19. Jahrhunderts die moderne Sportbewegung heranwuchs, wurden erstmals seit der Antike wieder Stadien gebaut. Während Sportideologen wie Carl Diem bei den Wettkampfstätten eine Einheit aus Natur, sportlicher Bewegung und klassizistischer Baukunst forderten, sah die Realität zunächst meist anders aus. Die aufstrebenden Sportvereine waren beim Bau von Sportplätzen in der Regel auf sich alleine gestellt. „Die deutschen Städte haben bisher für Spiel und Sport nur vereinzelt Aufwendungen gemacht, die zu nennenswerten Anlagen geführt haben", kritisierte Carl Diem 1914. In München stellte sich die Situation ähnlich dar, weshalb die Vereine selbst Plätze pachten mussten. Diem sprach dabei ein weiteres Problem an: „Natürlich ergaben sich aus der bloßen Pachtung von Gelände zu Sportplatzzwecken vielfache Unzuträglichkeiten, so dass der deutsche Rasensport heute tatsächlich zum größten Teile der Bodenspekulation auf Gnade und Ungnade ausgeliefert ist." Die häufigen Ortswechsel in den Anfangsjahren der Fußballabteilung des TV 1860 und auch des FC Bayern lassen sich auf diesen Umstand zurückführen.

Schwierigkeiten bereitete natürlich auch die Finanzierung von Pachtzahlungen und Anlagenbau, wozu spendable Gönner – wie Uhrmachermeister Hilber bei 1860 – nötig waren. Dieser Personenkreis verlangte nach angemessenen Sitzplatzmöglichkeiten, um die Wettkämpfe der unterstützten Sportler zu verfolgen. Aus diesem Grund entstanden die ersten Tribünen am Rande der Sportplätze. Für massiv gebaute oder gar architektonisch ausgestaltete Bauwerke reichten die finanziellen Mittel aber bei diesen Vereinssportanlagen nie aus. Zudem stellte ein Bau auf nur gepachtetem Grund ein hohes Risiko dar, da bei Kündigung durch den Besitzer der Totalverlust der Anlage und damit der finanzielle Ruin des Vereins drohte. Bei der Errichtung des 1860-Sportplatzes an der Grünwalder Straße beschränkte man sich daher auf eine einfache Holztribüne, die aber größtmöglichen Komfort bieten sollte. Während die 160 Tribünenplätze überdacht und später mit einer seitlichen Glaswand vor Regen geschützt waren, fehlte anfangs für weitere Zuschauerplätze jegliche bauliche Ausstattung.

Gegen den Bau eines Tribünendaches, so wetterten die Sportideologen, spräche der Sinn einer Freiluft-Kampfbahn. Warum solle es der Zuschauer besser haben als der Teilnehmer? „Zum Begriff des Sports gehört der freie Himmel, und wer nicht einen Regenschauer in Kauf nehmen will, der soll dem Sportplatz fernbleiben", folgerte Diem. Gerhard Krause, ein anderer Autor dieser Zeit, lehnte die einfachen Vereinsplätze grundsätzlich ab und diffamierte sie als „hässliche Sandplätze zwischen Bretterzäunen und hohen schwarzen Brandmauern, mit Zuschauertribünen, roh aus Holz gezimmert, Bretterbuden als Umkleideräume".

Auch wenn die an der Volckmerstraße verteilten Nebengebäude und die angestückelte Seitenverglasung der „Zündholzschachterl" genannten Sitztribüne einen gewissen Eindruck von Flickschusterei hinterließen, entsprach die frühe Ausstattung der 1860-Anlage zumindest den Anforderungen von Aktiven und Zuschauern. Mit den zur Verfügung stehenden Mitteln versuchten die Sechziger stets, die Ausstattung des Platzes zu verbessern, wozu 1919 auch der Bau von fünf Stehplatzstufen in Holzbauweise auf der nördlichen Spielfeldseite und seitlich der Sitztribüne gehörte.

Erst der Kauf des Grundstücks 1922 machte den Weg für einen Ausbau des Sportplatzes zum Stadion frei. Die komplette Neugestaltung der Sportstätte an der Grünwalder Straße fiel 1925/26 in eine Zeit, in der in allen deutschen Großstädten Stadien entstanden. Der Bau des Deutschen Stadions in Berlin hatte 1913 den Impuls dazu gegeben, der bedingt durch den Ersten Weltkrieg aber erst in den 1920er Jahren zu verstärkter Bautätigkeit führte. 1920 gab es im Deutschen Reich zehn Großkampfbahnen, 1925 schon 30, 1927 80 und zwei Jahre später schon 125 Stadien. „Je stärker die Bewegung anwuchs, desto mehr begann man auch, auf die Würde und Schönheit der Anla-

Einsichten

gen Wert zu legen", berichtete der Autor Max Ostrop. Dies galt aber vor allem für städtische Projekte, bei denen die finanziellen Mittel zur Verfügung standen, an denen es bei den Bauvorhaben der Vereine meist mangelte. In München kann man diesen Tatbestand bei einem Vergleich des städtischen Dantestadions mit dem vereinseigenen 1860-Stadion an der Grünwalder Straße nachvollziehen.

Im Dantestadion wurden die trapezförmige Tribüne und das angebaute Rückgebäude mit Turnhalle und Gymnastiksaal von Fritz Beblo und Karl Meitinger mit Anklängen des Jugendstils als ästhetisch wirkendes Bauwerk entworfen. Das 1860-Stadion planten dagegen Ingenieure von Baufirmen, die sich auf den Hallenbau, also vor allem die Dachkonstruktion, beziehungsweise auf den Stahlbetonbau spezialisiert hatten. Schlichte Funktionalität stand hier im Vordergrund, was sich in einer konstruktiv geprägten Bauform niederschlug. Das von nur zwei Stützen getragene Dach der Sitztribüne sorgte für Bewunderung, wobei sich die Konstruktion später jedoch als zu schwach erwies. Die Sitztribüne stellte bis auf das Dach einen recht konventionellen Bau dar, der 1925 im Verhältnis zur restlichen Anlage etwas klobig und überdimensioniert wirkte. Erst durch den 1926 angefügten Stahlbetonhochbau der Stehhalle bekam das Stadion ein ausgewogenes Erscheinungsbild. Die damals noch nicht alltägliche Verwendung des Baustoffs Beton und die Größe der Tribüne waren durchaus bemerkenswert.

„Trotz des hohen technischen Aufwandes, unter dem viele Stadien nach 1925 entstehen, vermitteln sie nicht den Eindruck funktionalistischer Architektur: Dem konstruktiven Kern ist eine naturhaft wirkende oder ikonographisch vorgeprägte Hülle vorgeblendet, die einen eindeutigen Gesamteindruck nicht zulässt", stellte Franz-Josef Verspohl in seiner Betrachtung der damaligen Stadionarchitektur fest. Beim Stadion an der Grünwalder Straße war dies allerdings nicht der Fall. Man leugnete die Betonbauweise nicht durch Verkleidungen, sondern stellte sie als Zeichen moderner Bautechnik und konstruktiver Architektur in den Mittelpunkt. Nach der Eröffnung wurde das Stadion als „schönste Vereinssportanlage Süddeutschlands" gefeiert, was das volle Einverständnis mit der Bauform dokumentiert. Die Wortwahl lässt aber erkennen, dass dabei die Leistung des Vereins gewürdigt und dessen finanzieller Handlungsspielraum berücksichtigt wurden. Hätte das Urteil auch die von der öffentlichen Hand finanzierten Stadien berücksichtigt, wäre die Einschätzung des 1860-Stadions wohl nicht so eindeutig ausgefallen.

Lenkt man die Betrachtung aber von der Sichtweise der Architekturkritiker auf die des Fußballpublikums, so werden die Vorzüge des Sechzger-Stadions deutlich. Die enge, geschlossen wirkende Form der Stadionanlage und die Nähe der Zuschauer zum Geschehen auf dem Spielfeld machen die Atmosphäre des Stadions aus, das sich in die „britische Tradition gemütlicher, aber exzentrischer Fußballstadien" (Simon Inglis) einfügt. Als Exzentrik könnte man beim Sechzger-Stadion die Stehhallenüberdachung bezeichnen, die man 1925 für den schmalen Erdwall errichtet hatte. 1926 wurde diese einfach abmontiert und am oberen Ende der neuen Betontribüne wieder aufgebaut, weshalb schließlich nur das obere Drittel der Stehhallenränge überdacht war. Beim stringent durchgeplanten Dantestadion dagegen verhindert die weitläufige, offene Bauform den engen Kontakt zwischen Besuchern und Aktiven. Die zwar schön anzusehende Arena erfreute sich daher bei den Vereinen und deren Anhängern nie großer Beliebtheit und fristet bis heute in München ein Schattendasein.

Das Stadion an der Grünwalder Straße zeigte 1926 einen Querschnitt damals bekannter Techniken des Stadionbaus: eine gemauerte Tribüne mit Rängen in Holzbauweise, eine reine Stahlbetontribüne und Stehrampen aus Erdaufschüttungen. Einen eleganten Übergang von den einfachen Erdwällen zur modernen Stehhalle lieferten die seitlich angebauten „Reklametribünen" aus Erdwällen und einem betonierten Oberrang, die in ihrer Höhe einen Mittelweg zwischen den angrenzenden Rängen darstellten.

Nach der Zerstörung im Zweiten Weltkrieg wurden die Tribünen fast unverändert wieder aufgebaut. An der Haupttribüne ersetzte man die Holzränge durch eine Betondecke, und die Tribünendächer wurden in einer moderneren Konstruktionsweise errichtet, die allerdings mehr Stützen als beim Vorgänger aufwies. Mit dem Ausbau der Stehplatzkurven 1958/59 in Korbbogenform bekam das Stadion sein heutiges Aussehen. Die Ostkurve und der untere Teil der Westkurve wurden aus an Stützmauern aufgeschütteten Erdwällen mit terrassierten Stufen erstellt, einer Bauweise, die sich schon damals lange bewährt hatte. Der ausladende und in der Stufenzahl zur Kurvenmitte hin ansteigende Betonhochbau des Westkurvenoberranges gab der Arena ein modernes Gesicht, das an die wuchtigen Betonschüsseln moderner Stadionbauten erinnert, bei denen die statischen Möglichkeiten des Baustoffs Beton ausgereizt wurden.

Auch die schlanken Masten der Flutlichtanlage zeugen von der graziösen Reduziertheit, die moderne Konstruktionsverfahren zulassen. Die neue Beleuchtungstechnik fügt sich dadurch ohne größere Störungen in das

1 Das 1860-Stadion 1926: links die Sitztribüne, rechts die Stehhalle.

2 Das Dantestadion – hier die Eingangsfassade mit dem Turnsaal – ist ästhetisch überaus gelungen. Doch bei den Fußballern und ihren Fans ist die Leichtathletik-Arena bis heute wenig beliebt.

Gesamtbild der bestehenden Anlage ein. Der Anbau der Treppentürme an die Rückseite der Stehhalle zeigte ebenso wenig wie die Eingriffe bei Haupttribüne und Gegengerade in den 1970er Jahren negative Auswirkungen auf das Aussehen des Stadions. Als 1971 das Haupttribünendach abgebrannt war, baute man den Dachstuhl nach demselben tragwerksplanerischen Prinzip wieder auf. Der Einsatz von Holz-Leimbindern anstelle der alten Fachwerkträger und der Einbau der Reporterkabinen fiel dabei für den Betrachter kaum ins Gewicht. Auch im Neubau der Sitztribüne auf der Nordseite 1978/79 setzte sich trotz der Verwendung von Stahlhohlkästen, die durch ihre Rahmenbauweise eine stützenfreie Überdachung ermöglichten, die Grunderscheinung der abgerissenen Stehhalle fort. Wie beim Vorgängerbau bleibt das Funktionsprinzip der Konstruktion ablesbar und unverhüllt. Durch die containerartig wirkenden Bauten der Nebenanlagen unter den Rängen zeigt sich weiterhin ein offenes Tribünenbauwerk.

Dank der bei allen Baumaßnahmen gepflegten Vorgehensweise, auf dem Bestand beziehungsweise den vorhergegangenen Bauten aufzubauen, blieben sowohl das Funktionsprinzip der Sportstätte seit ihrem Entstehen im Jahre 1911 als auch ihr grobes Erscheinungsbild seit dem Ausbau zum Stadion 1926 bis heute erhalten. Das Stadion an der Grünwalder Straße verdeutlicht damit in seinem jetzigen Zustand die Entwicklung von einem Vereinssportplatz der Gründerjahre zu einer neuzeitlichen Stadionanlage und gehört zu den wenigen deutschen Stadien, die auf eine fast 100-jährige kontinuierliche Geschichte zurückblicken können.

Einsichten

Das Stadion in der Stadt – Betrachtung der städtebaulichen Situation

„Die umliegenden Stadtviertel, insbesondere Giesing, beziehen einen erheblichen Teil ihrer Identität aus dem geschichtsträchtigen Spielort der Sechziger, der Fußballmannschaft des TSV München von 1860. Seine weit über die Grenzen des Quartiers hinaus reichende Bedeutung bezieht der Ort allerdings auch aus der einzigartigen Lage im städteräumlichen Gefüge. Im Spannungsfeld wichtiger Abschnitte des Münchner Verkehrsnetzes gelegen, markiert er einen durch Topografie, Landschaft und spezielle Blickbeziehungen charakterisierten Isarübergang. Er steht damit in der Reihe von Friedensengel, Maximilianeum, Gasteig, Nockherberg und anderen wichtigen Verbindungen zwischen den westlichen und den östlichen Stadtteilen, zwischen dem unteren und dem oberen Niveau der Stadt." So beschrieb Professor Ferdinand Stracke vom Lehrstuhl für Städtebau und Regionalplanung der TU München die Lage des Stadions an der Grünwalder Straße, das auf Giesings Höhen mit seinen Flutlichtmasten über die Dächer der Stadt ragt. Fritz Fenzl schrieb einmal in einer „SZ"-Kolumne: „Es gibt einen heiligen Berg in München, heiliger noch als der Nockherberg. Nicht sehr hoch, aber dafür in Giesing. Dort oben, wie eine Akropolis, thront das Sech'zger Stadion. Ehrwürdiger ist keine Spielstätte."

Das Stadion liegt direkt an der so genannten Isarhangkante, die noch heute sichtbar macht, wie weit die Ur-Isar am Ende der letzten Eiszeit vor 10.000 Jahren ihren mäandernden Flusslauf durch die in der Risseiszeit aufgeschütteten und später zu Nagelfluhgestein verfestigten Schotterlagen grub. Das westliche Ende des bis zu drei Kilometer breiten Flussbetts markiert heute die Statue der Bavaria auf der Theresienhöhe. Am Giesinger Berg beträgt der Höhenunterschied 18 Meter, was vor allem bei der Verkehrsanbindung zwischen Giesing und der Innenstadt zu Problemen führte. Die Auffahrtsstraßen hatten einst Steigungen von über 12 %, wodurch der Verkehr stark gehemmt wurde. Aus diesem Grund blieb das 1854 zu München eingemeindete Dorf Giesing lange Zeit ein verschmähtes und rückständiges Anhängsel der bayerischen Metropole. 1890-92 und 1934-35 wurden die Bergstraße und die Auffahrten am Giesinger Berg auf etwa 4 % Steigung reguliert. Nun konnten auch Straßenbahnen Giesings Höhen erklimmen. An der Stelle des Stadions, hinter dem heute der Mittlere Ring verläuft, befand sich damals noch keine Auffahrtsstraße. Das Gelände, auf dem 1911 die Fußballer des TV 1860 ihren neuen Platz errichteten, lag am südlichen Rand des alten Obergiesinger Siedlungskerns. Erst 700 Meter weiter südlich vom 1860-Spielplatz entstand zeitgleich zwischen 1911 und 1913 die Königliche Landesanstalt für Krüppelhafte Kinder, das so genannte Krüppelheim (heute Orthopädische Klinik) an der Harlachinger Straße, hinter der 1860 später sein Trainingsgelände errichtete.

Das frühbajuwarische Dorf Kyesinga geht bis auf das 6. Jahrhundert nach Christus zurück. Es dehnte sich im Bereich der Heilig-Kreuz-Kirche aus und wurde 730 n. Chr. erstmals urkundlich erwähnt. „Munichen", das heutige München, tauchte erst 1158 schriftlich auf. Zu Beginn des 20. Jahrhunderts wandelte sich, bedingt durch die Bergregulierung, das Erscheinungsbild Giesings von seinem lange erhaltenen bäuerlich-dörflichen Charakter zu einem Wohn- und Gewerbestadtteil. Dass die Sechziger ihre erste Spielstätte in Obergiesing, den von 1908 bis 1910 genutzten Alpenplatz, schon bald wegen einer geplanten Wohnbebauung aufgeben mussten, ist ein Indiz dafür. Auf dem früheren Spielfeld errichtete die Straßenbahner-Baugenossenschaft von 1914 bis 1929 zwischen Alpenplatz, Aigner- und Alpenrosenstraße einen stattlichen Wohnblock, der noch heute steht.

Der neue 1860-Sportplatz an der Grünwalder Straße bildete lange Jahre den Abschluss Giesings in Richtung Süden, da das Gebiet südlich der Kreuzung von Tegernseer Landstraße und Grünwalder Straße erst nach und nach mit Gebäuden bestückt wurde. Die beiden Straßen sind die einzigen Altstraßen in diesem Bereich. Sie dienten seit

3

dem Mittelalter als überregionale Verkehrswege, woher auch ihre Namensgebung rührt. Das kleine Zollhaus an der Kreuzung der beiden Straßen, an dem von auswärtigen Händlern Abgaben kassiert wurden, stand noch nach dem Zweiten Weltkrieg. Die Grünwalder Straße wurde allerdings erst im Jahr 1900 ausgebaut. Zuvor verlor sich die Spur des bis dahin Mitterweg genannten Pfads zwischen Äckern und Wiesen. Auch das Flurstück Nr. 13065, auf dem der Platz der Sechziger entstand, war zuvor als Wiesengrund an den Hof des Bauern Kaspar Peter (Hausname „Krebsbauer") angegliedert gewesen.

Im Jahre 1900 entwarf Theodor Fischer einen neuen Plan zur städtebaulichen Gestaltung des Münchner Stadtgebiets, der bis 1979 als Bebauungsplan diente. Im Giesinger Gebiet konzentrierte Fischer neue Siedlungen an den bestehenden Achsen von Tegernseer Landstraße und Grünwalder Straße, sowie entlang der Bahnlinien. Zwischen der Grünwalder Straße und der oberhalb der Isarhangkante verlaufenden Harlachinger Straße sah der Staffelbauplan eine Abfolge von Querstraßen vor. Im Bereich des späteren Stadions waren dies die Habenschaden- (heute Candidauffahrt), Zasinger- (nie gebaut, heutiges Spielfeld), Volckmer-, Wening- und Salzburger Straße (nie gebaut). In den rechteckigen Baufeldern sollte eine Bebauung mit vier (an der Grünwalder Straße) beziehungsweise drei Vollgeschossen errichtet werden. Das einzige Haus, das sich in diesem Areal befand, war das noch heute erhaltene Anwesen an der Harlachinger Straße 1a. Der Architekt Max Ostenrieder hatte die kleine Villa samt Nebengebäude 1896 für seine Familie gebaut. In den 1920er Jahren diente eine Wohnung des Hauses zunächst als Heim für den Platzwart und später für 1860-Trainer Breunig. Das Nebengebäude der Villa wurde bis zum Haupttribünenbau 1925 als Umkleide-, Dusch- und Toilettenraum genutzt.

Gegenüber dem Sportplatz, auf der Ostseite der Grünwalder Straße, entstand bis in die 1920er Jahre eine städtische Blockrandbebauung nach den Vorgaben von Fischers Staffelbauplan. Im Bereich nördlich des 1860-Sportplatzes schlossen sich auf dem Gelände der Bergbrauerei eine Malz- und eine Eisfabrik mit hohen Schloten an, die von kleinteiliger Wohnbebauung umsäumt waren. Östlich des Nebenplatzes befand sich zwischen Malzfabrik und Zollhaus an der Tegernseer Landstraße das Fuhrunternehmen Kirmeier.

Auch unterhalb der Isarhangkante hatten sich Industriebetriebe angesiedelt. Zunächst nutzten Mühlen, wie die einst unterhalb des Stadions liegende Bäckermühle, die Wasserkraft des Auer Mühlbachs. Die Bäckermühle

3 Luftbild von Obergiesing um 1920. Im Vordergrund die Heilig-Kreuz-Kirche, links oben der 1860-Platz an der Grünwalder Straße mit der kleinen Sitztribüne, dahinter das Krüppelheim.
4 Blick von Norden auf Obergiesing vor dem Bau der Martin-Luther-Straße (um 1926). Rechts oben ist das 1860-Stadion mit der Sitztribüne und der Stehhalle zu erkennen.

war die älteste Mühle Giesings und ging bis in das 10. Jahrhundert zurück. Von 1894 bis 1974 diente sie der Münchner Bäckerinnung zur Mehlherstellung. Nördlich der Mühle war zu Beginn des 19. Jahrhunderts eine Lederfabrik gegründet worden. 1930 musste die Fabrik schließen, und an ihrer Stelle entstand ab 1932 eine Großsiedlung. Zwischen Candidplatz und dem beschaulichen Schlösschen Birkenleiten standen bis 1957 eine Eisengießerei und eine Maschinenbaufabrik, die ebenfalls auf das 19. Jahrhundert zurückgingen. Die Ruß-, Rauch- und Geruchsbelästigung durch die umliegenden Industrieanlagen war für die Anwohner äußerst unangenehm, weshalb ihr Protest gegen eine Erweiterung der Fabriken verständlich war. Das endgültige Verschwinden der Industriebetriebe vollzog sich groteskerweise 1956 mit dem Bau des Mittleren Ringes (Candidauffahrt), der heute seinerseits für Lärm- und Abgasprobleme sorgt.

Der Grundstein für den heutigen Verkehrsknotenpunkt im Nordosten des Stadions wurde schon in den 1930er Jahren gelegt. 1934/35 brach man mitten durch das historisch gewachsene Obergiesing eine Abzweigung westlich der Tegernseer Landstraße zur Auffahrt am Gie-

Einsichten

singer Berg: die Martin-Luther-Straße. 1956 wurde nördlich des Stadions die dritte Bergauffahrt nach Obergiesing (nach dem Nockherberg und dem Giesinger Berg) gebaut. Die 1877 angelegte Candidstraße wurde bis zur Tegernseer Landstraße verlängert, wodurch der Aufwärmplatz hinter der Stehhalle wegfiel. Die Verbesserung des Autoverkehrsflusses verlangte jedoch weitere Maßnahmen. 1958 wurde die Ostkurve des Stadions abgetragen und durch einen länglichen Neubau ersetzt, um die Grünwalder Straße zu verbreitern. 1967 bis 1969 baute man den Mittleren Ring kreuzungsfrei aus. Eine zweite, aufgeständerte Auffahrtsstraße nördlich der bestehenden Candidstraße wurde gebaut und die Tegernseer Landstraße teilweise in einen Trog gelegt. Nun unterquerte der Mittlere Ring die Grünwalder Straße und bot einen leistungsfähigen Anschluss an die Zubringerautobahn A 995.

Durch die verbreiterten Verkehrsflächen wurde der Blick auf das Stadion von Nordosten erweitert, wodurch die Arena als imposanter städtebaulicher Markierungspunkt erscheint. Gleichzeitig wirkt der ausladende Bau aber auch als Puffer zur südlich anschließenden Wohnbebauung. Die zweigeschossigen Doppelhäuser an der Volckmerstraße entstanden zwischen 1935 und 1941 anstelle des Nebenplatzes hinter der Sitztribüne. Hatte schon der Stadionbau den Staffelbauplan Theodor Fischers an dieser Stelle außer Acht gelassen, so setzte sich diese Haltung bei der neuen Wohnsiedlung fort. Anstatt die geforderte, städtisch geprägte Blockrandbebauung zu verwirklichen, legte man eine Querstraße zwischen Volckmer- und Weningstraße an, die Wettersteinstraße, und teilte das Grundstück in kleine Parzellen, auf denen Doppelhaushälften samt Garagen und Gärten Platz fanden. Der Bau einer kleinbürgerlichen Einfamilienhaussiedlung lag zu Zeiten des Nationalsozialismus sicher ganz im Sinne der Machthaber. Nach dem Zweiten Weltkrieg wurde zumindest die zur Grünwalder Straße liegende Frontseite des Wohngebietes durch eine zusammenhängende Bebauung nach den Maßgaben des Staffelbauplans abgeschlossen.

Bedingt durch den Zuzug zahlreicher Vertriebener und Flüchtlinge setzte in den Nachkriegsjahren eine gestiegene Bautätigkeit im Bereich zwischen Obergiesing und Harlaching ein. In den 1970er Jahren kam es auch in den Gebieten westlich und nördlich des Stadions zu baulichen Veränderungen. 1974 musste die Bäckermühle unterhalb der Westkurve einem Bürokomplex weichen, der zwischen den beiden Armen der Candidstraße entstand. Bereits 1971 waren die ehemaligen Bergbräu-Bierhallen nördlich des Stadions verschwunden, in denen seit 1926 Bekleidung produziert worden war. An ihrer Stelle ragen nun frei stehende Wohnblöcke in die Höhe. An der Tegernseer Landstraße liegen zu ihren Füßen eingeschossige Flachbauten, die gewerblich genutzt werden. 1971 eröffnete hier die amerikanische Fast-Food-Kette McDonalds ihre erste Filiale in Deutschland. Die Nähe zum Besuchermagneten Sechzger-Stadion dürfte für die Standortwahl nicht unwichtig gewesen sein. Weitere Geschäfte und Gastronomiebetriebe befinden sich in den Erdgeschossen der Häuser entlang von Grünwalder Straße und Tegernseer Landstraße. Sie verbinden die Giesinger Einkaufsmeile „TeLa" mit dem Wettersteinplatz und sorgen dafür, dass sich dem Stadionbesucher in der Umgebung der Sportstätte ein Bild urbaner Vielschichtigkeit bietet. Die begrünte Stützmauer der Ostkurve, die niedriger ist als die anschließenden Wohnhäuser, fügt sich dabei ohne größere Störung in die Bebauung des Straßenrandes ein.

Ein besonders spannungsvoller Reiz im Stadtgrundriss ist bei einem Gang vom Tegernseer Platz (U-Bahn-Station Silberhornstraße), dem alten Obergiesinger Zentrum, zum Stadion erlebbar: Zunächst sind durch die gebogene Führung der Tegernseer Landstraße nur die Flutlichtmasten zu erkennen, die dem Ortsunkundigen aber sofort eine prägnante Landmarke liefern, an der er sich weiter orientieren kann. Die Tegernseer Landstraße verbreitert sich schließlich nach der Vereinigung mit der Martin-Luther-Straße und erweitert sich an der Kreuzung mit dem Mittleren Ring zu einem aufgeweiteten Verkehrsknotenpunkt, der den freien Blick auf das Stadion ermöglicht.

Was Carl Diem 1914 noch als Idealfall beschrieben hatte („Ein Spielplatz, der zu entfernt von der Stadt liegt, hat seinen Zweck von vornherein verfehlt, denn er kommt doch bei unseren Arbeitsverhältnissen und der Seltenheit englischer Arbeitseinteilung höchstens für die Sonntage in Betracht. Ein Spielplatz muss aber gerade an den Werktagen schnell und ohne Kosten erreichbar sein, wenn Spiel und Sport zur Lebensgewohnheit mit all deren gesundheitlichen und ethischen Folgen werden und nicht bloß ein feiertägliches Vergnügen bleiben sollen.") wurde bald zum großen Manko des Stadions an der Grünwalder Straße: seine innerstädtische Lage.

Während Schwierigkeiten mit den Anwohnern durch das Argument begegnet werden konnte, das Stadion habe als ältestes Gebäude am Platze gewisse Sonderrechte, bereiteten die Verkehrsprobleme das langsame Ende der Spielstätte vor. Bis heute mangelt es um das Stadion an Parkplätzen. Als Ende 1980 mit der Station an der Silberhornstraße endlich eine U-Bahn-Anbindung des Stadions bestand, spielten der TSV 1860 und der FC Bayern längst im Olympiastadion. Der Neubau der Linie U1 mit den

5 Blick von der Tegernseer Landstraße auf den Verkehrsknotenpunkt vor dem Stadion.

6 Direkt hinter der Gegengeraden verläuft der Mittlere Ring (Candidstraße).

7 Luftbild von Giesing und Harlaching um 1980. In der Mitte das Stadion, rechts oben die Isarauen, unten der Ostfriedhof. Die großen Rasenflächen in der oberen Bildmitte sind die Trainingsgelände von FC Bayern (links) und TSV 1860 (rechts).

Bahnhöfen an Candid- und Wettersteinplatz wurde erst im November 1997 fertig gestellt, über zwei Jahre nachdem der TSV 1860 wieder ins Olympiastadion umgezogen war. Dank mehrerer U-Bahn-, Tram- und Bus-Haltestellen mit Anschluss an diverse Linien in seinem Umkreis gilt das Stadion an der Grünwalder Straße heute als eines der am besten an den öffentlichen Nahverkehr angebundenen Stadien Deutschlands.

Vielleicht liegt gerade darin die Zukunftschance einer Sportstätte, die neben ihrer langen Tradition auch durch ihre außergewöhnliche geografische und städtebauliche Lage zu den herausragendsten Vertretern deutscher Sportarenen zählt. Ihr Charme rührt von der Verwurzelung im städtischen Leben – und gerade das wird von vielen Besuchern bei den modernen Arenen am Stadtrand vermisst.

5

6

7

Die Sechz'ger und das Sechzger – Die Beziehung zwischen dem TSV 1860 und seiner Spielstätte

Als im Jahre 1860 der Münchner Turnverein wiedergegründet wurde, rekrutierte der Verein seine Mitglieder hauptsächlich aus bürgerlichen Kreisen. Der Turnverein wies anfangs eine hohe Zahl von Akademikern in seinen Reihen auf, die meist aus dem südöstlichen Stadtgebiet stammten. In den Stadtteilen des östlichen Sendling, der Au, Haidhausens und des nördlichen Giesings waren zwar viele Arbeiter zuhause, für eine sportliche Betätigung fehlte ihnen aber aufgrund des damals üblichen Zehn- bis Zwölf-Stunden-Arbeitstages die nötige Freizeit. Zudem war die Arbeiterklasse gesellschaftlich geächtet. Der Sitz des Vereins lag in der Isarvorstadt, im Gebiet zwischen Altstadt und linkem Isarufer. 1863 baute man dort an der Jahnstraße die erste Turnhalle. 1889 zogen die Turner in die knapp 500 Meter weiter südlich liegende Auenstraße, wo eine neue Halle samt Vereinsheim entstanden war. Erst die Spielmannschaft wagte die Überschreitung der Isar, als sie 1899 am Schyrenplatz in Untergiesing das Training aufnahm. Nach den Zwischenstationen Heumarkt, Flaucher, Holzapfelkreuth und Theresienwiese kamen die 1860-Fußballer 1908 erneut nach Giesing. Vom Alpenplatz auf dem Giesinger Berg zog man 1911 weiter an die Grünwalder Straße, wo der 1860-Sportplatz entstand. Richtig heimisch wurden die Sechziger in Giesing aber erst in den 1920er Jahren, nachdem sie 1922 das Grundstück des Sportplatzes an der Grünwalder Straße gekauft hatten. Ein erneuter Umzug war nun nicht mehr zu befürchten. Der Stadionbau 1925/26 und die Pacht eines Trainingsplatzes am Krüppelheim (heutiges Trainingsgelände an der Grünwalder Straße 114) trieben die Verwurzelung des Vereins im Gebiet oberhalb des rechten Isarhangs weiter voran. Den Ausschlag für diese Standortwahl gaben die günstig zu erwerbenden beziehungsweise zu pachtenden Flächen am Rande der Siedlungen. Ansonsten waren die Sechziger weniger zufrieden mit der Umgebung des Arbeiterstadtteils.

Nach dem Ersten Weltkrieg ermöglichten kürzere Arbeitszeiten auch den Werktätigen die Beschäftigung mit sportlichen Freizeitaktivitäten. Das Interesse am Fußballspiel wuchs bei den Arbeitern, wobei neben der aktiven Sportausübung auch das passive Zuschauen bei Spielen an Beliebtheit gewann. Das 1860-Stadion in Giesing war bei den Arbeitern besonders populär. Der TSV 1860 wurde als Heimverein bei den Giesingern mehr geschätzt als der FC Bayern oder der FC Wacker, auch wenn die zunehmende Zahl proletarischer Anhänger der weiterhin bürgerlich geprägten Vereinsführung gar nicht recht war. Ein Kommentar in der Vereinszeitung hob 1927 hervor, dass der TSV 1860 seine Freunde im Giesinger Bürgertum suchte, die man als „echte, wahre 1860er" pries: „Diese lieben Menschen müssen wir mehr schätzen und höher achten als Hunderte von ehr-, herz- und sportlosen Schreiern auf dem Sportplatze." Die Entwicklung konnten die Verantwortlichen jedoch nicht aufhalten, und aus dem einst bürgerlichen Turnverein aus dem Stadtgebiet links der Isar wurde ein Giesinger „Arbeiterverein".

Der FC Bayern spielte zwar ebenfalls im Stadion an der Grünwalder Straße, galt aber als Club der Schwabinger Schickeria. Münchens dritter großer Fußballverein, der FC Wacker, verfügte über ein gemischtes Publikum, das aus allen Gesellschaftsschichten stammte. Wacker und Bayern waren aber stets nur „Gäste" im Sechzger-Stadion, das trotz der Übernahme durch die Stadt 1939 bis heute mit dem TSV 1860 in Verbindung gebracht wird. Franz Beckenbauer – übrigens ein gebürtiger Giesinger – berichtete einmal über seine Erfahrungen als Bayern-Spieler mit dem Sechzger-Stadion: „Wir waren da nur Gast. Eines unserer letzten Regionalliga-Spiele [1965; d.V.] wurde kurz vor Beginn in das Dantestadion verlegt, weil plötzlich jemanden eingefallen war, dass man den Rasen besser für die Löwen schont." Die Fans der beiden Vereine hatten allerdings weniger Probleme mit dem gemeinsam genutzten Stadion. Eine Verteilung der Anhänger in Fanblöcke, wie sie im Olympiastadion üblich wurde (1860-Fans aus der Nordkurve würden heute nie die Südkurve der Bayern-Fans betreten), gab es im Sechzger-Stadion eigentlich nie. Die legendäre Stehhalle war der Aufenthaltsort für die treuesten Anhänger beider Vereine. Nur bei Derbys mussten die „Gäste-Fans" in die Westkurve wechseln. Diese wurde erst nach dem Abriss der Stehhalle zum bevorzugten Aufenthaltsort der 1860-Fans.

Der TSV 1860 und der FC Bayern hatten in der Nachkriegszeit mehr Gemeinsamkeiten als ihnen vielleicht lieb war. Beide spielten im selben, nun städtischen Stadion, hatten stets annähernd den gleichen Zuschauerschnitt und kamen über sportliches Mittelmaß nicht hinaus. Die sozialen Unterschiede zwischen den beiden Vereinen verringerten sich. Schon die nationalsozialistische „Volksgemeinschafts"-Ideologie hatte eine Trennung in „bürgerli-

8 Beim Derby zwischen 1860 und Bayern war das Stadion stets gut gefüllt. Das Bild zeigt eine Spielszene vor der Stehhalle beim Derby im Januar 1932.

che" und „Arbeiter"-Vereine diskreditiert. Nach 1945 glich sich die soziale Zusammensetzung der Anhängerschaften auch tatsächlich immer weiter an.

In den 1960er Jahren stießen zunächst die Sechziger in die deutsche Spitze vor und zeigten sich schadenfroh, als die Bayern 1963 nicht in die neu gegründete Bundesliga aufgenommen wurden. 1860 verspielte seine Vormachtstellung aber ziemlich schnell und stieg nach den Erfolgen in den „goldenen 60er Jahren" 1970 in die Zweitklassigkeit ab. Der FC Bayern dagegen eilte nun von Erfolg zu Erfolg und schuf die Grundlage für seine heute unumstrittene Spitzenstellung im deutschen Fußball.

Einen nicht unbedeutenden Teil trug dazu das 1972 eröffnete Olympiastadion bei, das die Bayern trotz aller Gedankenspiele von Präsident Neudecker nie mehr zugunsten des Stadions an der Grünwalder Straße verließen. Es wurde schick, zum erfolgreichen FC Bayern ins moderne Olympiastadion zu gehen. Der frühere Bayern-Spieler Paul Breitner beschrieb diese Entwicklung und die Zusammensetzung des Stadionpublikums bei Heimspielen des FC Bayern folgendermaßen: „Ich hab', als ich nach München kam, ziemlich viel davon mitbekommen, dass der FC Bayern der Verein der gehobenen Kreise war. Ich habe eine Zeit mitbekommen, so von 1971 bis 1974, in der der Fußball absolut gesellschaftsfähig war, in denen ich immer gesagt hab', die Leute tun bei uns im Stadion so und setzen sich so auf die Tribüne, wie sie früher in die Oper gegangen sind. Oder wie man auf dem Land draußen in die Kirche geht: um seinen neuen Pelzmantel, sein neues Sakko oder seinen neuen Anzug zu zeigen." Der bevorzugte Aufenthaltsort der Zuschauer ist bei Bayern-Heimspielen daher bis heute die überdachte Haupttribüne des Olympiastadions, während die 1860-Anhänger lieber auf den Plätzen der unüberdachten Gegengeraden sitzen, auf der die Eintrittspreise billiger sind.

Das Image des TSV 1860 wandelte sich in den 1970er Jahren und endgültig nach dem Lizenzentzug 1982, den eine Art Dolchstoß-Legende umgab, zu dem eines „Underdogs", der als gesellschaftlicher Gegenentwurf zum „neureichen" FC Bayern galt. Dabei spielte auch das Stadion an der Grünwalder Straße eine große Rolle, das der TSV 1860 seit 1972 nicht mehr mit dem Lokalrivalen teilen musste. Erstmals seit den Anfangsjahren des 1860-Sportplatzes zwischen 1911 bis 1925 stand das Sechzger-Stadion damit wieder allein den Sechzigern zur Verfügung. Dass zeitweise auch andere Münchner Vereine wie der FC Wacker, die FC Bayern Amateure, die SpVgg Unterhaching oder der SV Türk Gücü an der Grünwalder Straße spielten,

169

Einsichten

9 1860-Blockfahne in der Westkurve.

10 Auf Aufklebern äußerten die Verfechter des Sechzger-Stadions ihre Positionen in der Stadionfrage.

11 Seit Jahren sinken die Zuschauerzahlen bei Heimspielen des TSV 1860. Oft herrscht gähnende Leere auf den Rängen des Olympiastadions.

störte die 1860-Fans dabei weniger. Sie setzten sich in den 1970er Jahren, als Abrissspekulationen durch den Stadtrat gingen, stets vehement für den Erhalt und Ausbau der Traditionsspielstätte ein und forderten die Vereinsleitung auf, die Heimspiele wieder in Giesing auszutragen.

Nach dem Zwangsabstieg schweißten die bitteren Jahre in der Drittklassigkeit Fans, Verein und Stadion zu einer noch stärkeren Einheit zusammen. Während sich viele ältere Anhänger, die noch die Erfolge der 1960er Jahre miterlebt hatten, zurückzogen und auf ein Anknüpfen an alte Zeiten hofften, sahen die neuen, jugendlichen Fans den TSV 1860 wieder als proletarisch-ehrlichen Verein des Volkes. Dieses sozialromantische Idealbild lockte auch viele Links-Intellektuelle ins Stadion, die zwar keine Arbeiter waren, aber mit einem „proletarischen" Image sympathisierten. Ihr gemeinsames Ziel war die Unterstützung des „Arbeitervereins" 1860, ihr gemeinsamer Treffpunkt war alle zwei Wochen das traditionsreiche Sechzger-Stadion im „Arbeiterstadtteil" Giesing. Neun Jahre spielte 1860 in der Bayernliga, bis 1991 die Rückkehr in den Profifußball gelang. Die unheimliche Treue der Anhängerschar während dieser Zeit machte aus dem zuvor eher durchschnittlichen Verein den „Mythos 1860". Der Zwangsabstieg 1982 hatte somit einen positiven Effekt: Ein neuer Kult um den Traditionsverein wurde hervorgebracht, der im Erfolgsfall große Zuschauermassen aktivierte.

Als die Mannschaft 1994 den Durchmarsch von der dritten in die erste Liga schaffte, kam es zu einer Welle der Euphorie, wobei 1860-Präsident Karl-Heinz Wildmoser unbestritten den Hauptanteil an diesem Erfolg trug. Zunächst sah es danach aus, als ob Wildmoser den Kultstatus des Vereins marktstrategisch zu nutzen verstünde. Der Ausbau des Sechzger-Stadions zu einer vereinseigenen „Festung", wie ihn der bayerisch-barock auftretende Präsident plante, hätte die Träume der Fans erfüllt. Schließlich war die enge Arena bestens geeignet, mit lautstarker Unterstützung der Zuschauer auch überlegene Gegner zu bezwingen und damit das Selbstverständnis der Fans als „12. Mann" zu gewährleisten. Doch schon bald zeigte der „bayerische Machiavelli" („Der Spiegel") Wildmoser sein wahres Gesicht. „Wir sind wie der FC Bayern, wir heißen nur anders", machte Wildmoser seine Vorstellungen über das Bild des Vereins deutlich. Der Umzug ins Olympiastadion und der gemeinsame Stadionneubau mit dem FC Bayern haben dabei viele Fans vor den Kopf gestoßen. Die 1860-Anhänger der älteren Generation fühlen sich an frühere Zeiten erinnert und sehen keine Probleme bei einem gemeinsamen Spielort mit dem Lokalrivalen. Sie vergessen aber, dass 1860 und Bayern vor dem Bau des Olympiastadions auf gleicher

Augenhöhe spielten. Heute sind die übermächtigen Bayern von 1860 nicht mehr einzuholen, die Annäherung des Vereinsprofils scheint daher der falsche Weg zu sein.

Viele Fans mittleren Alters, die ihre Liebe zu 1860 unter dem Image des Underdogs entdeckten, wandten sich gegen den Umzug ins Olympiastadion und wurden als querulante „Grünwalder-Stadion-Fraktion" abgestempelt. „Doch jene Fans, die damals Unterschriften sammelten, gar Protestmärsche organisierten und sich schließlich einfach weigerten, den Umzug ins Stadion des FC Bayern mitzumachen, haben Recht behalten. Es ist erstaunlich, aber der Club, der in der Bundesliga Spitzenplatzierungen belegte, im Europapokal spielt und längst wieder richtige Stars in seinem Kader aufbieten kann, ist völlig uninteressant. Er kann das große Stadion, das nie seines werden wird, meist nur halb füllen. Seine Erfolge haben, mögen sie auch beachtlich sein, keinen Glanz", schrieb Christoph Biermann im Jahr 2000 in der „taz".

Seit 1998 sank der Zuschauerschnitt bei Bundesligaspielen des TSV 1860 im Olympiastadion trotz sportlicher Erfolge ständig ab. Den absoluten Tiefpunkt stellten offiziell 15.100 Besucher beim Spiel gegen Borussia Mönchengladbach im Dezember 2003 dar. Nach dem Abstieg aus der ersten Liga, plant 1860 für die Zweitliga-Saison 2004/05 die vorübergehende Rückkehr in seine alte Heimat an der Grünwalder Straße. Die neue Vereinsführung um Karl Auer hat erkannt, dass nur dort die nötige Unterstützung der Fans möglich ist, um die Mannschaft zum Wiederaufstieg zu treiben. 2005 will man unabhängig von der Ligenzugehörigkeit in die neue Allianz-Arena nach Fröttmaning ziehen. Dort wird die Neugierde auf das neue Stadion und die bessere Fußballatmosphäre anfangs sicher für höhere Zuschauerzahlen als im Olympiastadion sorgen. Wie lange dieser „Arena-Effekt" anhalten wird, ist allerdings fraglich.

Für die Zukunft von 1860 ist es daher von entscheidender Bedeutung, ob der Verein sein in den letzten Jahren abhanden gekommenes Profil wieder schärfen und damit neben den übermächtigen Bayern bestehen kann.

Die historische Entwicklung des Fußballsports hat gezeigt, dass es in Deutschland nur möglich ist, zwei Vereine aus einer Stadt im höherklassigen Fußball zu etablieren, wenn sich diese in ihrem Selbstverständnis deutlich unterscheiden. Außer in München gab es in den letzten Jahren nur in zwei deutschen Städten mehrere Bundesligavereine, nämlich in Hamburg mit dem links-alternativ angehauchten Underdog FC St. Pauli und in Berlin mit dem Ost-Klub (und einstigem DDR-Underdog) 1. FC Union. In anderen Städten ist die „Nummer 2" (die in manchen Fällen einst sogar die „Nummer 1" war) längst verschwunden. Die Stuttgarter Kickers, Fortuna Köln oder der FSV Frankfurt fristen seit langem ein Mauerblümchendasein. Gar ein gemeinsames Stadion zweier Vereine gibt es mit Ausnahme der italienischen Fußball-Metropole Mailand in ganz Europa nicht. Von „Mailänder Verhältnissen" in München zu träumen, ist vermessen, da der FC Bayern uneinholbar davongeeilt ist. Zudem haben die letzten Jahre bewiesen, dass selbst sportliche Erfolge nicht ausreichen, um den TSV 1860 für mehr Zuschauer attraktiv zu machen.

Zur Entwicklung eigenständiger Vereinsprofile gehören allerdings in vorderster Linie auch getrennte Spielorte. Der 1994 erfolgte Auszug des TSV 1860 aus dem Sechzger-Stadion, seit 1911 Heimat der Löwen, ins Olympiastadion und der Stadionneubau in Fröttmaning mögen zwar für einige Jahre finanziellen Gewinn gebracht haben bzw. bringen. Ob diese Entscheidungen der Ära Wildmoser aber auf lange Sicht für die Entwicklung des Vereins sinnvoll waren, wird die Zukunft zeigen.

Einsichten

Das „Kulturdenkmal" vom Giesinger Berg – Die Beziehung zwischen dem Stadtteil und seinem Wahrzeichen

„Wenn die Bezirksausschuss-Vorsitzende Christa Knappik auf ihren vielen Reisen durch Nord- und Südamerika gefragt wird, wo sie denn wohne, fällt ihr die Wegbeschreibung gar nicht schwer. Dann sage sie immer: in der Nähe des Grünwalder Stadions, und alle weiteren Fragen erübrigen sich eigentlich. Und so soll es auch bleiben: ‚Unser Kulturdenkmal darf nicht verschwinden', stellte sie bei ihrem Rechenschaftsbericht vor der Harlachinger Bürgerversammlung fest und sprach damit zugleich für alle anderen der fast 50 Zuhörer an diesem Abend", berichtete die „Süddeutsche Zeitung" im Herbst 1999. Allein diese Episode verdeutlicht die Bedeutung des Sechzger-Stadions für den Stadtteil Giesing.

Das Stadion gehört zum Münchner Stadtbezirk 18 Untergiesing/Harlaching. Gleich hinter der Gegentribüne beginnt der Stadtbezirk 17 Obergiesing. Im Herzen Giesings, an pulsierenden Verkehrsadern gelegen, bildet die Spielstätte wie kein zweites Bauwerk ein Identifikationsobjekt für den Stadtteil, der auf den ersten Blick arm an herausragenden Bauten ist. Erst bei genauerem Hinsehen tun sich dem Betrachter die verborgenen Reize des Viertels auf. Die letzten Relikte der einstigen Arme-Leute-Gegend, die so genannten Herbergshäuser, werden nach und nach renoviert. Mit ihren Gärten bieten die kleinen Häuschen heute ein romantisch anmutendes Aussehen.

Die Vorstadt Giesing galt lange Zeit als verschmähtes Stiefkind Münchens und wurde als „Glasscherbenviertel" tituliert. „Lieber reist mancher Münchner dreimal hintereinander nach Neapel, Budapest und Paris – als einmal vom Marienplatz aus nach dem vergessenen Giesing", wusste der Schriftsteller Ernst Hoferichter in einem Essay von 1927 zu berichten. Auch die Führungsriege des bürgerlichen TV 1860 war lange Zeit nicht sehr glücklich über den Standort ihres Sportplatzes. Doch nach einer jahrelangen Odyssee der 1860-Fußballer durch halb München war man 1911 froh darüber, endlich ein Areal ausreichender Größe mit Trambahn-Anschluss gefunden zu haben.

Giesing galt zu jener Zeit als „rote Hochburg" – die SPD erreichte bei den Reichstagswahlen 1912 sagenhafte 75 % – und wurde während der Räterepublik nach dem Ersten Weltkrieg zum Schauplatz blutiger Kämpfe zwischen revolutionären Truppen und regierungstreuen Freikorps. Das Quartier der „Abteilung Bergbräu" der Roten Truppen war die Brauerei, die sich nördlich des 1860-Sportplatzgeländes befand. Am Vormittag des 2. Mai 1919 begann dort die „Schlacht um Giesing", das als letzter Stadtteil noch nicht vor den „Weißen Truppen" der Regierung kapituliert hatte. Am Abend waren die im Volksmund „Russen" genannten Rotarmisten, die im Übrigen auch das gleichnamige Mixgetränk aus Limonade und Weißbier erfanden, nach hartem Kampf besiegt. Bis Juni 1919 folgte nun der „weiße Terror", bei dem nach Spartakisten gefahndet wurde, die nach ihrer Festnahme meist erschossen wurden. Die Sympathien der 1860-Führung gehörten damals wohl eher den Tätern als den Opfern. Mit dem überwiegend proletarischen Giesinger Publikum war der bürgerliche Verein, wie bereits erwähnt, nämlich keineswegs glücklich. Erst als die Nationalsozialisten – denen die Sechziger im Übrigen sehr nahe standen – die klassenlose „Volksgemeinschaft" propagierten, nahmen die Ressentiments gegen die Zuschauer aus den unteren Schichten ab. Im Lauf der Zeit schwand das Bewusstsein für die historischen Wurzeln des TSV 1860, und das allgemein gültige Bild vom Arbeiterverein setzte sich durch.

Das Publikum der Fußballspiele hatte sich zunächst vor allem aus Bewohnern der umliegenden Stadtteile zusammengesetzt. Die verkehrsgünstige Lage an einer Trambahn-Haltestelle und der nach dem Stadionausbau erfolgte Umzug von FC Bayern und FC Wacker an die Grünwalder Straße erschlossen schon bald Zuschauerkreise aus ganz München. Schließlich wollten Schwabinger Bayern- oder Sendlinger Wacker-Anhänger auch weiterhin die Spiele ihrer Mannschaft verfolgen. Stand einmal ein Länderspiel an, reisten fußballbegeisterte Zuschauer per Fahrrad oder Bahn sogar aus mehreren hundert Kilometern Entfernung an. Die Massenmotorisierung nach dem Krieg und die Einführung der Bundesliga zogen immer mehr auswärtige Fans auf Giesings Höhen. Für die Anhängerscharen war das Sechzger-Stadion samt seiner umliegenden Kneipenlandschaft zu einem beliebten Treffpunkt bei Heimspielen des TSV 1860 und des FC Bayern geworden. Und durch das allwöchentliche Spektakel rund um die Fußballpartien wurde das Stadion zum Nabel des Stadtteils.

„Dass es kein wirkliches Zentrum in Giesing gibt, ist nicht weiter schlimm, denn der Mittelpunkt dieses Ortes ist ohnehin das Sechzger-Stadion", wusste der Reiseteil der

„Süddeutschen Zeitung" im August 2001 in seiner Serie „Städte in der ersten Liga" zu berichten. Es spricht für sich, dass der Artikel über die Spielstätte des TSV 1860 nicht vom Olympiastadion handelte und der Titel der Serienfolge nicht „München" sondern „Giesing" lautete.

Der Stadtteil und der Verein gingen eine Symbiose ein, die beiden Vorteile brachte – auch wenn immer wieder Probleme auftauchten. Der TSV 1860 verdankt dem Arbeiterstadtteil seinen Ruf als Arbeiterverein, der aus Marketingsicht beim Buhlen um neue Anhänger stets hilfreich sein kann. Und Giesing gelangte durch die Erfolge der Fußballer zu überregionaler Bekanntheit. Die 1969 erschienene Informationsbroschüre „Giesing gestern und heute" preist gleich in ihrer Einleitung die Verbindung des Viertels zum Fußball an: „Die Wahl Ihres Wohnsitzes ist auf Giesing gefallen – Sie haben gut gewählt! Der Neid ungezählter Fußballfans ist Ihnen gewiss! Ist doch das Sechzger-Stadion auf Giesings Höhen der Schauplatz so mancher unvergesslicher Kämpfe und das Mekka imposanter Pilgerscharen, besonders, wenn es zur Fahnenschlacht beim Lokalderby zwischen dem TSV 1860 und dem FC Bayern aufgeht. Und denen, die an solchem Tage in ihren Wänden geblieben sind oder bleiben mussten, trägt der Wind die Kunde von den aufregenden Vorgängen zu, die erregende Mischung von Siegestaumel und Wutgeschrei, jedes Mal, wenn das Spiel sich zu einem Höhepunkt steigert. ‚Hier bin ich Mensch, hier darf ich's sein.' (Faust)"

Auch wenn mancher Anwohner mal schlecht auf die allzu ausgelassenen Fußballanhänger zu sprechen war, die rund um das Stadion ihrer Freude oder ihrem Frust freien Lauf ließen, und auch wenn von Falschparkern versperrte Einfahrten des Öfteren für Ärger sorgten, so hängen die Giesinger doch bis heute an „ihrem" Sechzger-Stadion – selbst wenn nicht alle ihre Zuneigung so drastisch ausdrücken würden, wie ein langjähriger Bewohner des Stadtteils, der meinte: „Von mir aus können s' die Giesinger Kirch' wegreißen – aber das Stadion muss stehen bleiben!"

12 Sonnenuntergang über dem „Kulturdenkmal".

Einsichten

Fan-Ini, Freunde, Wählergruppe und Weiß-Blau – Vereine und Initiativen rund um die Kultspielstätte

„Kulte kann man nicht schaffen. Sie entstehen aus sich selbst, aus der Gruppe der Fans oder aus der Gesellschaft des Stadtteils, wie früher mal beim TSV 1860", konstatierte die „Süddeutsche Zeitung" im Hinblick auf einige „Newcomer" in den Fußball-Bundesligen, die sich selbst gerne einen Kultstatus anheften würden, den sie nicht haben. Zehn Jahre in der drittklassigen Bayernliga zu überstehen, ohne von den Fans fallen gelassen zu werden, dazu noch ein Stadion, das trotz eines halben Jahrhunderts gemeinsamer Nutzung mit dem Lokalrivalen im Volksmund immer noch den Namen des ehemaligen Hausherren trägt und das sich mitten in einem als „Arbeiterstadtteil" geltenden Viertel befindet – das waren die Rahmenbedingungen, unter denen der TSV 1860 zu einem Kultverein wurde. Als der zunächst dem FC Bayern nahe stehende Großgastronom Karl-Heinz Wildmoser als Präsident des TSV 1860 begann, den „Mythos 1860" zu neuen Höhen zu führen, regte sich trotz des sportlichen Erfolges schnell Protest unter den Anhängern. Sie hatten Angst um den Kultverein, der in ihren Augen zu einer Light-Version des FC Bayern zu verkommen schien. Am meisten bewegte die Fans dabei der von Karl-Heinz Wildmoser 1995 vollzogene Umzug vom Sechzger- ins Olympiastadion, das allgemein mit dem FC Bayern in Verbindung gebracht wird.

Den Anfang machte das Fanzine „LöwenZahn". Einige kritische 1860-Anhänger hatten zum Zweitliga-Spiel gegen den SV Meppen am 5. Dezember 1993 erstmals ein Magazin herausgebracht, das die Begleitumstände des sportlichen Höhenfluges hinterfragte. Auch die Stadionfrage wurde darin natürlich behandelt. Nach der Entscheidung für das Olympiastadion stellte das Heft sein Erscheinen ein.

Als sich während der ersten Saison nach dem Bundesliga-Aufstieg 1994 der Sinneswandel des Präsidenten weg vom Ausbau des Sechzger-Stadions und hin zum Umzug ins Olympiastadion abzeichnete, sammelten sich die Umzugsgegner in der „Faninitiative Sechzger-Stadion", kurz „Fan-Ini" genannt. Zunächst versuchten deren Vertreter noch einen Konsens mit Karl-Heinz Wildmoser im Sinne der 1994/95 praktizierten „13+4"-Lösung (13 Spiele im Sechzger-, 4 im Olympiastadion) zu finden. Als die Gespräche aber ohne Ergebnis blieben, verstärkte man den Protest und ging auf Konfrontationskurs zur Vereinsführung. Bei jedem Heimspiel hingen nun die riesigen Transparente „Baut das Sechzger aus!" und „Scheiß Olympia!" neben der Anzeigentafel in der Westkurve. Fast 100.000 Flugblätter wurden verteilt, Plakate geklebt (beispielsweise mit dem Aufdruck „Als Gott 1860 im Olympiasta-

13 Im Frühjahr 1995 klebten die Gegner eines Umzugs der Sechziger ins Olympiastadion Plakate am Stadion.

14 Logo der Freunde des Sechz'ger Stadions e.V.

15 Logo der Wählergruppe Sechzgerstadion e.V. (sechzger.de)

15 Wappen des Traditions- und Sportvereins Weiß-Blau Sechzgerstadion e.V.

14

15

16

Am 16. Oktober 1996 wurden daher die „Freunde des Sechz'ger Stadions e.V." (www.gruenwalder-stadion.de) gegründet, die sich nun gezielt um Stadionthemen kümmerten. Die Fan-Ini sollte ihren Tätigkeitsbereich auf Vorgänge beim TSV 1860 beschränken. Während die „Freunde" das Stadion an der Grünwalder Straße wieder verstärkt ins Gespräch brachten, indem sie Kontakte zur Politik knüpften, 1997 und 1998 große Tausch- und Sammlermärkte im Stadion organisierten und ein Konzept für ein „Sport-, Sozial-, Kultur und Gewerbezentrum Giesing/Sechzger-Stadion" erarbeiteten, löste sich die Fan-Ini langsam auf. Neben dem Erhalt und Ausbau des Sechzger-Stadions machten sich die „Freunde" auch die Unterstützung von sozial Schwachen zum Satzungsziel, weshalb ihnen vom Finanzamt die Gemeinnützigkeit zugestanden wurde. Mehrere Giesinger Sozialeinrichtungen konnten in den letzten Jahren Spenden entgegennehmen. Der Verein engagierte sich auch tatkräftig bei der Diskussion um einen WM-tauglichen Umbau des Olympiastadions beziehungsweise einen Stadionneubau. Hintergrund war stets der Gedanke, dass bei einer Einbindung des TSV 1860 in ein solches Projekt das Ende des Sechzger-Stadions drohte.

Nachdem auch der Einsatz für die Umsetzung von Manfred Schwabls Plänen einer „Löwen-Arena" an der Grünwalder Straße und gegen den Stadionneubau in Fröttmaning erfolglos geblieben waren, schien der Kampf um die Rückkehr des TSV 1860 nach Giesing verloren. Neue Aufbruchstimmung machte sich jedoch trotz des ernüchternden Ergebnisses beim WM-Stadion-Bürgerentscheid im November 2001 breit, als der Gedanke forciert wurde, mit einer eigenen Liste an der Stadtratswahl 2002 teilzunehmen. Im anstehenden Kommunal-Wahlkampf wollte man auf den drohenden Abriss des Sechzger-Stadions hinweisen. Am 15. November 2001 wurde die „Wählergruppe Sechzgerstadion" (Kurzbezeichnung „sechzger. de") gegründet, die für die Stadtratswahlen im März 2002 eine Liste mit 31 Kandidaten samt einem Bewerber für das Amt des Oberbürgermeisters aufstellte. Als neuer Wahlvorschlag musste man aber 1.000 Unterstützer finden, die in sechs städtischen Eintragungsstellen unterschreiben konnten. Eine hohe Hürde, die auch von den prominenten Mitbewerbern PDS und Freie Wähler nur mit Mühe genommen werden konnte. Mit 364 Unterzeichnern scheiterte die Wählergruppe an der Zulassungsbeschränkung, da man zu wenig vorbereitet an die Sache herangegangen war.

Innerhalb kürzester Zeit hatten die Kämpfer für das Sechzger-Stadion aber personell frisches Blut erhalten und sich für die anstehenden Abriss-Diskussionen ge-

dion spielen sah, wandte er sich ab und weinte bitterlich") und Protestmärsche organisiert. 1.600 Fans zogen bei einer Demonstration vor dem Spiel gegen Dynamo Dresden zum Stadion, 1.000 Teilnehmer zählte eine Lichterkette einen Tag nach dem Spiel gegen den 1. FC Köln.

Das Engagement der Beteiligten blieb ohne Erfolg. Die Delegiertenversammlung der 1860-Fußballabteilung stimmte für den Umzug, was aber nicht dazu führte, dass die kritischen Stimmen verstummten. Unter dem Motto „The battle rages on…" (Der Kampf geht weiter…) kam zum Heimspiel gegen den FC St. Pauli am 10. Februar 1996 das Fanzine „Die Breitseite" heraus. In diesem einmalig erschienenen Heft rechnete man der Vereinsführung vor, dass die Mehreinnahmen durch den Umzug ins Olympiastadion in der Saison 1995/96 nur 3% der Gesamteinnahmen ausmachen würden und keinesfalls den erhofften Geldregen gebracht hätten. Aber auch selbstkritische Töne konnte man in der „Breitseite" lesen, etwa, dass man beim Protest gegen den Umzug zu unorganisiert vorgegangen war.

Einsichten

17 Die Mannschaft des TSV Weiß-Blau Sechzgerstadion vor der Westkurve.

wappnet, die wie befürchtet kurz nach dem ersten Zusammentreten des neuen Stadtrates losgetreten wurden. Im Juli 2002 startete man daher zusammen mit den „Freunden des Sechz'ger Stadions" ein Bürgerbegehren, bei dem 27.000 Unterschriften gesammelt werden sollen, um einen Bürgerentscheid zur Frage „Sind Sie dafür, dass das Städtische Stadion an der Grünwalder Straße als Sportstätte für den Münchner Fußball erhalten bleibt?" zu initiieren. Auch ein Antrag beim Bayerischen Landesamt für Denkmalpflege, das Stadion in die Denkmalliste aufzunehmen, wurde gestellt, der allerdings auf Ablehnung stieß. Trotz aller Schwierigkeiten versuchen die Stadionaktivisten auch weiterhin, den Erhalt des Sechzger-Stadions durchzusetzen. Der Führungswechsel beim TSV 1860 im Frühjahr 2004 weckte dabei neue Hoffnungen. Über das Internetforum „www.loewenforum.de" fand sich eine Gruppe von 1860-Fans zusammen, die eine Aktion unter dem Motto „Wir richten unser Sechz'ger-Stadion her" initiieren will. Ziel ist es dabei, das Stadion durch Spenden und Eigenarbeit der Fans zu sanieren, um es für die Zweitliga-Saison 2004/05 des TSV 1860 tauglich zu machen und als Spielstätte für Amateure und Jugend langfristig zu erhalten.

Schon ein Jahr zuvor war unter den über die Entwicklung des TSV 1860 enttäuschten Fans der Gedanke aufgekommen, einen eigenen Fußballverein zu gründen. Als Vorbild fungierte dabei neben einigen englischen Beispielen wie dem AFC Wimbledon der FC Blau-Weiß Linz, der von den Fans des aufgelösten Traditionsvereins FC Linz ins Leben gerufen worden war. Innerhalb kürzester Zeit kam unter dem Namen „Traditions- und Sportverein Weiß-Blau Sechzgerstadion" (www.tsv-weissblau-sechzgerstadion.de) eine Mannschaft zusammen, die im Sommer 2003 ihren Spielbetrieb in der Hobby-Fußballer-Klasse „Royal Bavarian Liga" aufnahm. Unter dem Jubel zahlreicher Anhänger konnte das bunt gemischte Team schon erste Erfolge feiern. Zur Saison 2004/05 hat sich der Verein für den Spielbetrieb des Bayerischen Fußballverbands angemeldet und wird in der C-Klasse antreten. Die Höhepunkte der jungen Vereinsgeschichte waren drei Spiele, die im Sechzger-Stadion ausgetragen werden konnten. Als Ort der Heimspiele dient bisher ansonsten nicht das Stadion, sondern der bescheidene Platz des FC Sportfreunde an der Säbener Straße, der südlich vom Trainingsgelände des FC Bayern liegt. Neben dem größten deutschen Fußballkonzern blüht dort ein vielleicht vielversprechendes Pflänzchen kampfbetonten Amateurfußballs, das auf dem Kult um eine Traditionsspielstätte wurzelt.

Anhang

Die aktuelle Ausstattung des Stadions

Das Stadion besteht heute aus vier Tribünenanlagen: Haupttribüne, Gegengerade, Westkurve und Ostkurve.
Die systematische Anordnung dieser Teilbereiche der Sportstätte ist seit 1911 unverändert: Auf der Südseite an der Volckmerstraße eine kleinere, überdachte Sitztribüne mit darin untergebrachten Nutzräumen, auf der gegenüberliegenden Nordseite eine einfachere Tribüne und in den Kurvenbereichen Stehplätze.
Im folgenden Abschnitt soll kurz der aktuelle Zustand des Stadions (2004) beschrieben werden.

Haupttribüne
Die Grundform und die Grundrisse der Haupttribüne sind seit 1925 fast unverändert.

► Erdgeschoss:
Ostflügel: zwei Mannschaftskabinen, zwei Duschräume, Besprechungszimmer, Sanitätsraum, Platzwartbüro, Abstellräume, Heizungsraum und Toiletten
Westflügel: Stadiongaststätte mit Saal, Schänke, Küche und Toiletten

► Obergeschoss:
Treppenhaus vom Obergeschoss zum Kabinentrakt und zur Reportergalerie, Umkleide- und Besprechungszimmer (u.a. für die Schiedsrichter), Dusch- und Toilettenraum, Aufenthaltsraum mit Bar (östliches Ende) und Konferenzraum (westliches Ende) für Presse und Ehrengäste

► überdachte Sitzplätze auf Kunststoffbänken und Kunststoff-Schalensitzen (Loge)
► Galerie mit zwei Polizei- und 14 Reporter-Kabinen sowie Kameraplatz
► Vortribüne mit Kunstoff-Bankreihen

Baudaten der aktuellen Substanz:
Grundmauern Ostflügel: 1925
Wiederaufbau der Tribüne: 1948/49
Umbauten Kabinentrakt: 1963
Dach, Reporterkabinen, Bänke: 1971
Schalensitze in der Loge: 1978
westliche Reporter- und Polizeikabinen: 1987

Gegengerade
► überdachte Tribüne mit Sitzplätzen auf Kunststoff-Schalensitzen und Kunststoff-Bänken (Vortribüne)
► zwei Treppenhausanbauten an der Nordseite
► Abstellräume im Tribünensockel
► drei eigenständige Ziegelbauten unter den Rängen mit Toiletten, Kiosk und Werkstatt
► Kassenhäuschen an der Stadionumzäunung

Baudaten der aktuellen Substanz:
Treppenhaustürme: 1961
Sitztribüne mit Nebenanlagen: 1978/79

Westkurve
► terrassierte Stehplatzkurve mit Unterrang auf einem Erdwall und aufgeständertem Oberrang aus Stahlbeton
► Vortribüne mit Bankreihen
► manuell zu bedienende Anzeigetafel mit mechanischer Uhr in der Mitte der Kurve
► Abstell-, Kiosk- und Toilettenräume im Sockelbereich
► Kassenhäuschen an der Stadionumzäunung

Baudaten der aktuellen Substanz:
Stehplatzkurve mit Nebenanlagen: 1959
Blocktrennung durch Gitterzäune: 1991

Ostkurve
► terrassierte Stehplatzkurve mit Unterrang auf einem Erdwall und seitlich ansteigenden, aufgeständerten Oberrängen aus Stahlbeton
► Vortribüne mit Kunststoff-Bankreihen
► Kassenräume unter den Eckbereichen der Oberränge
► Garage für Nutzfahrzeuge unter der Südost-Ecke des Oberrangs
► Trafostation unter der Nordost-Ecke des Oberrangs
► Toiletten unter dem südlichen Oberrang
► Künstlerisch gestaltete Betonreliefs an der Südfassade

Baudaten der aktuellen Substanz:
Stehplatzkurve mit Einbauten: 1958/59
Blocktrennung durch Gitterzaun: 1991

Flutlicht
► vier Masten in den Ecken des Stadions
► 24 Scheinwerfer pro Mast
► Beleuchtungsstärke ca. 800 Lux

Baudaten der aktuellen Substanz:
Bau der Flutlichtmasten: 1958/59
Ertüchtigung der Beleuchtungsanlage: 1980

Sportanlagen
► Fußball-Rasenplatz mit Drainage
► Basket- und Volleyball-Hartplatz und Sprunggrube vor der Westkurve

Baudaten der aktuellen Substanz:
Neuanlage des Rasenplatzes mit Drainage: 1951
Hartplatz mit Sprunggrube: 1975
teilweise Rasenerneuerung: alljährlich in der Sommerpause

Anhang

Die Namen des Stadions von 1911 bis heute

Datum	Offizieller Stadionname	Bezeichnung im Volksmund
23. April 1911 (erstes Spiel) bzw. 21. Mai 1911 (Eröffnungsfeier)	Sportplatz des Turnvereins München von 1860 an der Grünwalder Straße 10	1860-Platz der Sechzger (-Platz)
1919	Sportplatz des Turn- und Sportvereins München von 1860 an der Grünwalder Straße 10	1860-Platz der Sechzger (-Platz)
11. März 1924	Sportplatz des Sportvereins München von 1860 an der Grünwalder Straße 10	1860-Platz der Sechzger (-Platz)
10. Oktober 1926	Stadion des Sportvereins München von 1860 an der Grünwalder Straße 10	1860-Stadion das Sechzger (-Stadion)
1927	1860-Heinrich-Zisch-Stadion	1860-Stadion das Sechzger (-Stadion)
1. April 1939	Städtischer Sportplatz an der Grünwalder Straße 10	das Sechzger (-Stadion)
22. Mai 1941 (Pressemitteilung) bzw. 24. Juni 1941 (Zustimmung Hitlers)	Städtische Hanns-Braun-Kampfbahn	das Sechzger (-Stadion)
August 1945 (Stadion-Freigabe) bzw. 11. April 1950 (Stadtratsbeschluss)	Städtisches Stadion an der Grünwalder Straße 10	das Sechzger (-Stadion) das Grünwalder (Stadion)
1953	Städtisches Stadion an der Grünwalder Straße 4	das Sechzger (-Stadion) das Grünwalder (Stadion)
1975	Städtische Bezirkssportanlage an der Grünwalder Straße 4	das Sechzger (-Stadion) das Grünwalder (Stadion)
27. März 1979	Städtisches Stadion an der Grünwalder Straße 4	das Sechzger (-Stadion) das Grünwalder (Stadion)

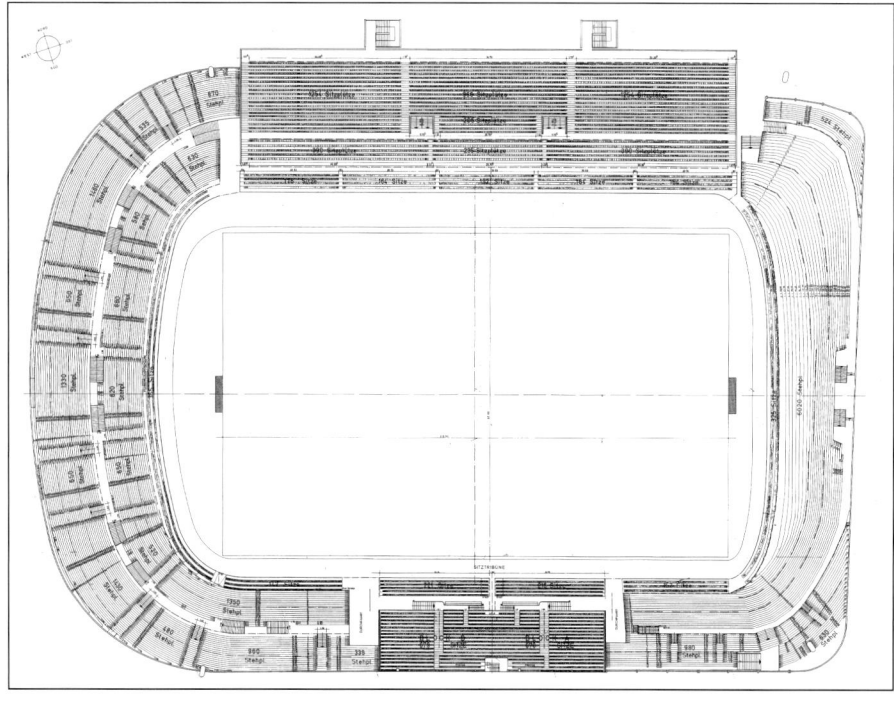

Grundriss des Stadions an der Grünwalder Straße im heutigen Zustand (Plan von 1987).

Fassungsvermögen und Zuschauerrekorde des Stadions

Zeitraum	Fassungsvermögen	Sitzplätze (SiP)	Stehplätze (StP)	Haupttribüne (Süden)	Gegengerade (Norden)	Westkurve	Ostkurve	Zuschauerrekord	Spiel des Zuschauerrekords
Frühjahr 1911 – 1919	ca. 6.000	160	ca. 6.000	160 SiP	?	?	?	?	?
1919 – Sommer 1925	ca. 8.000	160	ca. 8.000	160 SiP; ca. 1.500 StP auf seitl. Tribünen	ca. 2.500 StP	ca. 2.000 StP	ca. 2.000 StP	8.000	1860 - FC Wacker 3:1 (Herbst 1920)
Herbst 1925 – Sommer 1926	ca. 24.000	3.000	ca. 21.000	1.600 SiP	6.000 – 8.000 StP, 1.400 SiP	ca. 7.000 StP (?)	ca. 6.000 StP (?)	26- bis 30.000	FC Bayern - SpVgg Fürth 4:3 (11.4.1926)
Oktober 1926 – September 1943	ca. 35.000	3.000	ca. 32.000	1.600 SiP	ca. 20.000 StP, 1.400 SiP; je 1.500 StP auf seitl. Tribünen	ca. 5.000 StP	ca. 4.000 StP	35.000	Dtl. - Schweiz 2:3 (12.12.1926), Dtl. - Finnland 6:0 (18.8.1935), Dtl. - Bulgarien 7:3 (20.10.1940)
August 1945 – 14. März 1948	45.000	0	45.000	StP auf Ruine	StP, z.T. gesperrt	StP	StP	58.200	1860 - 1.FC Nürnberg 2:1 (14.3.1948)
17. März 1948 – 6. Oktober 1948	35.000	0	35.000	StP auf Ruine	StP auf unterem Tribünen-Drittel	StP	StP	35.000	1860 - FC Bayern 1:1 (9.5.1948)
6. Oktober 1948 – Mai 1949	ca. 50.000 (?)	0	ca. 50.000	StP auf Ruine	StP	StP	StP	38.000	1860 - 1. FC Nürnberg 2:1 (14.11.1948)
Mai 1949 – Sommer 1950	ca. 57.000	2.000	ca. 55.000	2.000 SiP	StP	StP	StP	57.000	1. FC Kaisersl. - Bor. Dortmund 0:0 (26.6.1949)
Sommer 1950 – April 1958	ca. 50.000 (42.000)	2.200	ca. 40.000	1.400 SiP, 58 SiP in Loge, 800 SiP Vortribüne	ca. 20.000 StP	ca. 10.000 StP	ca. 10.000 StP	45.000	Dtl. - Österreich 4:0 (B-Lsp.) (6.3.1957)
Mai 1958 – Mai 1959	32.000	2.200	ca. 30.000	1.400 SiP, 58 SiP in Loge, 800 SiP Vortribüne	ca. 20.000 StP	ca. 10.000 StP	0	44.000	Kombination 1860/Bayern - Manchester United 4:3
August 1959 – Juli 1960	30.000	3.600	ca. 26.000	1.400 SiP, 58 SiP in Loge, 800 SiP Vortribüne	ca. 14.000 StP, 880 SiP	0	12.000 StP, 500 SiP	30.000	FC Bayern - Karlsruher SC 2:4 (22.11.1959), 1860 - FC Santos 1:9 (27.5.1960)
August 1960 – Januar 1965	51.794 [47.086 + 10%]	4.186	ca. 47.600	2.195 SiP	14.000 [12.500] StP, 915 SiP	19.500 [17.600] StP, 562 SiP	14.000 [12.800] StP, 514 SiP	ca. 58.000	Süddeutschland - Zentralungarn 3:3 (2.11.1960)
Januar 1965 – Juli 1965	44.000 bzw. 40.000 (bei Flutlicht und 1.12. – 15.3.)	3.984	ca. 40.000 bzw. 36.000	1.444 SiP, 785 SiP Vortribüne, 126 SiP auf der Aschenbahn	11.700 StP, 880 SiP	16.600 StP, 380 SiP	11.800 StP, 369 SiP	45.000	FC Bayern - 1. FC Saarbrücken 5:0 (Juni 1965)
August 1965 – Juni 1974	44.300 bzw. 40.300 (bei Flutlicht und 1.12. – 15.3.)	3.984	ca. 40.300 bzw. 36.300	1.444 SiP, 785 SiP Vortribüne, 126 SiP auf der Aschenbahn	11.700 StP, 880 SiP	16.600 StP, 380 SiP	11.800 StP, 369 SiP	45.000	1860 - Borussia Dortmund 2:1 (Dez. 1965)
Februar 1971 – April 1971	ca. 42.000 bzw. 38.000 (bei Flutlicht und bis 15.3.)	1.755	ca. 40.300 bzw. 36.300	126 SiP auf der Aschenbahn	11.700 StP, 880 SiP	16.600 StP, 380 SiP	11.800 StP, 369 SiP	26.000	FC Bayern - Hamburger SV 6:2 (13.3.1971)
Herbst 1974 – Februar 1978	28.614	ca. 5.400	ca. 23.000	ca. 1.400 SiP, 770 SiP Vortribüne	ca. 680 SiP Oberrang, ca. 980 SiP Unterrang, ca. 820 SiP Vortribüne	ca. 14.000 StP, ca. 380 SiP	ca. 9.000 StP, ca. 360 SiP	22.000	1860 - FSV Frankfurt 6:0 (30.1.1977), 1860 - SpVgg Bayreuth 2:1 (12.2.1977)
Februar 1978 – Februar 1979	ca. 26.000	ca. 2.900	ca. 23.000	ca. 1.400 SiP, 770 SiP Vortribüne	0	ca. 14.000 StP, ca. 380 SiP	ca. 9.000 StP, ca. 360 SiP	16.057	1860 - SpVgg Bayreuth (29.7.1978)
März 1979 – September 1987	31.509	8.425	23.084	1.154 SiP, 769 SiP Vortribüne, 95 SiP Presse, 203 SiP Loge	4.694 SiP, 820 SiP Vortribüne	14.930 StP, 365 SiP	8.154 StP, 325 SiP	31.700	1860 - SpVgg Fürth 6:1 (19.4.1984)
September 1987 – Frühjahr 1988	30.306	8.422	21.884	1.154 SiP, 467 SiP Vortribüne, 95 SiP Presse, 203 SiP Loge	4.694 SiP, 820 SiP Vortribüne	13.730 StP, 512 SiP	8.154 StP, 477 SiP	12.000	1860 - SpVgg Unterhaching (30.3.1988)
Frühjahr 1988 – Dezember 2002	29.766 (28.500 in 1.BL 94/95)	8.406	21.360	1.154 SiP, 467 SiP Vortribüne, 95 SiP Presse, 203 SiP Loge	4.694 SiP, 820 SiP Vortribüne	13.730 StP, 496 SiP	7.630 StP, 477 SiP	über 32.000	1860 - FC Schweinfurt 3:3 (11.5.1990)
seit Januar 2003	24.695	8.288	16.407	1.154 SiP, 467 SiP Vortribüne, 95 SiP Presse, 203 SiP Loge	4.694 SiP, 820 SiP Vortribüne	8.777 StP, 378 SiP	7.630 StP, 477 SiP	12.000	FC Bayern - 1860 4:4 (AH-Derby) (30.7.2003)

Anhang

Verzeichnis der Architekten und Planer des Stadions

Sitztribüne	1911	Baugeschäft Syrus Süss Nachfolger
Kantinenhäuschen	1922	Architektur-Büro Emil Wiesner, München-Obermenzing
Sitztribüne	1925	DEHALL, Deutsche Hallenbau AG, München
		Tibet, Tief- und Betonbau-Gesellschaft, München (Leitung: Oberingenieur Zech)
Stehhallen-Dach	1925	DEHALL, Deutsche Hallenbau AG, München
Stehhallen-Ränge	1926	Tibet, Tief- und Betonbau-Gesellschaft, München (Leitung: Oberingenieur Zech)
Reklametribünen seitlich der Stehhalle	1926	TEG, Tiefbau- und Eisenbeton-GmbH, München (vormals Tibet) (Leitung: Oberingenieur Zech)
Wiederaufbau nach dem 2. Weltkrieg	1948-50	vermutlich Stadt München, Baureferat
Ostkurve	1958	Architekt Baurat Prof. Rudolf Ortner und Architektin Annalies Ortner-Bach, München
Westkurve	1959	Architekt Baurat Prof. Rudolf Ortner und Architektin Annalies Ortner-Bach, München
Flutlichtanlage	1959	Architekt Baurat Prof. Rudolf Ortner und Architektin Annalies Ortner-Bach, München
Treppenhaustürme hinter der Stehhalle	1961	Architekt Baurat Prof. Rudolf Ortner und Architektin Annalies Ortner-Bach, München
Haupttribünen-Dach und Reporterkabinen	1971	Ingenieur-Büro Rudolf Grimme und Volker Wettmann, München
Abriss Stehhalle und Umbau zu Sitztribüne	1974	Stadt München, Baureferat
Sitztribüne Nord (Gegengerade)	1977-78	Architekten Wolfgang Böninger und Peter Biedermann, München
Erweiterung Reporter- und Polizeikabinen	1987	Architekten Erwin Wrba und Konstantin Weimer, München

Die Westkurve mit ihrer Betonrippendecken-Konstruktion.

Spielorte Münchner Fußballmannschaften

Erfasst wurden alle Mannschaften, die längerfristig im Stadion an der Grünwalder Straße gespielt haben. Berücksichtigt wurden in der Regel nur Pflichtspiele (Liga und Pokalwettbewerbe).

TSV 1860 München

Juni 1899 – 1903	Städtischer Jugendturnspielplatz am Schyrenplatz („Schyrenwiese")
April 1904 – Mai 1904	Städtischer Platz östlich des Heumarkts an der Schyrenstraße 4
Mai 1904 – Juli 1904	Städtischer Platz am Flaucher (westliche Isar-Auen zwischen Thalkirchen und Brudermühlbrücke)
August 1904 – 1907	Waldspielplatz des TV 1860 in Holzapfelkreuth (nur sonntags genutzt) Städtischer Platz auf der Theresienwiese (zum Training an Werktagen genutzt)
1908 – 1910	Sportplatz des TV 1860 am Alpenplatz
1911 – Herbst 1916	Sportplatz des TV 1860 an der Grünwalder Straße 10
Herbst 1916 – September 1917	Platzsperre u.a. Platz des MTV 1879 an der Marbachstraße
Oktober 1917 – August 1943	Sportplatz des TV 1860 an der Grünwalder Straße 10 hieß ab 1922: Sportplatz des TSV 1860 hieß ab 1925: 1860-Stadion hieß ab 1927: 1860-Heinrich-Zisch-Stadion hieß ab 1939: Städtischer Sportplatz an der Grünwalder Straße 10 hieß ab 1941: Städtische Hanns-Braun-Kampfbahn
1923 – 1925	Umzug zu publikumsträchtigen Spielen auf den Platz des FC Teutonia am Oberwiesenfeld, Lerchenauer Straße
September 1943 – Sommer 1944	Städtische Kampfbahn an der Dantestraße
Oktober 1944 – Mai 1945	Poststadion an der Arnulfstraße 165
August 1945 – Mai 1972	Städtisches Stadion an der Grünwalder Straße 10 (ab 1953: Nr. 4)
	Städtisches Stadion an der Dantestraße: am 11.10.1970 (SSV Reutlingen, Regionalliga Süd)
1972 / 73	Städtisches Stadion an der Grunwalder Straße 4: bis 28.10.1972
	Olympiastadion: am 2.8.1972 (FC Bayern, Ligapokal) und ab 18.11.1972
1973 / 74	Olympiastadion: bis 2.2.1974
	Städtisches Stadion an der Grünwalder Straße 4: am 3.8.1973 (Jahn Regensburg, DFB-Pokal) und ab 17.2.1974
1974 / 75	Olympiastadion Städtisches Stadion an der Grünwalder Straße 4: am 7.9.1974 (Worms, DFB-Pokal)
1975 / 76	Olympiastadion Städtische Bezirkssportanlage an der Grünwalder Straße 4: am 1.8.1975 (SC Göttingen 05, DFB-Pokal)
1976 / 77	Städtische Bezirkssportanlage an der Grünwalder Straße 4
	Olympiastadion: am 20.11.1976 (Offenbach), 2.4.1977 (VfB Stuttgart), 14.5.1977 (Nürnberg, alle 2. BL Süd), 4.6.1977 (Bielefeld, Relegation zur 1. BL)
1977 / 78	Olympiastadion Städtische Bezirkssportanlage an der Grünwalder Straße 4: am 20.8.1977 (Horn), 15.10.1977 (Eggenstein), 25.10.1977 (Augsburg, alle DFB-Pokal)
1978 / 79	Städtische Bezirkssportanlage an der Grünwalder Straße 4 hieß ab 1979: Städtisches Stadion an der Grünwalder Straße 4
	Olympiastadion: am 5.8.1978 (Schalke, DFB-Pokal), 18.11.1978 (Offenbach), 3.2.1979 (Baunatal), 17.2.1979 (Hanau), 24.3.1979 (Karlsruhe), 7.4.1979 (Würzburger FV), 9.6.1979 (Saarbrücken, alle 2. Bundesliga Süd)

Anhang

1979 / 80	Olympiastadion
	Städtisches Stadion an der Grünwalder Straße 4: am 25.8.1979 (St. Pauli), 29.9.1979 (Pforzheim), 12.1.1980 (Lüttringhausen, alle DFB-Pokal)
1980 / 81	Olympiastadion
	Städtisches Stadion an der Grünwalder Straße 4: am 8.11.1980 (Bielefeld), 7.3.1981 (Frankfurt), 21.3.1981 (Uerdingen), 18.4.1981 (Schalke), 16.5.1981 (Leverkusen, alle 1. Bundesliga)
1981 / 82	Städtisches Stadion an der Grünwalder Straße 4: bis 31.10.1981
	Olympiastadion: am 29.8.1981 (Fürth, DFB-Pokal), ab 14.11.1981
1982 – Juni 1995	Städtisches Stadion an der Grünwalder Straße 4
	Olympiastadion: am 16.10.1982 (FC Bayern Amat., DFB-Pokal), 27.5.1984 (Bürstadt), 16.6.1984 (Homburg, beide Aufstiegsrunde zur 2. BL), 23.8.1994 (Stuttgart), 3.9.1994 (Schalke), 21.9.1994 (FC Bayern), 18.2.1995 (Dortmund, alle 1. Bundesliga)
	Stadion Erding: 6.11.1982 (Helmbrechts, Bayernliga)
	Hans-Bayer-Stadion Lohhof: 17.11.1982 (FC Wacker München, Bayernliga)
	Stadion an der Klosterstraße Fürstenfeldbruck: 13.3.1985 (Memmingen, Bayernliga)
	Stadion Vaterstetten: 3.4.1985 (Ampfing, Bayernliga)
	Trainingsgelände des TSV 1860 an der Grünwalder Straße 114: 3.6.1986 (Allach), 17.5.1989 (Feldmoching), 22.5.1990 (Endorf), 9.6.1990 (Fürth, alle BFV-Pokal)
August 1995 – Mai 2004	Olympiastadion
	Städtisches Stadion an der Grünwalder Straße 4: 6.7.1996 (Lodz), 20.7.1996 (Tschelny), 7.7.2002 (Borisov, alle UI-Cup)
	Rosenaustadion Augsburg: 1.7.2001 (Smederevo), 21.7.2001 (Waalwijk, beide UI-Cup)
ab August 2004	Städtisches Stadion an der Grünwalder Straße 4 und Olympiastadion
(ab August 2005)	Allianz-Arena München-Fröttmaning

Die Spielstätten des TSV 1860 im Münchner Stadtgebiet:

1) Schyrenwiese
2) Heumarkt
3) Flaucher
4) Holzapfelkreuth
5) Theresienwiese
6) Alpenplatz
7) Grünwalder Straße
8) MTV-Platz
9) Teutonia-Platz
10) Dantestadion
11) Poststadion
12) Olympiastadion
13) Trainingsgelände Grünwalder Straße 114
14) Allianz-Arena

FC Bayern München

1900	Städtischer Platz auf der Theresienwiese (zu Spielen)
	Städtischer Jugendturnspielplatz am Schyrenplatz (zum Training)
1901 – 1905	Platz des FC Bayern an der Clemensstraße
1906 – Sommer 1907	Platz des Münchner SC an der Karl-Theodor-Straße
September 1907 – Sommer 1922	Platz des Münchner SC an der Äußeren Leopoldstraße
1914 – 1925	teilweise Sportplatz des TV (ab 1922: TSV) 1860 an der Grünwalder Straße 10: am 3.5.1914 (FC Köln), 4.7.1920 (Fürth), 7.7.1920 (Nürnberg), 11.7.1920 (St. Gallen), 31.1.1921 (FC Wacker), 27.3.1921 (Nimwegen), 3.2.1924 (FC Wacker), 4.1.1925 (Schwaben Ulm)
Herbst 1922 – Sommer 1923	Platz des MTV 1879 an der Marbachstraße
1921 – 1923	Umzug zu publikumsstarken Spielen auf den Platz des FC Teutonia am Oberwiesenfeld, Lerchenauer Straße
Oktober 1923 – Sommer 1925	Platz des FC Teutonia am Oberwiesenfeld, Lerchenauer Straße
Oktober 1925 – August 1943	1860-Stadion an der Grünwalder Straße 10 hieß ab 1927: 1860-Heinrich-Zisch-Stadion hieß ab 1939: Städtischer Sportplatz an der Grünwalder Straße 10 hieß ab 1941: Städtische Hanns-Braun-Kampfbahn
September 1943 – Sommer 1944	Städtische Kampfbahn an der Dantestraße
Herbst 1944 – Mai 1945	Platz an der Schlierseestraße
Juli 1945 – August 1945	Sportplatz der Hypo-Bank an der Grünwalder Straße
August 1945 – 20. September 1972	Städtisches Stadion an der Grünwalder Straße 10 (ab 1953: Nr. 4) Olympiastadion: am 28.6.1972 (Schalke 04, 1. Bundesliga)
27. September 1972 (– Mai 2005)	Olympiastadion
(ab August 2005)	Allianz-Arena München-Fröttmaning

Die Spielstätten des FC Bayern im Münchner Stadtgebiet:
1) Theresienwiese
2) Schyrenwiese
3) Clemensstraße
4) Karl-Theodor-Straße
5) Leopoldstraße
6) Grünwalder Straße
7) MTV-Platz
8) Teutonia-Platz
9) Dantestadion
10) Schlierseestraße
11) Hypo-Platz
12) Olympiastadion
13) Allianz-Arena

Anhang

FC Wacker München

1903 – 1908	Sportplatz in der Radrennbahn Laim
1909 – 1914	Platz des Radsportclubs Monachia an der Plinganserstraße (= Wacker-Platz)
1915 – 1916	Platz der Turnerschaft 1886 in der Georgenschwaige (?)
1917 – 1924	Platz des FC Wacker an der Plinganserstraße (= Wacker-Platz)
1920er Jahre	Umzug zu publikumsstarken Spielen auf den Platz des FC Teutonia am Oberwiesenfeld, Lerchenauer Straße
1925 – 1926	1860-Stadion an der Grünwalder Straße 10

1927 – Mai 1945	1860-Heinrich-Zisch-Stadion
	    hieß ab 1939: Städtischer Sportplatz an der Grünwalder Straße 10
	    hieß ab 1941: Städtische Hanns-Braun-Kampfbahn
	Städtische Kampfbahn an der Dantestraße
	Platz des FC Wacker an der Plinganserstraße (= Wacker-Platz)

Juli 1945 – Frühjahr 1947	Platz des FC Wacker an der Khidlerstraße (= Wacker-Platz)
Herbst 1947 – Frühjahr 1948	Städtisches Stadion an der Grünwalder Straße 10
Herbst 1948 – Frühjahr 1963	Platz des FC Wacker an der Khidlerstraße (= Wacker-Platz)
Sommer 1963 – Frühjahr 1970	Städtisches Stadion an der Dantestraße
Sommer 1970 – Herbst 1970	Städtisches Stadion an der Grünwalder Straße 4 Städtisches Stadion an der Dantestraße: 15.11.1970 (ESV Ingolstadt, Regionalliga)
Frühjahr 1971 – Frühjahr 1972	Städtisches Stadion an der Dantestraße
Sommer 1972 – Januar 1973	Städtisches Stadion an der Grünwalder Straße 4 Städtische Bezirkssportanlage an der Demleitnerstraße (= Wacker-Platz): am 19.11.1972 (SSV Reutlingen, Regionalliga Süd)
ab Frühjahr 1973	Städtische Bezirkssportanlage an der Demleitnerstraße (= Wacker-Platz) Städtisches Stadion an der Grünwalder Straße 4: am 1.10.1974 (Nürnberg, DFB-Pokal), 16.4.1983, 20.8.1983, 6.3.1985 (alle gegen TSV 1860, alle Bayernliga), 10.9.1986 (TSV 1860, BFV-Pokal)

Die Spielstätten des FC Wacker im Münchner Stadtgebiet:

1) Radrennbahn Laim
2) Wacker-Platz
3) Georgenschwaige (Turnerschaft)
4) Teutonia-Platz
5) Grünwalder Straße
6) Dantestadion

SV Türk Gücü München / Türk SV 1975 München (seit Juli 2001)

1975 – Frühjahr 1988	Städtische Bezirkssportanlage am Krehlebogen (Altperlach)
Sommer 1988 – Frühjahr 1992	Städtisches Stadion an der Grünwalder Straße 4
Sommer 1992 – Herbst 2001	Städtisches Stadion an der Dantestraße
Frühjahr 2002	Städtisches Stadion an der Grünwalder Straße 4
ab Sommer 2002	Städtisches Stadion an der Dantestraße

FC Bayern München Amateure

1950 – Frühjahr 1975	Trainingsgelände des FC Bayern an der Säbener Straße 51
Sommer 1975 – Frühjahr 1988	Städtische Bezirkssportanlage an der Grünwalder Straße 4 hieß ab 1979: Städtisches Stadion an der Grünwalder Straße 4
Sommer 1988 – Frühjahr 1992	Städtisches Stadion an der Dantestraße
ab Sommer 1992	Städtisches Stadion an der Grünwalder Straße 4

TSV 1860 München Amateure

bis Frühjahr 1995	Trainingsgelände des TSV 1860 an der Grünwalder Straße 114
ab Sommer 1995	Städtisches Stadion an der Grünwalder Straße 4

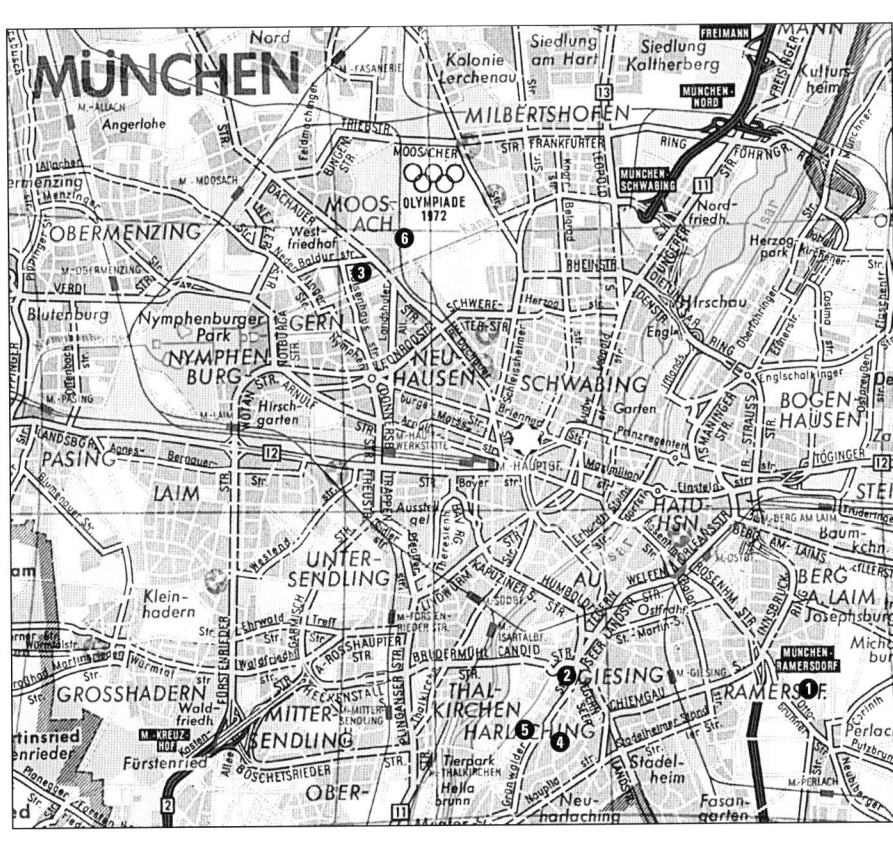

Die Spielstätten des SV Türk Gücü und der Amateur- und A-Jugendmannschaften von FC Bayern und TSV 1860 im Münchner Stadtgebiet:

1) Bezirkssportanlage am Krehlebogen
2) Stadion an der Grünwalder Straße
3) Dantestadion
4) Trainingsgelände FC Bayern
5) Trainingsgelände TSV 1860
6) Nebenplatz Olympiastadion

FC Bayern München A-Jugend

bis Frühjahr 1996	Trainingsgelände des FC Bayern an der Säbener Straße 51 Nebenplatz des Olympiastadions (an der Parkharfe)
ab Sommer 1996	Städtisches Stadion an der Grünwalder Straße 4

TSV 1860 München A-Jugend

bis Frühjahr 1996	Trainingsgelände des TSV 1860 an der Grünwalder Straße 114
ab Sommer 1996	Städtisches Stadion an der Grünwalder Straße 4

Anhang

Länder- und Auswahl-Spiele im Stadion an der Grünwalder Straße

Die Liste der süddeutschen und bayerischen Auswahlmannschaften erhebt keinen Anspruch auf Vollständigkeit!

Deutscher Fußball-Bund (DFB)					
A-Nationalmannschaft	Schweiz	2:3	Freundschaftsspiel	So. 12.12.1926	35.000
	Finnland	6:0	Freundschaftsspiel	So. 18.8.1935	35.000
	Bulgarien	7:3	Freundschaftsspiel	So. 20.10.1940	35.000
Amateur-Nationalmannschaft	Österreich	2:0	Freundschaftsspiel	So. 8.6.1952	35.000
	Schottland	4:1	Freundschaftsspiel	Mo. 21.5.1956	22.000
	Bulgarien	3:1	Freundschaftsspiel	Di. 7.9.1971	4.000
B-Nationalmannschaft	Österreich	4:0	Freundschaftsspiel	Mi. 6.3.1957	45.000
Süddeutschland / Süddeutscher Fußball-Verband (SFV)					
Auswahl Süddeutschland	Mitteldeutschland	3:1	Kampfspiel-Pokal	16.4.1926 (?)	
	Norddeutschland	2:2	Freundschaftsspiel	So. 2.10.1949	40.000
	Zentralungarn	3:3	Freundschaftsspiel	Mi. 2.11.1960	58.000
Bayern / Bayerischer Fußball-Verband (BFV)					
Auswahl Bayern	Glasgow Rangers		Freundschaftsspiel	1933	
	Berlin-Brandenburg	6:1	Adolf-Hitler-Pokal, Finale	So. 6.8.1933	30.000
	Schlesien	4:0	Reichsbund-Pokal, Achtelfi.	Di. 27.10.1935	10.000
Amateur-Auswahl Bayern	Niedersachsen	6:2	Länderpokal, Halbfinale	Sa. 22.1.1950	30.000
	Niederrhein	8:1	Länderpokal, Halbfinale	Sa. 7.3.1953	10.000
	Nordbaden	1:0	Länderpokal, Gruppenspiel	Sa. 23.2.1974	500

6:0 gewann die deutsche Nationalmannschaft am 18.8.1935 gegen Finnland. 35.000 Zuschauer im Sechzger-Stadion sahen den überlegenen Sieg.

Literatur- und Quellenverzeichnis

Bücher

Bauer, Richard und Graf, Eva: Stadt im Überblick – München im Luftbild 1890-1935, Hugendubel Verlag, München 1986

Bohus, Julius: Geschichte des Sports in Bayern (Hefte zur Bayerischen Geschichte und Kultur; Band 20), Augsburg 1998

Cigaretten-Bilderdienst Reemtsma: Die Olympischen Spiele in Los Angeles 1932, Altona-Bahrenfeld 1932

Cremer, Andy / Imgrund, Bernd / Müller-Möhring, Michael: 1000 Tips für Auswärtsspiele – ein Stadionführer zu 70 Spielorten, Klartext Verlag, Essen 1993

Deutsche BP AG (Hrsg.): BP-Bundesliga-Service 1977/78, Hamburg 1977

Deutsche BP AG (Hrsg.): BP-Bundesliga-Service 1979/80, Hamburg 1979

Die Bundesliga in Wort und Bild: München 1860, Ehapa Verlag, Stuttgart 1966

Diem, Carl und Werner, Dr. Martin: Städtische Sportanlagen – Ein Wegweiser für den Bau von Spiel- und Sportgelegenheiten, Ullstein Verlag, Berlin 1914

Diem, Carl: Die Anlage von Spiel- und Sportplätzen, Beiträge zur Turn- und Sportwissenschaft, Heft 12, Weidmannsche Buchhandlung, Berlin 1926

Dresdner Bank AG (Hrsg.): Giesing gestern und heute, München 1969

Eiberle, Hans: Die Löwen – TSV München von 1860, Dasbach Verlag, Taunusstein 1977

FC Bayern München (Hrsg.): 50 Jahre FC Bayern München e.V., München 1950

FC Wacker (Hrsg.): Fünfzig Jahre Wacker München, München 1953

FC Wacker München e.V. (Hrsg.): Jubiläumsausgabe 100 Jahre FC Wacker München e.V., München 2003

FC Wacker München e.V. (Hrsg.): Jubiläumsschrift 75 Jahre FC Wacker München e.V., Standt-Druck, München 1978

Festführer zum 1. Bundes-Turn- und Sportfest der Reichsbahn-Turn- und Sportvereine in München vom 5.-8.8.1927, Gustav Giesecke Verlag, Frankfurt 1927

Fingerle, Anton: Auf die Plätze... – Sportanlagen, Spiel- und Erholungsstätten der Landeshauptstadt München, Alfred Wurm Verlag, München 1965

Fock, Manfred: Der letzte Spieltag – Ein Bericht, Fangorn Verlag, Adelshofen 1996

Grüne, Hardy und Melchior, Claus: Legenden in Weiß und Blau – 100 Jahre Fußballgeschichte eines Münchner Traditionsvereins, Verlag Die Werkstatt, Göttingen 1999

Grüne, Hardy und Müller-Möhring, Michael: 1000 Tips für Auswärtsspiele, Agon Sportverlag, Kassel 1999

Grüne, Hardy und Weinrich, Matthias: Supporters' Guide 1. Bundesliga, Agon Sportverlag, Kassel 1998

Grüne, Hardy und Weinrich, Matthias: Supporters' Guide Regionalliga Süd, Agon Sportverlag, Kassel 1998

Grüne, Hardy: Bundesliga & Co. 1963 bis 1997, Agon Sportverlag, Kassel 1997

Grüne, Hardy: Vereinslexikon, Agon Sportverlag, Kassel 2001

Grüne, Hardy: Vom Kronprinzen bis zur Bundesliga 1890 bis 1963, Agon Sportverlag, Kassel 1996

Guttmann, Thomas (Hrsg.): Giesing – Vom Dorf zum Stadtteil, Buchendorfer Verlag, München 1990

Guttmann, Thomas (Hrsg.): Unter den Dächern von Giesing – Politik und Alltag 1918-1945, Buchendorfer Verlag, München 1993

Imgrund, Bernd und Müller-Möhring, Michael: 1000 Tips für Auswärtsspiele – ein Stadionführer zu 75 Spielorten, Klartext Verlag, Essen 1995

Inglis Simon: Old-Fashioned – Britische Stadien in: db – deutsche Bauzeitung, Ausgabe 5/Mai 1991, Deutsche Verlagsanstalt GmbH, Stuttgart 1991

Jansen, Gerd: Fußball A Z: Spieler, Vereine, Mannschaften, Europapokal, Weltmeisterschaften, erweiterte und überarbeitete Fassung der 8. Ausgabe, Franz Schneider Verlag, München 1987

Kaus, Kristian: Sport und die Politik des Alltags – eine lebensweltanalytische Untersuchung über das Verhältnis von Fußballfans zu ihrem Verein, Diplomarbeit an der wirtschafts- und sozialwissenschaftlichen Fakultät Augsburg, Augsburg 1996

Kellermeier, Dr. Alfons (Hrsg.): Der Sportler im TSV 1860 München – Die kleine Chronik eines großen Vereins, Neuzeit Verlag, München 1962

Kicker-Almanach 1960, Copress-Verlag, München 1959

Kicker-Almanach 1972, Copress-Verlag, München 1971

Kluge, Volker: Olympiastadion Berlin – Steine beginnen zu reden, Parthas Verlag, Berlin 1999

Kriegsgeschichtliche Forschungsanstalt des Heeres (Hrsg.): Die Niederwerfung der Räteherrschaft in Bayern, Berlin 1939

Landeshauptstadt München: Olympia in München – Offizielles Sonderheft der Olympiastadt München, Heft 3 – Sommer 1972, Verlag Münchner Leben, München 1972

Lehrstuhl für Entwerfen und Baukonstruktion der TU München, Prof. Uwe Kiessler: Stadion mit mobilem Dach – Entwurf im Wintersemester 1994/95, München 1995

Lehrstuhl für Städtebau und Regionalplanung der TU München, Prof. Dipl. Ing. Ferdinand Stracke: Nachspiel – Städtebaulicher Pflichtentwurf im Wintersemester 2000/2001, München 2001

Linden, Peter: Einmal Löwe, immer Löwe – Der TSV 1860: Die großen Erfolge. Der tiefe Fall. Die treuen Fans., Verlag Georg Simader, Frankfurt 1991

Lohbauer, Hans: Turn- und Sportstätten in Bayern, Wilhelm-Limpert-Verlag, Frankfurt 1957

Manthey, Richard und Kropp, Matthias: Bundesliga Facts 1995-1996, Agon Sportverlag, Kassel 1995

March, Werner: Das Stadion im Stadtplan, München 1966

Martin, Hans-Günther: Deutschlands Fußball macht Karriere – Vereine, Spieler, Trainer, Tore seit 1945, Droste Verlag, Düsseldorf 1985

Megele, Max: Baugeschichtlicher Atlas der Landeshauptstadt München, Selbstverlag des Verfassers, München 1951

Meyer, Claudius: Geschichte eines Traditionsvereins – TSV München von 1860 e. V., J. Gottswinter Verlag, München 1997

Müller, Frank: Tarkett-Stadionführer. Die Stadien der 1. Fußball-Bundesliga Saison 1994/95, Leipzig 1994

Münchner Aufbaugesellschaft mbH: Ein halbes Jahrzehnt Schuttbeseitigung und Wiederaufbau in München – Tätigkeitsbericht der Münchner Aufbaugesellschaft mbH für die Zeit von Anfang 1947 bis Ende 1951, Buchdruckerei Jüngling, München

Nerdinger, Winfried: Theodor Fischer – Architekt und Städtebauer 1862-1938, Ernst und Sohn Verlag, Berlin 1988

Ortlepp, Christian: Das Löwen-Wunder – Die unglaubliche Erfolgsgeschichte des TSV 1860 München, Sportverlag Berlin, Berlin 2000

Ortner, Rudolf: Sportbauten – Anlage, Bau, Ausstattung, Verlag Georg D. W. Callway, München 1956

Poldner, Axel: Mein Club – TSV 1860 München, Wilhelm Goldmann Verlag, München 1977

Post SV München (Hrsg.): Chronik 30 Jahre Post SV München, München 1956

Schulze, Ludger: Die Mannschaft – Die Geschichte der deutschen Fußballnationalmannschaft, Copress Verlag, München 1986

Schulze-Marmeling, Dietrich: Die Bayern, Verlag Die Werkstatt, Göttingen 1997

Schweer, Joachim: Das Münchner Derby 1860 - Bayern, Agon Verlag, Kassel 1995

Selig, Wolfram: Chronik der Stadt München 1945-48, Stadtarchiv München 1980

Skrentny, Werner (Hrsg.): Das große Buch der deutschen Fußballstadien, Verlag Die Werkstatt, Göttingen 2001

Stadtarchiv München (Hrsg.): München und der Fußball – Von den Anfängen 1896 bis zur Gegenwart, Buchendorfer Verlag, München 1997

TSV München von 1860 (Hrsg.): 30 Jahre Fußballabteilung 1860 – 1899-1929, J. Gotteswinter Buchdruckerei, München 1929

TSV München von 1860 (Hrsg.): 50 Jahre Fußballabteilung des Turn- und Sportvereins München von 1860 – 1899-1949, Klischee-Anstalt Osiris, München 1949

TSV München von 1860 (Hrsg.): Ein Verein lebt! – 125 Jahre TSV 1860 München, B+V Buch und Video Vertriebs-GmbH, München 1985

TSV München von 1860 (Hrsg.): Grünwalder Stadion gestern und heute – Chronik von 1909 bis 1979, Sonderveröffentlichung anlässlich des Gegentribünen-Einweihungsspiels TSV 1860 - FC Bayern am 27.3.1979, München 1979

TSV München von 1860 (Hrsg.): Hundert Jahre Turn- und Sportverein München von 1860, Karl Thiennig Buchdruckerei, München 1960

TSV München von 1860 e.V.(Hrsg.): Festschrift 100 Jahre Fußballabteilung des TSV 1860 von München e.V., J. Gotteswinter Verlag, München 1999

TSV München von 1860 (Hrsg.): 75 Jahre Turn- und Sportverein München von 1860, Nachrichtenblatt Nummer 10, Jubiläumsausgabe 10/1935

Turnverein München von 1860 e.V. DT und Jagemann, Anton: 1860-1910 – 50 Jahre Vereinsgeschichte, Lichtdruck Carl Kuhn, München 1910

Verspohl, Franz-Joachim: Stadionbauten von der Antike bis zur Gegenwart – Regie und Selbsterfahrung der Massen, Anabas-Verlag, Gießen 1976

Weinrich, Matthias und Grüne, Hardy: Deutsche Pokalgeschichte seit 1935, Agon Sportverlag, Kassel 2000

Broschüren

Freunde des Sechz'ger Stadions e.V.: Konzeptentwurf für ein Sport-, Sozial-, Kultur- und Gewerbezentrum Giesing / Sechz'ger Stadion, München 1998

Projektteam Stadion der Zukunft: Die neue Löwenarena an der Grünwalderstraße – Projektinformation, Hamburg/München 2000

Zeitungen und Zeitschriften:

8-Uhr-Blatt
Abendzeitung München
Allgemeine Zeitung (München)
Bild München
Bild am Sonntag
Das Bayernland
Der Spiegel
Die Breitseite
Löwen-Express
Löwen News
Löwen-Rundschau
Münchner Merkur
Münchner Neueste Nachrichten
Münchner Stadtanzeiger
Münchner Stadtmagazin
München-Augsburger Abendzeitung
Münchner Zeitung
Oberbayerischer Gebirgsbote
Pressemappen des TSV 1860 München
Programm Internationale Leichtathletik-Wettkämpfe 1923
Saisonrückblicke des TSV 1860 München
Sport-Bild
Süddeutsche Sonntagspost
Süddeutsche Zeitung
Südpost
die tageszeitung (taz)
tz
Völkischer Beobachter

Archivmaterialien und Akten

Bayerisches Hauptstaatsarchiv – Abt. IV – Kriegsarchiv:
Flieger-Ersatz-Abteilung Beobachtungs-Schule: Nr. 27 [Holzapfelkreuth], 32 [MSC-Platz]

Staatsarchiv München:
Polizei-Direktion München: Nr. 15916, 15917, 15918, 15919, 15920, 15921, 15924 [Einsatzberichte]
Kataster-Umschreibheft für Grundstück Fl.Nr. 13065
Kaufvertrag des Stadiongrundstücks vom 4.4. und 17.6.1922 (Urkunden-Nr. 2619 und 4911 des Notariats München II)

Stadtarchiv München:
Schulamt: Nr. 270, 5173, 5210, 6993, 8084, 8693
Stadtamt für Leibesübungen (SfL): Nr. 146, 217, 252, 253, 254, 255, 260, 358
Zeitungsauschnitts-Sammlungen: Fußball bis 1930, Fußball (ab 1950), Stadion an der Grünwalder Straße, TSV 1860
Denkmalschutz-Antrag der Wählergruppe Sechzgerstadion und Bescheid des Bayerischen Landesamtes für Denkmalpflege
Kaufvertrag des Stadiongrundstücks vom 23.7.1937 (Urkunden-Nr. 2486, Notariat Schieck, München)
Protokoll der Delegiertenversammlung des TSV 1860 vom 11.10.1993
Vertrag zwischen TV und SV 1860 vom 11.3.1924

Persönliche Gespräche

Prof. Peter Biedermann	(Architekt der Gegengerade)
Wally Blendinger	(Bewohnerin im Haus Grünwalder Straße 7 seit 1934)
Sepp Gödel	(1860-Ordnungsdienst seit 1948)
Franz Hager	(1860-Schiedsrichter)
Annalies und Monika Ortner-Bach	(Ehefrau und Tochter von Prof. Rudolf Ortner)
Franz Peter	(Enkel des Kaspar Peter)
Ernst Potzler	(1860-Geschäftsführer 1970-1980)
Alfons und Berta Reger	(Stadion-Platzwart 1973-2002)
Franz Schauberger	(Geschäftsstelle FC Bayern)
Hans Schiefele	(Sportjournalist, Vorstandsmitglied des FC Bayern)

Danksagung

Der besondere Dank des Verfassers gilt folgenden Personen, öffentlichen Stellen und Institutionen, die bei der Recherche beziehungsweise bei der Fertigstellung dieses Buches behilflich waren:

Baureferat der Landeshauptstadt München
Bayerisches Staatsarchiv München
Elmar Bambach
Franz Beckenbauer
Thomas Becker
Gerald Beer
Bernd Beyer
Prof. Peter Biedermann
Wally Blendinger
Rainer Blumer
Branddirektion München
Oliver Buch
Walter Buck
Thorsten Büchner
Markus Drees
Nadine Englhart
Alfred Fackler
Fritz Fehling
Stefan Fietzek
Thomas Fischer
Freunde des Sechz'ger Stadions e.V.
Sepp Gödel
Gotteswinter Verlag
Gutachter-Ausschuss der Landeshauptstadt München
Franz Hager
Alfred Heiß
Matthias Huber
Werner Klinger
Rudolf Kratzl
Tino Krense
Jochen Mahr
Karl Margraf
Stefan Markt
Claus Melchior
Thomas Miller
Monacensia-Bibliothek und Literaturarchiv München
Annalies und Monika Ortner-Bach
Franz Peter
Post SV München
Ernst Potzler
Thomas Prott
Günter Radler
Berta und Alfons Reger
Barbara Rieger
Peter Ruppert
Franz Schauberger
Rotraut Schick
Hans Schiefele
Frank Schröder
Dietrich Schulze-Marmeling
Hans Georg Schwarzenbeck
Werner Skrentny
Sportamt der Landeshauptstadt München
Stadtarchiv München
TSV Weiß-Blau Sechzgerstadion e.V.
Verein der Freunde Giesings e.V.
Felix Vogel
Wählergruppe Sechzgerstadion e.V.
Manfred Wagner
Robert Weileder
Karsten Wettberg
Erwin Wrba
Harry Zapfe

Luftbild von Westen aus dem Jahr 1962.

Der Autor

Roman Beer, geboren 1980, wuchs im oberbayerischen Oberaudorf auf. Als Fan des TSV 1860 München erlebte er 1993 beim entscheidenden Aufstiegsrundenspiel gegen den SSV Ulm zum ersten Mal ein Spiel der Löwen im Sechzger-Stadion. Nach dem Abitur studierte er von 1999 bis 2004 Architektur an der TU München. Als aktives Mitglied (und heutiger Vorsitzender) der „Freunde des Sechz'ger Stadions e.V." und der Wählergruppe Sechzgerstadion gehört er zu denjenigen Fans des TSV 1860, die den Weg ihres Vereins kritisch begleiten und sich für den Erhalt des Stadions an der Grünwalder Straße einsetzen.

Fotonachweis

Agentur Dieter Frinke (S. 16, 103, 115, 126, 144)
Agentur Horst Müller (S. 7 [2], 11, 95 [2], 100, 107, 108/109, 119, 120, 122, 132, 134, 137)
Agon Sportverlag (S. 51)
Bambach, Elmar (S. 102, 103, 136, 177)
Baureferat der Stadt München (S. 80 [3], 82 [2], 83, 93 [2], 115 [3], 125 [2], 129 [3], 180)
Biedermann, Prof. Peter (S. 128 [2], 130)
Blumer, Rainer (S. 140, 142)
Branddirektion München (S. 113 [3], 122)
Buch, Oliver (S. 31, 34 [2], 56, 70, 75, 95, 138)
Buck, Walter (S. 141 [3])
Drees, Markus (S. 83 [3], 95 [2], 103, 104, 136, 173)
Fackler, Alfred (S. 41)
Fietzek, Stefan (S. 171)
Freunde des Sechz'ger Stadions e.V. (S. 175)
Hager, Franz (S. 66 [2])
Mahr, Jochen (S. 18)
Margraf, Karl (S. 137)
Post SV München (S. 71)

Pressebildagentur Werek (S. 116, 123, 131)
Prott, Thomas (S. 95, 176)
Prugger, Wolfgang (Titel, S. 90)
Radler, Günter (S. 12, 47, 83 [2], 94, 98, 104, 136, 154)
Rieger, Barbara (S. 153)
Schröder, Frank (S. 96)
Staatsarchiv München (S. 37)
Stadtarchiv München (S. 14/15, 21, 24 [2], 43, 45 [3], 46 [2], 47, 53, 56, 57, 58, 59 [2], 61, 77 [2], 81 [2], 92, 111 [u], 164, 188)
Stepp, Bernd (S. 192)
Strub, Christine (S. 143)
Süddeutscher Verlag Bilderdienst (S. 133 [2], 135)
TSV Weiß-Blau Sechzgerstadion e.V. (S. 175)
Verein der Freunde Giesings e.V. (S. 91, 167)
Vogel, Felix (S. 2, 155)
Wählergruppe Sechzgerstadion e.V. (S. 175)
Weber, Wolfgang-Maria (S. 139)
Weileder, Robert (S. 105)

Alle anderen Abbildungen stammen vom Autor bzw. vom Verlag.